BLAGUES TORDANTES

Hugo Image

Ouvrage dirigé par Sophie Le Flour et Andréa Generali
Textes recueillis par Marine Le Flour

34-36, rue La Pérouse
75116 - Paris
www.hugopublishing.fr

ISBN : 9782755676907
Dépôt légal : octobre 2024
Imprimé en Chine

Voici une nouvelle année qui commence !
Et pour que tous les jours de cette année 2025
soient réussis, nous vous avons concocté
un best of blagues tordantes.

Cette éphéméride vous propose ainsi une compilation des blagues les plus drôles sur des thèmes aussi variés que le mariage, les animaux, les métiers, les régions et les pays, la famille, ou encore... l'amour.

Vous ne serez plus jamais à court d'une bonne blague pour faire rire votre entourage : vous pourrez en faire profiter vos proches, vos collègues de travail ou vos amis, qui seront, à n'en pas douter, friands de ces histoires cocasses et amusantes.

Fous rires et bonne humeur seront au rendez-vous tout au long de l'année !

Bonne année et amusez-vous bien !

Au jour de l'an,
deux geeks discutent :

– Qu'est-ce que t'as pris
comme résolution cette année ?

– 1024 x 768

1er
JANVIER

8 h 48 17 h 00

Jour de l'an

Bach et Mozart entrent dans un bar :

– Je vous sers quoi, monsieur Bach ?

– Je vais prendre un baby.

– Et pour monsieur Mozart ?

– Je vais prendre un baby comme Bach.

– As-tu regardé
le documentaire
sur les grenouilles hier soir ?

– Non, c'était tard…

3
JANVIER
8 h 47 17 h 03
Ste Geneviève

Que fait Jean-Claude Van Damme quand il rentre dans une voiture ?

Il full contact !

4
JANVIER
8 h 47 17 h 04
St Odilon

« On devient pas flic. On finit flic. »

Michel Audiard

5

JANVIER

8 h 47 17 h 05

St Édouard

Paul et Pierre discutent :

– J'ai aperçu ta copine l'autre jour, mais elle ne m'a pas vu !

– Je sais, elle me l'a dit !

6

JANVIER

8 h 47 17 h 06

Épiphanie • Ste Mélaine

C'est l'histoire d'un bœuf,
il court, il court et il se viande.

7
JANVIER
8 h 46 17 h 07
St Raymond

Les différentes étapes d'une relation :

– ALEX

– ALEXOU

– MON BÉBÉ

– MON AMOUR

– BOULET

– BLOQUÉ...

8

JANVIER

8 h 46 07 h 08

St Lucien

Pourquoi est-ce que les écologistes aiment les lépreux ?

Parce qu'ils sont biodégradables.

9

JANVIER

8 h 45 — 17 h 10

Ste Alix

Un homme est en train
de se noyer. Il crie :
– Au secours ! Je me noie,
je ne sais pas nager !!!!!!!

Un passant le regarde et lui répond :
– Moi non plus, monsieur,
c'est pas la peine de crier !

10
JANVIER
8h45 17h11
St Guillaume

Comment faire cuire neuf carottes en quelques secondes ?

On les met dans l'eau, on en enlève une et les carottes sont qu'huit

11
JANVIER

☀ 8 h 44 ☀ 17 h 12

St Paulin

« Un critique,
c'est un journaliste
que sa petite amie
a plaqué pour un acteur. »

Walter Winchell

12
JANVIER

8 h 44 17 h 14

Ste Tatiana

Je suis allé à un concert
de légumes ce week-end
et j'ai vu une carotte râpée.

13
JANVIER

8 h 43 17 h 15

Ste Yvette

On ne dit pas « Richelieu »,
mais « sympa la baraque ! »

14
JANVIER
8 h 42 17 h 17
Ste Nina

J'ai reçu un coup de téléphone, hier.

Ben, ça fait mal…

15

JANVIER

8 h 42 17 h 18

St Rémi

Comment appelle-t-on
un jeudi vraiment nul ?

C'est une trajeudi…

16
JANVIER

8 h 41 17 h 19

St Marcel

Un gendarme fait stopper
une automobiliste :

– Vous n'avez pas vu le feu rouge ?

– Si si. C'est vous que je n'avais pas vu !

17
JANVIER
8 h 40 17 h 21
Ste Roseline

« Il y a des gens sur qui
on peut compter.
Ce sont généralement des gens
dont on n'a pas besoin. »

Sacha Guitry

18

JANVIER

8 h 39 17 h 22

Ste Prisca

Quelle est la couleur
du virus de la grippe ?

Gris pâle.

19
JANVIER

8 h 38 17 h 24

St Marius

Un serpent demande
à un autre serpent de son espèce :

– Dis, est-ce qu'on est venimeux ?

– Pourquoi ? demande l'autre.

– Parce que je me suis
mordu la langue...

20
JANVIER
8 h 37 17 h 25
St Sébastien

– Combien d'œufs pouvez-vous manger à jeun ?

– Un seul, car au deuxième on n'est plus à jeun…

21

JANVIER

☀ 8 h 36 ☀ 17 h 27

Ste Agnès

Papa araignée dit à sa femme :

– On mange quoi pour le dîner ?

– Une mouche au chocolat.

22

JANVIER

8 h 35 17 h 29

St Vincent

Pourquoi,
lorsque qu'un bateau coule,
crie-t-on
« Les femmes et les enfants
d'abord » ?

Parce qu'après,
les requins
n'ont plus faim.

23
JANVIER

8 h 34 17 h 30

St Barnard

« La prière du professeur de ZEP :
Donne-moi aujourd'hui le courage d'y aller.
Pardonne à ceux qui vont m'offenser
Comme je pardonnerai au Ministère
qui m'a laissé(e) tomber. »

Anne Roumanoff

24

JANVIER

8 h 33 17 h 32

St François de Sales

Comment appelle-t-on un chien sans pattes ?

On ne l'appelle pas, on va le chercher !

25

JANVIER

8 h 32 17 h 33

Conversion de St Paul

Un type rêve et appelle
« Thérèse ! Thérèse ! ».

Au réveil, sa femme lui demande
qui est cette Thérèse.

Il explique que c'est un cheval
sur lequel il avait parié hier aux courses
et qu'il l'encourageait de la voix,
pris dans son rêve.

Le soir, sa femme lui dit calmement :
– À propos, tu sais,
il y a ton cheval qui a téléphoné !

26
JANVIER

8 h 31 17 h 35

Ste Paule, Ste Pauline

En classe, la maitresse interroge Raoul pour savoir s'il a bien compris :

– À quoi servent les moutons ?

– À donner la laine, madame.

– À quoi servent les poules ?

– À nous donner des œufs, madame.

– Et la vache, que donne-t-elle ?

– Des devoirs, madame...

27

JANVIER

8 h 29 17 h 37

Ste Angèle

Quel est le pluriel d'un Coca ?

Des haltères (car un Coca désaltère)

28

JANVIER

8 h 28 17 h 38

St Thomas d'Aquin

– T'as vu chéri,
j'ai fait un gommage.

– Ah bon, ben c'est raté...

– Comment ça ?

– Ben, on te voit encore...

29
JANVIER

8 h 27 17 h 40

St Gildas

« Un psychiatre,
c'est quelqu'un qui,
lorsqu'il va voir un strip-tease,
regarde le public. »

Mervyn Stockwood

30
JANVIER

8 h 26 17 h 41

Ste Martine

Qu'est-ce que la cédille ?

Une invention stupide
créée par monsieur Duçon...

31
JANVIER

8 h 24 17 h 43

Ste Marcelle

J'ai offert un frigo
en cadeau à ma fille
pour son anniversaire.
J'ai vraiment hâte
de voir son visage s'illuminer
quand elle l'ouvrira !

1er
FÉVRIER

8 h 24 17 h 44

Ste Ella

Une femme vient voir son médecin :

– Docteur, je crois que je perds la mémoire !

– D'accord, Madame, depuis quand ?

– Depuis quand quoi ?

2

FÉVRIER

8 h 22 17 h 46

Présentation du Seigneur

Quelle est la différence
entre un marteau et un élastique ?

Ils sont tous les deux en caoutchouc
sauf le marteau...

3
FÉVRIER

8 h 21 17 h 48

St Blaise

Quelle princesse a toujours
les lèvres gercées ?

Labello bois dormant.

4

FÉVRIER

8 h 19 17 h 49

Ste Véronique

On ne dit pas « il est népalais »,
mais « c'est un beau bébé ».

5
FÉVRIER

8 h 08 — 17 h 51

Ste Agathe

Un chameau
dit à un dromadaire :

– Comment ça va ?

– Bien. Je bosse, et toi ?

– Je bosse, je bosse.

6

FÉVRIER

8 h 16 — 17 h 53

St Gaston

« Cocu : Il vaut mieux être plusieurs
sur une bonne affaire
que seul sur une mauvaise. »

Tristan Bernards

Quel est le sport le plus fruité ?

La boxe, parce que tu te prends des pêches dans la poire et tu tombes dans les pommes.

8

FÉVRIER

8 h 13 17 h 56

Ste Jacqueline

Deux grand-mères alsaciennes discutent :

– Ma petite fille se marie la semaine prochaine !

– Ah, vraiment ? Félicitations ! Et le mari vient d'où ?

– De Faïsbouck, mais ne me demande pas où c'est !

9
FÉVRIER
8 h 12 17 h 58
Ste Apolline

WHOOSH!
OMG!!!
?!!!

Avez-vous déjà entendu
l'histoire de l'homme
qui a giflé un aveugle ?

Vous ne l'avez pas
vu venir celle-là, hein ?

10
FÉVRIER

8 h 10 · 17 h 59

St Arnaud

Un patron souhaite embaucher un comptable et soumet son offre à Pôle emploi.
Le lendemain, un militaire en reconversion se présente sur les suggestions de l'organisme.
Le patron lui demande :

– Savez-vous compter ?

– Oui bien sûr !

– Allez-y.

– Facile ! UN DEUX, UN DEUX, UN DEUX…

11
FÉVRIER
8 h 08 18 h 01
Notre-Dame de Lourdes

– Allo ? C'est Jésus !

– Mais non !

– Mais si !

12

FÉVRIER

8 h 07 18 h 03

St Félix

J'ai dit à ma conjointe
qu'elle dessinait ses sourcils
trop hauts.

Elle m'a regardé,
l'air surprise…

13
FÉVRIER

8 h 05 18 h 04

Ste Béatrice

« L'amour rend fou,
il n'y a que la guerre
qui Rambo. »

Coluche

14
FÉVRIER

☀ 8 h 03 ☀ 18 h 06

St Valentin

« Je pense…
donc je suis célibataire. »

Liz Winston

15
FÉVRIER

8 h 01 18 h 08

St Claude

Papa, c'est quoi l'humour noir ?

– On joue au foot et je t'explique.

– Mais papa, je suis tétraplégique.

16
FÉVRIER

8 h 00 18 h 09

Ste Julienne

Que dit un rouleau de papier toilette à Luke Skywalker ?

J'essuie ton père.

17

FÉVRIER

7 h 58 18 h 11

St Alexis

– Docteur, on a calculé
que j'avais un quotient intellectuel de 18,
j'ai du mal à comprendre…

18
FÉVRIER
7 h 56 18 h 13
Ste Bernadette

Comment appelle-t-on
un bout de patate
qui tombe sur la Terre ?

Une météofrite !

19
FÉVRIER

7 h 57 18 h 14

St Gabin

Ce sont deux fous
qui sont dans leur chambre.
Un des deux regarde par la fenêtre
et dit :

– Tiens, la nuit tombe.

L'autre répond :

– Tant pis pour elle !

20
FÉVRIER

7 h 52 18 h 16

Ste Aimée

Vous connaissez
l'histoire de l'armoire ?

Elle n'est pas
très commode...

21
FÉVRIER

7 h 51 18 h 18

St Pierre-Damien

« Si n'être point cocu
vous semble un si grand bien,
ne vous point marier
en est le vrai moyen. »

Molière

22
FÉVRIER

☀ 7 h 49 ☀ 18 h 19

Ste Isabelle

Quelle est la différence entre une bière et du pipi ?

Environ un quart d'heure…

23

FÉVRIER

7 h 47 18 h 21

St Lazare

« Et puis nos coutumes divergent, et divergent, c'est énorme. »

Pierre Desproges

24

FÉVRIER

☀ 7 h 45 ☀ 18 h 22

St Modeste

Deux amis d'enfance discutent :

– T'es toujours en train de me contredire, on dirait ma copine !

– Mais… T'as pas de copine !

– Tu vois ! Tu recommences !

25

FÉVRIER

7 h 43 18 h 24

St Roméo

Deux chèvres sont sur un bateau :
BABI et BABA.

BABA tombe à l'eau.

Que se passe-t-il ?

BABA coule et BABI bêle.

26
FÉVRIER

7 h 41 18 h 26

St Nestor

– Avez-vous déja vu le film *Constipation* ?

– Non…

– Normal, il n'est pas encore sorti !

27
FÉVRIER

7 h 39 18 h 27

Ste Honorine

Deux gommes se rencontrent en ville,
l'une d'elle dit à l'autre :

– Ça va ?

L'autre lui répond :

– *Gomme si, gomme ça...*

28
FÉVRIER

7 h 37 18 h 29

St Romain

Comment appelle-t-on
la mère du phoque ?

Mother phoquer !

1er
MARS

☀ 7 h 34 ☀ 18 h 31

St Aubin

Quelle est la devise d'un chat diabolique ?

Satan est par minou.

Deux vaches discutent :

– Ça te fait pas peur toi
ces histoires de vache folle ?

– Ben j'm'en fous, j'suis un lapin !

3
MARS

☀ 7 h 30 ☀ 18 h 34

St Guénolé

C'est un citron et une vache
qui font un hold-up, le citron dit :

– Plus un zeste !

La vache se tourne

vers les otages et rajoute :

– Que personne ne bouze !

4

MARS

7 h 28 18 h 35

St Casimir

Au boulot,
deux informaticiens discutent :

– Qu'est-ce qu'on s'fichier !!

5
MARS

7 h 26 18 h 37

Ste Olive

Qu'est-ce qu'un dindon noir selon Maître Yoda ?

C'est le côté obscur de la farce !

6
MARS

7 h 24 18 h 39

Ste Colette

On ne dit pas
« les roux ont des couilles ».

On dit
« ils ont des rou-bignoles ».

7
MARS
7 h 22 18 h 40
Ste Félicité

Les avis sur l'avortement
c'est comme les tétons.
Tout le monde en a,
ceux des femmes sont
sensiblement plus utiles,
mais on ne vit jamais
que ceux des hommes…

8

MARS

7 h 20 18 h 42

St Jean de Dieu

« Le dicton
“Une de perdue, dix de retrouvées”,
c’est des conneries !
Tu as déjà vu dix nanas
qui t’attendent en bas de chez toi ?!
Et tu leur dit :
– Vous êtes qui ?
– Bah les filles du dicton ! »

Gad Elmaleh

9
MARS
7 h 18 18 h 43
Ste Françoise

Beethoven entre
dans un restaurant italien,
et demande au réceptionniste :

– Est-ce que Mozart est là ?

10
MARS
7 h 16 18 h 45
St Vivien

Comment reconnait-on
un Belge dans un combat de coqs ?

Cest celui qui amène un canard !

Comment reconnait-on un Français
dans un combat de coqs ?

C'est celui qui parie sur le canard !

Comment sait-on que la Mafia italienne
a organisé le combat ?

C'est le canard qui gagne...

L'amour, c'est comme le rugby,
il commence par une touche
et finit par un plaquage !

12
MARS

7 h 11 18 h 48

Ste Justine

C'est un homme qui croise
un de ses copains dans la rue :

– Tiens, José, ça va ?

– Eh bien, figure-toi que ma belle-mère
est morte la semaine dernière…

– Oh mince, toutes mes condoléances !

Mais qu'est-ce qu'elle avait ?

– Bof, trois fois rien :
une vieille table, un buffet…

13

MARS

7 h 09 18 h 49

St Rodrigue

C'est un chat
qui entre dans une pharmacie.
Il demande :

– Il me faudrait un sirop
pour matou.

14

MARS

7 h 07 18 h 51

Ste Mathilde

Où samedi se trouve avant vendredi ?

Dans le dictionnaire.

15

MARS

7 h 05 18 h 53

Ste Louise

Un escargot croise une limace :

– Woaw ! La belle décapotable !

16
MARS
7 h 03 18 h 54
Ste Bénédicte

« Pour le week-end,
nous avons voulu faire
les Châteaux de la Loire.
Malheureusement,
ils étaient déjà faits. »

Francis Blanche

17
MARS
7 h 01 18 h 56
St Patrick

Un policier demande
à un fou assis sur un banc
depuis trois heures :

– Que faites-vous là ?

– Puisque la Terre tourne,
j'attends que ma maison passe.

18
MARS
6 h 59 18 h 57
St Cyrille

Le chanson préférée du plombier :

Un siphon, font, font
les petites clés à moletteuu...

19
MARS

6 h 57 18 h 59

St Joseph

Un homme raconte à son ami :

– Il y a trois ans,
je suis parti en vacances aux USA
et ma femme est tombée enceinte.

– Il y a deux ans,
je suis parti en Grèce
et nous avons eu un deuxième enfant.

Cette année, j'aimerais bien
qu'elle vienne en vacances
avec moi.

20
MARS

6 h 55 19 h 00

Printemps • St Herbert

Deux femmes discutent
dans un café :

– J'ai lu dans le journal
qu'une femme a tué son mari
pendant leur nuit de noces.

– C'est parce que
la nuit porte conseil…

21
MARS

☀ 6 h 53 ☀ 19 h 02

Ste Clémence

Pourquoi ne faut-il jamais raconter d'histoires drôles à un ballon ?

Parce qu'il pourrait éclater de rire !

22
MARS
6 h 51 19 h 03
Ste Léa

« J'arrive toujours
en retard au bureau,
mais je me rattrape
en partant plus tôt. »

Charles Lamb

23

MARS

6 h 48 19 h 05

St Victorien

Dans la cour de récréation, deux copains discutent :

– J’ai une bonne et une mauvaise nouvelle.

– Bah, commence par la mauvaise…

– La mauvaise nouvelle, c’est que j’ai oublié la bonne !

24

MARS

6 h 46 19 h 06

Ste Catherine de Suède

Comment a fait la grenouille pour devenir aussi grosse que le bœuf ?

Elle a pris des hormones de croâssance !

25

MARS

6 h 44 — 19 h 08

St Humbert

James Bond saute en parachute
et atterrit dans un champ.
Il frappe à la porte d'une maison
et se présente :

– Bond, James Bond.

La paysanne répond :

– Monde, Raymonde.

C'est quand
le *Retour du Jedi* ?

Entre le mercredaille
et le vendredaille.

27
MARS

☀ 6 h 40 ☀ 19 h 11

St Habib

On ne dit pas « Calcutta »,
mais « quelle chance tu as ».

28
MARS

6 h 38 19 h 12

St Gontran

« Quand je vois ce que je vois
et que j'entends ce que j'entends,
je suis bien content de penser
ce que je pense. »

Fernand Raynaud

29

MARS

6 h 36 19 h 14

Ste Gladys

Quel est l'animal le plus heureux ?

Le hibou car sa femme est chouette.

Et le plus malheureux ?

Le taureau car sa femme est vache.

30

MARS

6 h 34 19 h 15

St Amédée

« Je tromperais bien l'ennui avec sa femme… »

Elie Semoun

31

MARS

6 h 32 19 h 17

St Benjamin

Qu'est-ce qui commence par P
et qui finit par IL ?

Pas facile…

Poisson d'avril !

1er
AVRIL

7 h 30 20 h 18

St Hugues

« La connerie,
c'est la décontraction de l'intelligence. »

Serge Gainsbourg

2

AVRIL

7 h 28 20 h 19

Ste Sandrine

– Tu connais la blague du carton ?

– Non…

– Elle va te scotcher…

3
AVRIL

7 h 26 20 h 21

St Richard

Un jeune couple se promène dans un parc :

– Mon chéri…ce paysage me laisse sans voix…

– C'est parfait ! Nous campons ici.

4

AVRIL

7 h 23 20 h 22

St Isidore

Quel super héros donne
le plus vite l'heure ?

Speed heure man !

5

AVRIL

☀ 7 h 21 ☀ 20 h 24

Ste Irène

Pourquoi faut-il aimer son prochain ?

Parce que les autres sont loin.

6

AVRIL

7 h 19 · 20 h 25

St Marcellin

Deux fous jouent aux cartes
dans un hôpital psychiatrique.

L'infirmière arrive
avec une seringue.
L'un d'eux dit :

– Tiens, voilà la dame de pique !

7

AVRIL

☀ 7 h 17 ☀ 20 h 27

St Jean-Baptiste de La Salle

Qu'est-ce qui est orange et qui court ?

Une orange pressée.

8

AVRIL

7 h 15 20 h 28

Ste Julie

« Si l'on supprimait l'Œdipe
et le mariage, que nous resterait-il
à raconter ? »

Roland Barthes

9
AVRIL

7 h 13 20 h 30

St Gauthier

Pourquoi est-ce que les anges sont sourds ?

Parce que Jésus Christ.

10

AVRIL

7 h 11 20 h 31

St Fulbert

« C'est drôle comme les gens
qui se croient instruits
éprouvent le besoin
de faire chier le monde. »

Boris Vian

11

AVRIL

7 h 09 20 h 33

St Stanislas

Qu'est-ce qu'un Alsacien ?

Un Belge qui n'a pas pu arriver en Suisse.

12
AVRIL

7 h 07 20 h 34

St Jules

WHOOSH!

Qu'est-ce qui a
cent-vingt-trois dents
et deux yeux ?

Un crocodile.

Qu'est-ce qui a
cent-vingt-trois yeux
et deux dents ?

Un autobus
de personnes âgées.

?!!!

13
AVRIL
7 h 05 20 h 36
Ste Ida

WHOOSH!
OMG!!!
?!!!

Deux bonbons
marchent dans la rue
et un flic les interpelle :

– Vos papiers, s'il vous plaît !

14
AVRIL

7 h 03 20 h 37

St Maxime

C'est l'histoire
d'une maman qui dit à son fils :

– Tu veux bien m'aider
à changer ton petit frère ?

– Pourquoi ? Il est déjà usé ?

15
AVRIL

7 h 01 20 h 39

St Paterne

Deux amis discutent :

– Crois-tu à la vie après la mort ?

– Non, je n'y crois pas et toi ?

– Ben… Je n'y croyais pas,
mais, depuis que ma belle-mère
est morte, je revis !

16
AVRIL

☀ 6 h 59 ☀ 20 h 40

St Benoît-Joseph

Un jeune homme entre chez le boucher
et lui dit :

– Bonjour monsieur,
je voudrais la main de votre fille.

Le boucher répond :
– D'accord, avec ou sans os ?

17
AVRIL

6 h 57 20 h 42

St Anicet

« Les risques du métier :
son menton a soudainement quitté
la paume de sa main droite posée
grâce à un coude et sa tête est
venue frapper lourdement le bureau.
Une fois de plus,
un fonctionnaire s'est tué au travail. »

Les Nuls

18
AVRIL

6 h 56 20 h 43

St Parfait

Qui vit dans les tavernes ?

Les hommes de bières

19

AVRIL

6 h 54 20 h 45

Ste Emma

Quel est le numéro de téléphone de la poule ?

4441919

20
AVRIL

☀ 6 h 52 ☀ 20 h 46

Pâques • Ste Odette

Tu as quatre poussins
et tu n'en veux que trois.
Comment faire ?

Tu en pousses un !

21
AVRIL

☀ 6 h 50 ☀ 20 h 48

Lundi de Pâques • St Anselme

Si on rate
très très souvent le bus,
on peut dire qu'on est ceinture noire
de car raté ?

22
AVRIL

☀ 6 h 48 ☀ 20 h 49

St Alexandre

– Tu t'appelles comment ?

– Sandra.

– T'as pas froid la nuit !?

23

AVRIL

6 h 46 · 20 h 51

St Georges

Qu'est ce qui fait 999 fois « tic » et une fois « tac » ?

Un mille-pattes avec une jambe de bois !

24

AVRIL

6 h 44 20 h 52

St Fidèle

Le gruyère demande au camembert :

– Qu'est-ce que tu fais ?

– J'apprends à nager pour ne pas couler, tu devrais faire pareil avec tes trous.

25

AVRIL

6 h 43 20 h 53

St Marc

« Un jour mon père
m'a pris à part…
et m'y a laissé. »

Jack Vernon

26
AVRIL

6 h 41 20 h 55

Ste Alida

Qu'est-ce qu'un panda pas étiré ?

Un panda court.

Qu'est-ce qu'un panda étiré ?

Un panda long.

27
AVRIL

6 h 39 · 20 h 56

Ste Zita

Quel bruit font les Inuits quand ils boivent des coups ?

Igloo, igloo !

28
AVRIL

6 h 37 20 h 58

Ste Valérie

On ne dit pas
« faire des vendanges »,
mais
« péter comme un Dieu ».

29
AVRIL

6 h 36 20 h 59

Ste Catherine de Sienne

L'avocat du diable,

il fait un *guacamole* d'enfer !

30

AVRIL

6 h 34 21 h 01

St Robert

« Le travail
est l'opium du peuple
et je ne veux pas
mourir drogué. »

Boris Vian

1er
MAI

6 h 32 21 h 02

Fête du travail • St Jérémy

Je me demande
si les gens qui grillent les feux
arrivent aussi
à mouiller l'eau…

2
MAI

6 h 31 21 h 04

St Boris

C'est deux potes qui discutent.
L'un d'eux demande à l'autre :

– Dis-moi, je ne t'ai pas vu avec ta copine.
Ça va toujours ?

– Ben elle m'a plaqué sans raison.
Alors pour la punir,
je lui ai piqué son fauteuil roulant.

– Hein ? Mais t'es ouf, pourquoi t'as fait ça ?

– Pour rigoler.
D'ailleurs, devine qui est revenue
en rampant à mes pieds ce matin ?

?!!!

3
MAI
6 h 29 21 h 05
St Philippe

On ne dit pas
« mon amiral »,
mais
« mon copain rouspète ».

4
MAI
6 h 27 21 h 07
St Sylvain

Deux hommes
sont dans une salle d'attente.
L'un d'eux tourne en rond
depuis dix minutes en répétant :

– J'aurais dû écouter ma mère
quand j'étais petit…
j'aurais dû l'écouter…

Le second s'impatiente
et finit par lui demander :

– Mais qu'est-ce qu'elle vous disait
votre mère ?

– Bah je sais pas justement…

5
MAI
6 h 26 21 h 08
Ste Judith

Un petit garçon regarde son aquarium et demande à sa maman :

– Ça grossit vite les poissons ?

– Cela dépend des pêcheurs, mon chéri. Tu vois, le thon, que ton père a pêché il y a cinq jours, prend 500 g à chaque fois qu'il raconte son exploit.

Un homme est convoqué
par la police :

– C'est bien vous qui aviez signalé
la disparition de votre femme ?

– Parfaitement, m'sieur le commissaire !

– Eh bien, on l'a retrouvée !

– Tant mieux, et qu'a-t-elle dit ?

– Rien !

– Rien ? Alors ce n'est pas elle !

7

MAI

6 h 23 21 h 11

Ste Gisèle

Quelle différence y a-t-il entre un milliardaire et un SDF ?

Le milliardaire change de Ferrari chaque semaine, alors que le SDF change de porche chaque jour.

8
MAI

6 h 21 — 21 h 12

Victoire 1945 • St Désiré

Un homme se fait
accuser de machisme
par ses amis.
Pour se défendre, il dit :

– Macho, moi ?
Chaque matin
j'apporte le café à ma femme.
Elle n'a plus qu'à le moudre.

9
MAI
6 h 20 21 h 14
St Pacôme

Qu'est-ce qu'un cochon qui fait de la peinture ?

Du lard abstrait.

10

MAI

6 h 18 21 h 15

Ste Solange

Un homme est arrêté
pour vol de voiture....

Mais sera libéré
deux ans plus tard
pour bonne conduite.

11
MAI
6 h 17 21 h 16
Ste Estelle

Deux bûcherons discutent :

– Je vais rester bûcheron toute ma vie…

– Moi, je vais changer de bouleau…

12

MAI

6 h 15 21 h 18

St Achille

C'est l'histoire d'un gars
qui fait du porte-à-porte.
Un jour ce gars sonne à une porte,
un homme lui ouvre :

– Bonjour monsieur, on fait une quête
pour la maison de retraite,
vous pourriez faire un don ?

– Oui, oui, bien sûr !
Mémé, prends ton manteau !

13
MAI

6 h 14 21 h 19

Ste Rolande

Un gars vient d'être admis à l'asile.
À peine entré, il s'écrie :

– C'est qu'il y a un monde fou là-dedans !!

Deux enfants passent devant un panneau RALENTIR ÉCOLE.

– Tu te rends compte ?!

– Franchement, ils ne croient tout de même pas qu'on va y aller en courant !

15

MAI

6 h 11 21 h 22

Ste Denise

Les girafes n'existent pas,
c'est un coup monté.

« L'intuition féminine,
c'est cet étrange instinct
qui dit aux femmes qu'elles ont raison,
que ce soit vrai ou non. »

Oscar Wilde

17
MAI

6 h 09 · 21 h 24

St Pascal

Deux poissons discutent :

– On rentre ?

– Oui je me les caille !

18

MAI

☀ 6 h 08 ☀ 21 h 26

St Éric

Où est-ce que l'homme invisible part en vacances ?

Chez ses transparents.

19
MAI

6 h 07 21 h 27

St Yves

Un fils discute avec son père :

– Papa, c'est quoi
une déclaration d'impôts ?

– C'est le contraire du bulletin scolaire,
quand t'as bien travaillé, t'es puni !

20
MAI

6 h 05 21 h 28

St Bernardin

Connaissez-vous
le vrai métier du soleil ?

Il est chef de rayons.

21
MAI

6 h 04 21 h 29

St Constantin

Un homme demande à sa femme :

– Quel genre d'homme préfères-tu : très intelligent ou très beau ?

– Aucun des deux mon chéri, tu sais bien que c'est toi que j'ai choisi.

22
MAI
6 h 03 21 h 30
St Émile

Pourquoi klaxonne-t-on pendant les mariages ?

Pour prévenir du danger.

23

MAI

6 h 02 · 21 h 32

St Didier

C'est l'histoire d'un mec
qui entre dans un bar :

– Je voudrais deux bières s'il vous plaît.

– Des pressions ?

– Non, alcoolisme...

24

MAI

6 h 01 21 h 33

St Donatien

– Ma belle-mère est un ange.

– T'as de la chance,
la mienne est encore en vie…

25
MAI

6 h 00 · 21 h 34

Fête des mères • Ste Sophie

Qu'est-ce qu'un
petit disco-cheval ?

Un Poney M.

26
MAI

6 h 00 21 h 35

St Bérenger

Une superbe jeune femme
sort de chez le fleuriste
avec un magnifique bouquet de roses.

Un monsieur s'approche et lui dit :

– Mademoiselle, vous ne pouvez savoir
à quel point j'aimerais être
à la place de vos roses.

– Ah bon mais pourquoi, monsieur ?

– Mais pour être dans vos bras, voyons !

– Ah mais ne vous y fiez pas,
aussitôt à la maison,
je leur coupe la queue.

27
MAI

5 h 59 21 h 36

St Hildebert

« Le tabac est une plante assez prisée qui ne manque pas de chique mais qu'on prend assez souvent à la blague... »

Anonyme

28
MAI
5 h 58 21 h 37
St Germain

« Les femmes viennent de Venus.
Les hommes mangent des Mars. »

MC Solaar

29

MAI

5 h 57 21 h 38

Ascension • St Aymard

Quel sont les deux animaux
les plus intelligents ?

Le Cerf et le Veau.

30

MAI

☀ 5 h 56 ☀ 21 h 39

St Ferdinand

Deux lions discutent :

– Allez, avoue que tu es amoureux ! dit l'un.

L'autre répond :

– Arrête, tu vas me faire rugir !

31

MAI

5 h 56 21 h 40

Visitation

Quelle est la date
de la fête des fumeurs ?

Le 1er juin…

1er
JUIN

5 h 55 21 h 41

St Justin

Un type dit à son copain :

– Chaque fois que je m'engueule
avec ma femme,
elle devient historique !

–Tu veux dire hystérique !

– Non, historique !
Elle se souvient de tout
ce que j'ai fait de travers…
du jour…et de l'heure.

C'est un âne
qui rencontre un autre âne
dans un pré, il lui demande :

– C'est quoi ton nom ?

– Bob, dit l'âne.

3
JUIN

☀ 5 h 54 ☀ 21 h 43

St Kevin

– Tu connais
la blague qui tue ?

– Non…

– Pan !

4
JUIN

5 h 53 21 h 44

Ste Clotilde

« Mon mec c'est un bobo,
mais écolo, c'est un biobio. »

Caroline Vigneaux

5
JUIN

5 h 53 21 h 45

St Igor

Que devient un pépito
à minuit ?

Un pépitard...

6
JUIN

5 h 52 21 h 46

St Norbert

« Quand on mettra
les cons sur orbite,
t'as pas fini de tourner. »

Michel Audiard

7

JUIN

5 h 52 21 h 46

St Gilbert

Un homme lit le journal et dit à son épouse :

– Savais-tu que les femmes
utilisent 30 000 mots par jour
et les hommes 15 000 ?

La femme lui répond :

– C'est facile à expliquer,
il faut toujours répéter
deux fois la même chose aux hommes.

L'homme se retourne vers elle et dit :

– Quoi ?!

La maîtresse demande à Toto :

– Toto, tu peux me citer les continents ?

– Oui bien sûr. L'Europe, l'Afrique, l'Asie, Papi.

– Mais pourquoi papi ?

– Car maman dit toujours que papi est incontinent.

9

JUIN

5 h 51 21 h 48

Lundi de Pentecôte
Ste Diane

– Tu connais la blague
du con qui dit non ?

– Non…

– …

10
JUIN
5 h 51 21 h 48
St Landry

Un enfant
demande à sa maman :

– Maman, tu dis que nos voisins
sont du Midi.

– Mais, nous,
on est du matin ou du soir ?

11
JUIN

5 h 51 21 h 49

St Barnabé

Quel est le comble
pour un potier ?

Choper une gastro
en terre cuite…

12
JUIN

5 h 51 21 h 50

St Guy

Deux potes écossais boivent et discutent :

– Il faut absolument que j'arrête de boire du whisky, je vois tout en double !

– Tiens d'ailleurs, je te rends les deux livres que je t'ai empruntés !

13
JUIN

5 h 51 21 h 50

St Antoine de Padoue

Un ministre est cambriolé un soir
et le cambrioleur lui dit :

– Donnez-moi votre argent !

Le ministre répond :

– Savez-vous que
je fais partie du gouvernement ?

– Dans ce cas, donnez-moi mon argent !
répond le cambrioleur.

14
JUIN

5 h 51 21 h 51

St Élisée

Quelle est la différence entre une couturière, un drogué et un Anglais ?

– La couturière se pique le doigt.

– Le drogué se pique le bras.

– Et l'Anglais se pique english.

15
JUIN

5 h 51 21 h 51

Fête des pères
Ste Germaine

– J'ai acheté un nouvel appareil auditif.

– Ah oui, tu en es content ?

– Il est trois heures !

16

JUIN

5 h 51 21 h 52

St Jean-François Régis

Comment fait-on aboyer un chat ?

On lui donne une soucoupe de lait et il la boit !

17
JUIN

5 h 51 21 h 52

St Hervé

« Si vous mettez le pied sur une vipère, vous risquez une mort sûre. »

Jean Aillaud

18
JUIN

☀ 5 h 51 ☀ 21 h 52

St Léonce

Le prix à la pompe a encore baissé.

Mais je préfère encore acheter
mes chaussures par deux...

19
JUIN

5 h 51 21 h 53

St Romuald

Comment appelle-t-on
un rassemblement de guêpes ?

La guêpe ride !

20
JUIN

5 h 51 21 h 53

St Silvère

Quel est le sport
le plus silencieux ?

Le para « chuuut »...

21
JUIN

5 h 51 21 h 53

Été • St Rodolphe

Un chien rencontre un crocodile.

Le crocodile dit au chien :

– Salut, sac à puces !

Le chien lui répond :

– Salut, sac à main !

22

JUIN

5 h 52 21 h 53

St Alban

Une petite fille
demande à son père :

– Qu'est-ce qu'on devient
quand on est mort ?

– On devient de la poussière,
lui répond le père.

– Alors je crois que j'ai un mort
sous le lit !

23
JUIN
5 h 52 21 h 53
Ste Audrey

Toto montre
ses notes scolaires à son père.
En colère, son père lui dit :

– Tes notes sont lamentables !
Je voudrais bien savoir si ton meilleur copain
rentre chez lui avec des 0 sur 20 !

– Lui, c'est différent,
ses parents sont intelligents…

24
JUIN
5 h 52 21 h 53
St Jean-Baptiste

Un jeune père discute avec son collègue :

– Mon fils marche depuis quatre mois.

– Oh, là, là, il doit être loin maintenant !

25

JUIN

5 h 53 21 h 53

St Prosper

Deux poules discutent :

– Comment vas-tu ma cocotte ?

– Pas très bien. Je crois que je couve quelque chose !

26

JUIN

5 h 53 21 h 53

St Anthelme

Deux hommes discutent :

– On a beaucoup écrit sur moi.

– Ah, vous êtes connu ?

– Non, tatoué.

27

JUIN

5 h 54 21 h 53

St Fernand

– Tu connais la blague à deux balles ?

– Pan ! Pan

28

JUIN

5 h 54 21 h 53

St Irénée

Pourquoi les femmes de ménage préfèrent-elles faire le ménage chez les musiciens ?

Parce qu'elles ont un do mi si la sol fa si la si ré !

29

JUIN

5 h 55 21 h 53

St Pierre, St Paul

Comment appelle-t-on
une fleur très occupée ?

Une fleur over-bouquet.

30
JUIN

5 h 55 21 h 53

St Martial

Une femme entre dans une pharmacie, achète des produits amincissants.

Elle demande au pharmacien :

– *Vous pensez que je vais perdre combien ?*

Le pharmacien répond :

– 300 euros.

Que dit un vitrier à son fils pour qu'il soit sage ?

Tiens-toi à carreaux si tu veux une glace !

2

JUILLET

5 h 56 21 h 52

St Martinien

C'est l'histoire de deux grains de sable
qui arrivent à la plage :

– Purée, c'est blindé aujourd'hui…

3

JUILLET

5 h 57 21 h 52

St Thomas

Comment un Belge
tue-t-il un poisson ?

Il le noie.

4
JUILLET
5 h 58 21 h 52
St Florent

C'est deux fous qui marchent dans la rue.
Le premier demande au second :

– Je peux me mettre au milieu ?

5
JUILLET
☀ 5 h 59 ☀ 21 h 51
St Antoine

Tu connais la blague de la chaise ?

Elle est
tellement longue…

6
JUILLET

☀ 6 h 00 ☀ 21 h 51

Ste Mariette

On ne dit pas la maîtresse d'école,
on dit : la maîtresse prend l'avion.

7
JUILLET

6 h 00 21 h 50

St Raoul

Deux cannibales mangent un clown.

L'un d'eux s'arrête et dit :

– Eh, tu trouves pas
que ça a un drôle de goût ?

8

JUILLET

6 h 01 21 h 50

St Thibault

Dans une grosse société,
le patron entre dans le bureau
d'un de ses salariés.

– Michel ! Ça fait trois fois
que je vous surprends
en train de dormir au bureau...
je vais devoir sévir !

– Mais ce n'est pas ma faute,
c'est à cause de vos chaussures, chef !

– Pardon ?

– Ben oui, avec vos nouvelles semelles
on ne vous entend plus arriver.

9
JUILLET
6 h 02 21 h 49
Ste Amandine

C'est l'histoire d'un mec
qui entre chez un antiquaire
et qui dit :

– Bonjour, quoi de neuf ?

Pourquoi les Bretons
sont forts en barbecue ?

Parce qu'ils ont
des bonnes braises !

11
JUILLET

6 h 04 21 h 48

Ste Olga, St Benoît

Que font les dinosaures quand ils n'arrivent pas à se mettre d'accord ?

Un tirajosor...

12

JUILLET

6 h 05 21 h 47

St Olivier

Où trouve-t-on des chats drôles ?

Dans les livres, car il y a des chapitres.

13

JUILLET

6 h 06 21 h 46

St Henri, St Joël

– Tu fais quoi ?

– Je matte un tuto sur les enfants.

– Genre comment les élever ?

– Genre comment les faire…

14

JUILLET

6 h 07 · 21 h 45

Fête nationale • St Camille

Rambo fait du jardinage.

Eh, oui, Rambo bine.

15

JUILLET

6 h 08 21 h 44

St Donald

Un astronaute
qui commet un crime dans l'espace
sera-t-il puni ?

Non, car il s'agit
d'un crime sans gravité.

16
JUILLET

6 h 09 21 h 44

Notre-Dame du Mont Carmel

« Quand tu mets
de l'argent de côté,
c'est garanti : il tombe. »

Pierre Légaré

17

JUILLET

6 h 10 21 h 43

Ste Charlotte

Quel animal
est philosophe ?

La poule qui
file aux œufs !

18
JUILLET

☀ 6 h 11 ☀ 21 h 42

St Frédéric

« Le phare illumine les mers.
Le fard enlumine les filles. »

Alphonse Allais

19

JUILLET

6 h 12 21 h 41

St Arsène

– Tu connais la blague de l'assassin ?

– Non…

– Elle tue !

20

JUILLET

6 h 14 21 h 40

Ste Marina

Pourquoi mange-t-on de la glace après un chagrin d'amour ?

Car glace répare,
car glace remplace.

21
JUILLET

☀ 6 h 15 ☀ 21 h 39

St Daniel, St Victor

– Tu as déjà vu
une tomate chanter ?

– Non, mais j'ai déjà vu
une carotte rapper !

22

JUILLET

6 h 16 21 h 37

Ste Marie-Madeleine

On ne dit pas « javelliser »,
mais « j'ai lu ».

23
JUILLET

☀ 6 h 17 ☀ 21 h 36

Ste Brigitte

« C'est en voyant un moustique
se poser sur ses testicules
que l'on s'aperçoit
qu'on ne peut pas régler
tous les problèmes
par la violence. »

24
JUILLET

☀ 6 h 18 ☀ 21 h 35

Ste Christine, Ste Ségolène

Qu'est-ce qu'un petit cheval dans une piscine ?

Un poney de bain.

25

JUILLET

6 h 20 21 h 34

St Jacques

Je me suis marié deux fois,
deux échecs :

La première s'est barrée,
la deuxième est restée !

26
JUILLET

☀ 6 h 21 ☀ 21 h 33

Ste Anne, St Joachim

Avec quoi paye-t-on à Prague ?

Avec un carnet Tchèque.

27

JUILLET

6 h 22 21 h 31

Ste Nathalie

Un homme va voir un médecin parce qu'il a des problèmes de mémoire :

– Docteur, s'il vous plaît, aidez-moi, j'ai des pertes de mémoire ! Que dois-je faire ?

Le docteur lui répond :

– Commencez par me payer tout de suite !

28

JUILLET

6 h 23 21 h 30

St Samson

Que faire
lorsqu'un geek pleure ?

On le console.

29
JUILLET

☀ 6 h 25 ☀ 21 h 29

Ste Marthe

Deux mamans discutent :

– J'ai perdu mon chien !

– Faites passer une annonce !

– Ça ne sert à rien, il ne sait pas lire.

30

JUILLET

6 h 26 21 h 27

Ste Juliette

Qu'est-ce qu'on dit
quand on appelle un monstre
à quatre têtes ?

Allô, allô, allô, allô !

31
JUILLET

☀ 6 h 27 ☀ 21 h 26

St Ignace de Loyola

C'est l'histoire
d'une mouette
qui partage un gâteau.

Du coup elle fait mouette
mouette.

1er
AOÛT
6 h 27 21 h 25
St Alphonse

Où porte-t-on
les bretelles les plus longues ?

À Cuba.

2
AOÛT

☀ 6 h 29 ☀ 21 h 23

St Julien

Quel est le point commun
entre un homme au réveil
et un élastique ?

Eh bien il s'étire, il s'étire, il s'étire,
et il pète !

3
AOÛT

6 h 30 21 h 22

Ste Lydie

Un jour,
j'ai demandé à Gargan de tuer.

Et Gargan Tua…

4
AOÛT

6 h 31 21 h 20

St Jean-Marie Vianney

Un homme demande à un avocat :

– Quel est le montant de vos honoraires ?

– Mille euros pour trois questions.

L'homme lui demande alors :

– N'est-ce pas un peu excessif ?

Et l'avocat lui répond :

– En effet. Quelle est votre troisième question ?

5
AOÛT

6 h 33 21 h 19

St Abel

Deux singes discutent
dans un laboratoire :

– Tu vois le type en blouse blanche là-bas ?
Eh bien, j'ai réussi à le dresser.

– Sérieux ?

– Regarde, à chaque fois
que j'appuie sur ce bouton,
il m'apporte une banane.

6
AOÛT

☀ 6 h 34 ☀ 21 h 17

St Octavien

Qu'est-ce
qu'un lampadaire ?

Une lampe
avec une seule bosse.

7
AOÛT

6 h 35 21 h 15

St Gaétan

« Quand tu prends confiance
en la confiance,
tu deviens confiant. »

Jean-Claude Van Damme

8
AOÛT

6 h 37 21 h 14

St Dominique

Un jour, Dieu demanda à Léonard de devenir une scie.

Et depuis, Leonard De Vinci…

9

AOÛT

6 h 38 21 h 12

St Amour

À quoi servent
les archipels ?

À faire
des archi-trous !

Lundi : je creuse

Mardi : je creuse

Mercredi : je creuse

Jeudi : je creuse

Vendredi : je creuse

Samedi : je creuse

OK, la blague est plate, mais le trou est profond !

11 AOÛT

6 h 41 21 h 09

Ste Claire

WHOOSH!
OMG!!!
?!!!

Quelle est la puissance électrique d'un Coton-Tige ?

Deux watts !

12
AOÛT
6 h 42 21 h 07
Ste Clarisse

Mieux vaut être onze et tristes,

que Trézeguet !

13

AOÛT

6 h 44 21 h 05

St Hippolyte

Dans le lit, avant de se coucher,
un mari et sa femme discutent :

– Chérie, avec combien d'hommes
as-tu dormi avant moi ?

– Seulement avec toi, chéri !
Avec les autres, je ne dormais pas !

14
AOÛT

6 h 45 21 h 03

St Évrard

Quelle est la date d'anniversaire
de tous les chats ?

C'est à la mi-août...

15
AOÛT

6 h 46 21 h 02

Assomption • Ste Marie

Une fille demande à sa mère :

– Est-ce que mon petit frère est un ange ?

– Oui, ma chérie.

– Alors pourquoi ne s'est-il pas envolé quand je l'ai jeté par la fenêtre ?

16
AOÛT
6 h 48 21 h 00
St Armel, St Roch

D'après Elvis Presley,
il y a deux types d'OVNI,
vous les connaissez ?

L'OVNI tender
et l'OVNI true.

17
AOÛT

6 h 49 · 20 h 58

Ste Jeanne

– Tu connais la blague du petit-déj ?

– Non…

– Pas de bol…

18

AOÛT

6 h 51 20 h 56

Ste Hélène

Tu connais l'histoire du lit superposé ?

C'est une histoire à dormir debout…

19

AOÛT

6 h 52 20 h 54

St Jean Eudes

Un automobiliste se gare dans la cour d'une ferme et demande à la fermière :

– Bonjour madame, vous avez une vache noire ?

– Non monsieur !

– Un cheval noir ?

– Non plus...

– Un gros chien noir alors ?

– Ah ça, non !

– Pas de doute alors, je crois bien que j'ai écrasé le curé.

C'est l'histoire d'un putois
qui rencontre un autre putois.
Il lui dit :

– Tu pues toi !?

21
AOÛT

6 h 55 20 h 51

St Christophe

– Récite-moi le verbe marcher au présent.

Toto répond :

– Je… marche… tu marches…

Mais la maîtresse le presse :

– Allez, plus vite, Toto !

Ce à quoi il répond :

– Euh…je cours euh…tu cours, il court…

22

AOÛT

6 h 56 20 h 49

St Fabrice

Comment un Belge fait-il
pour faire un double de ses clefs ?

Il les photocopie.

23
AOÛT

6 h 58 20 h 47

Ste Rose

Une femme se regarde
debout devant la glace.
Elle dit à son époux :

– Je me trouve horrible à regarder,
grasse et ridée…
J'ai besoin d'un compliment.

Le mari répond :

– Tu as une très bonne vue.

Deux moustiques
sont en train de discuter :

– Tu sais, explique le premier.
En vrai, les hommes nous aiment bien.

– Ah, je pensais plutôt le contraire,
dit l'autre.

– Si, si, je te jure. Hier soir,
il y en a un qui a passé toute la nuit
à m'applaudir !

25
AOÛT

7 h 01 20 h 43

St Louis

Un couple va au cinéma avec son bébé.

L'ouvreuse les prévient :

– Si l'enfant pleure, vous devrez quitter la salle…
Bien sûr, on vous remboursera !

Le film commence.
Au bout d'une demi-heure,
le mari se penche vers sa femme :

– Qu'en penses-tu ?

– Ce film est nul !

– Tu as raison chérie, réveille le petit…

26
AOÛT

7 h 02 20 h 41

Ste Natacha

C'est l'histoire
d'un flamant rose.

Un jour, il a pris son pied,
et il est tombé.

– Tu peux me prêter cinq euros ?

– Dis donc, t'exagères !
Tu me dois déjà cinq euros !

– Bah justement !
C'était pour te les rendre !

28
AOÛT

7 h 05 20 h 37

St Augustin

« Le mariage,
c'est échanger
de mauvaises humeurs
le jour
et de mauvaises odeurs
la nuit. »

Montherlant

29
AOÛT

7 h 06 20 h 35

Ste Sabine

Qu'est-ce qu'une luciole qui a pris du Viagra ?

Un néon !

30
AOÛT

7 h 08 20 h 33

St Fiacre

Deux gars discutent :

– Tu ferais quoi si aujourd'hui, c'était la fin du monde ?

– Je tirerais sur tout ce qui bouge et toi ?

– Je ne bougerais pas.

31
AOÛT
7 h 09 20 h 31
St Aristide

Des scientifiques ont réussi à croiser un ver de terre et un hérisson :

ils ont obtenu vingt centimètres de *fil de fer barbelé...*

1er

SEPTEMBRE

7 h 12 20 h 28

St Gilles

De quelle couleur
sont les parapluies quand il pleut ?

Ils sont tout verts !

2

SEPTEMBRE

7 h 13 · 20 h 26

Ste Ingrid

C’est un bol et une tasse
qui sont devant un évier :

– Je n’ai pas envie de plonger, dit le bol.
À chaque fois, je bois la tasse.

– C’est vrai, répond la tasse.
Tu n’as jamais eu de bol !

3
SEPTEMBRE

7 h 14 20 h 24

St Grégoire

« Il en est de l'argent
comme du hérisson,
plus facile à saisir qu'à retenir. »

Archiloque

4

SEPTEMBRE

7 h 16 · 20 h 22

Ste Rosalie

Toto rentre à la maison
après son premier jour à l'école.
Sa maman lui demande :

– Alors Toto, as-tu appris
beaucoup de choses aujourd'hui ?

– Pas beaucoup apparemment.
Ils veulent que j'y retourne demain…

5
SEPTEMBRE

7 h 17 20 h 20

Ste Raïssa

X au carré se balade dans la forêt.
Quand il en ressort,
il n'est qu'un simple X, pourquoi ?

Parce qu'il a trébuché
sur une racine...

6
SEPTEMBRE

☀ 7 h 19 ☀ 20 h 18

St Bertrand

« Si haut qu'on monte,
on finit toujours pas des cendres. »

Henri Rochefort

7
SEPTEMBRE

7 h 20 20 h 16

Ste Reine

Est-ce qu'un pingouin
qui fait un spectacle,
on peut dire
que c'est un *One Manchot* ?

8

SEPTEMBRE

7 h 21 20 h 14

St Adrien

Quelle est la différence
entre les maths et la biologie ?

En biologie, on fait
de l'éducation sexuelle.
En maths, on nous demande
de trouver le point G.

9
SEPTEMBRE
7 h 23 20 h 12
St Alain

Maman Nuage et bébé Nuage
se promènent.
Bébé Nuage s’arrête et dit :

– Maman, j’ai envie de faire
pluie pluie !

10
SEPTEMBRE
7 h 24 20 h 10
Ste Inès

WHOOSH!
OMG!!!
?!!!

C'est une jolie petite antenne TV
amoureuse d'un paratonnerre.
Elle murmure :

– Dis, tu y crois toi,
au coup de foudre ?

11
SEPTEMBRE
☀ 7 h 26 ☀ 20 h 07
St Adelphe

Comment un parachutiste aveugle sait-il qu'il va toucher le sol ?

Il y a du mou dans la laisse du chien.

12

SEPTEMBRE

7 h 27 20 h 05

St Apollinaire

« J'aimerais terminer
sur un message d'espoir.
Je n'en ai pas.
En échange, est-ce que deux messages
de désespoir vous iraient ? »

Woody Allen

13
SEPTEMBRE

7 h 29 20 h 03

St Aimé

Tu veux que je te raconte une blague à l'envers ?

– Oui.

– Alors ça commence par rire.

14

SEPTEMBRE

7 h 30 – 20 h 01

Croix glorieuse

Qu'est-ce qu'un policier sur un tracteur ?

Un poulet fermier.

15
SEPTEMBRE
7 h 31 19 h 59
St Roland

Vaut mieux partir en couille
que de revenir à pied…

16
SEPTEMBRE

☀ 7 h 33 ☀ 19 h 57

Ste Édith

Deux cannibales discutent :

– Eh, t'aimes bien ta belle-mère ?

– Oui, j'en reprendrais bien un petit bout.

17

SEPTEMBRE

7 h 34 19 h 55

St Renaud

On ne dit pas
« C'est l'amazone »,
mais
« *c'est là que j'habite* ».

18
SEPTEMBRE

7 h 36 19 h 53

Ste Nadège

Un mari annonce
à l'un de ses copains :

– Je vais divorcer.

– Ah bon, pourquoi ?

– Tu supporterais, toi,
d'être avec quelqu'un qui boit, qui fume
et qui rentre à n'importe quelle heure ?

– Non !

– Eh bien, ma femme non plus !

19

SEPTEMBRE

☀ 7 h 37 ☀ 19 h 50

Ste Émilie

Qu'est-ce qui fait nioc-nioc ?

Un canard
qui parle en verlan.

20
SEPTEMBRE

☀ 7 h 38 ☀ 19 h 48

St Jean-Charles

Un homme qui a hérité
d'un oncle milliardaire une énorme
fortune va épouser une ravissante
jeune femme.
Tout de même, pour être certain
qu'elle l'aime pour lui-même, il lui demande :

– Réponds-moi franchement...
Si mon oncle ne m'avait pas laissé
100 millions, tu m'épouserais quand même ?

– Mais bien sûr, mon chéri...
Je t'épouserais quelle que soit la personne
qui te les a laissés !

21
SEPTEMBRE

7 h 40 19 h 46

St Matthieu

Que fait Zorro
avec un téléphone portable ?

Il utilise un numéro masqué.

22
SEPTEMBRE

7 h 41 — 19 h 44

Automne • St Maurice

C'est deux mecs au ciné qui discutent.
Soudain un homme devant eux se retourne :

– Oh, on n'entend rien.

– C'est normal, ça ne vous regarde pas…

23
SEPTEMBRE

7 h 43 19 h 42

St Constant

Pourquoi un chasseur emmène-t-il son fusil aux toilettes ?

Pour tirer la chasse.

24

SEPTEMBRE

7 h 44 19 h 40

St Anatole

« Il vaut mieux mobiliser
son intelligence sur des conneries
que mobiliser sa connerie
sur des choses intelligentes »

Les Shadocks

25

SEPTEMBRE

7 h 46 19 h 38

St Hermann

Quel est le point commun
entre un facteur
et un lanceur de couteau ?

Les deux doivent avoir
beaucoup d'adresse.

26
SEPTEMBRE

7 h 47 19 h 35

St Côme, St Damien

Un pneu va
chez son médecin :

– Docteur,
je me sens crevé…

27
SEPTEMBRE

7 h 48 19 h 33

St Vincent de Paul

Comment s'appelle
le mexicain debout à côté du bar ?

Pedro Sanchez.

28
SEPTEMBRE

7 h 50 19 h 31

St Venceslas

Deux anges
font la causette :

– Quel temps fera-t-il demain ?

– Nuageux.

– Ah tant mieux,
on pourra s'asseoir !

29
SEPTEMBRE

7 h 51 19 h 29

St Michel, St Gabriel

Quel est l'animal le plus généreux ?

Le poulain,
parce que quand il y en a poulain,
il y en a pou l'autre.

30
SEPTEMBRE

☀ 7 h 53 ☀ 19 h 27

St Jérôme

– Monsieur, savez-vous que votre chien aboie toute la nuit ?

– Oh, c'est pas grave, il dort toute la journée !

1er
OCTOBRE

☀ 7 h 54 ☀ 19 h 25

Ste Thérèse de l'Enfant Jésus

Quel est le point commun
entre Claude François et Ayrton Senna ?

Les deux étaient bons conducteurs.

2
OCTOBRE

7 h 56 19 h 23

St Léger

C'est l'histoire d'une blague vaseuse
alors mets tes bottes !

3
OCTOBRE
☀ 7 h 57 ☀ 19 h 21
St Gérard

– Bonjour,
vous avez ramené le pingouin
que vous avez trouvé
dans la rue au zoo ?

– Oui il a adoré,
aujourd'hui on va au cinéma !

4
OCTOBRE

☀ 7 h 59 ☀ 19 h 19

St François d'Assise

« Coucher avec un vieux,
quelle horreur !
Mais avec un jeune,
quel travail ! »

Alice Sapritch

5

OCTOBRE

8 h 00 19 h 17

Ste Fleur

Le juge demande à un accusé,
pris en flagrant délit du meurtre
de son père et de sa mère :

– Qu'avez-vous à dire pour votre défense ?

– *Vous* n'allez pas condamner
un pauvre orphelin ?

6
OCTOBRE

8h02 19h15

St Bruno

« Peu importe
que vous soyez belle ou non,
épousez un homme
qui a le même âge que vous.
Quand votre beauté déclinera,
sa vue fera de même. »

Phyllis Diller

7
OCTOBRE

☀ 8 h 03 ☀ 19 h 12

St Serge

Pourquoi les lapins agressent-ils les gens au niveau de leur cou ?

Ils attaquent la carotide !

8

OCTOBRE

8h05 19h10

Ste Pélagie

C'est deux nombrils qui se rencontrent.

L'un dit à l'autre :

– J'pense qu'il y a une soirée en bas.

9

OCTOBRE

8 h 06 19 h 08

St Denis

Une femme demande avec sarcasme à son époux retraité :

– Que penses-tu faire aujourd'hui ?

– Rien.

Elle lui répond alors :

– C'est déjà ce que tu as fait hier !

– Oui, mais j'ai pas fini.

10

OCTOBRE

8 h 08 19 h 06

St Hugo

Un geek ne sort pas du métro,
il libère la rame.

11
OCTOBRE
8 h 09 19 h 04
St Firmin

Tu connais l'histoire du nombril ?

– Non

– Bril

12

OCTOBRE

8 h 11 19 h 02

St Wilfried

Deux papis discutent sur un bac :

– Tu sais qu'en France, un automobiliste a un accident toutes les quatre minutes ?

– Il ne sait vraiment pas conduire ce mec !

Quel est le point commun
entre les maths et le sexe ?

Plus il y a d'inconnues,
plus c'est chaud.

14
OCTOBRE

8 h 14 18 h 58

St Céleste

Un facteur arrive en vélo
pour apporter une lettre à un Belge.
Il sonne et dit au Belge :
– Ceci est pour vous,
elle arrive tout droit d'avion…
Le Belge répond :
– Menteur,
je vous ai vu arriver en vélo !

15
OCTOBRE

8 h 15 18 h 56

Ste Thérèse d'Avila

« Appeler un chat un chat,
c'est bien.
Mais savoir distinguer
un chartreux d'un chat sauvage,
c'est encore mieux. »

Colette

16
OCTOBRE

☀ 8 h 17 ☀ 18 h 54

Ste Edwige

Comment un chasseur
fait-il la différence
entre un chien et un loup ?

Avec cinq bières !

17

OCTOBRE

8 h 18 18 h 52

St Baudouin

Pourquoi les océans
ne se disputent-ils jamais ?

Parce qu'ils ont
trop de profondeur pour ça !

18
OCTOBRE

8 h 20 18 h 51

St Luc

Un homme dit à sa femme :
– Chérie, peux-tu me dire un mot
qui me rendrait
à la fois heureux et triste ?
Sa femme répond :
– Bien sûr, le mot est oui !

19
OCTOBRE
8 h 21 18 h 49
St René

Après avoir reçu
un coup de couteau,
Rimbaud va voir le médecin
et lui dit :

– Docteur, j'ai mal.

– Vous avez mal où ?

– Vers l'aine…

20
OCTOBRE

8 h 23 18 h 47

Ste Adeline

On ne dit pas « il est chétif »,
mais
« il est chez le coiffeur ».

21
OCTOBRE
8 h 25 18 h 45
Ste Céline

Pourquoi l'eau salée
ne porte-t-elle jamais plainte ?

Parce qu'elle garde
son sel-contrôle !

22
OCTOBRE

8 h 26 18 h 43

Ste Élodie

Deux escargots grimpent sur un mur, il est très haut et c'est très dur.

Arrivés en haut, un des deux dit : « Eh bien, on en a bavé ! »

23
OCTOBRE

8 h 28 18 h 41

St Jean de Capistran

– Peux-tu aller arroser
les plantes dehors ?
– Mais il pleut !
– Bah prend un parapluie.

24
OCTOBRE

8 h 29 18 h 39

St Florentin

– Peux-tu me dire si le clignotant fonctionne ?

– Oui, non, oui, non, oui, non, oui, non…

Un jeune discute
avec son père paysan :

– Papa, plus tard,
j'ai envie d'être acteur.

– T'as de la chance mon p'tiot !
Parce que dans notre métier,
y'en a plein des tracteurs.

26
OCTOBRE

8h32 18h36

St Dimitri

Pourquoi les Belges lèchent les vieux murs ?

Parce qu'ils s'effritent...

27

OCTOBRE

8 h 34 18 h 34

Ste Émeline

La vitamine C…

Mais elle ne dira rien…

28
OCTOBRE

8 h 36 18 h 32

St Jude, St Simon

Combien de fils
a la mère de Justin ?

Juste un.

29
OCTOBRE

8 h 37 18 h 30

St Narcisse

C'est l'histoire de Why.

Why est bûcheron,

car depuis tout petit,
Why aime scier !

30

OCTOBRE

☀ 8 h 39 ☀ 18 h 29

Ste Bienvenue

–Toc, toc, toc !
– C'est qui ?
– C'est José.
– José qui ?
– José pas vous demander des bonbons…

31
OCTOBRE

8 h 40 18 h 27

Halloween • St Quentin

« La Toussaint :
c'est la fête de tous les Saints,
et surtout de Saint Fleuriste.
Le lendemain, le 2 novembre,
jour des trépassés,
les catholiques vénèrent leur belle-mère
en allant chez leurs morts. »

Pierre Desproges

1er
NOVEMBRE

7 h 42 · 17 h 25

Toussaint

Comment appelle-t-on
un chauffeur de corbillard ?

Un pilote décès…

2

NOVEMBRE

7 h 44 17 h 24

Défunts

Deux époux se disputent.

– Je te préviens, menace la femme, un mot, un seul mot de plus et je retourne chez mes parents !

Le monsieur sort alors la tête par la fenêtre et dit :

– Taxi !

3

NOVEMBRE

☀ 7 h 45 ☀ 17 h 22

St Hubert

Deux cannibales discutent :

– J'aime pas du tout, mais du tout les enfants.

– Ben, mange au moins les carottes.

4
NOVEMBRE

7 h 47 17 h 21

St Charles

Toto rentre de l'école
et dit à son père :

– Papa, j'ai eu zéro
parce que je ne savais pas
où se situait le col du fémur.

– La prochaine fois,
révise mieux ta *géographie* !

5
NOVEMBRE

7 h 48 17 h 19

Ste Sylvie

Qu'est-ce qu'un cadeau qui s'en va ?

Une surprise party.

6

NOVEMBRE

7 h 50 17 h 18

St Léonard

Une femme appelle son docteur en panique :

– Docteur ! Docteur !
Il ne me reste plus que 59 secondes à vivre !

– Une minute, j'arrive !

7

NOVEMBRE

7 h 52 17 h 16

Ste Karine

Qu'est-ce qu'un bras dans l'espace ?

– Un lépreux qui a fait de l'autostop !

Qu'est-ce que deux bras dans l'espace ?

– Un lépreux qui a fait la ola !

8
NOVEMBRE

7 h 53 17 h 15

St Geoffroy

C'est l'histoire d'un pingouin
qui respire par les fesses.

Un jour, il s'assoit et il meurt.

9
NOVEMBRE

7 h 55 17 h 13

St Théodore

« Quand mon heure sera venue,
je veux mourir dans le calme
et la dignité, comme mon père
et surtout pas en criant
et en hurlant
comme ses passagers. »

Étiene Rey

10
NOVEMBRE

7 h 56 17 h 12

St Léon

Une femme observe son mari
en train de planter un clou.
Elle lui dit :

– Tu me fais penser à la foudre.

– Parce que je suis rapide, hein ?

– Non, parce que tu ne frappes
jamais au même endroit !

11
NOVEMBRE

7 h 58 17 h 11

Armistice 1918

C'est l'histoire d'un aveugle
qui rentre dans un bar,
puis dans une chaise,
puis dans une table…

12

NOVEMBRE

8 h 00 17 h 09

St Christian

Le mariage est comme un mirage
dans le désert :
palais, cocotiers, chameaux…

Mais soudain tout disparaît
et il ne reste que le chameau.

13
NOVEMBRE
8h01 17h08
St Brice

Un homme arrive au commissariat
et demande à parler au cambrioleur arrêté
qui s'est introduit chez lui
la semaine précédente.

– C'est impossible, dit le policier,
il est en garde à vue.

– Dommage, je voulais juste savoir
comment il a fait pour rentrer
dans notre maison à deux heures du matin
sans réveiller ma femme.
Moi, ça fait quinze ans que j'essaie…

14
NOVEMBRE

8 h 03 17 h 07

St Sidoine

C'est l'histoire d'un papier qui tombe à l'eau. Il crie :

– Au secours ! J'ai pas pied !

15
NOVEMBRE

8h04 17h05

St Albert

– Chef, chef !
Il y a eu un vol cette nuit
au supermarché !
On a volé 2 000 cartouches
de cigarettes et 1 500 carottes.

– Vous avez des soupçons ?

– Ben ouais,
on recherche un lapin qui tousse.

16
NOVEMBRE

8 h 06 17 h 04

Ste Marguerite

« Mes beaux-parents sont venus
nous voir quelques jours.
Je viens juste
de les déposer à l'aéroport.
Leur avion part après-demain. »

Margaret Smith

17
NOVEMBRE

8 h 07 17 h 03

Ste Élisabeth

Pourquoi les canards
sont toujours à l'heure ?

Parce qu'ils sont dans l'étang !

18
NOVEMBRE
8 h 09 17 h 02
Ste Aude

« Parler pour ne rien dire,
et ne rien dire pour parler,
sont les deux principes majeurs
et rigoureux de tous ceux
qui feraient mieux de la fermer
avant de l'ouvrir. »

Pierre Dac

19

NOVEMBRE

8h10 17h01

St Tanguy

Quel est
le plus gros complexe
de l'homme tronc ?

C'est de rester planté là.

20
NOVEMBRE
8 h 12 17 h 00
St Edmond

– Allô Police !
Je viens d'écraser un poulet.
Que dois-je faire ?

– Eh bien, plumez-le
et faites-le cuire à thermostat 8.

– Ah bon !
Et qu'est-ce que je fais
de la moto ?

21
NOVEMBRE

8 h 13 16 h 59

Présentation de la Vierge Marie

Comment appelle-t-on
un alligator qui enquête ?

Un investi-gator !

22
NOVEMBRE

8 h 15 16 h 58

Ste Cécile

Un patient se plaint à son médecin :

– Docteur, ça ne va pas du tout.
Lorsque j'appuie sur mon cœur,
ça me fait mal.
Quand je tâte mon foie,
la douleur est intense,
et quand je touche mon ventre,
ça me fait très mal aussi.

Vous avez une idée de ce que j'ai ?

– Oui, monsieur, un doigt cassé.

23
NOVEMBRE

8 h 16 16 h 57

St Clément

Une femme entre dans sa salle de bains
et voit son mari tout nu, en train de se peser,
tout en rentrant son ventre.
Elle rigole et lui dit :

– Tu sais, tu as beau rentrer ton ventre,
ça ne fera pas descendre ton poids !

– Je sais bien, répond-il vexé.
Mais au moins, ça me permet de le lire !

24

NOVEMBRE

8 h 18 16 h 56

Ste Flora

« Vous avez lu l'article
sur cette femme qui a poignardé
trente-sept fois son mari ?
J'admire sa retenue. »

Roseanne Barr

25
NOVEMBRE

8 h 19 16 h 56

Ste Catherine

Qu'est-ce qui a deux pattes
et qui saigne ?

Un demi-chien.

26
NOVEMBRE

8 h 21 16 h 55

Ste Delphine

« Le bobsleigh, c'est comme l'amour :
On hésite au début,
on trouve cela très bien pendant
et on regrette que cela
soit déjà terminé après. »

Roselyne Bachelot

27
NOVEMBRE

☀ 8 h 22 ☀ 16 h 54

St Virgile

C'est l'histoire d'un mec
qui a cinq pénis.

Son slip
lui va comme un gant.

28
NOVEMBRE

8 h 23 16 h 53

St Jacques de la Marche

Qu'est-ce qui fait toin toin ?

Un tanard.

29
NOVEMBRE
8 h 25 16 h 53
St Saturnin

Une mère dit à son fils :

– Ferme la porte, il fait froid dehors !

– Mais maman, si je ferme la porte, il fera toujours froid dehors…

30
NOVEMBRE

8 h 26 16 h 52

St André

Quelles sont
les quatre étapes de la vie ?

Vous croyez au père Noël

Vous ne croyez plus au père Noël

Vous devenez le père Noël

Vous ressemblez au père Noël

1er

DÉCEMBRE

8 h 26 16 h 52

Ste Florence, St Éloi

Quel est le seul animal
qui nourrit lui-même sa voiture ?

La chèvre, car elle nourrit
son cabri au lait !

2

DÉCEMBRE

8 h 28 · 16 h 51

Ste Viviane

Trois petits moineaux
perchés côte à côte
sur une branche d'un arbre
aperçoivent trois vers de terre.

Le premier plonge illico et mange un ver.
Le deuxième également,
mais pas le troisième. Pourquoi ?

Parce qu'un ver ça va, mais trois...
bonjour les dégâts !

3
DÉCEMBRE
8 h 29 16 h 51
St François-Xavier

Quand on voit
ce que les pigeons ont fait
sur les bancs des parcs...

Il faut remercier Dieu
de n'avoir pas donné d'ailes
aux vaches.

4

DÉCEMBRE

8 h 30 16 h 51

Ste Barbara, Ste Barbe

Deux puces sortent du cinéma.
L'une dit à l'autre :

– On rentre à pied
ou on prend un chien ?

5
DÉCEMBRE
8 h 31 16 h 50
St Gérald

Comment est-ce que
la chouette sait que son mari
fait la gueule ?

Parce qu'hiboube.

6
DÉCEMBRE
8 h 32 16 h 50
St Nicolas

« Toutes les femmes finissent par ressembler à leurs mères, et c'est là leur drame.

Il n'en va pas de même pour les hommes, et c'est là leur drame. »

Oscar Wilde

7

DÉCEMBRE

8 h 33 16 h 50

St Ambroise

WHOOSH!
EET
OMG!!!
?!!!

C'est l'histoire d'un poil.

Avant il était bien.

Maintenant il est pubien.

8

DÉCEMBRE

8 h 35 16 h 49

Immaculée Conception

De quel pays
viennent les cochons ?

Des quatre groins
du monde.

9
DÉCEMBRE

8 h 36 16 h 49

St Pierre Fourier

– Ta femme est en vacances ?

– Oui, et je lui écris tous les jours !

– Ça alors, c'est de l'amour
ou je ne m'y connais pas !

– En fait, en partant, elle m'a dit :
« Si tu ne m'écris pas tous les jours,
je reviens tout de suite !

10
DÉCEMBRE

8 h 37 16 h 49

Ste Eulalie

Une dame se penche
du haut de la Tour Eiffel
et demande au garde de sécurité :

– Les gens se jettent-ils
souvent d'en haut ?

Le garde de sécurité lui répond :

– Oh ! Non, Madame,
une seule fois !

11

DÉCEMBRE

☀ 8 h 38 ☀ 16 h 49

St Arthur, St Daniel

Que fait une baleine
lorsqu'on la chatouille ?

Elle dit :
– C'est assez ! J'ai le dos fin !

Et elle se cache à l'eau…

12
DÉCEMBRE
8 h 38 16 h 49
St Corentin

« Pourquoi lave-t-on une injure alors qu'on essuie un affront ? »

Alphonse Allais

13 DÉCEMBRE

8 h 39 16 h 49

Ste Lucie

Que dit un Italien
pour dire au revoir ?

Pasta la vista !

14
DÉCEMBRE

8 h 40 16 h 49

Ste Odile

Que dit une banane malade
à ses camarades
qui ont aussi chopé le virus ?

On va tous mûrir !

15
DÉCEMBRE

8 h 41 16 h 50

Ste Ninon

– Notre chef est mort,
c'est très triste, évidemment.
Mais qui est
l'autre personne décédée ?

– L'autre personne ?

– Ben, oui.
Sur le faire-part il était écrit :
« Avec lui disparaît
notre meilleur collaborateur. »

16
DÉCEMBRE

8 h 42 16 h 50

Ste Alice

Comment savoir
quand un sapin est en colère ?

Il a vraiment les boules…

25
DÉCEMBRE

8 h 47 16 h 54

Noël

Melon et Melèche
font une tarte.

Comment se répartissent-ils
les tâches ?

Melon prépare la pâte et
Melèche les pruneaux.

Tu veux entendre une blague de construction ?

Laisse faire…
je travaille toujours dessus.

27
DÉCEMBRE

8 h 47 – 16 h 56

St Jean

Avez-vous entendu parler
des deux personnes
qui ont volé un calendrier ?

Ils ont pris chacun six mois.

28
DÉCEMBRE

8 h 47 16 h 56

Sts Innocents

C'est à sa tête de lard
que l'on reconnaît
un gros cochon.

29
DÉCEMBRE

8 h 47 16 h 57

St David

Un homme entre chez le boucher
et achète 1 kilo de bœuf haché.

Le boucher lui dit :

– Vous n'allez pas manger ça tout seul !

L'homme lui répond :

– Vous avez raison.
Donnez-moi des patates avec.

30
DÉCEMBRE

8 h 48 16 h 58

St Roger

On ne dit pas « un enfoiré »,
mais « une année de perdue ».

31
DÉCEMBRE
8 h 48 16 h 59
St Sylvestre

Dans un restaurant, un client dit :

– Garçon, que fait cette mouche dans ma soupe ?

– Je pense que c'est de la brasse, mais je peux me tromper…

17

DÉCEMBRE

8 h 43 16 h 50

St Gaël

Pourquoi les oiseaux volent-ils toujours vers le sud en hiver ?

Parce que c'est trop loin pour y aller à pied !

18
DÉCEMBRE

☀ 8h43 ☀ 16h50

St Gatien

Comment appelle-t-on une gousse d'ail qui rebondit contre le mur ?

Le retour du jet d'ail.

19
DÉCEMBRE
8h44 16h51
St Urbain

C'est un pistolet
qui rencontre une mitraillette
et qui lui dit :

– Ça fait longtemps
que tu bégaies ?

20
DÉCEMBRE

8 h 44 – 16 h 51

St Isaac

Deux manteaux discutent :

– Moi, c'est Bill et toi ?

– Ça alors, Bill aussi !

– Incroyable ! Nous sommes des Bill manteaux

21 DÉCEMBRE

8 h 45 — 16 h 52

Hiver • St Pierre Canisius

22
DÉCEMBRE

8 h 45 – 16 h 52

Ste Françoise-Xavière

Comment appelle-t-on
un lapin sourd ?

LAAAAAAPIIIIIIIIINNNNNNN !!!!!!

Les bretons
n'ont pas de montagnes,
mais ils ont
une sacré descente !

23
DÉCEMBRE
8 h 46 16 h 53
St Armand

Deux fous
font un sapin de Noël.

Le premier dit :
- Moi, je mets
les guirlandes électriques.

Il les installe et demande à son copain :
- Est-ce que ça fonctionne ?
- Oui, non, oui, non, oui, non...

24
DÉCEMBRE
8 h 46 16 h 53
Ste Adèle

Alexandra Loske (Ed.)
Sarah Lowengard

THE BOOK OF COLOUR CONCEPTS

1686–1963

Volume 2

TASCHEN

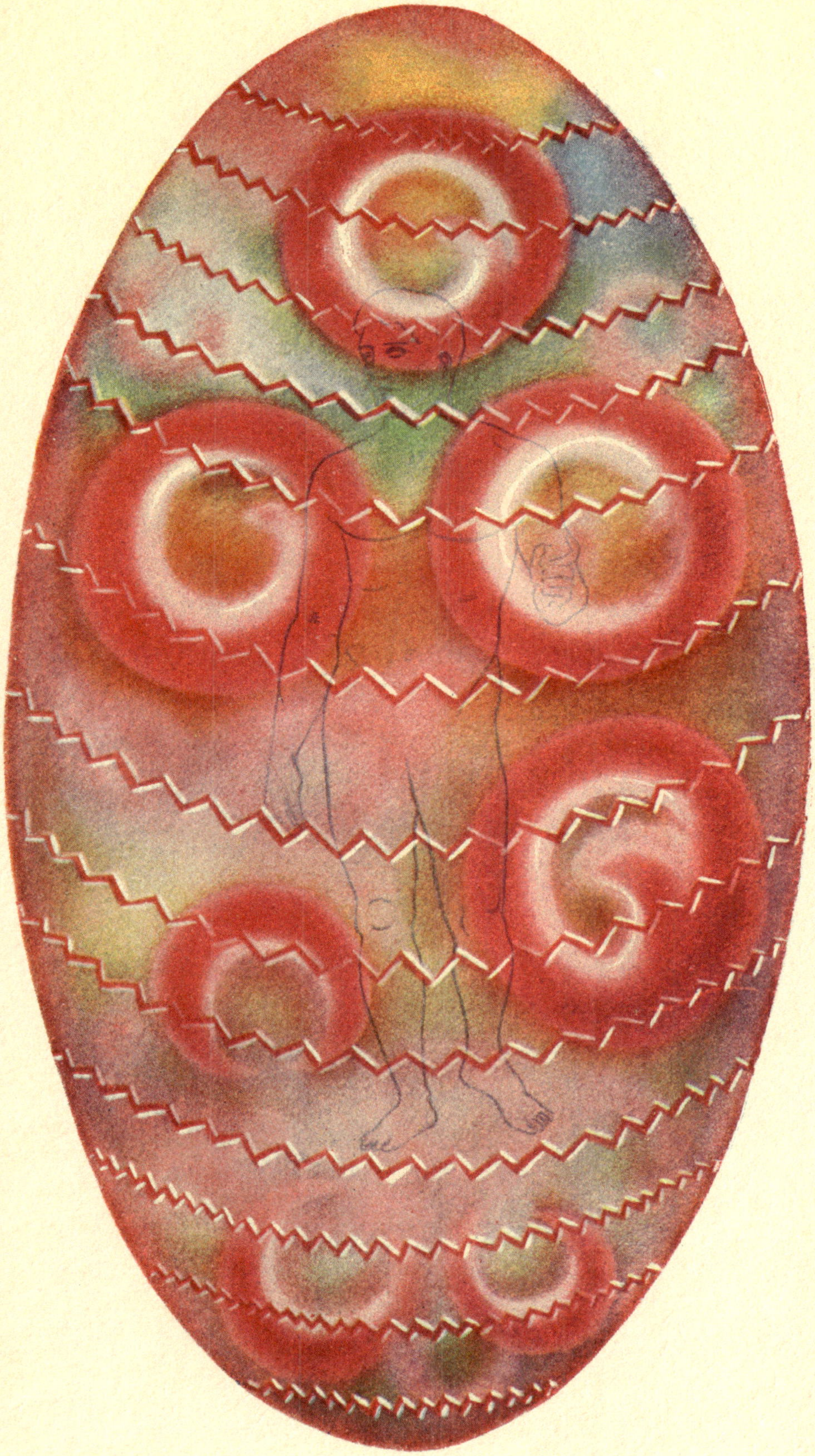

W

Cercle Chromatique
de
Mr. Chevreul
renfermant les couleurs franches
1861

Sarah Lowengard

THE MATERIALITY OF COLOUR CONCEPTS

The colour concepts presented in this book are the creations of more than 60 artists, writers, theorists and educators who have thought deeply about the use and meaning of colour. These manifestations of their effort point to the common desire among people everywhere to make sense of colour; that their ideas were issued in book form suggests a further desire to share that understanding with others. Each author articulates a unique, often personalised relationship to and among colours. Their approach might be broad or specific. It may call deeply on the work of the past or describe a new way to perceive colour in the world. No author presents their work as the only path to understanding, and the details of each articulation differ as much as the outcomes. Every conceptualisation is mediated by the time and place of its devising as well as by the concerns and capabilities of the author. It is the remarkable breadth, diversity and range of these concepts, in combination with their timeless aesthetic appeal, which is the subject of this new publication.

In the West, colour has been a long-standing topic of philosophical and practical interest, as witnessed by the temporal range of colour diagrams which extend from the five-colour concept of Franciscus Aguilonius (1567–1617) in 1613 (ill. 2) to the colour system established by the CIE (International Commission on Illumination) in 1976 (ill. 3). While undoubtedly many systems are now little known, certain others have acquired special currency, serving as a starting point for later considerations. Isaac Newton's (1643–1727) ideas about light and colour (ill. 19), first published in 1671 and widely available after 1704, are one such touchstone (pp. 210–217), while Michel-Eugène Chevreul's (1786–1889) laws of colour contrast, published a century and a half later, hold a similar place (pp. 282–295). Whatever one thinks of these works, their ideas were and continue to be acknowledged by natural historians, natural philosophers, artists and artisans concerned with colour in ways unrelated to their original scope. Critiques and re-assessments, as *The Book of Colour Concepts* shows, are ever-present in the history of colour concepts.

A commonplace of all attempts to explain colour is the inherent difficulty in formulating a holistic, complete, universal and lasting colour-concept system. Ideas change alongside the changes that come about in disciplines that use colour, as interpretations of what colour is, or shows, ebb and flow. Such shifting notions about colour are clearly evident in the sources collected here, and are readily apparent in the colours chosen, the language used to describe them and the forms they are given. They are likewise apparent in the way each author contextualises their contribution and describes their motive for developing their ideas. Some writers create that context for colour by emphasising its role in psychology or industry, or through a discussion of the ways in which the world of coloured things interacts with the natural world. Others confine their focus to artistic practice, or seek to make a larger point about the natural, manufactured and spiritual world, or the integrated character of the senses.

It is a daunting, yet invigorating task to find unity in a collection of colour systems when so many were created because an author found existing descriptions to be inadequate. The foundation of my approach is an acceptance that *The Book of Colour Concepts* represents a shared desire to make concrete a conceptualisation of colour. In considering each display system as an object, I have explored the interactions between holding an idea and organising the means by which it is communicated. Adapting classic questions in object studies to this group of visual colour systems exposes links between form, display and use, between colour as motive and colour as an essence of everyday life. When we identify common and divergent ways authors have built their colour system, we can better understand each use of colour to present information, its ideology and practice. Investigating the material nature of colour display systems shows how they grow from colour concepts and delineates their roles as both a guide for the future and an expression of value in time and place.

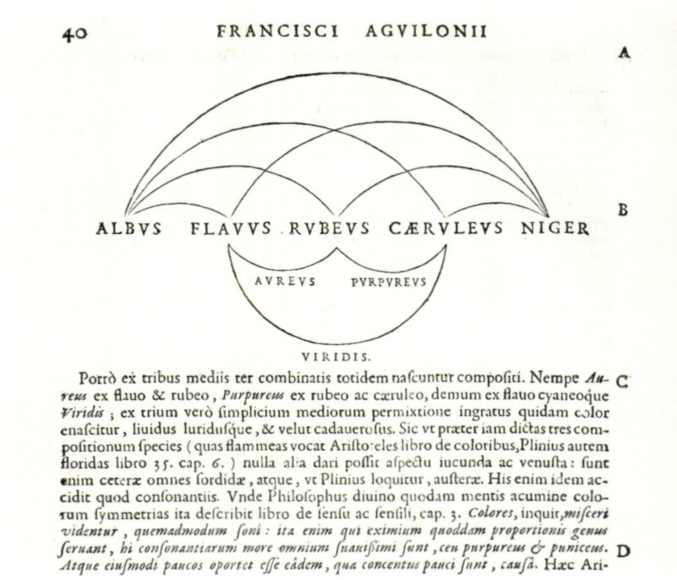
40 FRANCISCI AGVILONII

A

B

ALBVS FLAVVS RVBEVS CÆRVLEVS NIGER

AVREVS PVRPVREVS

VIRIDIS.

Porrò ex tribus mediis ter combinatis totidem naſcuntur compoſiti. Nempe *Aureus* ex flauo & rubeo, *Purpureus* ex rubeo ac cæruleo, demum ex flauo cyaneoque *Viridis*; ex trium verò ſimplicium mediorum permixtione ingratus quidam color enaſcitur, liuidus luriduſque, & velut cadauerosus. Sic vt præter iam dictas tres compoſitionum ſpecies (quas flammeas vocat Ariſtoteles libro de coloribus, Plinius autem floridas libro 35. cap. 6.) nulla alia dari poſſit aſpectu iucunda ac venuſta: ſunt enim ceteræ omnes ſordidæ, atque, vt Plinius loquitur, auſteræ. His enim idem accidit quod conſonantiis. Vnde Philoſophus diuino quodam mentis acumine colorum ſymmetrias ita deſcribit libro de ſenſu ac ſenſili, cap. 3. *Colores*, inquit, *miſceri videntur, quemadmodum ſoni: ita enim qui eximium quoddam proportionis genus ſeruant, hi conſonantiarum more omnium ſuauiſſimi ſunt, ceu purpureus & puniceus. Atque eiuſmodi paucos oportet eſſe eâdem, qua concentus pauci ſunt, cauſâ.* Hæc Ari- C D

2

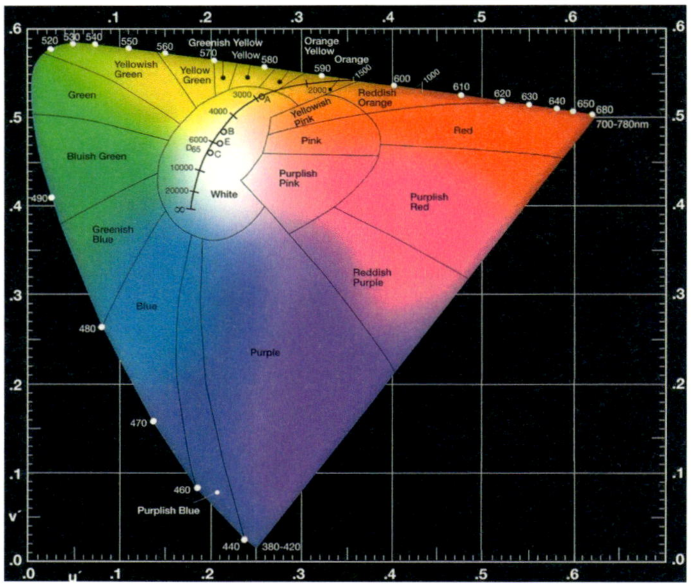

3

What Are These Objects?

Each presentation in this book sets out a diagram for a selection of colours. They vary in shape and format, in the number of colours represented and the number of subsets needed to express the authors' ideas fully. Some of these schemes are succinct, using a single gamut (or collection) of colours, perhaps even a single colour. Others employ several sets or forms to explain their ideas.

All the display systems shown here are two-dimensional, a characteristic imposed by the book format they share. Several may yet refer to a three-dimensional shape – a pyramid, globe, cube or other form. This could imply that the model depicted was not intended as a comprehensive presentation of the author's ideas. Perhaps, as in the work of David Ramsay Hay (pp. 320–341) and David Cox (pp. 502–515), the model was included to encourage the reader-user to make a version of their own and so not rely solely on the materiality of the model as it was transmitted. In other cases, for example, Johannes Itten (pp. 804–823) or George Barnard (pp. 516–523), it is clear that the work presented was to be regarded as complete and whole. Accompanying text may explain the author's theory and approach, enhancing in black and white what the diagrams show in colours.

A colour display system is a tool for visualising knowledge. The authors' assignment of value to their tool varies in each case: perhaps it is intended to standardise identification, perhaps its purpose is to align the natural and manufactured worlds better, or perhaps it is to aid understanding of a certain phenomenon. Some ordering systems are personal explorations of how colours connect to, complement or oppose each other. There are systems that seek to compare colour relationships across disciplines or communities, or beyond the boundaries of light or object. These goals are not exclusive, however, and no author can ensure their system will be used exactly, or only, as they planned. When the German geologist Abraham Gottlob Werner (1750–1817) designed a colour order system his purpose was to better identify geological specimens (ill. 4). Patrick Syme (1774–1845) reorganised and expanded Werner's system and, in this latter form, Werner's work has become a standard tool of colour reference for artists and natural historians in various disciplines (pp. 310–319).

Form, Use and Understanding

The shape given by each author to their presentation reveals information to us about their approach and expectations. A line of colours may be ordered by cultural convention (ill. 2) or selected, like an artist's palette, to enhance a graphic design (ill. 6). It might refer to a rainbow or the spectrum. Forming a circle from the spectral line may emphasise the idea of gradations between principal colours; a point made in many colour wheels (Chapter 2). A spiral shape might imply a repetitive continuity owing to the way the designer has incorporated tints or shades into the shape. The globe of colour, such as those devised by Philipp Otto Runge (p. 163, ills. 49, 50) and Albert Henry Munsell (pp. 584–599), and the hexahedron, proposed by Tobias Mayer (1723–1762; pp. 112–115) and further developed by the psychologist Edward B. Titchener (1867–1927; ill. 48) two centuries later, suggest the continuity of the notion that it should be possible to locate all colours within the properly chosen form. The shape or form of the colour display is thus closely tied to its author's conceptualisation of colour relationships, in addition to their assumptions about the ways in which their system was to be used.

How did the creators of these display systems envision their project? A look at how each author described their work is a reasonable starting point to analyse both form and substance. Richard Waller called his grid a "Catalogue", suggesting it was a collection, like the display of rocks or shells in a cabinet of curiosities (pp. 80–85). Johann Heinrich Meynier (1764–1825) referred to his system, which, like Waller's, was based on purchased pigments, as a table and a chart,

ILL. 1 *(Page 426)*
Michel-Eugène Chevreul
Chromatic Circle, 1861
Farbkreis
Cercle chromatique
Círculo cromático
Paris, Mobilier National

ILL. 2
Franciscus Aguilonius
The Five Simple Colours (White, Yellow, Red, Blue and Black) and Their Mixtures
Die fünf einfachen Farben (Weiß, Gelb, Rot, Blau, Schwarz) und ihre Mischungen
Graphique des cinq couleurs simples (blanc, jaune, rouge, bleu, noir) et leurs mélanges
Los cinco colores simples (blanco, amarillo, rojo, azul y negro) y sus mezclas
From: *Opticorum libri sex: philosophiis juxtà ac mathematicis utiles*
(Antwerp, 1613)
Williamstown, Massachusetts, Sterling and Francine Clark Institute Library

ILL. 3
The CIE Chromaticity Diagram, 1976
Die CIE-Normfarbtafel
Système chromatique de la CIE
Diagrama cromático de la CIE
Vienna, International Commission on Illumination

ILL. 4
Abraham Gottlob Werner
Colour Order System for the Identification of Geological Specimens
Farbordnungssystem zur Bestimmung von Gesteinsproben
Ordonnancement chromatique pour l'identification des spécimens géologiques
Sistema de orden de colores para la identificación de muestras geológicas
From: *Von den äußerlichen Kennzeichnen der Foßilien*
(Leipzig, 1774)
Heidelberg, Universitätsbibliothek

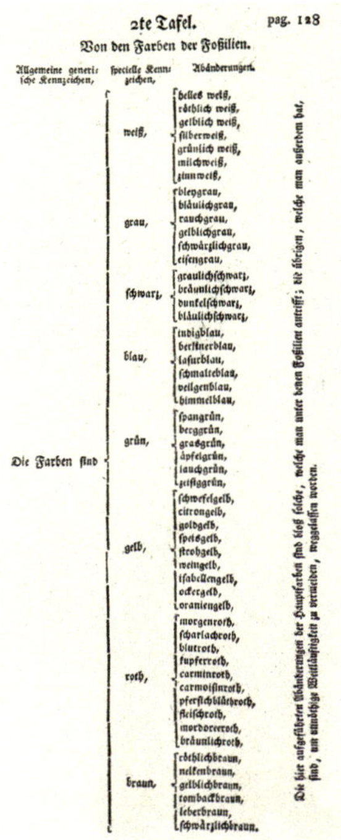
2te Tafel. pag. 128
Von den Farben der Foßilien.

Allgemeine generische Kennzeichen, | specielle Kennzeichen, | Abänderungen.

Die Farben sind
weiß, — helles weiß, röthlich weiß, gelblich weiß, silberweiß, grünlich weiß, milchweiß, zinnweiß,
grau, — bleygrau, bläulichgrau, rauchgrau, gelblichgrau, schwärzlichgrau, eisengrau,
schwarz, — graulichschwarz, bräunlichschwarz, dunkelschwarz, bläulichschwarz,
blau, — indigblau, berlinerblau, lasurblau, schmalteblau, veilgenblau, himmelblau,
grün, — spangrün, berggrün, grasgrün, äpfelgrün, lauchgrün, zeisiggrün,
gelb, — schwefelgelb, citrongelb, goldgelb, speisgelb, strohgelb, weingelb, isabellengelb, ockergelb, oraniengelb,
roth, — morgenroth, scharlachroth, blutroth, kupferroth, carminroth, carmoisinroth, pfersichblüthroth, fleischroth, mordoreeroth, bräunlichroth,
braun, — röthlichbraun, nelkenbraun, gelblichbraun, tombackbraun, leberbraun, schwärzlichbraun.

Die hier aufgeführten Abänderungen der Hauptfarben sind bloß solche, welche man unter denen Foßilien antrifft; die übrigen, welche man außerdem hat, sind, um unnöthige Weitläuftigkeit zu vermeiden, weggelassen worden.

4

emphasising the physical form rather than its sources (pp. 124–129). Moses Harris (1730–*c.* 1788) elucidated a "Natural System" based on his work with natural history specimens (pp. 138–143). Munsell's conception of colour was cartographic: he designed both a colour atlas and a cut-away globe, with a dark-to-light centre and full-value hues at the outer edge (ills. 7, 8). James Sowerby (1757–1822) provided a concordance, Elizabeth Burris-Meyer (1899–1969) a guide, and Aloys John Maerz (1885–1972) and Morris Rea Paul (1895–1970) together compiled a dictionary. *The Colour Index*, available since the 1920s, is an important technical work. Some authors presented their colour concept as a free-standing theory, while others incorporated them into practical handbooks or elected to focus on the explanation of colour as an aspect of the arts, psychology or the senses. Certain works, on the other hand, are not labelled, as when an author presented a text in which colour was simply one of many tools or aspects. Each description, however, confirms that establishing the order of colours, which is integral to all systems, was understood in many different ways.

The Natures of Colour Theorists

What kind of person is driven to articulate a colour concept, and what inspires that person to share it through publication? An obvious motivation is a desire to contribute to the arts, sciences, industry or spiritual enquiries that is a significant part of the modern Western ethos. Or, perhaps an author devised a system to understand what people see or experience, much as we might draw an unfamiliar object to understand what it looks like and how it works. Subsumed into these different types of response could be a desire to extend an existing work, or frustration with existing systems. Johann Wolfgang von Goethe (1749–1832), for example, is often cited as having been motivated by his disagreement with prevailing colour theories, and the *Historischer Theil* of his *Farbenlehre* (1810) makes clear his dissatisfaction with many such theories (pp. 236–249). More recently, historians have recognised in Goethe's frustration a different approach with regard to what colour is, or can be, compared with that put forward by Newton, and his different interpretations of a similar vocabulary. When Christine Ladd-Franklin (1847–1930) suggested a theory of colour based on her explanation of colour vision (pp. 610–617), it was as an alternative to the more scientific Young-Helmholtz theory. Like Goethe, she favoured qualities over quantification. Identifying the sources of such differences of opinion helps to clarify the driving forces behind the use of any colour concept, whether founded in physiology, psychology, natural history, philosophy or artisanal practice.

Many authors also incorporated occupational interests into their colour theory. Instructions for use may emphasise a pedagogical role, since colour instruction was a component of much artisan training before the 18th century. We can see this interest in later works too, with Munsell, an art education teacher, and Josef Albers, who taught artists. Similarly, Édouard Guichard, Charles Lacouture, Masanori Iehara and Kan'ichiro Shiozu all suggested modern colour schemes in their publications that were issued to instruct designers and design students. Furthermore, while Chevreul's work was undertaken on behalf of the 19th-century textile industry in France (ills. 1, 11), his ideas remain essential to the colour classroom today.

Demonstrating a Colour Concept

The author of a colour theory or a philosophy of colouring might begin their work with observations, experiments, notes, drafts and illustrations before finalising the form of their concept and its colours (ills. 9, 10). The original version might require several sheets or even sheaves of paper, and perhaps also the physical construction of a geometric solid or other tangible form – the creation of the tool itself. The author's adaptation of their concept into book form enables

5

them to broadcast their ideas and to contribute to ongoing conversations about colour, specifically, what it is, what it means and how it is useful. The conversion of the materials that demonstrate each theory from unique example to reproducible form requires reconsideration from a range of possible actors, whether it be the author, publisher or technicians. This context of development and production is known for certain of the items collected here. Thomas Birch (1705–1766), in his history of the Royal Society of London, described the techniques used to create Waller's chart for the *Philosophical Transactions of the Royal Soceity*, while the library of the Muséum Nationale d'Histoire Naturelle in Paris holds some of Chevreul's research materials, including his notes and drafts about colouring and colour contrasts. Munsell shared typescript copies of the commonplace books in which he recorded the development, production and commercialisation of his colour system, and Hilma af Klint (1862–1944) hand-copied her own artworks into notebooks (pp. 704–715) in order to show them to others as she travelled. Not all original works were adapted under the eye of their author, however, as with Georg Christoph Lichtenberg (1742–1799), the editor of Tobias Mayer's posthumous papers, who wrote at length about Mayer's theories and his own efforts to explain them (pp. 112–115). Our ability to consider the original alongside its adaptation for the public sphere enhances contextualisation of the latter version. Such documentation of display systems indicates the constraints production may exert on the transmission of colour information.

How Is It Made?

A book that describes a colour system requires the paper and ink common to any book, but also colour sources such as pigments, and colouring materials or inks, the combination of colour source or sources with various liquids, adhesives, or other chemicals. Each colouring material used should be visually and chemically stable, appropriate to the paper and production method used, and should be available in sufficient quantity to complete the print run. The paper on to which the colour is applied, not necessarily identical to that of the text pages, is also a variable. A paper that is too porous might cause the colour to bleed, blurring the edges, but if it is too hard, the colour could migrate (ills. 13, 14). The tint and gloss of the paper will have a visual effect on the image. Colour printing may require specialised printing tools: as the books in this collection show, the choices of technology to add colour included hand-work and a variety of mechanical presses, singly or in combination.

The precision needed in a colour chart or display system which distinguishes hundreds, or sometimes thousands of coloured samples requires more than appropriate colouring materials and paper, however. In general, the examples included in this book have used well-established techniques, whether hand-colouring, block-printing, tipping in coloured papers, stencilling, chromolithography or, for the later works, photomechanical and silkscreening processes. Ensuring the correct placement of the correct colour was always a concern. The writer of an essay in *Publishers' Weekly* ("Triumph at Yale: Albers' *Interaction of Color*", published in 1963) described the rigorous care taken to produce the colour plates in the original edition of Albers's *Interaction of Color* (pp. 824–837). The article described an eight-step silkscreening process with closely monitored hand-work at every stage, and the use of up to 22 specially made pigments. In the late 17th century, Birch described the glass pipette devised to drop a precise amount of every colour used in each of the approximately 500 copies of Waller's colour catalogue. The print historian Ad Stijnman has noted that Jacob Christoph Le Blon (1667–1741) colour-printed his palettes (pp. 100–103) but added by hand the dashes of oil colour that represent each pigment in the image. Chevreul's printers probably used pochoir, or stencilling methods, for his colour circles, and this masking technique may have facilitated the overlay of colours for the 72 units of

Ill. 5
Wilhelm Ostwald
The Ostwald Colour Solid
Der Ostwald'sche Doppelkegel
Corps coloré d'Ostwald
Sólido de color de Ostwald
London, Slade School of Fine Art, Winsor and Newton Archives

Ill. 6
The Microsoft Colour Palette
Farbpalette von Microsoft
Palette des couleurs de Microsoft
Paleta de color de Microsoft
Screenshot from a Microsoft Word drop-down list

6

his circles (pp. 296–307). John Denis MacDonald's (1826–1908) colour-music spectrum looks as if it were hand-painted with watercolour, but is probably chromolithography or a photomechanical process (pp. 640–647).

A printed volume might incorporate colours by including pages with printed outlines and instructions to colour in the template. This practice could engage the owner (or their amanuensis) in a different way from simple reading or viewing, but it is unlikely that this was a goal before the later 19th century. Hand colouring by the purchaser made each copy unique and personal. It also threatened transmission of the author's colour concept when it involved unsuitable colouring materials or miscued placements (ills. 15, 16).

The Compromises of Colour Reproduction

In 1725, Le Blon described in detail the problem of balancing the visual intensity of the red, blue and yellow colouring sources he used. A century later, the physicist and psychologist Gustav Fechner (1801–1887) quantified what artisans knew from experience, namely that the visual impression of a colour is not proportional to the quantity of pigment used. A one-to-one mixture of a perfect yellow and a perfect blue does not guarantee a perfect green. Finding the right balance was important for accuracy whether the printing relied on hand-colouring, woodblock printing, metal plates or screens for transferring the colours to the page.

When nuances are important, as in a presentation about colour and colour formation, selective use of pre-mixed colours can produce more consistent results over multiple copies. Lichtenberg noted this practice when commenting that Mayer had turned to ready-made pigments to create certain mixtures; he also complained about the difficulty of reproducing Mayer's triangle, which is one reason why his diagram is seven-sided rather than twelve-sided, as Mayer's thesis stated. Despite these problems, creating multiple colours by over-printing a few, as demonstrated in Harris's book, remained a feature of colour printing, including the later four-colour processes.

The use of pasted-in or tipped-in pieces of specially coloured paper was another solution used to achieve the correct colour shades and balances on paper designed for text. Both Lichtenberg and Johann Ferdinand von Schönfeld (1750–1821) made use of this method, and printers continued to use it for colour illustrations into the 20th century. Pasted-in illustrations meant that the colour printing could be outsourced to specialists; this could improve quality and standardisation across all copies. The use of tipped-in illustrations could be an economic decision too as paste application was a less skilled task, and therefore cheaper, than colour matching on the printed page.

The physical and chemical characteristics of the papers used to print in colours have always been an important consideration. It was a given that any paper used had to be strong enough to withstand the pressures of printing and subsequent handling. The colour and texture of the paper as a substrate, and whether the colour was absorbed into it or sat on top, would affect the "look" of the display system as it appeared on the page, influencing how well the author's intentions were communicated. A paper with a poor finish might disintegrate, or alter the colouring material over time. Early hand-painted images in the sources presented here used the same paper as was used for the text, but as the technology of colour printing became more specialised it became more typical to use special papers – perhaps bleached to a brighter white or coated to create a more reflective surface. These could be bound into the book or tipped-in on to a blank page.

The search for precision in colour communication led to alliances between specialist printers in the effort to accurately print colour display systems. Guichard credited the production of the colour plates for his *Grammaire de la couleur* (1882) to Maison Jouanny, a wallpaper

7

ILL. 7
Albert Henry Munsell
A Balanced Colour Sphere
Eine ausgewogene Farbenkugel
Sphère chromatique équilibrée
Una esfera de color equilibrada
From: *A Color Notation*
(New York, 1919)
Boston College Libraries

ILL. 8
The Munsell Color Tree
Der Munsell'sche Farbbaum
Arbre chromatique de Munsell
Árbol de color de Munsell
Private collection

manufacturer in Paris (ills. 31–33). Wallpaper printers were well versed in printing multiples with mixtures of colours and this appears to have been a common practice. The colour plates of Emily Noyes Vanderpoel (1842–1939; pp. 562–583) also exhibit some of the hallmarks of wallpaper printing, particularly as the colours were printed on a white-coated paper similar to that commonly used as a wallpaper ground. The white ground layer is thickly laid on the paper, and has over time deformed to give the colour plates a leathery appearance. The printer stippled colour on to this ground, leaving much of the white visible to achieve the lighter tints of a hue; black inks were stippled over the colour to create darker shades. Thomas Griffits (1883–1957), in his handbook for colour printers, demonstrated the range of shades that could be obtained by careful control of both colour and technique (ill. 27).

Ultimately, the success of any image on paper as a communication tool depends on the interplay between the colouring material and the surface to be coloured. Whether for printing, writing or painting, the colouring material requires both a colour source and a dispersion vehicle, two components that vary, that may be comprised of more than one substance and may change over time – darkening, for instance, as Le Blon's palettes show.

In 1797, Alois Senefelder (1771–1834) described in his patent for lithography the possibilities of using the technique to print coloured images (ill. 20). Later developments, by the American Louis Prang (1824–1909) and others, included the use of metal rather than stone, and a production system that involved the use of several different plates in a process similar to that invented by Le Blon. These changes facilitated the commercialisation of colour lithography and contributed to the development of the photomechanical processes first demonstrated by James Clerk Maxwell (1831–1879) in 1861 (ills. 21–23). Both techniques were temporally positioned to take advantage of newly developed synthetic colouring materials and the need to re-work inks to incorporate such sources.

The use of chromolithography in books about colour concepts became typical after "chromos" were established as the colour printing method to create inexpensive and popular items. Colour accuracy and stability were less important for printed ephemera such as trade cards (ill. 37), which is the best-known use of chromolithography during the 19th century.

The publication of a colour order system might offer a new colour concept without employing a correspondingly new printing technique. One point in favour of delayed adoption of a colour technology was improved understanding of the interplay between its production elements. For certain authors, fidelity to the original hand-made form may have been a more important requirement than producing a book that met standards of longevity. Thus, a potential disconnect exists between intellectual or philosophical modernity in colour conceptualisations, and the means employed to display those ideas.

As a final note about the materials of production for colour concepts, we should acknowledge the lack of articulation in these presentations of certain aspects of colour appearance – transparency and gloss, texture, iridescence, fluorescence and luminescence – all of which affect colour perception. Newton had discussed these phenomena in Proposition V of *Opticks*, and the colouring of glow-worms, peacock feathers and *lignum vitae* were common conundrums explored by natural historians. Authors of colour descriptions presented in this book refer to transparency and opacity, and glossy versus matt surfaces, as characteristics imparted by the composition of the colouring source. The incorporation of qualities such as these, which affect what colours look like, is seldom part of the system design. Despite this omission, metallicised, iridescent and highly saturated velvet-like colours were critical to the use and presentation of colour. Printers might give a metallic quality to a certain colour by dusting ground-up metal over wet ink. Engraving, especially mezzotint engraving, is often cited for its ability to sustain a range of tonal variations. Vanderpoel highlighted the difficulty of incorporating

8

9

Ill. 9
Michel-Eugène Chevreul (detail), 1889
Photograph, 36 x 30 cm (14⅛ x 11¾ in.)
Paris, Mobilier national

Ill. 10
Educational Card Showing Michel-Eugène Chevreul at Work
Didaktisches Sammelbild mit einem Porträt von Michel-Eugène Chevreul
Carte pédagogique à l'effigie de Michel-Eugène Chevreul
Postal educativa que muestra a Michel-Eugène Chevreul
Chromolithograph
Private collection

important visual-textural information into a colour system by adding a note about this quality in relation to the tree fungus depicted in her Plate CXIV (ill. 17). The shimmering effect of a peacock feather, Islamic lustreware or *soie changeante* could be analysed according to Chevreul's rules of colour adjacency, but even this method of understanding a colour effect is seldom approached. Similarly, fluorescence and luminescence, two colour qualities addressed by natural historians since the 17th century and as seen in the lustre glazing of a 15th-century earthenware dish, have only recently become part of discussions about colouring systems (ill. 18). Despite the wide range of concepts depicted in the colour display systems included in this book, after examining these images and charting the changed meanings of colour variations through them, we must nevertheless acknowledge the limits to the capabilities of any material presentation of colour concepts.

Charting Relationships within this Collection

As a collection of sources that trace colour understanding in Western history, the colour concepts presented in this book demonstrate an obvious and instructive diversity across time and geography. Even within this diversity, we can identify common foundations in types of colour concepts. Authors who incorporate a history of colour understanding into their work often acknowledge a range of approaches, but tend to select rather than synthesise. No author challenges the existence of colour, but differences between colour in light and colour on objects, and so how colour forms, is principally a concern for those who write about colour vision.

Similarly, the breadth of each colour presentation, if viewed as the quantity of colours articulated through each conceptualisation, varies according to its purpose. A closely described work such as a commercial catalogue or a treatise on watercolour landscape painting will include only those colours relevant to the task. Mary Gartside, George Field, Charles Hayter and others who explored colour as an aspect of painterly expression more regularly crossed theory with an experience-based practicality. Like Le Blon, Johann Heinrich Lambert, Harris and Itten, however, they relied on a carefully limited palette. Chevreul's efforts to codify and standardise the appearance values of colour contrast or colour adjacency affected 19th- and 20th-century artists, architects and designers; meanwhile, Munsell's atlas, Von Schönfeld's *Farbenkabinett* and Maerz and Paul's *Dictionary of Color* sought a high degree of specificity and the elimination of fanciful and confusing names. These works, like Syme's, functioned as standards for comparison and reproduction. Yet ultimately the presentation of hundreds or thousands of different-coloured samples depended on printing technology, whether initially that of a meticulous colour-making artisan or later the new capabilities offered by manufactured pigments.

Certain ideas about colour have persisted through time, and at different periods new attitudes have emerged toward once-abandoned concepts. I mentioned earlier that assessments of Goethe's work have changed; today we scarcely acknowledge any alternatives to trichromacy as a theory of colour mixture, even though bichromatic theories of lightness-darkness, red-blue and other combinations abound in colour history. Other connections, such as the psychological aspects of colour choice and use, and the affinities of colour and sound – famously depicted as a "colour-organ" that was satirised by Charles Germain de Saint-Aubin (1721–1786, ill. 26) in the 18th century and built by Alexander Wallace Rimington (1854–1918) in the 20th (ill. 25) – have been integrated more consistently, as they move from thought experiment into synaesthetic discourse before ultimately reaching a prototype.

Authors whose work privileges the creation of a system of colours over colour use in practice may analogise colour to form: colour is like a circle, a globe or a spiral, colour is like a triangle, a pyramid or a hexahedron. The focus on a particular form orientates these

Ill. 11 *(Pages 436/37)*
Michel-Eugène Chevreul
Chromatic Circle and Range of Different Tints Used for 'Gobelins' Tapestries
Farbkreis und Spektrum der verschiedenen für „Gobelins" verwendeten Farbtöne
Cercle chromatique et gamme des diverses teintes employées pour les tapisseries des « Gobelins »
Círculo cromático y gama de los diversos tonos utilizados en los tapices «gobelinos»
Cardboard, paper, glass, wool, copper, iron and wood; 83 x 121 cm (32⅝ x 47⅝ in.)
Paris, Musée des Arts et Métiers

10

works differently from the standardising catalogues of Syme, Robert Ridgway, Munsell or Maerz and Paul. Furthermore, when the purpose of a colour system is to explore techniques of colouring, scrutinising the number of colours included is not always useful. A practical text about the use of colour may include a physical shape for understanding and ordering, but its author is still likely to assume that there are more colours to be found in the world. The use of colour in architecture calls on the natural surroundings, whether to highlight the drama of colour, as with the Netherlands Institute for Sound and Vision in Hilversum (ills. 44, 53), or its reflective nature, as in the Magazzino Italian Art structure in Cold Spring, New York (ill. 55).

A final sub-group within the works collected here includes those systems specifically designed to show the reader how to think about colour. Authors of such works are anxious to situate colour within the world and so combinations of art, philosophy and sensation feature prominently in their presentations. This grouping embraces the work of Goethe, Rudolf Steiner and Josef Albers, and also includes the Spiritualists, who recognised colour as something experiential rather than theoretical, and those who, like S. Alekseev, B. M. Teplov and P. A. Shevarev, or Burris-Meyer, locate colour within the world literally, by addressing architectural colour. A further critical concern for those within this grouping is the connections that can be established, and so authors who write about colour and sound, or the logical connection between hearing and seeing, belong here as well. So too does the theme of other types of developing technology, for example, the use of phonograph equipment after 1870, a device for capturing sound as printing captures colours.

I want now to return to the idea of the colour display system as a tool for sharing concepts about colour. As with a hammer (a tool for delivering physical impact to a small area) or a paintbrush (a collection of filaments attached to a handle that collects and spreads a coloured liquid), the visual display of colour concepts can be found in many sizes and can be customised to special purposes. A colour system may be a tool to collect, rationalise or standardise colours in or on things, to teach others to identify colours or to better choose colours for use. Layered over the conceptualisation and presentation of the original image and its adaptation to book production then is the materiality of each source collected here. Indeed, *The Book of Colour Concepts* carefully and judiciously brings together a unique set of colour systems from a wide range of sources, and presents them to an interested public, one that would not otherwise have access to all its components. As a result, this book shares a purpose with each of its authors and does so in a manner that does justice to and sparks curiosity about all.

CERCLE
Bleu Violet.
premier Cercle.
Jaune Vert.
premier Cercle.
Rouge Orange
premier Cercle.
Orangé Jaune.
Complémentaire
Violet Rouge.
Complémentaire.
Vert Bleu.
Complémentaire.
3e Vert
Vert Bleu
3e Vert Bleu
Bleu
3e Bleu
Bleu Violet
3e Bleu Violet
Violet
3e Violet
Violet Rouge
3e Violet Rouge
MANUFACTURE NAT

11

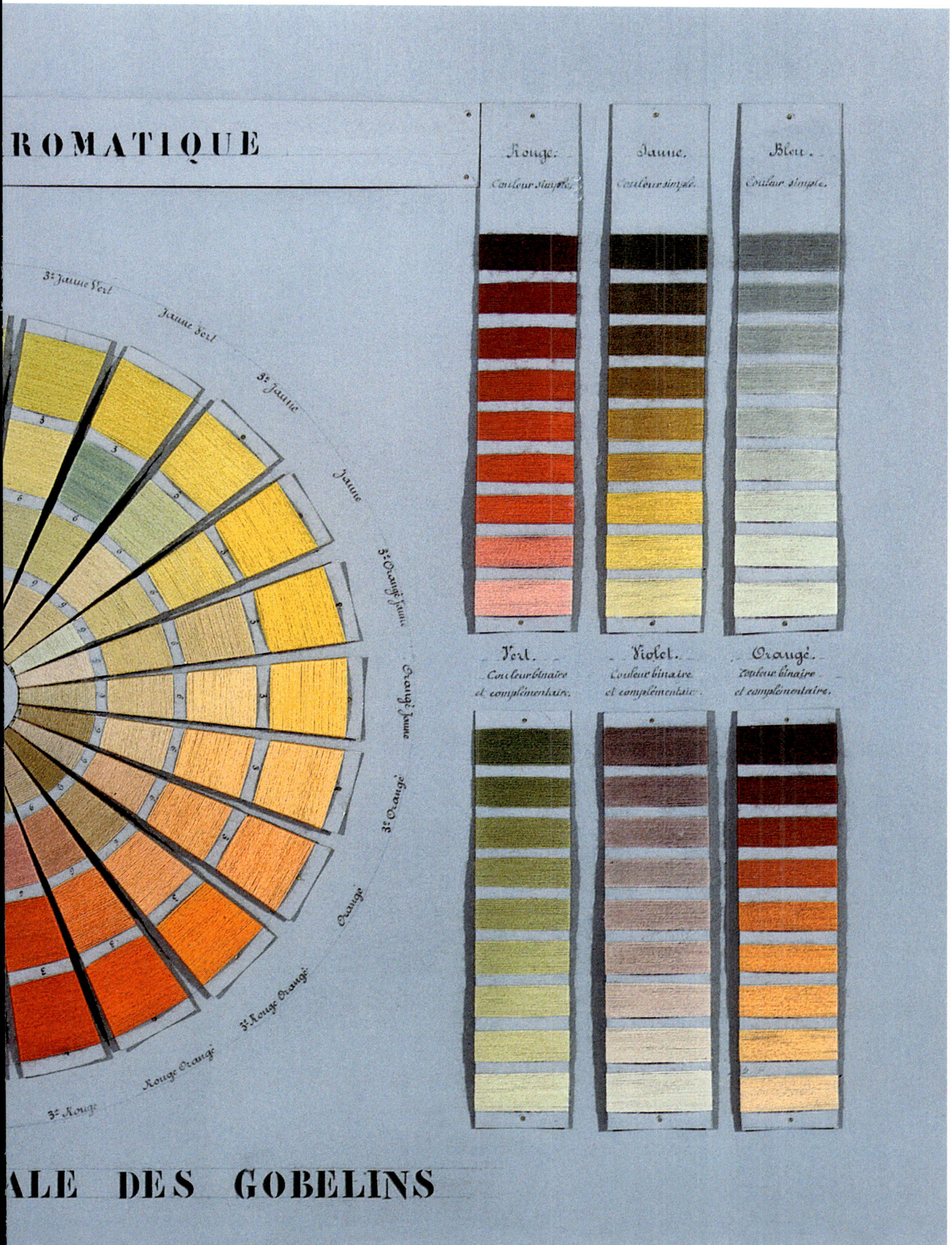
ROMATIQUE
Rouge.
Couleur simple.
Jaune.
Couleur simple.
Bleu.
Couleur simple.
3e Jaune Vert
Jaune Vert
3e Jaune
Jaune
3e Orangé Jaune
Orangé Jaune
3e Orangé
Orangé
3e Rouge Orangé
Rouge Orangé
3e Rouge
Vert.
Couleur binaire et complémentaire.
Violet.
Couleur binaire et complémentaire.
Orangé.
Couleur binaire et complémentaire.
ALE DES GOBELINS

Printed with A. B. Fleming & Co's Lithographic Inks.
CHEMICAL WORKS: CAROLINE PARK: EDINBURGH.

Spectrum Analysis of White Light.

AND

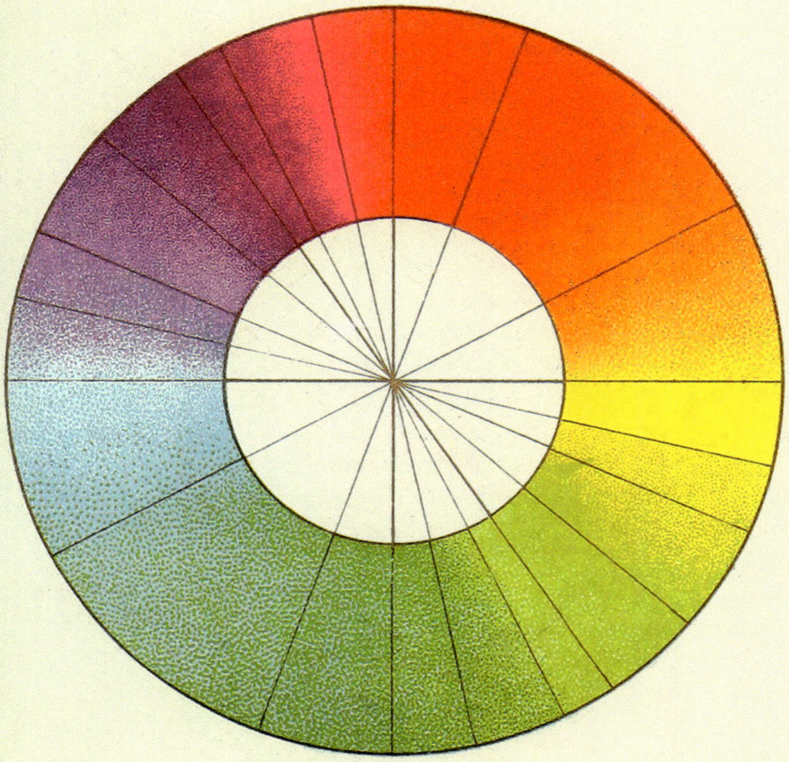

Diagrammatic Chart

SHEWING

all gradations of colour in the

SPECTRUM of WHITE LIGHT.

(arranged to shew complementaries.)

DE MONTFORT PRESS LITHO.

Printed on Chromo Paper Supplied by SMITH & Mc LAURIN, JOHNSTONE, SCOTLAND.
211 C. D. Crown, at 17/6 per ream. Subject to a liberal discount.

Sarah Lowengard

ZUR MATERIALITÄT VON FARBTHEORIEN

Die in diesem Buch vorgestellten Farbsysteme stammen von mehr als sechzig Künstlern, Schriftstellern, Theoretikern und Lehrern, die sich intensiv mit der Verwendung und Bedeutung von Farbe auseinandergesetzt haben. Die Resultate ihrer Arbeit deuten auf das gemeinsame Verlangen von Menschen überall auf der Welt hin, Farbe zu verstehen und dies mit anderen zu teilen, wie ihre Veröffentlichungen in Buchform belegen. Jede einzelne offenbart nicht nur eine einzigartige, oft persönliche Beziehung zur Farbe, sondern auch eine eigene Sicht auf das Verhältnis der Farben zueinander. Die Ansätze der Autoren sind dabei ganz unterschiedlich, zum Teil sehr umfassend, zum Teil ganz spezifisch. Teilweise berufen sie sich weitgehend auf Werke der Vergangenheit, teilweise beschreiben sie eine neue Möglichkeit, Farbe in der Welt wahrzunehmen. Dabei nimmt keine Autorin und kein Autor für sich in Anspruch, den einzig wahren Weg zur Wahrheit zu beschreiten, und die Details jedes einzelnen Konzepts sind so unterschiedlich wie die Ergebnisse. Diese Arbeiten unterliegen sowohl den Einflüssen von Zeit und Ort ihres Entstehens als auch den Anliegen und Voraussetzungen, die die Autorinnen und Autoren mitbringen. Die bemerkenswerte Fülle, Vielfalt und Bandbreite dieser Konzepte in Verbindung mit ihrem zeitlosen ästhetischen Reiz sind das Thema des vorliegenden Bandes.

Farbe ist in der westlichen Welt seit Langem Gegenstand philosophischer und praktischer Interessen, und so entwickelte man in den letzten Jahrhunderten bis in die Gegenwart immer wieder neue Farbdiagramme, vom Fünf-Farben-System eines Franciscus Aguilonius (1567–1617) aus dem Jahr 1613 (Abb. 2) bis zum Farbsystem, das 1976 von der Internationalen Beleuchtungskommission CIE vorgestellt wurde (Abb. 3). Während viele Systeme heutzutage fraglos wenig bekannt sind, haben andere ein besonderes Maß an Aktualität erlangt und wurden zum Ausgangspunkt für spätere Überlegungen. Isaac Newtons (1643–1727) Gedanken zu Licht und Farbe (Abb. 19), die erstmals 1671 publiziert wurden und ab 1704 allgemein verfügbar waren, sind ein solcher Meilenstein (S. 210–217), die Gesetze der Farbkontraste, die Michel-Eugène Chevreul (1786–1889) anderthalb Jahrhunderte später veröffentlichte, nehmen einen ähnlich prominenten Platz ein (S. 282–295). Was immer man über diese Werke denken mag, ihre Ideen wurden und werden bis heute von Naturforschern, Naturphilosophen, Künstlern und Kunsthandwerkern anerkannt, die sich außerhalb ihres eigentlichen Fachgebiets mit Farbe beschäftigen. Wie *The Book of Colour Concepts* zeigt, sind Kritiken und Neubewertungen in der Geschichte der Farbsysteme allgegenwärtig.

Alle Versuche, Farbe zu erklären, stehen vor dem ureigenen Problem, ein ganzheitliches, vollständiges, allgemeingültiges und dauerhaftes farbtheoretisches System zu formulieren. So wie sich Ideen im gleichen Ausmaß verändern, wie farbverwendende Disziplinen einem Wandel unterworfen sind, so kommen und gehen die Antworten auf die Frage, was Farbe eigentlich ist oder darstellt. Solche wechselnden Vorstellungen von Farbe sind in den hier versammelten Quellen deutlich zu erkennen; sie äußern sich in der Auswahl der Farben, der Sprache, mit der sie beschrieben, und in den Formen, in die sie gegossen werden. Sie äußern sich auch in der Art und Weise, wie jeder einzelne Autor seinen Beitrag in einen größeren Zusammenhang stellt und die Beweggründe für die Entwicklung seiner Ideen darlegt. Einige Autoren betonen dabei die Funktion von Farbe in Psychologie und Industrie oder erörtern die Frage, wie sich die Welt der farbigen Dinge und die natürliche Welt gegenseitig beeinflussen. Andere richten ihr Augenmerk auf die künstlerische Praxis oder formulieren eine weiter reichende Aussage über die natürliche, die künstliche und die spirituelle Welt oder über die ganzheitliche Natur der Sinne.

Es ist eine gewaltige, aber auch erfrischende Aufgabe, in einer Sammlung von Farbsystemen so etwas wie einen roten Faden auszumachen, denn viele von ihnen wurden geschaffen, weil der eine oder andere Autor die bereits vorhandenen Darstellungen unzulänglich fand. Grundlage meines Ansatzes ist die Annahme, dass *The Book of Colour Concepts* ein allen hier behandelten Autoren gemeinsames

13

14

Ill. 12 *(Page 438)*
Spectrum Analysis of White Light
Spektralanalyse des weißen Lichts
Analyse spectrale de la lumière blanche
Análisis del espectro de la luz blanca
From: *The British Lithographer*, 1891
Los Angeles, Getty Research Institute

Ills. 13–14
David Ramsay Hay
Comparison of Copies to Show the Bleeding of Poorly Produced Colour
Vergleich von Druckexemplaren, um das Ausbluten mangelhaft hergestellter Farben zu veranschaulichen
Comparaison de planches mettant en évidence les bavures des couleurs mal imprimées
Comparación de copias para mostrar el sangrado de color mal producido
From: *A Nomenclature of Colours* (Edinburgh, London, 1846)
Fife, University of St Andrews Library (ill. 13), New York Public Library (ill. 14)

Verlangen abbildet, Farbkonzepten eine konkrete Form zu geben. Für jedes hier behandelte Darstellungssystem erforsche ich die Wechselwirkungen zwischen einer Idee und der Organisation der Mittel, mit denen sie kommuniziert wird. Klassische Fragen aus Objektstudien auf Farbdarstellungssysteme anzuwenden, legt Verbindungen zwischen Form, Darstellung und Gebrauch offen, zwischen Farbe als Antrieb und Farbe als elementaren Bestandteil des Alltags. Übereinstimmende und divergente Methoden zu erkennen, wie Autorinnen und Autoren ihre Farbsysteme aufbauen, kann dazu beitragen, dass wir jeden Farbgebrauch, mit dem Informationen präsentiert werden sollen, aber auch dessen ideologischen und praktischen Hintergrund besser verstehen. Die Untersuchung der Materialität von Farbdarstellungssystemen offenbart, wie sie aus Farbtheorien entstehen, und beschreibt ihre Funktionen als Richtschnur für die Zukunft und als zeit- und ortsspezifischer Ausdruck von Werthaftigkeit.

Unterschiedliche Farbsysteme

Zu jedem in diesem Buch vorgestellten Farbsystem gehört ein Diagramm für eine bestimmte Farbauswahl. Je nach Urheber variieren die Diagramme in Gestalt und Format, in der Anzahl der dargestellten Farben und in der Zahl der benötigten Unterdiagramme. Einige dieser schematischen Darstellungen sind kurz gefasst und verwenden nur eine Farbskala (oder Farbensammlung), vielleicht sogar nur eine Farbe. Andere bedienen sich mehrerer Reihen oder Formen, um ihre Ideen zu erläutern.

Aufgrund des Buchformats sind alle hier gezeigten Darstellungssysteme zweidimensional. Einige verweisen dennoch auf dreidimensionale Körper – eine Pyramide, eine Kugel, einen Würfel oder eine andere Figur. Das könnte bedeuten, dass das abgebildete Modell gar nicht als umfassende Präsentation der Ideen des Autors gedacht war. Vielleicht sollte es, wie in den Arbeiten von David Ramsay Hay (S. 320–341) und David Cox (S. 502–515), die Leser- und Nutzerschaft lediglich ermutigen, ihre eigene Version davon anzufertigen und sich nicht bloß auf die materielle Natur des mitgeteilten Modells zu verlassen. In anderen Fällen, etwa bei Johannes Itten (S. 804–823) oder George Barnard (S. 516–523), ist das präsentierte Werk mit Sicherheit als vollständig und umfassend zu betrachten. Begleittexte können die Theorie und Vorgehensweise des Autors erläutern und in Schwarz-Weiß verstärken, was die Farbdiagramme zeigen.

Ein Farbdarstellungssystem ist ein Instrument zur Visualisierung von Wissen. Welchen Wert der Autor seinem Instrument zuweist, variiert von Fall zu Fall: Vielleicht soll es die Farbbestimmung vereinheitlichen, vielleicht die natürliche und die künstliche Welt besser aufeinander abstimmen, vielleicht aber auch dafür sorgen, dass wir ein bestimmtes Phänomen besser verstehen. Manche Ordnungssysteme sind Ergebnisse persönlicher Entdeckungsreisen in die Welt der Farbverbindungen, -ergänzungen und -gegensätze. Andere vergleichen Farbbeziehungen über Disziplinen oder Gemeinschaften, aber auch über die Grenzen des Lichts oder des Objekts hinaus. Die Zielsetzungen sind jedoch nicht exklusiv, und kein Autor kann sicherstellen, dass sein System genau so oder nur so genutzt wird wie von ihm beabsichtigt. Als der deutsche Geologe Abraham Gottlob Werner (1750–1817) ein Farbordnungssystem entwickelte, wollte er damit Gesteinsproben besser bestimmen können (Abb. 4). Patrick Syme (1774–1845) reorganisierte und erweiterte Werners System, sodass es, in dieser späteren Form, für Künstler und Naturforscher aus verschiedenen Fachrichtungen zum Standardwerk für Farbbezeichnungen wurde (S. 310–319).

Form, Anwendung und Konzept

Die Form des jeweiligen Farbkonzepts gibt Aufschluss über den zugrunde liegenden Denkansatz und die damit verbundenen Erwartungen. So kann etwa eine Farbenreihe nach einer allgemeinen

ILLS. 15–16
Attributed to Claude Boutet
Comparison of Copies to Show the Fading of Colour Samples
Vergleich von Druckexemplaren, um das Verblassen von Farbmustern zu demonstrieren
Comparaison d'exemplaires montrant comment se ternissent des échantillons de couleurs
Comparación de copias para ejemplificar la pérdida de intensidad de las muestras de color
From: *Traité de la peinture en mignature* (The Hague, 1708)
Winterthur, Stadtbibliothek, Farbsammlung Werner Spillmann (ill. 15), London, British Library (ill. 16)

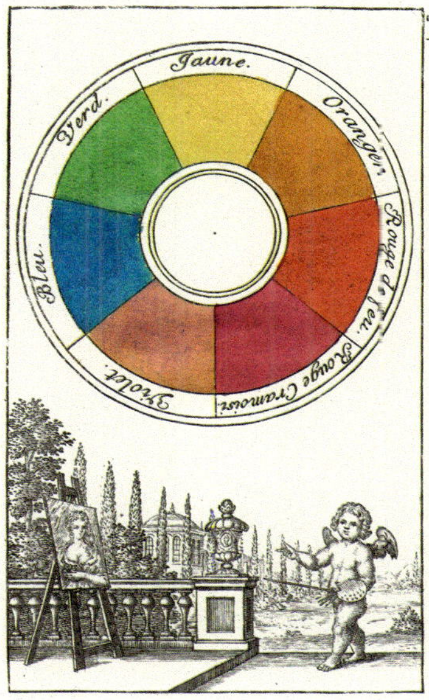

15

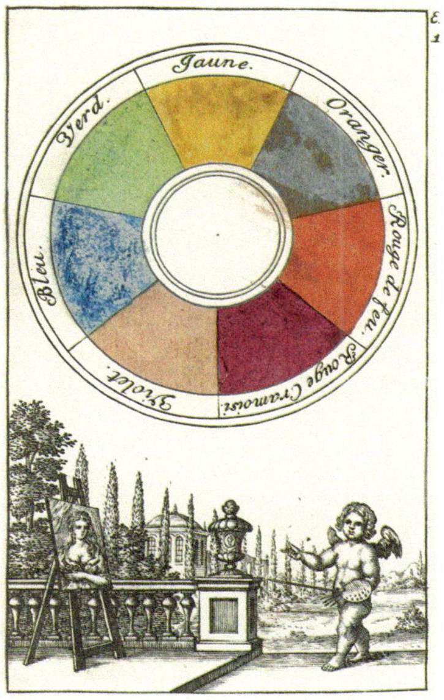

16

kulturellen Konvention angeordnet sein (Abb. 2), oder wie die Palette eines Künstlers gewählt werden, um eine grafische Gestaltung aufzuwerten (Abb. 6). Andere beziehen sich auch auf einen Regenbogen oder die Spektralfarben. Wird die Spektrallinie zu einem Kreis geformt, so wird auf diese Weise die Idee von Abstufungen zwischen den Hauptfarben hervorgehoben, wie es in vielen Farbkreisen der Fall ist (Kapitel 2). Spiralformen integrieren je nach der Art und Weise der Gestaltung Farbtöne oder Schattierungen in die Form und deuten so eine sich wiederholende Kontinuität an. Der Farbglobus, wie ihn etwa Philipp Otto Runge (S. 163, Abb. 49, 50) oder Albert Henry Munsell (S. 584–599) entwarfen, und das von Tobias Mayer (1723–1762, S. 112–115) vorgeschlagene und zweihundert Jahre später von dem Psychologen Edward B. Titchener (1867–1927, Abb. 48) weiterentwickelte Hexaeder zeugen von der Annahme, dass sämtliche Farben in einer passend gewählten Form untergebracht werden könnten. Die Gestalt oder Form der Farbdarstellung ist demnach jeweils eng an ein Konzept der Farbbeziehungen geknüpft und hängt zudem von den praktischen Anwendungsmöglichkeiten für das eigene Farbsystem ab.

Welches Idee hatten die Urheberinnen und Urheber der hier präsentierten Darstellungssysteme von ihren Vorhaben? Bereits die Bezeichnung, die ein Autor seinem System gegeben hat, gibt Aufschluss über dessen Form und Gehalt. Richard Waller nannte sein Raster einen „Katalog", um anzudeuten, dass es sich um eine Sammlung ähnlich einer Stein oder Muschelsammlung handelte, wie sie in einem Kuriositätenkabinett präsentiert wird (S. 80–85). Johann Heinrich Meynier (1764–1825) bezeichnete sein System, das wie Wallers Quadrat auf gekauften Pigmenten basierte, als Tafel und Tabelle und betonte so weniger dessen Herleitung als vielmehr seine äußere Form (S. 124–129). Moses Harris (1730–um 1788) erläuterte ein „natürliches System", das auf seiner Arbeit mit naturkundlichen Studienobjekten beruhte (S. 138–143). Albert Munsells Auffassung von Farbe war kartografisch geprägt: Er entwarf sowohl einen Farbatlas als auch einen aufgeschnittenen Globus mit einer von dunkel nach hell aufsteigenden Achse und vollwertigen Farbtönen am äußeren Rand (Abb. 7, 8). James Sowerby (1757–1822) legte eine Konkordanz vor, Elizabeth Burris-Meyer (1899–1969) einen Führer, und Aloys John Maerz (1885–1972) erstellte zusammen mit Morris Rea Paul (1895–1970) ein Lexikon. Die seit den 1920er-Jahren erhältliche Publikationsreihe *Colour Index* wiederum ist ein bedeutendes technisches Werk. Manche Autorinnen und Autoren präsentierten darin ihr Farbsystem als abgeschlossene Theorie, andere ließen es in praktische Handbücher einfließen oder konzentrierten sich bewusst auf die Erläuterung von Farbe als Aspekt der Kunst, der Psychologie oder der Sinne. Bestimmte Arbeiten hingegen sind gar nicht speziell als Beitrag zur Farbtheorie benannt, etwa wenn in einem Text vorgelegt Farbe nur als ein Werkzeug oder Faktor unter vielen vorkommt. Jede Bezeichnung zeigt jedoch, dass dem Erstellen einer Farbenordnung ganz unterschiedliche Konzepte und Denkansätze zugrunde liegen.

Die Motivationen der Farbtheoretiker

Mit welcher Intention wurden und werden Farbenlehren formuliert und veröffentlicht? Ein Motiv ist offensichtlich das Verlangen, einen Beitrag zur Kunst, zur Wissenschaft, zur Wirtschaft oder zur spirituellen Forschung zu leisten. Oder aber ein Autor hat ein System ersonnen, um versuchsweise zu begreifen, was Menschen sehen oder erleben – ganz so, wie wir ein uns nicht vertrautes Objekt zeichnen, um zu verstehen, wie es aussieht und funktioniert. Auch der Wunsch, ein bereits vorliegendes Werk weiterzuentwickeln oder vorhandene Systeme zu widerlegen, haben zuweilen neue Farbtheorien hervorgebracht. Von Johann Wolfgang von Goethe (1749–1832) etwa heißt es oft, seine Kritik an den vorherrschenden Farbtheorien habe ihn angetrieben, und so macht denn auch der *Historische Theil* seines Werks *Zur*

17

Ill. 17
Emily Noyes Vanderpoel
Colour Note from a Tree Fungus: Texture Like Velvet
Farbnotiz zu einem Baumpilz: Textur wie Samt
Note chromatique empruntée à un parasite fongique des arbres : texture veloutée
Detalle del color de un hongo xilófago: textura aterciopelada
From: *Color Problems, A Practical Manual for the Lay Student of Color* (New York, 1902), plate 114
New Haven, Yale University, Robert B. Haas Family Arts Library Special Collections, Faber Birren Collection of Books on Color

Farbenlehre (1810) seine Unzufriedenheit mit vielen dieser Theorien deutlich (S. 236–249). Erst in jüngerer Zeit erkannte die Geschichtswissenschaft in Goethes Unmut sowohl eine von Newtons Ansatz abweichende Annäherung an die Frage, was Farbe ist oder sein kann, als auch abweichende Interpretationen eines ähnlichen Vokabulars. Als Christine Ladd-Franklin (1847–1930) eine Theorie der Farbe vorlegte, die auf ihrer Erklärung des Farbensehens basierte (S. 610–617), war dies eine Alternative zu der wissenschaftlicheren Young-Helmholtz-Theorie. Wie Goethe zog sie Farbeigenschaften einer Quantifizierung vor. Die Ursprünge solcher unterschiedlichen Meinungen zu identifizieren, trägt dazu bei, die treibenden Kräfte hinter der Anwendung von Farbsystemen zu verdeutlichen, ganz gleich, ob sie in der Physiologie, der Psychologie, der Naturkunde, der Philosophie oder der handwerklichen und künstlerischen Praxis fußen.

Viele Autorinnen und Autoren ließen auch berufliche Interessen in ihre Farbenlehre einfließen. Da viele handwerkliche und kunsthandwerkliche Ausbildungen vor dem 18. Jahrhundert den Farbunterricht einschlossen, haben Anweisungen zum Gebrauch von Farben zuweilen eine pädagogische Funktion. Ein ähnliches Interesse ist auch in späteren Arbeiten erkennbar, etwa bei Munsell, einem Kunsterzieher, und bei Josef Albers, der selbst Künstler unterrichtete. Édouard Guichard, Charles Lacouture, Masanori Iehara und Kan'ichiro Shiozu legten in ihren Publikationen ebenfalls moderne Farbsysteme vor, die der Ausbildung von Gestaltern dienten. Und während Chevreuls Werk eigentlich im Auftrag der französischen Textilindustrie des 19. Jahrhunderts entstand (Abb. 1, 11), sind seine Ideen aus dem heutigen Farbunterricht nicht mehr wegzudenken.

Ein Farbsystem verständlich machen

Die Arbeit an einer Farbtheorie oder Farbphilosophie beginnt sicherlich mit Beobachtungen, Experimenten, Notizen, Skizzen und Illustrationen, bevor das System und seine Farben ihre endgültige Form erhalten (Abb. 9, 10). Die Urfassung umfasst zuweilen mehrere Blätter oder gar Stapel Papier und erfordert womöglich auch die Konstruktion eines geometrischen Körpers oder sonstigen handfesten Gebildes – die Erschaffung des Instruments an sich. Erst mit der Veröffentlichung konnten sich Autorinnen und Autoren an laufenden Farbdebatten über das Wesen, die Bedeutung und den nutzbringenden Einsatz von Farbe beteiligen. Die Umwandlung der zur Demonstration einer bestimmten Theorie verwendeten Materialien vom Unikat in eine reproduzierbare Form verlangt jedoch, dass eine ganze Reihe möglicher Akteure – vom Autor über den Verleger bis hin zum technischen Experten – diese in den Blick nimmt. Von einigen der hier versammelten Systeme sind diese Entwicklungs- und Produktionsumstände bekannt. So beschrieb Thomas Birch (1705–1766) in seiner Geschichte der Royal Society of London die Techniken, mit denen Richard Wallers Schaubild zur Veröffentlichung seines Farbsystems in den *Philosophical Transactions of the Royal Society* der Gesellschaft erstellt wurde. Die Bibliothek des Muséum national d'Histoire naturelle in Paris ist im Besitz einiger Recherchematerialien Chevreuls einschließlich seiner Notizen und Skizzen zu Farbtönen und Farbkontrasten. Munsell verteilte maschinengeschriebene Kopien der Kladden, in denen er die Entwicklung, Produktion und Vermarktung seines Farbsystems dokumentierte, und Hilma af Klint (1862–1944) übertrug ihre Kunstwerke von Hand in Notizbücher, um sie auf Reisen anderen zu zeigen (S. 704–715). Doch nicht alle Originalwerke wurden unter den Augen ihrer Urheberinnen und Urheber für die Veröffentlichung überarbeitet. So schrieb Georg Christoph Lichtenberg (1742–1799) als Herausgeber der postum veröffentlichten Schriften Tobias Mayers ausführlich über dessen Theorien und seine eigenen Bemühungen, diese zu unterfüttern (S. 112–115). Die Möglichkeit, das Original und seine Bearbeitung für die Öffentlichkeit nebeneinander zu betrachten, verleiht der Kontextualisierung des veröffentlichten Werks eine zusätzliche Qualität. Eine solche Betrachtung von Darstellungssystemen deutet auf die

Ill. 18
Lustreware Dish, Second Half of the 15th Century
Lüsterteller
Plat mordoré
Plato de loza
Tin-glazed, lustre-painted earthenware; ϕ 38.4 cm (15 ⅛ in.)
New York, Metropolitan Museum of Art, Robert Lehman Collection

18

Einschränkungen hin, denen die Übermittlung von Farbinformationen produktionsbedingt unterliegen kann.

Vom Farbsystem zum Farbenbuch

Für ein Buch über Farbsysteme werden wie für alle Bücher Papier und Druckerschwärze benötigt, darüber hinaus aber auch farbgebende Substanzen wie Pigmente und schließlich Farbzubereitungen, also Mischungen des oder der Farbmittel mit verschiedenen Flüssigkeiten, Bindemitteln und weiteren Chemikalien. Jede Farbzubereitung sollte optisch und chemisch stabil sein, zum verwendeten Papier und Produktionsverfahren passen und für die komplette Auflage in ausreichender Menge vorhanden sein. Das Papier, auf das die Farbe aufgebracht wird, ist eine weitere Variable, die nicht zwangsläufig dem Material aus dem eigentlichen Buchdruck entspricht. Auf zu porösen Papier kann die Farbe ausbluten, was zu unscharfen Rändern führt; ist der Untergrund dagegen zu fest, kann sie migrieren, verwischen oder verlaufen (Abb. 13, 14). Der Farbton und Glanz des Papiers wirken sich optisch auf das Bild aus. Der Farbdruck kann spezielle Druckwerkzeuge erfordern: Wie die Bücher in dieser Sammlung zeigen, reichten die gewählten Techniken für das Hinzufügen von Farbe, allein oder in Kombination, von handwerklicher Arbeit bis zu einer Vielzahl von mechanischen Pressen.

Die notwendige Präzision für ein Farbdiagramm oder ein Darstellungssystem, das zwischen Hunderten oder gar Tausenden von Farbmustern unterscheidet, setzt allerdings noch mehr als angemessene Farbzubereitungen und Papiersorten voraus. Generell kamen für die in diesem Buch vertretenen Beispiele gut eingeführte Techniken zum Einsatz: Es wurde von Hand koloriert oder gedruckt, farbiges Papier eingeklebt, mit Schablonen gearbeitet und auf Farblithografien gesetzt, bevor man für spätere Werke zu fotomechanischen und Siebdruckverfahren griff. Sicherzustellen, dass die richtige Farbe am richtigen Platz saß, war stets ein besonderes Anliegen. Der Verfasser eines 1963 in der Zeitschrift *Publishers' Weekly* erschienenen Artikels beschrieb die außergewöhnliche Sorgfalt, mit der die Farbtafeln für die Erstausgabe von Albers' Lehrwerk *Interaction of Color* (S. 824–837) hergestellt wurden: Jeder Schritt des achtstufigen Siebdruckverfahrens ging mit streng überwachter Handarbeit und dem Einsatz von bis zu 22 eigens angefertigten Pigmenten einher. Im späten 17. Jahrhundert beschrieb Birch die Glaspipette, die dazu verwendet wurde, um in jedes der etwa 500 Exemplare von Wallers Farbkatalog eine exakt angegebene Menge jeder Farbe aufzutragen. Der Druckhistoriker Ad Stijnman stellte fest, dass Jakob Christoph Le Blon (1667–1741) seine Malpaletten im Mehrfarbendruck reproduzierte (S. 100–103), die Ölfarben zur Darstellung der einzelnen Malpigmente jedoch von Hand ergänzte. Chevreuls Drucker verwendeten für seine Farbkreise vermutlich Schablonen, denn diese Abdecktechnik erleichterte das Übereinanderlegen der Farben für die 72 Sektoren seines chromatischen Kreises (S. 296–307). Das Farb-Noten-Spektrum von John Denis MacDonald (1826–1908) sieht aus wie mit Wasserfarben handgemalt, wurde aber wohl farblithografisch oder fotomechanisch gedruckt (S. 640–647).

Denkbar wären auch gedruckte Bücher, die Seiten mit gedruckten Umrisslinien und Anweisungen zum Ausmalen der Vorlagen für die Leser enthalten. Diese Methode würde den Besitzer (oder seinen Sekretär) auf andere Weise beschäftigen als mit bloßem Lesen oder Betrachten, doch vor Anbruch des späteren 19. Jahrhunderts sind solche Bücher nicht bekannt. Handkolorierungen hätten aus jedem einzelnen Exemplar ein Unikat gemacht, gleichzeitig jedoch die exakte Vermittlung des Farbsystems gefährdet, sobald ungeeignete Materialien oder fehlerhafte Farben verwendet worden wären (Abb. 15, 16).

Kompromisse bei der Farbreproduktion

1725 schrieb Le Blon ausführlich von der Schwierigkeit, die Intensität der von ihm verwendeten Farbmittel Rot, Blau und Grün optisch

19

Ill. 19
After John Adam Houston
Sir Isaac Newton Experimenting with a Prism, *c.* 1870
Sir Isaac Newton beim Experimentieren mit einem Prisma
Sir Isaac Newton faisant une expérience avec un prisme
Sir Isaac Newton experimentando con un prisma
Wood engraving
New York, The Granger Collection

Ill. 20
Alois Senefelder
Lithographic Press
Steindruckpresse
Presse lithographique
Prensa litográfica
From: *A Complete Course of Lithography* (London, 1819)
Los Angeles, Getty Research Institute

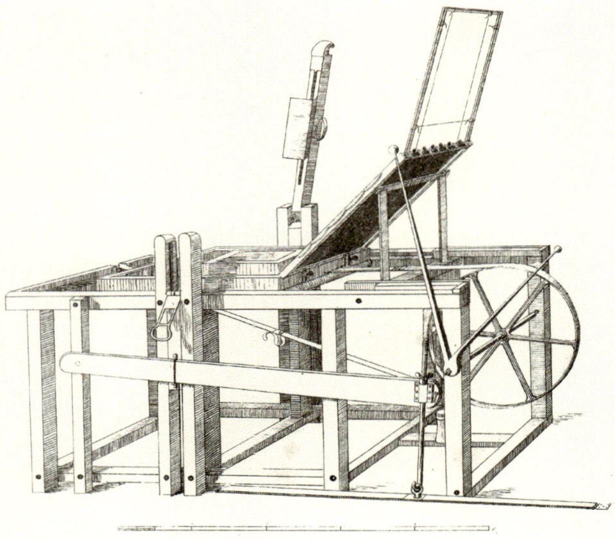

20

im Gleichgewicht zu halten. Ein Jahrhundert später quantifizierte der Physiker und Psychologe Gustav Fechner (1801–1887), was Künstler und Handwerker aus eigener Erfahrung wussten: dass der optische Farbeindruck nicht proportional zur Menge des verwendeten Pigments ist. Die Eins-zu-eins-Mischung eines perfekten Gelbs und eines perfekten Blaus garantiert kein perfektes Grün. Die richtige Balance zu finden, war wichtig für die Genauigkeit, unabhängig davon, ob die Farben beim Drucken von Hand, mit Holzstöcken, Metallplatten oder Sieben auf die Seiten übertragen wurden.

Wo Nuancen von Bedeutung sind, etwa in einer Präsentation über Farbe und Farbentstehung, kann der gezielte Einsatz vorgemischter Farben über viele Abzüge hinweg konsistentere Ergebnisse liefern. Lichtenberg hob diese Praxis hervor, als er anmerkte, dass Tobias Mayer zu vorgefertigten Pigmenten gegriffen hatte, um bestimmte Farbmischungen herzustellen; außerdem klagte er über die Schwierigkeit, Mayers Farbendreieck zu reproduzieren – was ein Grund dafür ist, dass Lichtenbergs Diagramm nur sieben und nicht zwölf Seiten hatte, wie in Mayers Abhandlung angegeben. Trotz dieser Probleme blieb die Erzeugung multipler Farben, für die man, wie im Buch von Moses Harris anschaulich gemacht, einige wenige Farben übereinanderdruckte, ein wichtiger Bestandteil des Farbdrucks, unter den auch der spätere Vierfarbendruck fällt.

Auch durch die Verwendung eingeklebter, speziell gefärbter Papierstücke konnte man korrekte Farbschattierungen und -balancen auf Papier erzielen, das für den Textdruck bestimmt war. Sowohl Lichtenberg als auch Johann Ferdinand von Schönfeld (1750–1821) machten Gebrauch von dieser Methode, die von Druckern bis ins 20. Jahrhundert hinein für Farbillustrationen angewandt wurde. Eingeklebte Abbildungen ermöglichten die Vergabe von Farbdruckaufträgen an externe Spezialisten und konnten so die Qualität und Einheitlichkeit über sämtliche Druckexemplare hinweg verbessern. Für diese Methode sprachen auch wirtschaftliche Gründe, da das Auftragen von Klebstoff weniger Geschick erforderte und daher preiswerter war als das Abstimmen der Farben auf der Druckseite.

Den physikalischen und chemischen Eigenschaften der für den Farbdruck herangezogenen Papiere wurde von jeher besondere Beachtung geschenkt. Es war selbstverständlich, dass jedes verwendete Papier fest genug sein musste, um den Belastungen des Drucks und der weiteren Bearbeitung standzuhalten. Die Farbe und Struktur des Papiers als Trägermaterial und die Frage, ob die Farbe in das Papier eindringt oder darauf liegen bleibt, beeinflussten die „Optik" des Darstellungssystems und damit auch den Umstand, wie gut sich die Absichten des Autors mitteilten. Bei einem Papier mit mangelhafter Oberflächenbeschaffenheit bestand die Gefahr, dass es zerfallen oder mit der Zeit den Ton der Druckfarben verändern konnte. Nachdem für die frühen handgemalten Illustrationen in den hier präsentierten Quellen noch dasselbe Papier verwendet wurde wie für den Text, kamen mit fortschreitender Spezialisierung der Farbdrucktechniken auch immer mehr Spezialpapiere zum Einsatz, die heller gebleicht oder gestrichen waren, um eine glänzendere Oberfläche zu erhalten. Diese konnten in das Buch eingebunden oder auf eine leere Seite geklebt werden.

Das Streben nach Präzision in der Farbvermittlung führte zu Allianzen zwischen spezialisierten Druckern, die das Ziel verfolgten, die Farbdarstellungssysteme möglichst akkurat zu drucken. Guichard verdankte die Produktion der Farbtafeln für seine *Grammaire de la couleur* (1882) der Maison Jouanny, einem Tapetenhersteller in Paris (Abb. 31–33). Tapetendrucker kannten sich im Seriendruck mit gemischten Farben sehr gut aus und schienen diese Aufgabe regelmäßig zu übernehmen. Die Farbtafeln von Emily Noyes Vanderpoel (1842–1939; S. 562–583) weisen ebenfalls einige Merkmale des Tapetendrucks auf, allen voran das weiß gestrichene Papier, auf das sie die Farben drucken ließ, denn es ähnelte einem gebräuchlichen Tapetenrücken. Die dick auf das Papier aufgetragene weiße Streichmasse hat sich mit der Zeit verformt und lässt die Tafeln heute lederartig

21–23

erscheinen. Der Drucker setzte feine Farbpunkte auf diesen Untergrund und ließ viel Weiß frei, um die helleren Schattierungen eines Farbtons zu erzielen; für dunklere Schattierungen wurde die Farbe mit schwarzen Punkten überdruckt. Thomas Griffits (1883–1957) führte in seinem Handbuch für Farbdrucker das auf diese Weise erreichbare Spektrum der Schattierungen vor Augen, wenn man die Technik beherrschte und den Farbeinsatz sorgfältig kontrollierte (Abb. 27).

Am Ende hängt das Gelingen einer Abbildung auf Papier als Vermittlungsinstrument vom Zusammenspiel der Druckfarbe (des Pigments) mit der einzufärbenden Oberfläche ab. Ob beim Drucken, Schreiben oder Malen, die Farbzubereitung erfordert sowohl ein Farb- als auch ein Dispersionsmittel, zwei Komponenten also, die variieren, aus mehr als einem Stoff bestehen und sich mit der Zeit verändern können – nachdunkeln zum Beispiel, wie Le Blons Paletten zeigen.

1797 beschrieb Alois Senefelder (1771–1834) in seiner Patentanmeldung die Möglichkeiten, das von ihm erfundene lithografische Verfahren für den Farbdruck einzusetzen (Abb. 20). Spätere Entwicklungen durch den Amerikaner Louis Prang (1824–1909) und andere beinhalteten die Verwendung von Metall anstelle von Steinplatten und ein Produktionssystem mit mehreren unterschiedlichen Druckplatten, das dem von Le Blon erdachten Verfahren ähnelte. Diese Veränderungen ermöglichten die Kommerzialisierung der Farblithografie und trugen zur Entwicklung der zuerst 1861 von James Clerk Maxwell (1831–1879) präsentierten fotomechanischen Druckverfahren bei (Abb. 21–23). Beide Verfahren konnten sich die damals neu entwickelten synthetischen Farbzubereitungen und die Notwendigkeit zunutze machen, die existierenden Druckfarben zu überarbeiten und neue Materialquellen mit einzubeziehen.

Der Einsatz der Chromo- oder Farblithografie in Büchern über Farbsysteme wurde erst zur Regel, nachdem sich „Chromos" als Farbdruckstandard etabliert hatten, um preiswerte und populäre Artikel herzustellen. Farbgenauigkeit und -stabilität waren für Gelegenheitsgrafik – etwa für Sammelbilder, das bekannteste Einsatzgebiet der Farblithografie im 19. Jahrhundert (Abb. 37) – von untergeordneter Bedeutung.

Die Veröffentlichung eines Farbordnungssystems konnte ein neues Farbkonzept eröffnen, ohne eine entsprechend neue Drucktechnik einsetzen zu müssten. Ein Grund für die verzögerte Einführung einer Farbtechnologie war das bessere Verständnis für das Zusammenspiel der Produktionsbestandteile. Für manche Autoren mag die Treue zur ursprünglich handgefertigten Form wichtiger gewesen sein als die Herstellung eines Buchs, das den Standards der Langlebigkeit entsprach. Es besteht also eine potenzielle Diskrepanz zwischen intellektueller oder philosophischer Modernität bei den Farbkonzepten und den Mitteln, die zur Darstellung dieser Ideen eingesetzt wurden.

Schließlich ist festzustellen, dass die hier vorgestellten Farbsysteme eine Auseinandersetzung mit bestimmten Aspekten der Farberscheinung – Transparenz und Glanz, Struktur, Schiller, Fluoreszenz und Lumineszenz – vermissen lassen, die unsere Farbwahrnehmung gleichwohl beeinflussen. Newton hatte diese Phänomene im zweiten Buch seiner *Opticks* unter Proposition V behandelt, und die Färbungen von Glühwürmchen, Pfauenfedern und dem *Lignum vitae* wurden als gängige Rätsel von Naturkundlern erforscht. Die Autoren von Farbbeschreibungen in diesem Buch sprechen von Transparenz und Opazität und von glänzenden gegenüber matten Oberflächen als Merkmalen, die sich aus der Zusammensetzung des Farbmaterials ergeben. Solche Eigenschaften, die das Aussehen von Farben beeinflussen, fließen jedoch selten in einen Systementwurf ein. Ungeachtet dieser Auslassung spielten metallisch glänzende, irisierende und hoch gesättigte, samtige Farben eine entscheidende Rolle bei der Verwendung und Präsentation von Farbe. Drucker konnten einem bestimmten Farbton einen Metalleffekt verleihen, indem sie die feuchte Druckfarbe mit Metallpulver bestreuten. Die Kunst des Kupferstichs, besonders die Schabkunst, wird oft dafür gelobt, Halb- und

ILLS. 21–23
Thomas Sutton
Original Slides for James Maxwell's Demonstration of His Colour Theory, 1861
Originaldias für James Maxwells Vorführung seiner Farbtheorie
Plaques de verre utilisées par James Maxwell pour la démonstration de sa théorie des couleurs
Transparencias originales para la demostración de la teoría del color de James Maxwell
Cambridge University, Cavendish Laboratory

ILL. 24
Douglas Arthur Spencer
Tartan Ribbon, *c.* 1937
Tartanschleife
Ruban écossais
Cinta de tartán
Photograph
Bradford, United Kingdom, National Science and Media Museum

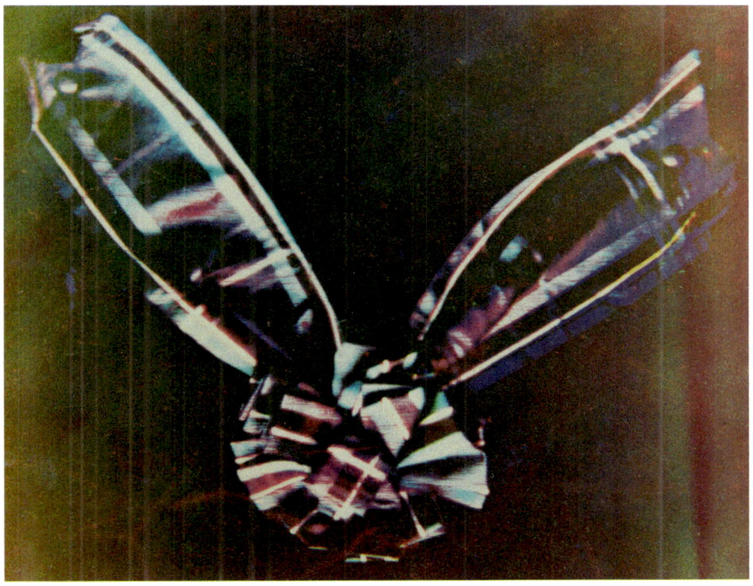
24

Zwischentöne zu unterstützen. Vanderpoel hob die Schwierigkeit hervor, wichtige Informationen zu Optik und Textur in ein Farbsystem zu integrieren, indem sie der Illustration eines Baumpilzes auf ihrer Bildtafel CXIV eine entsprechende Anmerkung hinzufügte (Abb. 17). Das Schimmern von Pfauenfedern, islamischer Lüsterkeramik oder Wildseide konnte nach Chevreuls Gesetzen der aneinandergrenzenden Farben analysiert werden, doch selbst diese Methode, eine Farbwirkung zu verstehen, wird selten angesprochen. Auch Fluoreszenz und Lumineszenz, zwei Farbeigenschaften, die von Naturforschern seit dem 17. Jahrhundert thematisiert werden und sich im Lüster des hier abgebildeten Steinguttellers aus dem 15. Jahrhundert (Abb. 18), haben erst kürzlich Eingang in die Erörterung von Farbsystemen gefunden. Obwohl den in diesem Buch vorgestellten Farbdarstellungssystemen ein breites Spektrum an Konzepten zugrunde liegen, verfügen sie alle nur über begrenzte Möglichkeiten der materiellen Präsentation von Farbsystemen, wie ihre Analyse deutlich macht. Zudem zeigen sich an ihnen die veränderten Bedeutungen von Farbvariationen.

Beziehungen zwischen den Systemen erfassen

Als Sammlung von Quellen, die das Farbverständnis in der Geschichte des Westens nachzeichnen, weisen die in dieses Buch aufgenommenen Farbsysteme eine in zeitlicher und geografischer Hinsicht augenfällige und lehrreiche Vielfalt auf. Doch innerhalb dieser Vielfalt sind in bestimmten Systemtypen gemeinsame Grundlagen auszumachen. Autoren, die das Farbverständnis als historische Komponente in ihr Werk aufnehmen, erkennen häufig eine Reihe von Denkansätzen an, neigen jedoch eher zur Selektion als zur Synthese. Kein Autor stellt die Existenz von Farbe infrage, doch sowohl die Unterschiede zwischen der Farbe des Lichts und der Farbe von Objekten als auch die Frage, wie Farbe entsteht, beschäftigen hauptsächlich Autorinnen und Autoren, die über Farbensehen und Farbwahrnehmung schreiben.

Je nach Zielsetzung variiert auch der Umfang der einzelnen Farbdarstellungen, also die Anzahl der in dem jeweiligen Konzept enthaltenen Farben. Ein eng gefasstes Werk wie ein kommerzieller Farbenkatalog oder eine Abhandlung über Landschafts-Aquarellmalerei bezieht eher nur die jeweils notwendigen Farben ein. Mary Gartside, George Field, Charles Hayter und andere, die Farbe als Aspekt des künstlerischen Ausdrucks erforschten, verschränkten das Theoretische stets mit einem erfahrungsbasierten praktischen Nutzen. Doch wie Le Blon, Johann Heinrich Lambert, Harris und Itten stützten sie sich auf eine sorgsam begrenzte Palette. Chevreuls Bemühungen, die Erscheinungswerte von Farbkontrasten oder aneinandergrenzenden Farben systematisch zu ordnen und zu vereinheitlichen, hatten Auswirkungen auf Künstler, Architekten und Designer des 19. und 20. Jahrhunderts. Unterdessen strebten Munsells *Atlas*, von Schönfelds *Farbenkabinet* und das *Dictionary of Color* von Maerz und Paul ein Höchstmaß an Genauigkeit und den Verzicht auf fantasievolle oder verwirrende Farbbezeichnungen an. Wie das Werk von Patrick Syme fungierten diese Arbeiten als Vergleichs- und Reproduktionsstandards. Doch letztlich hing die Darstellung Hunderter oder Tausender verschiedenfarbiger Muster von der Drucktechnik ab – ob anfangs von den handwerklichen Methoden eines akribischen Farbenherstellers oder später von den neuen Möglichkeiten, die sich aus industriell gefertigten Pigmenten ergaben.

Während bestimmte Vorstellungen über Farbe die Zeit überdauert haben, wurden in verschiedenen Phasen vormals verworfene Theorien neu überdacht. Wie bereits erwähnt, wird die Farbenlehre Goethes inzwischen anders bewertet als früher. Alternativen zum trichromatischen System der Farbmischung überzeugen heute kaum noch, obwohl die Farbgeschichte voll ist von bichromatischen Theorien, die auf Helligkeit und Dunkelheit, Rot und Blau oder sonstigen Dichotomien beruhen. Indes wurden andere Verknüpfungen, wie etwa die psychologischen Aspekte der Farbwahl und -verwendung oder die Verwandtschaften von Farbe und Klang konsequenter integriert, nachdem

25

Ill. 25
Alexander Wallace Rimington with His Colour Organ / mit seiner Farborgel / et son orgue de couleurs / con su órgano de color
From: Adrian Cornwell-Clyne, *Colour-Music: The Art of Light* (London, 1926)
Toronto Public Library

Ill. 26
Charles Germain de Saint-Aubin
Satirical Composition Showing Castel's Colour Organ, *c.* 1740–1757
Karikatur der Castel'schen Farborgel
Illustration satirique de l'orgue de couleurs de Castel
Composición satírica del órgano de color de Castel
Watercolour, ink and graphite on paper, 18.7 x 13.2 cm (7⅜ x 5¼ in.)
Waddesdon Manor, Buckinghamshire, Bequest of James de Rothschild, 1957

Ill. 27 *(Pages 450/51)*
Thomas Griffits
Chart Showing Effect of Six Different Blacks on Overprinted Colours, 1948
Schaubild zur Wirkung sechs verschiedener Schwarztöne auf überdruckten Farben
Tableau montrant les effets de six noirs différents sur des couleurs superposées
Gráfico que muestra el efecto de seis negros diferentes en colores sobreimpresos
From: *Colour Printing* (London, 1948)
New York, The Grolier Club

sie es vom Gedankenexperiment über den synästhetischen Diskurs schließlich bis zum Prototypen geschafft hatten. Ein bekanntes Instrument ist die „Farborgel", mit der sich Klang bildlich darstellen ließ und die im 18. Jahrhundert von Charles Germain de Saint-Aubin (1721–1786; Abb. 26) karikiert und im 20. Jahrhundert von Alexander Wallace Rimington (1854–1918; Abb. 25) gebaut wurde.

Autorinnen und Autoren, die in ihrem Werk das Farbsystem und seine Entwicklung dem praktischen Farbgebrauch vorziehen, stellen zuweilen eine Analogie zwischen Farbe und Form her: Dabei gleicht Farbe einem Kreis, einer Kugel, einer Spirale, einem Dreieck, einer Pyramide oder einem Hexaeder. Mit ihrer Konzentration auf eine bestimmte Form schlagen diese Arbeiten eine andere Richtung ein als die standardisierenden Kataloge von Syme, Robert Ridgway, Munsell oder Maerz und Paul. Wenn das Ziel eines Farbsystems obendrein darin besteht, Techniken der Farbgebung zu erkunden, dann ist es nicht immer hilfreich, die Anzahl der enthaltenen Farben genau zu prüfen. Eine praktische Publikation zum Farbgebrauch kann eine figürliche Struktur als Verständnis und Ordnungshilfe beinhalten, wobei ihr Autor davon ausgeht, darin nicht alle existierenden Farben abzubilden. Die Verwendung von Farbe in der Architektur bezieht die natürliche Umgebung mit ein, um entweder, wie beim Niederländischen Institut für Bild und Ton in Hilversum, das Schauspiel der Farbe hervorzuheben (Abb. 44, 53) oder aber ihr reflexives Wesen zu betonen, wie im Fall des Magazzino Italian Art in Cold Spring, New York (Abb. 55).

Eine letzte Gruppe der hier versammelten Arbeiten stellen jene Systeme dar, die eigens entwickelt wurden, um die Leserschaft zum Nachdenken über Farbe anzuregen. Dabei spielen Verbindungen von Kunst, Philosophie und Wahrnehmung eine bedeutende Rolle, waren ihre Autorinnen und Autoren doch bestrebt, der Farbe in der Welt einen Platz zu geben. Sie greifen nicht nur Ideen von Goethe, Rudolf Steiner und Josef Albers auf, sondern dazu gehören auch die Spiritisten, die Farbe weniger theoretisch als vielmehr empirisch begriffen, sowie Autoren, die wie S. Alexejew, B. M. Teplow und P. A. Schewarew oder Burris-Meyer das Konzept der Farbenlehre wörtlich interpretierten und Architekturfarben behandelten, indem sie etwa einer (bereits kolorierten) Landschaftsdarstellung (zusätzliche) Farbe hinzufügten. Ein weiteres wichtiges Anliegen dieser Autoren sind die Verknüpfungen, die sich zwischen Farbe und anderen Phänomenen herstellen lassen, sodass Werke, die Farbe und Klang oder den logischen Zusammenhang zwischen Hören und Sehen behandeln, genauso hierhergehören wie das Thema anderer Formen der technologischen Entwicklung, zu denen beispielsweise der Phonograph zählte, der nach 1870 zum Einsatz kam, um Klänge einzufangen, wie das Drucken Farben einfängt.

Abschließend möchte ich auf die Idee des Farbdarstellungssystems als Instrument zur Verbreitung von Farbtheorien zurückkommen. So wie ein Hammer (ein Werkzeug, um physisch auf eine kleine Fläche einzuwirken) oder ein Pinsel (eine Ansammlung von Fasern an einem Griff, die eine farbige Flüssigkeit aufnehmen und verteilen kann) kommt die visuelle Darstellung von Farbtheorien in vielen Größen vor und lässt sich auf zahlreiche Zielsetzungen zuschneiden. Ein Farbsystem kann ein Werkzeug sein, mit dem sich Farben in oder auf Dingen sammeln, Farben erklären oder Farben standardisieren lassen, ein Werkzeug, das das Bestimmen von Farben lehren oder eine bessere Auswahl für den Farbgebrauch ermöglichen soll. Über das Konzept und die Präsentation eines Originalbildes und seine Bearbeitung für die Buchherstellung legt sich daher die Materialität der hier versammelten Quellen selbst. *The Book of Colour Concepts* bietet eine aus einem breiten Quellenspektrum sorgfältig zusammengestellte und einzigartig umfassende Auswahl an Farbsystemen. Damit verfolgt dieses Buch das gleiche Ziel wie alle darin vorgestellten Autorinnen und Autoren, wobei es jedem und jeder dieselbe Aufmerksamkeit widmet, um es interessierten Lesern zugänglich zu machen.

302
Que nont ils tous Employes leur tems à la même Machine.
Le Pere Castel. raport des Sons et des Couleurs.

26

CHART SHOWING EFFECT OF SIX DIFFERENT BLAC
Overprinted
Colour
GROUP 1
GROUP 2
GROUP 3
GROUP 4
GROUP 5
GROUP 6
GROUP 7
GROUP 8
GROUP 9
GROUP 10
GROUP 11
GROUP 12
GROUP 13
GROUP 14
1 10% BLUE
2 10% RED
3 10% YELLOW
4 10% ORANGE
5 10% GREEN
6 10% VIOLET
Colour Printing by Thomas E. Griffits. Published by Faber & Faber Ltd. 24 Russell Square, London, W.C.I.

27

N OVERPRINTED COLOURS – In full strength, half strength & both colours.
Overprinted Colour GROUP 15
Overprinted Colour GROUP 16
Overprinted Colour GROUP 17
Overprinted Colour GROUP 18
Overprinted Colour GROUP 19
Overprinted Colour GROUP 20
Overprinted Colour GROUP 21
2 10% RED
3 10% YELLOW
5 10% GREEN
6 10% VIOLET
THREE COLOURS OVERPRINTED
First printed colour shown on the left of Section.
Second printed colour shown on the right of Section.
Third printed colour shown at the foot of Section.
TWO COLOURS OVERPRINTED AS SHOWN ON GROUPS 15 to 21.
Del. et Lith. Thomas E. Griffits

ГАРМОНІЯ КРАСОКЪ.

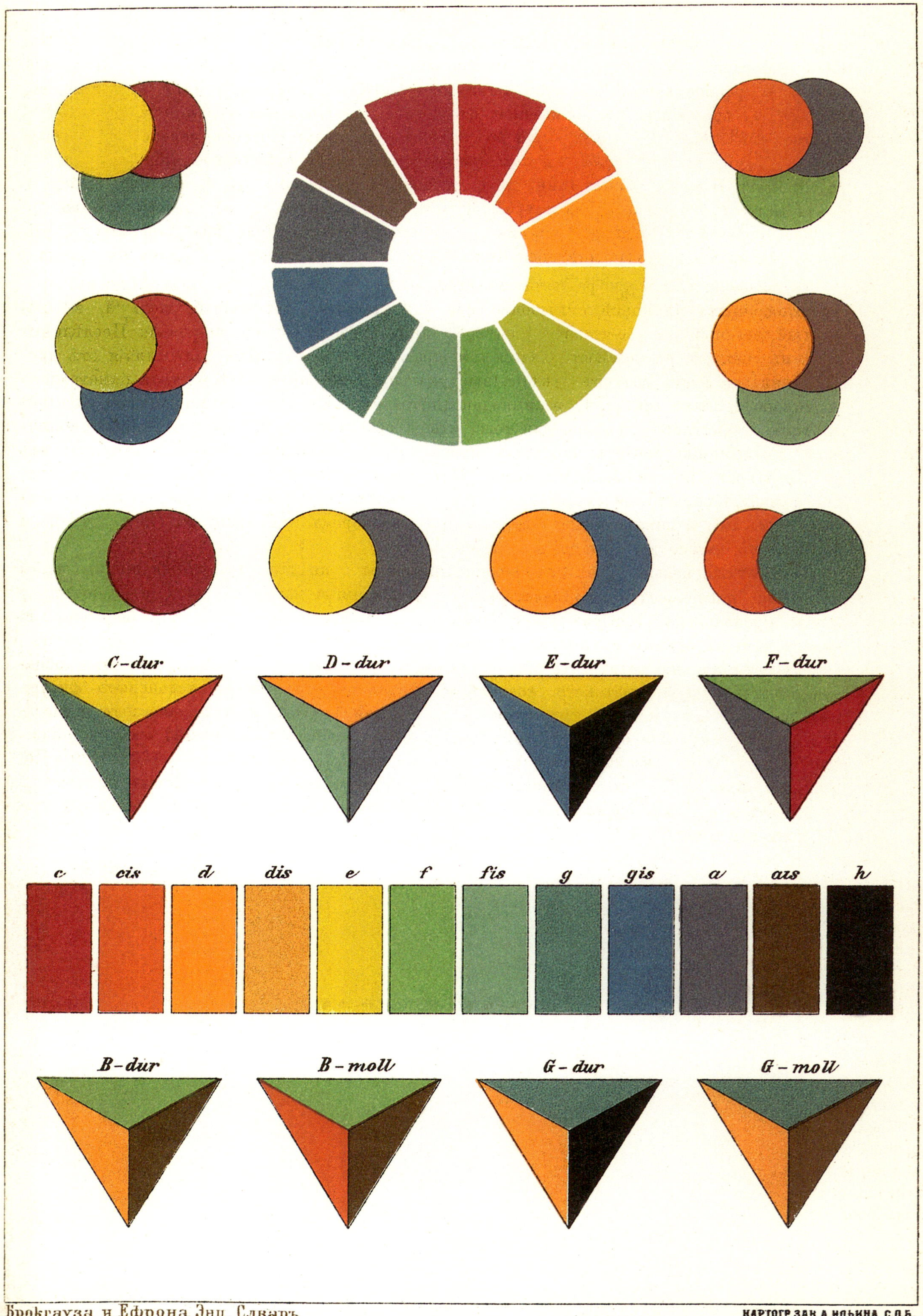

Брокгауза и Ефрона Энц. Слварь

КАРТОГР. ЗАВ. А. ИЛЬИНА С.П.Б.

Sarah Lowengard

LA MATÉRIALITÉ DES CONCEPTIONS DE LA COULEUR

Les conceptions de la couleur exposées dans le présent ouvrage sont l'œuvre de plus de 60 artistes, écrivains, théoriciens et pédagogues qui se sont profondément interrogés sur l'usage et le sens de la couleur. Leurs réflexions témoignent du désir universel de comprendre la couleur ; et la diffusion de leurs idées par le livre montre une volonté de partager celles-ci avec autrui. Chaque auteur ou autrice a une approche, souvent très personnelle de la couleur et de l'interaction des couleurs. Leur approche peut être générale ou spécifique. Elle peut s'appuyer sur de précédents travaux ou décrire une nouvelle manière de percevoir la couleur. Aucun auteur ne présente ses réflexions comme la seule voie possible et chaque conception fait montre de détails aussi variés que ses résultats. Par ailleurs, toute conceptualisation est régie par l'époque et le lieu de son élaboration, par les préoccupations et les capacités de son auteur. Notre publication vise à rendre compte de la vaste et remarquable diversité de ces conceptions, mais aussi de leur attrait esthétique intemporel.

Dans les pays occidentaux, la couleur suscite depuis longtemps un intérêt tant philosophique que pratique, comme en témoigne le vaste éventail des graphiques de couleurs, qui va de la théorie des cinq couleurs de François d'Aguilon (1567–1617) en 1613 (ill. 2) au système chromatique établi par la Commission internationale de l'éclairage en 1976 (ill. 3). S'il ne fait aucun doute que de nombreux systèmes restent méconnus, d'autres ont acquis une notoriété particulière et servent de tremplins à des travaux ultérieurs. Les idées d'Isaac Newton (1643–1727) sur la lumière et la couleur (ill. 19), publiées pour la première fois en 1671, puis largement diffusées à partir de 1704, font partie de ces pièces maîtresses (p. 210–217) ; les lois du contraste des couleurs de Michel-Eugène Chevreul (1786–1889), parues un siècle et demi plus tard, jouissent d'un statut semblable (p. 282–295). Quoi que l'on pense de ces travaux, ils sont, aujourd'hui encore, reconnus par des spécialistes de l'histoire naturelle et des physiciens, par des artistes et des artisans intéressés par la couleur d'une manière qui dépasse leur champ d'application initial. Notre *Book of Colour Concepts* montre que critiques et réévaluations font partie intégrante de l'histoire des conceptions chromatiques.

La pierre d'achoppement de toute tentative d'explication de la couleur est la difficulté intrinsèque à formuler une conception qui soit à la fois holistique, exhaustive, universelle et pérenne. Les idées suivent peu ou prou l'évolution des disciplines mettant en jeu les couleurs, car les interprétations de ce qu'est la couleur, ou de ce qu'elle montre, fluctuent. Ces notions changeantes, bien visibles dans les sources réunies ici, se manifestent notamment à travers les couleurs retenues, la terminologie employée pour les décrire et les formes qui leur sont attribuées. Elles peuvent aussi se voir dans la manière dont chaque auteur contextualise sa contribution et décrit ce qui l'incite à élaborer ses idées. Certains soulignent le rôle de la couleur en psychologie ou dans l'industrie, ou bien étudient les interactions du monde des objets en couleurs avec la nature. D'autres restreignent leurs réflexions à la pratique artistique ou cherchent à s'exprimer de manière plus générale sur les mondes naturel, fabriqué et spirituel, ou encore sur la nature unificatrice de nos sens.

Il est particulièrement ardu, mais aussi stimulant, de trouver une unité dans tout un ensemble de systèmes chromatiques, quand on sait que chacun d'eux a été créé par une personne différente, insatisfaite des descriptions existantes. De fait, ma démarche est de considérer que le *The Book of Colour Concepts* incarne le désir partagé par ces auteurs de matérialiser leur conceptualisation des couleurs. En abordant chaque système de représentation comme un objet à part entière, j'ai analysé les interactions à l'œuvre entre l'élaboration d'une idée et la mise en œuvre de sa diffusion. L'adaptation de questions typiques de l'étude des objets à cet ensemble de représentations des couleurs révèle les liens entre forme, présentation et utilisation, entre la couleur vue comme une intention et la couleur, essence de la vie quotidienne. Une fois que l'on a mis en évidence les méthodes communes

Ill. 28 *(Page 452)*
Arrangement of Colour Wheels and Forms
Anordnung von Farbkreisen und farbigen Formen
Agencement de cercles et formes chromatiques
Presentación de ruedas y formas de colores
From: *The Brockhaus and Efron Encyclopedic Dictionary / Entsiklopedichesku slovar* (86 vols., St. Petersburg, 1890–1907)
Washington, D.C., Library of Congress

Ills. 29–30
Advertisements for Mander Brothers Printing Inks, Wolverhampton
Werbeanzeigen für Druckfarben von Mander Brothers, Wolverhampton
Illustrations publicitaires pour le fabricant d'encres Mander Brothers Printing Inks, Wolverhampton
Anuncios de Mander Brothers Printing Inks, Wolverhampton
From: *The British Lithographer*, 1891
Los Angeles, Getty Research Institute

29

ou divergentes dont les auteurs et autrices ont élaboré leur système chromatique, on comprend mieux chaque manière d'utiliser la couleur pour matérialiser les idées, et par là-même une idéologie et une pratique. L'étude de la nature matérielle des modes de présentation montre comment ils sont le fruit des conceptions de la couleur et permet de définir leurs rôles tant de guide pour l'avenir que d'expression d'une valeur dans le temps et l'espace.

De quels objets s'agit-il ?

Les modes de présentation proposés dans ces pages correspondent à des systèmes chromatiques bien précis. Ils varient par la forme et la taille, par le nombre des couleurs figurées et des sous-ensembles dont a eu besoin l'auteur pour matérialiser pleinement ses idées. Certains systèmes sont succincts, fondés sur une seule gamme (ou collection) de couleurs, voire sur une teinte unique. D'autres ont recours à plusieurs ensembles ou formes pour exposer leurs notions.

Tous les systèmes figuratifs rassemblés ici sont à deux dimensions, puisqu'ils proviennent d'ouvrages. Néanmoins, plusieurs évoquent une forme tridimensionnelle – pyramide, sphère, cube ou autre –, ce qui sous-entend que le modèle représenté n'est pas nécessairement vu comme une présentation exhaustive des idées de son auteur. Comme chez David Ramsay Hay (p. 320–341) et David Cox (p. 502–515), le modèle est destiné à inciter le lecteur-utilisateur à en réaliser sa propre version et à s'affranchir de l'aspect matériel du modèle transmis. Dans d'autres cas, comme avec Johannes Itten (p. 804–823) ou George Barnard (p. 516–523), il est évident que l'œuvre présentée est considérée comme totalement aboutie. Un texte d'accompagnement expliquant la théorie et l'approche de l'auteur peut souligner noir sur blanc ce que montrent les figures en couleurs.

Une représentation des couleurs est un outil de visualisation des connaissances. La valeur attribuée à son outil par un auteur est

Mander Bros
Wolverhampton
Violet 0640 at 5/6 per lb.
Myrtle Lake 0686 at 5/6 per lb.
Geranium Lake 0552 at 10/6 per lb.
Art Brown 0962 at 4/- per lb.
Saffron 0956 at 5/- per lb.
Antwerp Blue 0718 at 5/6 per lb.
Wine Red 0964 at 5/6 per lb.
Printing Inks

30

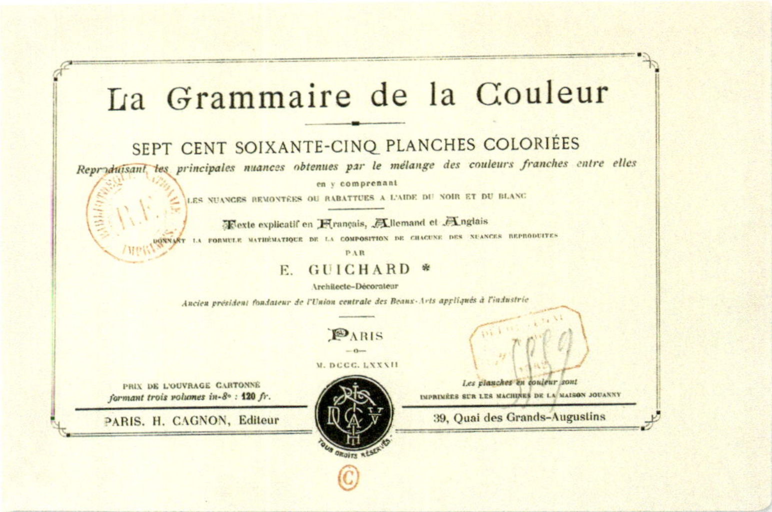
La Grammaire de la Couleur

SEPT CENT SOIXANTE-CINQ PLANCHES COLORIÉES

Reproduisant les principales nuances obtenues par le mélange des couleurs franches entre elles

en y comprenant

LES NUANCES REMONTÉES OU RABATTUES A L'AIDE DU NOIR ET DU BLANC

Texte explicatif en Français, Allemand et Anglais

DONNANT LA FORMULE MATHÉMATIQUE DE LA COMPOSITION DE CHACUNE DES NUANCES REPRODUITES

PAR

E. GUICHARD *

Architecte-Décorateur

Ancien président fondateur de l'Union centrale des Beaux-Arts appliqués à l'industrie

PARIS

M. DCCC. LXXXII

PRIX DE L'OUVRAGE CARTONNÉ
formant trois volumes in-8° : 120 fr.

Les planches en couleur sont
IMPRIMÉES SUR LES MACHINES DE LA MAISON JOUANNY

PARIS. H. CAGNON, Editeur — 39, Quai des Grands-Augustins

TOUS DROITS RÉSERVÉS

31

ILLS. 31–33
Édouard Guichard
Title-Page and Colour Samples
Titelseite und Farbmuster
Page de titre et Échantillons de couleurs
Página de portada y muestras de color
From: *La Grammaire de la couleur*
(Paris, 1882)
Paris, Bibliothèque nationale de France

variable : il peut être destiné à normaliser l'identification des couleurs, à mieux accorder les mondes naturel et manufacturé ou à nous aider à comprendre un phénomène particulier. Certains systèmes d'organisation sont le résultat d'études individuelles sur la manière dont les couleurs s'associent, se complètent ou s'opposent. D'autres comparent les rapports entre les couleurs à l'œuvre en fonction des disciplines ou des populations, ou au-delà des limites de la lumière ou de l'objet. Cependant, ces objectifs ne s'excluent pas mutuellement et aucun auteur ne peut garantir que son système sera utilisé exactement ou exclusivement comme il l'entend. Lorsque le géologue allemand Abraham Gottlob Werner (1750–1817) conçoit son ordonnancement chromatique, c'est dans le but de mieux identifier des spécimens géologiques (ill. 4). Patrick Syme (1774–1845) réorganise et développe celui-ci et c'est sous cette nouvelle forme que le système de Werner deviendra un outil de référence auprès des peintres et des spécialistes de l'histoire naturelle dans diverses disciplines (p. 310–319).

Forme, utilisation, compréhension

La forme donnée par chaque auteur à sa présentation nous renseigne sur son approche et ses objectifs. Un trait de couleur peut être régi par une convention culturelle (ill. 2) ou choisi, telle la palette d'un artiste, pour mettre en valeur une création graphique (ill. 6). Celui-ci peut se rapporter à l'arc-en-ciel ou au spectre. La réalisation d'un cercle à partir de la ligne spectrale peut souligner l'idée de gradation entre les couleurs principales, objectif de nombreux disques chromatiques (chapitre 2). Une forme en spirale peut sous-entendre l'existence d'une continuité réitérée, selon la manière dont l'auteur y a incorporé différentes teintes ou nuances. La sphère chromatique, telle que l'ont conçue Philipp Otto Runge (p. 163 ; ills. 49, 50) et Albert H. Munsell (p. 584–599), ou l'hexaèdre, proposé par Tobias Mayer (1723–1762 ; p. 112–115) et perfectionné par le psychologue Edward B. Titchener (1867–1927 ; ill. 48) deux siècles plus tard, laissent penser que se perpétue l'hypothèse de réunir toutes les couleurs au sein d'une forme correctement sélectionnée. Par conséquent, la forme des représentations des couleurs est étroitement liée à la conceptualisation des rapports chromatiques propre à chaque auteur, en plus des manières dont il envisage l'utilisation de son système.

Comment créateurs et créatrices imaginent-ils leur projet ? Pour analyser la forme et le fond, on peut raisonnablement commencer par examiner la façon dont chacun décrit son système. Quand il qualifie son tableau de « catalogue », Richard Waller fait appel à l'idée de collection, à la manière dont on expose des pierres ou des coquillages dans un cabinet de curiosités (p. 80–85). À propos de son système qui, comme celui de Waller, est composé de pigments achetés dans le commerce, Johann Heinrich Meynier (1764–1825) parle de tableau ou de graphique, dont il met en avant l'aspect physique davantage que les sources (p. 124–129). À partir de son étude de spécimens d'histoire naturelle, Moses Harris (1730–vers 1788) élabore un « système naturel » clair (p. 138–143). Albert Munsell adopte une conception cartographique et conçoit un atlas, ainsi qu'un globe vu en coupe, dont le centre est la zone la plus lumineuse et la périphérie composée des couleurs saturées (ills. 7, 8). James Sowerby (1757–1822) est l'auteur d'un index, Elizabeth Burris-Meyer (1899–1969) d'un guide, Aloys John Maerz (1885–1972) et Morris Rea Paul (1895–1970) d'un dictionnaire. Disponible depuis les années 1920, le *Colour Index* est une œuvre technique majeure. Certains auteurs présentent leurs conceptions sous la forme de théories autonomes, d'autres les intègrent à des manuels pratiques ou s'intéressent à l'explication des couleurs d'un point de vue artistique, psychologique ou perceptif. En revanche, certains systèmes ne reçoivent aucune appellation, comme lorsqu'un auteur propose un texte dans lequel la couleur n'est qu'un outil ou aspect parmi d'autres. Néanmoins, chaque description confirme

32

33

que la définition d'un ordre des couleurs, partie intégrante de tout système, est vue de manière très différente.

Qui sont les théoriciens de la couleur ?

Qui sont donc celles et ceux qui cherchent à élaborer une conception de la couleur et qu'est-ce qui les incite à la partager par le biais de publications ? L'une des motivations les plus évidentes tient au désir d'apporter sa contribution aux arts, aux sciences, à l'industrie ou à des interrogations spirituelles, trait significatif de l'esprit occidental moderne. À moins qu'il s'agisse de concevoir un système destiné à tenter de comprendre ce que l'on voit ou ressent, comme on dessinerait un objet inhabituel afin de mieux saisir à quoi il ressemble et comment il fonctionne. Ces motivations différentes englobent un autre désir, celui de prolonger une œuvre existante ou de réagir à l'insatisfaction produite par les systèmes en vigueur. Ainsi dit-on souvent que c'est son désaccord avec les théories dominantes de son temps qui a poussé Johann Wolfgang von Goethe (1749–1832) à rédiger son *Zur Farbenlehre* (1810), dont la partie historique (*Historischer Theil*) montre à quel point ces théories l'irritaient (p. 236–249). Les recherches récentes d'historiens discernent dans l'insatisfaction de Goethe une approche de la nature possible de la couleur qui se distingue de celle de Newton, ainsi que différentes interprétations d'un même vocabulaire. Lorsque Christine Ladd-Franklin (1847–1930) propose une théorie fondée sur son explication de la vision en couleurs (p. 610–617), c'est en réaction à la théorie plus scientifique de Young-Helmholtz. À l'instar de Goethe, Ladd-Franklin s'intéresse davantage aux qualités qu'à la quantification. L'identification des origines de telles divergences permet d'élucider les fondements d'une conception chromatique, que celle-ci s'appuie sur la physiologie, la psychologie, l'histoire naturelle, la philosophie ou la pratique artisanale.

De nombreux auteurs intègrent aussi à leur théorie des préoccupations professionnelles. Certains modes d'emploi privilégient l'approche pédagogique, puisque l'éducation à la couleur fait partie de nombreux apprentissages artisanaux avant le XVIIIe siècle. Un tel intérêt se retrouve plus tard, chez Munsell, professeur de dessin et de peinture, ou chez Josef Albers, dont l'enseignement s'adresse à des artistes. De même, Édouard Guichard, Charles Lacouture, Masanori Iehara et Kan'ichiro Shiozu ont tous proposé des représentations chromatiques modernes dans leurs ouvrages destinés à l'éducation des designers et des étudiants en design. De plus, si Chevreul a effectué ses travaux au profit de l'industrie textile française au XIXe siècle (ills. 1, 11), ses idées demeurent fondamentales pour l'enseignement de la couleur aujourd'hui.

Démonstration d'une conception chromatique

L'autrice ou l'auteur d'une théorie des couleurs ou d'une philosophie de la mise en couleurs peut débuter ses réflexions par l'observation, l'expérimentation, la prise de notes, l'ébauche et l'illustration avant de donner une forme définitive à sa conception et aux couleurs qu'elle comprend (ills. 9, 10). Plusieurs feuilles, voire liasses, de papier peuvent être nécessaires à la version originelle de l'œuvre, ainsi que, peut-être, la construction d'un solide géométrique ou de toute autre forme tangible, création de l'outil proprement dit. L'adaptation d'une conception au format du livre permet aux auteurs de diffuser leurs idées et de contribuer aux débats consacrés à la couleur, en particulier à sa nature, sa signification et son utilité. La transformation des matériaux employés pour la démonstration d'une théorie à partir d'un exemplaire unique nécessite, pour être reproductible, un réexamen de la part de nombreux acteurs potentiels : l'auteur, l'éditeur ou des techniciens. Nous connaissons le contexte

ILL. 34
Arrangement of Colour Wheels and Forms
Anordnung von Farbkreisen und farbigen Formen
Agencement de cercles et formes chromatiques
Presentación de ruedas y formas de colores
From: *The Brockhaus and Efron Encyclopedic Dictionary / Entsiklopedichesku slovar* (86 vols., St. Petersburg, 1890–1907)
Washington, D.C., Library of Congress

ILLS. 35–36
Johann Wolfgang von Goethe
Chromatic Card Game; Two Picture Cards
Farbkartenspiel; zwei Bildkarten
Jeu de cartes chromatiques; deux cartes illustrées
Juego de cartas cromáticas; dos cartas ilustradas
Hand-coloured woodcuts, each 10 x 5.8 cm (4 x 2¼ in.)
From: *Beyträge zur Optik* (Weimar, 1791)
Klassik Stiftung Weimar

de l'élaboration et de la fabrication de tous les exemples présentés ici. Dans son histoire de la Royal Society de Londres, Thomas Birch (1705–1766) décrit les techniques qu'a employées Waller pour réaliser le tableau de ses *Philosophical Transactions of the Royal Society*, tandis que le Muséum national d'histoire naturelle, à Paris, conserve une partie des documents de Chevreul, notamment ses notes et ébauches sur la mise en couleurs et le contraste des couleurs. Munsell a partagé des reproductions dactylographiées des carnets dans lesquels il avait consigné l'élaboration, la fabrication et la commercialisation de son système chromatique et Hilma af Klint (1862–1944) a recopié à la main ses œuvres d'art dans des carnets afin de les montrer lors de ses voyages (p. 704–715). Cependant, toutes les œuvres originales n'ont pas été adaptées par leur auteur, comme dans le cas de Georg Christoph Lichtenberg (1742–1799), éditeur des documents posthumes de Tobias Mayer, qui a beaucoup commenté les théories de ce dernier et relaté par écrit son travail de clarification de ces conceptions. La possibilité de comparer l'original à son adaptation pour le grand public offre des informations supplémentaires sur le contexte de cette dernière. De tels documents sur les systèmes de représentation chromatique mettent en évidence les contraintes que la fabrication fait peser sur la transmission des informations sur la couleur.

Comment s'y prend-on ?

Pour réaliser un ouvrage décrivant un système chromatique, il faut, comme pour n'importe quel livre, du papier et de l'encre, mais aussi des sources de couleur telles que les pigments des matières colorantes ou des encres, le mélange de la ou des sources de couleurs avec divers liquides, adhésifs ou autres substances chimiques. Toute matière colorante employée doit être stable du point de vue visuel et chimique, adaptée au papier et à la méthode de fabrication choisis et disponible en quantité suffisante pour effectuer l'ensemble du tirage. Autre

34

35

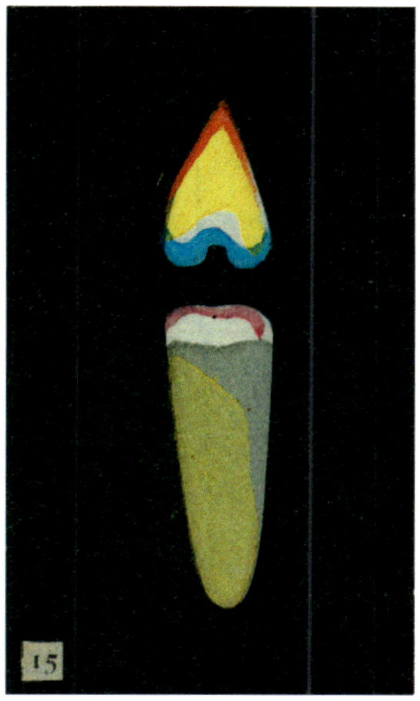

36

variable, le papier sur lequel est appliquée la couleur et qui n'est pas nécessairement identique à celui du texte imprimé. Si le papier est trop poreux, la couleur peut baver et voiler les bordures, mais s'il est trop imperméable, la couleur peut se déplacer (ills. 13, 14). La teinte et le brillant du papier peuvent modifier l'image sur le plan visuel. L'impression en couleurs peut nécessiter des outils spécifiques : comme le montrent les ouvrages réunis ici, les techniques employées pour y ajouter les couleurs comprennent l'intervention manuelle et toutes sortes de presses mécaniques, séparément ou ensemble.

Afin d'obtenir la précision nécessaire pour présenter un graphique de couleurs ou un système chromatique, où se distinguent des centaines, voire des milliers d'échantillons de couleur, il faut des matières colorantes et du papier de la plus haute qualité. De manière générale, les publications répertoriées dans notre ouvrage font appel à des techniques éprouvées : coloriage à la main, xylographie, montage de papiers colorés sur la page, pochoir, chromolithographie ou, pour les œuvres les plus récentes, procédés photomécaniques ou sérigraphie. Le placement de la bonne couleur au bon endroit est une préoccupation permanente. L'auteur d'un article paru en 1963 dans *Publishers' Weekly* (« Triumph at Yale: Albers' *Interaction of Color* ») décrit le soin méticuleux avec lequel ont été réalisées les planches de couleur de l'édition originale de *L'Interaction of Color* de Josef Albers, publiée la même année (p. 824–837). Effectuée en huit étapes, l'impression en sérigraphie a été étroitement contrôlée à la main et a nécessité jusqu'à 22 pigments fabriqués tout spécialement. À la fin du XVIIe siècle, Birch décrit la pipette de verre permettant de verser goutte à goutte la quantité appropriée de chaque couleur utilisée dans chacun des 500 exemplaires du catalogue des couleurs de Waller. Historien de la gravure, Ad Stijnman note que Jacob Christoph Le Blon imprima ses palettes en couleurs, mais y ajouta à la main des traits de peinture à l'huile qui figure chaque pigment présent dans l'image (p. 100–103). Les imprimeurs de Chevreul utilisèrent probablement des pochoirs pour représenter ses cercles chromatiques. Cette technique de masquage a pu faciliter l'application des 72 couleurs de son cercle (p. 296–307). Le spectre musical et chromatique de John Denis MacDonald (1826–1908) semble avoir été peint à l'aquarelle, mais il s'agit sans doute d'une chromolithographie ou d'une impression photomécanique (p. 640–647).

Un volume imprimé peut accueillir des couleurs grâce à des pages où figurent des contours et des instructions de coloriage des modèles. Cette pratique permet au possesseur de l'ouvrage (ou à son copiste) d'aller au-delà de la simple lecture ou contemplation. Mais cet objectif est improbable avant la fin du XIXe siècle. Le coloriage manuel fait de chaque exemplaire d'un tirage donné une pièce unique. Cependant, ce procédé peut menacer la transmission précise du concept chromatique lorsque sont employés des matériaux inappropriés ou des couleurs erronées (ills. 15, 16).

La reproduction en couleurs et ses compromis

En 1725, Le Blon décrit de manière détaillée la difficulté de trouver un équilibre entre l'intensité visuelle des sources de rouge, bleu et jaune qu'il utilise. Un siècle plus tard, Gustav Fechner (1801–1887), physicien et psychologue allemand, quantifie ce que les artisans savent d'expérience, à savoir que l'impression visuelle d'une couleur n'est pas proportionnelle à la quantité de pigments utilisée. La combinaison à parts égales d'un jaune parfait et d'un bleu parfait ne garantit pas d'obtenir un vert parfait. La précision est tributaire d'un bon équilibre, que le transfert des couleurs sur la page soit réalisé par coloriage manuel, xylographie, plaques de métal ou sérigraphie.

Lorsque la distinction des nuances est cruciale, comme dans la présentation des couleurs et de la formation chromatique, un emploi particulier de teintes mélangées à l'avance peut donner des résultats plus homogènes sur un grand nombre d'exemplaires. C'est ce que

Ill. 37
Trade Cards Depicting the Chromo-lithographic Process, date unknown
Sammelbilder mit Darstellungen des farblithografischen Verfahrens
Cartes de visite expliquant le procédé chromolithographique
Tarjetas comerciales que representan el proceso cromolitográfico
Each 7.1 x 11 cm (2¾ x 4⅜ in.)
New York, Cornell University Library, Waxman Collection

37

Ill. 38
Badische Anilin- und Soda-Fabrik
Stoppered Glass Bottles of Alizarine Yellow GGT (left) and Naphthol Red 3G (right), *c.* 1890
Verstöpselte Glasflaschen mit Alizaringelb GGT (links) und Naphtholrot 3G (rechts)
Flacons bouchés de jaune alizarine GGT (à gauche) et de rouge naphtol 3G (à droite)
Frascos de vidrio con tapón de amarillo de alizarina GGT (izquierda) y rojo naftol 3G (derecha)
Cambridge, Massachusetts, Harvard University, Collection of Historical Scientific Instruments

38

remarque Lichtenberg quand il commente la manière dont Mayer a transformé des pigments prêts à l'emploi pour créer des mélanges donnés. Il déplore également la difficulté à reproduire le triangle de Mayer, raison pour laquelle son graphique comporte sept côtés au lieu des douze de la théorie de Mayer. En dépit de ces problèmes, la création de couleurs multiples par la superposition de quelques teintes, comme le montre Harris dans son ouvrage, reste un aspect de l'impression en couleurs, notamment dans les procédés ultérieurs de quadrichromie.

Le collage ou le montage de morceaux de papier spécialement colorés offre une autre solution pour obtenir les nuances et les équilibres chromatiques sur du papier destiné à du texte. Lichtenberg et Johann Ferdinand von Schönfeld (1750–1821) ont recours à cette méthode, que les imprimeurs du XXe siècle continueront d'utiliser pour réaliser des illustrations en couleurs. Les images collées permettent de confier l'impression en couleurs à des spécialistes, afin d'améliorer la qualité et l'homogénéité de tous les exemplaires. Le montage d'illustrations peut aussi être motivée par un souci d'économie car le collage est une tâche demandant moins de compétences et, par conséquent, plus abordable que l'obtention d'une concordance des couleurs sur la page imprimée.

Il a toujours fallu tenir compte des caractéristiques physiques et chimiques des papiers employés pour l'impression en couleurs. Il est évident que tout papier doit être assez résistant pour supporter les pressions nécessaires à l'impression, puis à la manipulation. La teinte et la texture du substrat qu'est le papier, ainsi que la manière dont la couleur y est ajoutée – par absorption ou application –, modifient l'aspect du système chromatique sur la page et, ce faisant, affectent la manière dont sont transmises les intentions de l'auteur. Un papier mal dégrossi peut se désintégrer ou faire varier la teinte de l'encre au fil du temps. Les premières images coloriées à la main présentées dans notre ouvrage sont du même papier que le texte. Mais, à mesure que les techniques d'impression en couleurs se spécialisent, il devient plus courant d'employer des papiers spéciaux, parfois blanchis pour obtenir un blanc plus brillant ou recouverts d'une surface plus réfléchissante. Ces papiers spéciaux peuvent être reliés avec les autres pages ou montés sur des pages vierges.

La quête de précision chromatique suscite des alliances entre imprimeurs spécialisés dans le but d'obtenir des tirages fidèles des systèmes de représentation chromatique. Guichard confie la réalisation des planches de *Grammaire de la couleur* (1882) à la Maison Jouanny, manufacture parisienne de papiers peints (ills. 31–33). C'est là une pratique courante car les imprimeurs de papiers peints sont passés maîtres dans l'art de produire des exemplaires multiples présentant des mélanges de couleurs. Les planches d'Emily Noyes Vanderpoel (1842–1939; p. 562–583) témoignent également des marques de fabrique de cet artisanat, notamment parce que les couleurs sont imprimées sur un papier recouvert d'un apprêt blanc, identique à celui employé pour les fonds des papiers peints. Avec le temps, cette épaisse couche de blanc s'est déformée pour donner aux planches de couleur un aspect évoquant le cuir. Sur ce fond, l'imprimeur pointille la couleur, en laissant visible une grande partie du blanc afin d'obtenir les nuances plus claires d'une teinte. Pour créer des nuances plus sombres, la couleur est piquetée d'encres noires. Dans son manuel à l'usage des imprimeurs en couleurs, Thomas Griffits (1883–1957) montre comment on obtient de cette manière une vaste gamme de nuances en maîtrisant soigneusement la couleur et la technique (ill. 27).

En définitive, la façon dont une image imprimée parvient à servir d'outil de communication dépend entièrement de l'interaction entre la matière colorante et la surface à colorer. Qu'il s'agisse de documents imprimés, manuscrits ou peints, les matières colorantes doivent être composées d'une source de couleur et d'un support de dispersion, deux éléments variables, eux-mêmes susceptibles de comprendre plusieurs substances et sujets à modification avec le temps: ils peuvent s'assombrir, comme le montrent, par exemple, les palettes de Le Blon.

39

ILLS. 39–41
Cover and Two Colour Charts Based on Albert Henry Munsell's Colour Atlas
Buchdeckel und zwei Farbdiagramme, angeregt vom Farbatlas Albert Henry Munsells
Couverture et deux graphiques de couleurs, inspirés de l'Atlas chromatique d'Albert Henry Munsell
Portada y dos cartas de colores inspiradas en el atlas de colores de Albert Henry Munsell
From: *Guide to Colour Standard* (Japan, 1951)
New York, Ursus Books & Gallery

En 1797, Alois Senefelder (1771–1834) décrit dans son brevet de lithographie les possibilités qu'offre cette technique pour l'impression d'images en couleurs (ill. 20). Plus tard, l'Américain Louis Prang (1824–1909) et d'autres auteurs y ajoutent l'utilisation du métal au lieu de la pierre et proposent un mode de fabrication mettant en jeu plusieurs plaques, selon un procédé semblable à celui inventé par Le Blon. Ces évolutions facilitent la commercialisation de la lithographie en couleurs et contribuent au développement des procédés photomécaniques élaborés pour la première fois par James Clerk Maxwell (1831–1879) en 1861 (ills. 21–23). À cette époque, les deux techniques sont employées pour tirer profit des nouvelles matières colorantes synthétiques et adapter les encres auxquelles celles-ci sont incorporées.

Le recours à la chromolithographie dans les ouvrages consacrés aux conceptions des couleurs devient courant avec la généralisation des « chromos » comme méthode d'impression utilisée dans la fabrication d'articles bon marché et grand public. La précision et la stabilité des couleurs est de moindre importance pour des documents éphémères, comme les cartes de visite par exemple (ill. 37), usage le plus connu de la chromolithographie au XIXe siècle.

La publication d'un système d'ordonnancement chromatique peut présenter une nouvelle conception des couleurs sans pour autant avoir recours aux nouvelles techniques d'impression. L'un des arguments en faveur de l'adoption tardive d'une nouvelle technique d'impression des couleurs est qu'elle permet de maîtriser l'interaction de toutes les composantes de la fabrication. Chez certains auteurs, la fidélité à la forme manuscrite originelle peut primer sur le respect des normes de longévité. Par conséquent, il peut y avoir un décalage entre la modernité intellectuelle ou philosophique des conceptualisations chromatiques et les moyens employés pour les représenter.

Dernier point en ce qui concerne les matériaux nécessaires à la fabrication des conceptions de la couleur, il faut tenir compte de l'absence dans ces présentations de certains aspects que prend la couleur – transparence et brillance, texture, iridescence, fluorescence et luminescence –, lesquels exercent une influence sur notre perception des couleurs. Newton évoque ces phénomènes dans la Proposition V d'*Opticks*. La coloration des vers luisants, des plumes de paon et du gaïac (*lignum vitae*) reste une énigme qu'étudient couramment les spécialistes de l'histoire naturelle. Les auteurs des descriptions réunies dans notre ouvrage parlent de transparence et d'opacité et opposent surfaces brillantes et mates, autant de caractéristiques dues à la composition de la source de couleur. Des dimensions de cet ordre, qui jouent sur l'aspect pris par la couleur, sont rarement incorporées au système de représentation. Malgré cette omission, les couleurs métallisées, iridescentes ou très saturées à la manière du velours jouent un rôle déterminant dans l'utilisation et la présentation des gammes de couleurs. L'imprimeur peut ajouter un aspect métallique à une teinte donnée en saupoudrant l'encre humide de poudre de métal. La gravure, en particulier la manière noire, est souvent citée pour sa capacité à rendre un large spectre de tonalités. Dans une note qui accompagne les trois champignons représentés dans sa planche CXIV (ill. 17), Vanderpoel souligne la difficulté d'incorporer à un système chromatique d'importantes informations visuelles ou concernant la texture. Le miroitement d'une plume de paon, d'une poterie mordorée islamique ou de la soie changeante peut s'analyser selon les règles de proximité chromatique de Chevreul, mais ce mode de compréhension des effets de couleurs est lui-même rarement usité. De même, la fluorescence et la luminescence, deux caractéristique chromatiques étudiées par l'histoire naturelle depuis le XVIIe siècle et visibles dans la mordorure d'une assiette en faïence datant de ce XVe siècle, ne font que depuis peu l'objet des débats dédiés aux systèmes chromatiques (ill. 18). Malgré le large éventail de conceptions des couleurs dont notre ouvrage rend compte, et après avoir en étudié les images et cartographié l'évolution du sens des variations chromatiques qu'elles recèlent, il nous faut

40

41

reconnaître les capacités limitées de toute présentation matérielle d'une conception des couleurs.

Un réseau de relations entre les systèmes

Répertoire des sources qui composent la compréhension de la couleur dans l'histoire occidentale, les conceptions chromatiques réunies ici témoignent d'une diversité évidente et instructive, dans le temps comme dans l'espace. Parmi cette variété, il est tout de même possible de définir des fondements communs aux diverses catégories de conceptions. Les auteurs et autrices qui intègrent à leur œuvre une histoire des connaissances sur la couleur reconnaissent fréquemment qu'il existe toute une variété de points de vue, mais ont tendance à en effectuer une sélection plutôt qu'une synthèse. Aucun ne remet en cause l'existence de la couleur, mais les différences entre les couleurs dont se compose la lumière et celles renvoyées par les objets, et entre les manières dont se forme la couleur, intéressent particulièrement ceux et celles qui s'intéressent à la vision en couleurs.

De même, l'ampleur de chaque système chromatique, c'est-à-dire la quantité de couleurs présentées dans une conceptualisation, varie selon son objectif. Un document détaillé, tel qu'un catalogue commercial ou un traité sur la peinture de paysage à l'aquarelle, ne comprend que les couleurs nécessaires à sa fonction. Parmi d'autres, Mary Gartside, George Field, Charles Hayter, qui ont étudié la couleur sous l'angle de l'expression artistique, confrontent plus régulièrement la théorie à l'expérience pratique. Mais, comme Le Blon, Johann Heinrich Lambert, Harris et Itten, leur palette est soigneusement limitée. Les tentatives de codification et de normalisation qu'a effectuées Chevreul pour rendre compte de l'apparence des couleurs dans des situations de contraste ou de proximité ont influencé des peintres, des architectes et des designers des XIXe et XXe siècles. Dans le même temps, l'*Atlas* de Munsell, le *Farbenkabinett* de von Schönfeld et le *Dictionary of Color* de Maerz et Paul visent à une très grande spécificité et à l'élimination de termes fantaisistes et obscurs. Ces œuvres, comme celle de Syme, proposent des normes pour la comparaison et la reproduction. Pourtant, en dernière analyse, la présentation de centaines ou de milliers d'échantillons de couleurs est tributaire des techniques d'impression, qu'elles soient dues, au début, à un artisan fabriquant ses couleurs avec minutie ou, plus tard, aux nouvelles possibilités offertes par les pigments industriels.

Certaines idées sur la couleur perdurent. Parfois, naissent de nouvelles manières d'appréhender des concepts délaissés. J'ai évoqué plus haut l'évolution des opinions concernant les travaux de Goethe. Aujourd'hui, nous acceptons rarement l'existence d'alternatives au trichromatisme comme théorie du mélange des couleurs, bien que les théories bichromatiques faisant appel aux combinaisons de lumière et d'obscurité, de rouge et de bleu ou d'autres éléments soient légion dans l'histoire de la couleur. D'autres mises en relation, telles que les aspects psychologiques intervenant dans les choix et les emplois de la couleur, ainsi que les affinités entre couleurs et sons – représentées par le célèbre « orgue chromatique », raillé par Charles Germain de Saint-Aubin (1721-1786, ill. 26) au XVIIIe siècle, puis construit au XXe par Alexander Wallace Rimington (1854-1918, ill. 25) –, sont prises en compte de manière plus cohérente, en passant de l'expérience par la pensée au discours synesthésique, avant d'aboutir à un prototype.

Certains auteurs dont l'œuvre donne la priorité à la création de systèmes chromatiques plutôt qu'à l'utilisation pratique des couleurs peuvent proposer des analogies de forme : la couleur ressemble à un cercle, une sphère ou une spirale, à un triangle, une pyramide ou un hexaèdre. L'accent mis sur telle ou telle forme confère à l'œuvre une orientation différente de celle des catalogues normatifs de Syme, Robert Ridgway, Munsell ou Maerz et Paul. En outre, lorsque le but d'un système chromatique est d'analyser les techniques de coloration,

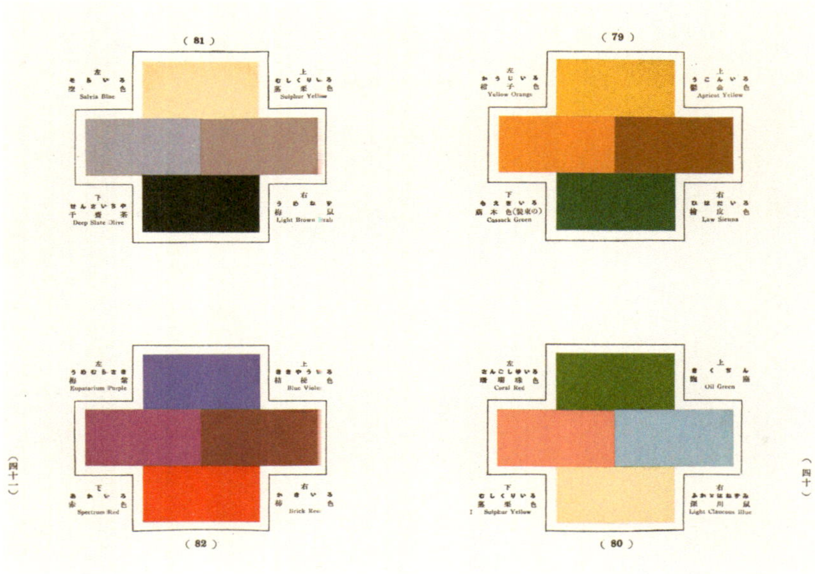

42

ILL. 42
Sanzō Wada
Double-page Spread with Four Colour Diagrams and 16 Samples
Doppelseite mit 16 Farbmustern in vier Farbdiagrammen
Double page illustrée de quatre graphiques de couleurs et de 16 échantillons de tissu
Doble página con diagramas de cuatro colores y 16 muestras
From: *Haishoku sōkan* (Tokyo, 1933/34)
San Marino, California, The Huntington Library, Art Museum, and Botanical Gardens

ILL. 43 *(Page 465)*
Meisen Kimono with Stylised Windows, *c.* 1950–1955
Meisenkimono mit stilisierten Fenstern
Kimono meisen avec fenêtres stylisées
Kimono Meisen con ventanas estilizadas
New York, Metropolitan Museum of Art, Promised Gift of John C. Weber

l'étude approfondie du nombre de couleurs retenues n'est pas toujours utile. Il est possible qu'un manuel pratique fasse appel à une forme concrète pour comprendre et organiser les couleurs, mais son auteur aura probablement tendance à supposer qu'il existe en ce monde un plus grand nombre de teintes. L'emploi de la couleur en architecture s'appuie sur les teintes du milieu environnant, que ce soit pour mettre en valeur le spectacle des couleurs, comme le fait l'Institut du son et de la vision des Pays-Bas, Hilversum (ills. 44, 53), ou la nature réflexive de la couleur, comme avec la structure du musée américain Magazzino Italian Art, à Cold Spring, État de New York (ill. 55).

Un dernier sous-groupe parmi les œuvres rassemblées ici comprend les systèmes particulièrement destinés à montrer au lecteur comment penser la couleur. Soucieux de donner à la couleur un contexte dans notre environnement, les auteurs de ces conceptions privilégient l'association des arts, de la philosophie et des sensations. Sont ainsi regroupés Goethe, Rudolf Steiner et Josef Albers, les spiritistes qui considèrent la couleur comme un phénomène que l'on ressent et non un objet théorique, ainsi que ceux qui, comme S. Alekseev, B. M. Teplov et P. A. Shevarev ou Burris-Meyer, interprètent le concept de manière littérale en étudiant la couleur architecturale. Ce sous-groupe comprend aussi l'aspect essentiel qui consiste à créer des relations entre les modes de perception. En font partie les auteurs et autrices qui se sont exprimés sur la couleur et le son, ou sur le rapport logique entre l'ouïe et la vision. Il en va de même d'autres formes de techniques nouvelles comme, par exemple, l'emploi du phonographe à partir de 1870, afin de saisir les sons comme l'imprimerie saisit les couleurs.

J'en reviens à présent à la notion de système chromatique comme outil de partage des conceptions de la couleur. De même qu'un marteau (outil servant à imprimer une force physique sur une petite surface) ou un pinceau (ensemble de filaments fixés à un manche, pouvant s'imbiber d'un liquide coloré et étaler celui-ci), la présentation visuelle des conceptions chromatiques adopte des dimensions multiples et s'adapte à des usages spécifiques. Un système chromatique sert à réunir, rationaliser ou normaliser les couleurs dans ou sur des objets, à enseigner l'identification des couleurs ou à mieux sélectionner les teintes que l'on souhaite employer. À la conceptualisation et à la présentation de l'image originale, ainsi qu'à son adaptation à la fabrication d'un ouvrage, s'ajoute la matérialité même des sources réunies ici. Notre *Book of Colour Concepts* rassemble de manière précise et judicieuse un corpus exceptionnel de systèmes chromatiques à partir de sources très variées et les présente aux lecteurs intéressés par le sujet qui, sans lui, ne pourraient pas en consulter chacune des composantes. Ainsi cet ouvrage partage-t-il le même objectif que celui des auteurs et autrices qu'il présente et ce, d'une façon qui leur rend justice à tous et devrait susciter la curiosité pour leurs œuvres.

Sarah Lowengard

LA MATERIALIDAD DE LOS CONCEPTOS DE COLOR

Los conceptos de color que se presentan en este libro son la creación de más de 60 artistas, estudiosos, teóricos y educadores que han reflexionado en profundidad sobre el uso y el significado del color. Tales esfuerzos son expresión del deseo común en personas de todo el mundo de dar sentido al color, y el hecho de que sus ideas se publicaran en forma de libro sugiere un deseo aún mayor de compartir esa interpretación con los demás. Cada autor establece una relación única, a menudo personal, con los colores y entre ellos. Su enfoque puede ser amplio o específico. Puede apelar profundamente a obras del pasado o describir una nueva forma de percibir el color en el mundo. Ningún autor presenta su trabajo como el único camino hacia la comprensión, y los detalles de cada planteamiento difieren tanto como los resultados. Cada conceptualización está influenciada por el tiempo y el lugar de su concepción, así como por las preocupaciones y capacidades de su autor. La extraordinaria amplitud, diversidad y variedad de estos conceptos, en combinación con su atractivo estético atemporal, constituye el tema de esta nueva publicación.

En Occidente, el color ha sido un tema de interés filosófico y práctico desde hace mucho tiempo, como lo demuestran la gama de diagramas cromáticos que van desde el concepto de cinco colores de Franciscus Aguilonius (1567–1617) en 1613 (il. 2) al espacio de color establecido por la CIE (Comisión Internacional de Iluminación) en 1976 (il. 3). Si bien muchos sistemas ahora son poco conocidos, algunos adquirieron una vigencia especial y sirvieron de punto de partida para consideraciones posteriores. Las ideas de Isaac Newton (1643–1727) sobre la luz y el color (il. 19), publicadas por primera vez en 1671 y ampliamente disponibles a partir de 1704, son una de esas piedras de toque (págs. 210–217), mientras que las leyes del contraste de colores de Michel-Eugène Chevreul (1786–1889), publicadas un siglo y medio después, llegaron a ocupar un lugar similar (págs. 282–295). Con independencia de lo que uno piense de esas obras, tuvieron y siguen teniendo el reconocimiento de historiadores naturales, filósofos naturales, artistas y artesanos preocupados por el color de modos que no se relacionan con su propósito original. Las críticas y revaluaciones, como muestra *The Book of Colour Concepts*, están siempre presentes en la historia de los conceptos de color.

Todos los intentos de formular un concepto de color se enfrentan a la dificultad inherente de establecer un sistema holístico, completo, universal y duradero. Las ideas evolucionan a la par que los cambios en las disciplinas que utilizan el color, así como las interpretaciones de qué es o muestra el color, que varían en un proceso de flujo y reflujo. Tales fluctuaciones son evidentes en las fuentes que aquí se recopilan, en los colores elegidos, en el lenguaje utilizado para describirlos y en las formas que presentan. Son también evidentes en cómo los autores contextualizan sus respectivas contribuciones y describen los motivos que les llevaron a desarrollar sus ideas. Algunos crean ese contexto enfatizando su papel en la psicología y la industria, o mediante la discusión de las vías por las que el mundo de las cosas de color interactúa con el mundo natural. Otros limitan su enfoque a la práctica artística o tratan de ampliar su mirada a los mundos natural, manufacturado y espiritual, o al carácter integrado de los sentidos.

Se crearon tantos sistemas de color porque sus autores consideraron que los existentes eran imperfectos, y encontrar lo común en ellos es una tarea abrumadora pero estimulante. La base de mi enfoque es la aceptación de que *The Book of Colour Concepts* representa un deseo compartido de concretar una conceptualización del color. Al considerar cada sistema como un objeto, he explorado las interacciones entre la defensa de una idea y la organización de los medios por los cuales se comunica. La adaptación de las preguntas clásicas de los estudios de objetos a este grupo de sistemas de exposición de colores saca a la luz los vínculos entre la forma, la visualización y el uso, entre el color como motivo y el color como esencia de la vida cotidiana. Al identificar las formas comunes y divergentes en que los autores construyeron sus sistemas, podemos comprender mejor cada uso del color

45

ILL. 44 *(Page 466)*
Neutelings Riedijk Architects
Coloured Façade at the Netherlands Institute for Sound and Vision
Farbige Fassade des Niederländischen Instituts für Bild und Ton
Façade colorée de l'Institut du son et de la vision des Pays-Bas
Fachada de colores del Instituto Holandés de Imagen y Sonido
Photograph
Hilversum, The Netherlands

ILL. 45
Josef Albers
Study for a Variant/Adobe, 1947
Studie für ein *Variant/Adobe*
Étude pour une Variante/Adobe
Estudio para una variante/adobe
Oil and pencil on blotting paper, 48.2 x 61 cm (19 x 24 in.)
Bethany, Connecticut, Josef & Anni Albers Foundation

ILL. 46
Josef Albers
Variant/Adobe, Orange Front/ orangefarbene Fassade/mur orange/naranja en primer término,
1948–1958
Oil on masonite, 59.6 x 68.5 cm (23 ½ x 27 in.)
New York, Guggenheim Museum, Peggy Guggenheim Collection

para presentar información, la ideología y la práctica que hay detrás. La investigación de la naturaleza material de los sistemas de visualización de los colores muestra cómo estos se desarrollan a partir de conceptos de color y delinean sus funciones como guías para el futuro y como expresión de los valores en un tiempo y un lugar.

¿Qué son estos objetos?

Cada presentación incluida en este libro ofrece un diagrama con una selección de colores que varía en forma y formato, en el número de colores representados y en la cantidad de subconjuntos necesarios para expresar plenamente las ideas de su autor. Algunos esquemas son sucintos y utilizan una sola gama (o colección) de colores, quizás incluso un solo color; otros emplean varios conjuntos o formas.

Todos los sistemas de visualización que aquí se muestran son bidimensionales, característica impuesta por el formato libro. Aun así, varios pueden basarse en una forma tridimensional, como una pirámide, una esfera o un cubo, lo que quizá implique que el modelo representado no pretendía ser una exposición completa de las ideas del autor. Tal vez, como en los trabajos de David Ramsay Hay (págs. 320–341) y David Cox (págs. 502–515), el modelo se incluyó para alentar al lector o usuario a hacer su propia versión y no depender únicamente de la materialidad del modelo ofrecido. Otros trabajos debían considerarse sin duda completos y acabados, como en los casos de Johannes Itten (págs. 804–823) o George Barnard (págs. 516–523). Los textos adjuntos pueden explicar la teoría y el enfoque del autor, potenciando en blanco y negro aquello que los diagramas muestran en colores.

Un sistema de visualización por medio de colores es una herramienta para representar conocimiento. El valor que los autores le asignan varía en cada caso: su propósito puede ser estandarizar la identificación, relacionar mejor los mundos natural y manufacturado, o tal vez ayudar a nuestra comprensión de un determinado fenómeno. Algunos sistemas de ordenación son exploraciones personales de cómo los colores se conectan, complementan u oponen entre sí. Hay sistemas que comparan las relaciones de color entre disciplinas o comunidades, o más allá de los límites de la luz o de los objetos. Sin embargo, estos propósitos no son exclusivos, y ningún autor puede garantizar que su sistema se empleará única o exactamente tal como lo planeó. Cuando el geólogo alemán Abraham Gottlob Werner (1750–1817) diseñó un sistema de ordenación de los colores, su propósito era identificar mejor las muestras geológicas (il. 4). Más adelante, Patrick Syme (1774–1845) reorganizó y amplió el sistema de Werner, y su versión se ha convertido en una guía estándar para la identificación de colores empleada por artistas e historiadores naturales de varias disciplinas (págs. 310–319).

Forma, uso y comprensión

La forma que cada autor da a su presentación revela información sobre su enfoque y expectativas. Se puede ordenar una línea de color con base en convenciones culturales (il. 2) y se puede elegir un modelo artístico más limitado, como una paleta de colores, para realzar un diseño (il. 6). Puede referirse a un arcoíris o al espectro. Formar un círculo a partir de la línea espectral puede enfatizar la idea de gradaciones entre los colores principales, un elemento común de muchas ruedas de color (capítulo 2). Una forma en espiral puede implicar una continuidad repetitiva por el modo en que el diseñador ha añadido tonos o sombras. Las esferas de colores, como las diseñadas por Philipp Otto Runge (pág. 163, ils. 49, 50) y Albert Henry Munsell (págs. 584–599), y el hexaedro, propuesto por Tobias Mayer (1723–1762; págs. 112–115) y desarrollado por el psicólogo Edward B. Titchener (1867–1927; il. 48) dos siglos más tarde, sugieren que seguía vigente la suposición de que tenía que ser

46

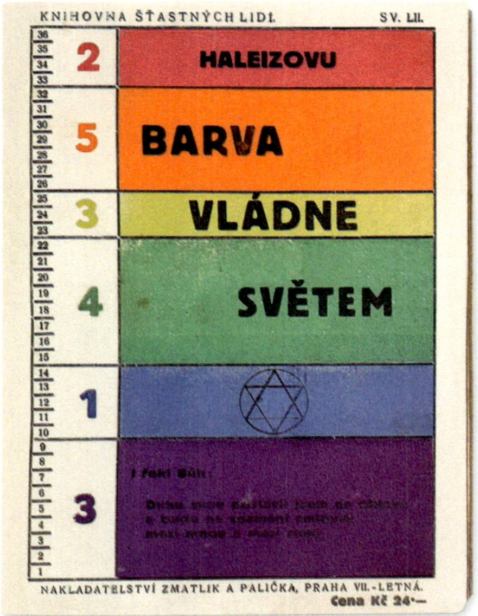

47

ILL. 47
Haleizovu
Cover / Buchumschlag / Couverture / Cubierta
From: *Barva vládne svetem*
(Prague, 1928)
New York, Ursus Books and Gallery

ILL. 48
Edward B. Titchener
Colour Pyramid / Farbpyramide / Pyramide de couleurs / Pirámide de color,
c. 1924
Wood, paper, plaster, steel;
74 x 48.3 x 48.3 cm (29 ⅛ x 19 x 19 in.)
Cambridge, Massachusetts, Harvard University, Collection of Historical Scientific Instruments

posible ubicar todos los colores dentro de la forma correctamente elegida. La forma del sistema de visualización está, por lo tanto, estrechamente ligada a cómo concebía su autor las relaciones entre los colores, además de sus suposiciones sobre los usos que se darían a su sistema.

¿Cómo imaginaron su proyecto los creadores de estos sistemas de visualización? Una mirada a cómo los describieron es un punto de partida razonable para analizar su forma y fondo. Richard Waller llamó a su cuadrícula «catálogo», lo que sugería que se trataba de una colección, como las rocas o conchas expuestas en un gabinete de curiosidades (págs. 80–85). Johann Heinrich Meynier (1764–1825) describió su sistema (que, como el de Waller, se basaba en pigmentos comprados) como una tabla y un gráfico, lo que enfatizaba la forma física en lugar de sus fuentes (págs. 124–129). Moses Harris (1730–c. 1788) concibió un «sistema natural» basado en su trabajo con especímenes de historia natural (págs. 138–143). La concepción del color de Albert Henry Munsell era cartográfica: diseñó un atlas de color y una esfera recortada, con un centro de oscuro a claro y tonos de valor completo en el borde exterior (ils. 7, 8). James Sowerby (1757–1822) proporcionó una concordancia, Elizabeth Burris-Meyer (1899–1969) una guía, y Aloys John Maerz (1885–1972) y Morris Rea Paul (1895–1970) compilaron juntos un diccionario. El *The Colour Index*, disponible desde la década de 1920, es un trabajo técnico importante. Algunos autores presentaron su concepto de color como una teoría independiente, y otros lo incluyeron en manuales prácticos u optaron por centrarse en la explicación del color como un aspecto de las artes, la psicología o los sentidos. Ciertos trabajos, en cambio, no están etiquetados; por ejemplo, cuando un autor presentaba un texto donde el color era una de tantas herramientas o aspectos a considerar. Aun así, cada descripción confirma que el establecimiento del orden de los colores, que es parte integral de todos los sistemas, se entendía de muchas maneras diferentes.

Las naturalezas de los teóricos del color

¿Qué tipo de persona se siente impulsada a articular un concepto de color y qué la inspira a compartirlo por medio de una publicación? Una motivación obvia es el deseo de contribuir a las artes, las ciencias, la industria o a inquietudes espirituales que son parte importante del *ethos* occidental moderno. O, tal vez, un autor ideó un sistema para tratar de comprender lo que la gente ve o experimenta, al igual que dibujamos un objeto desconocido para comprender cómo es y cómo funciona. Ambos tipos de respuesta podrían albergar también el deseo de ampliar un trabajo o la frustración con los sistemas existentes. Por ejemplo, a menudo se señala que Johann Wolfgang von Goethe (1749–1832) actuó motivado por su desacuerdo con las teorías de color predominantes, y el *Historischer Theil* de su *Zur Farbenlehre* (1810) es claro en ese sentido (págs. 236–249). Más recientemente, los historiadores han reconocido en la frustración de Goethe un enfoque diferente con respecto a lo que es o puede ser el color, en comparación con lo planteado por Newton y sus diferentes interpretaciones de un vocabulario similar. Cuando Christine Ladd-Franklin (1847–1930) sugirió una teoría del color basada en su explicación de la visión del color (págs. 610–617), fue como alternativa a la teoría más científica de Young-Helmholtz; al igual que Goethe, daba más importancia a las cualidades que a la cuantificación. Identificar las fuentes de tales diferencias de opinión ayuda a aclarar las fuerzas que impulsan el uso de cualquier concepto de color, ya se base en la fisiología, la psicología, la historia natural, la filosofía o la práctica artesanal.

Muchos autores también incorporaron intereses profesionales a su teoría del color. Las instrucciones de uso pueden enfatizar un papel pedagógico, ya que la enseñanza del color solía ser parte de la formación artesanal antes del siglo XVIII. También podemos ver ese interés en trabajos posteriores, como en los casos de Munsell, que fue profesor de educación artística, y Josef Albers, que lo fue de diseño.

48

De manera similar, Édouard Guichard, Charles Lacouture, Masanori Iehara y Kan'ichiro Shiozu sugirieron esquemas de color modernos en sus publicaciones, dirigidas a diseñadores y estudiantes de diseño. Además, aunque Chevreul desarrolló su trabajo en beneficio de la industria textil del siglo XIX en Francia (ils. 1, 11), sus ideas siguen siendo esenciales para el estudio del color.

Demostración de un concepto de color

El autor de una teoría del color o una filosofía de los colores puede comenzar su trabajo con observaciones, experimentos, notas, borradores e ilustraciones (ils. 9, 10). La primera versión puede ocupar varias hojas o incluso fajos enteros de papel, y quizás también la construcción física de la herramienta misma: un objeto geométrico sólido u otra forma tangible. La adaptación del concepto al formato libro permite que el autor transmita sus ideas y contribuya a la conversación en curso sobre el color: qué es, qué significa y para qué sirve. La conversión de los materiales que demuestran cada teoría de un ejemplo único a una forma reproducible requiere la reconsideración de distintos posibles actores, ya sea el autor, el editor o los técnicos. De algunos elementos aquí recogidos conocemos ese contexto de desarrollo y producción. Thomas Birch (1705–1766) describió en su historia de la Royal Society de Londres las técnicas utilizadas en la creación del gráfico de Waller de las *Philosophical Transactions of the Royal Society*, mientras que la biblioteca del Muséum Nationale d'Histoire Naturelle de París conserva algunos de los materiales de investigación de Chevreul, incluidos sus borradores y notas sobre coloración y contrastes cromáticos. Munsell compartió copias mecanografiadas de los cuadernos de apuntes en los que registró el desarrollo, la producción y la comercialización de su sistema de color, y Hilma af Klint (1862–1944) copió a mano sus obras de arte en cuadernos para mostrarlas cuando estaba de viaje (págs. 704–715). Sin embargo, no todos los trabajos originales se adaptaron bajo la atenta mirada de su autor, como sucedió con Georg Christoph Lichtenberg (1742–1799), el editor de los artículos póstumos de Tobias Mayer, quien escribió extensamente sobre las teorías de Mayer y sus propios esfuerzos por arrojar luz sobre ellas (págs. 112–115). Nuestra capacidad para considerar el original junto con su adaptación para la esfera pública mejora la contextualización de esta última. Estos documentos sobre los sistemas de visualización nos hablan de las limitaciones que la producción puede ejercer en la transmisión de la información sobre el color.

¿Cómo se hace?

Un libro que describe un sistema de color requiere del papel y de la tinta comunes a todos los libros, pero también fuentes de color como pigmentos y materiales colorantes o tintas, así como de la mezcla de la fuente o fuentes de color con varios líquidos y adhesivos u otros productos químicos. Cada material colorante utilizado debe ser visual y químicamente estable, apropiado para el papel y el método de producción utilizado, y debe estar disponible en cantidad suficiente para completar la impresión de toda la tirada. El papel sobre el que se aplica el color, no necesariamente idéntico al que contiene el texto, también tiene características propias: uno demasiado poroso puede hacer que el color se corra y se borren los bordes, pero si su superficie es demasiado dura, el color podría migrar (ils. 13, 14); asimismo, el tinte y el brillo del papel tendrán un efecto visual en la imagen. La impresión en color puede requerir herramientas de impresión especializadas. Tal como muestran los libros de esta colección, las alternativas tecnológicas para añadir color incluían el trabajo manual y distintas prensas mecánicas que podían emplearse solas o en combinación.

Sin embargo, la precisión necesaria en una tabla de colores o un sistema de visualización que distingue cientos o incluso miles de muestras requiere más que papel y materiales para colorear apropiados. En

49–50

general, en las publicaciones incluidas en este libro se han empleado técnicas bien asentadas, ya sea el coloreado a mano, la xilografía, el pegado de papeles coloreados, el estarcido, la cromolitografía o, en trabajos posteriores, procesos fotomecánicos o serigráficos. Asegurar la correcta colocación del color adecuado siempre fue motivo de preocupación. El autor de un ensayo en *Publishers' Weekly* («Triumph at Yale: Albers' *Interaction of Color*», publicado en 1963) detalló el riguroso cuidado con el que se produjeron las láminas en color de la edición original de *Interaction of Color* de Albers (págs. 824–837). El artículo describe un proceso serigráfico en ocho pasos, con un trabajo manual en cada etapa supervisado de cerca, en el que se emplearon hasta 22 pigmentos especiales. A finales del siglo XVII, Birch describió la pipeta de vidrio capaz de dejar caer gota a gota la cantidad precisa de cada uno de los colores empleados en las aproximadamente 500 copias del catálogo de colores de Waller. El historiador del grabado Ad Stijnman ha señalado que Jacob Christoph Le Blon imprimió en color sus paletas, pero agregó a mano los trazos de color al óleo que representan cada pigmento en la imagen (págs. 100–103). Los impresores de Chevreul recurrieron probablemente al *pochoir*, o estarcido, para sus círculos de colores, una técnica basada en el uso de plantillas que pudo facilitar la superposición de colores en las 72 casillas de su círculo (págs. 296–307). El espectro de colores y música de John Denis MacDonald (1826–1908) parece que se hubiera pintado a mano con acuarela, pero probablemente se trate de cromolitografía o de un proceso fotomecánico (págs. 640–647).

Un volumen impreso podía incorporar colores al incluir páginas con contornos impresos e instrucciones para colorear plantillas. Tal práctica podía involucrar al propietario (o a su amanuense) de una manera diferente a la simple lectura o visualización, pero es poco probable que eso fuera un objetivo antes de finales del siglo XIX. La coloración a mano habría hecho que cada volumen de cada tirada fuera único, pero el empleo de materiales inadecuados o colores equivocados habría supuesto un riesgo para la transmisión precisa del concepto de color (ils. 15, 16).

Los compromisos en la reproducción de los colores

En 1725, Le Blon describió en detalle el problema de equilibrar la intensidad visual de las fuentes de coloración rojas, azules y amarillas que utilizaba. Un siglo después, el físico y psicólogo Gustav Fechner (1801–1887) cuantificó algo que los artesanos sabían por experiencia, a saber, que la impresión visual de un color no es proporcional a la cantidad de pigmento utilizada. Una combinación uno a uno de un amarillo perfecto y un azul perfecto no garantiza un verde perfecto. Encontrar el equilibrio correcto era importante para transferir los colores a la página con precisión, se tratara de un trabajo manual, una xilografía, un grabado con planchas de metal o una serigrafía.

Cuando los matices son importantes, como en un trabajo sobre el color y la formación del color, el uso selectivo de colores premezclados puede producir resultados más uniformes en varias copias. Lichtenberg llamó la atención sobre esa práctica al comentar que Mayer había recurrido a pigmentos prefabricados para crear ciertas mezclas; también lamentó la dificultad de reproducir el triángulo de Mayer, que es una de las razones por las que su diagrama tiene siete lados en lugar de los doce de la tesis de Mayer. A pesar de estos problemas, la creación de varios colores mediante la sobreimpresión de unos pocos, como se demuestra en el libro de Harris, seguía siendo una característica de la impresión en color, incluidos los posteriores procesos de cuatricromía.

Pegar trozos de papel especialmente coloreados fue otra solución utilizada para lograr los tonos y equilibrios de color que debían acompañar al texto. Tanto Lichtenberg como Johann Ferdinand von Schönfeld (1750–1821) utilizaron ese método, y los impresores

ILLS. 49–50
Narangkar Glover
Colour Sphere (after Runge), 2017
Farbkugel (nach Runge)
Sphère chromatique (d'après Runge)
Esfera de color (basada en Runge)
Oil on plaster, ϕ 25.4 cm (10 in.)
Palo Alto, California, Private collection

ILL. 51
Albert Henry Munsell
Color Globe, 1905–1917
Farbglobus
Sphère chromatique
Esfera de color
Brass and steel, 16.2 x 16.2 x 15.4 cm
(6⅜ x 6⅜ x 6 in.)
Cambridge, Massachusetts, Harvard University, Collection of Historical Scientific Instruments

continuaron empleándolo para incluir ilustraciones en color hasta el siglo XX. El uso de ilustraciones pegadas significaba que la impresión en color podía subcontratarse a especialistas, lo que podía mejorar la calidad y la estandarización en todas las copias. También podía ser una decisión económica, ya que el engomado era una tarea menos cualificada y, por lo tanto, más económica que la igualación de colores en la página impresa.

Las características físicas y químicas de los papeles utilizados para imprimir en color siempre han sido un elemento importante a considerar. Cualquier papel utilizado tenía que ser lo bastante fuerte como para soportar la impresión y su manipulación posterior. El color y la textura del papel como sustrato, tanto si el color se absorbía como si se asentaba encima, afectaban al «aspecto» del sistema de visualización y a cómo se comunicaban las intenciones del autor. Un papel con un mal acabado podía desintegrarse o alterar el color de la tinta con el tiempo. Las primeras imágenes pintadas a mano en las fuentes que aquí se presentan usaban como soporte el mismo papel empleado para imprimir el texto, pero a medida que la tecnología de impresión en color se sofisticó, se volvió más habitual usar papeles especiales, quizás blanqueados de un modo más brillante o estucados para crear una superficie más reflectante. Estos papeles podían encuadernarse como parte del libro o pegarse en una página en blanco.

La búsqueda de precisión en la comunicación del color condujo a alianzas entre imprentas especializadas en un esfuerzo por reproducir con fidelidad los sistemas de visualización de los colores. Guichard atribuyó la producción de las láminas en color para su *Grammaire de la couleur* (1882) a Maison Jouanny, un fabricante de papel pintado de París (ils. 31–33). Los empresarios del sector eran expertos en la impresión a gran escala con mezclas de colores, y parece que la colaboración con ellos fue una práctica común. Las láminas de Emily Noyes Vanderpoel (1842–1939; págs. 562–583) también exhiben algunas de las características propias de la impresión de papel pintado, en particular porque los colores se aplicaron en un papel cubierto de blanco similar al que usa esa industria. Con el tiempo, su gruesa capa base se ha deformado, y las láminas en color presentan ahora una apariencia similar al cuero. El impresor punteaba el color sobre la base blanca, que dejaba en gran parte visible para lograr los matices más claros de un tono; para crear tonos más oscuros, se punteaban tintas negras sobre el color. En su manual sobre la impresión en color, Thomas Griffits (1883–1957) demostró la gama de tonos que podían obtenerse así con un cuidadoso control del color y de la técnica (il. 27).

En última instancia, el éxito de cualquier imagen en papel como herramienta de comunicación depende de la interacción entre el

51

Ill. 52
Jo Volley
The Pigment Timeline, 2014
Zeitstrahl der Pigmente
Frise chronologique des pigments
La línea del tiempo del pigmento
180 pigments bound in gum arabic,
152.4 x 182.9 cm (60 x 72 in.)
University College London

52

ILL. 53
Neutelings Riedijk Architects
Coloured Façade at the Netherlands Institute for Sound and Vision
Farbige Fassade des Niederländischen Instituts für Bild und Ton
Façade colorée de l'Institut du son et de la vision des Pays-Bas
Fachada de colores del Instituto Holandés de Imagen y Sonido
Photograph
Hilversum, The Netherlands

53

material colorante y la superficie a colorear. Ya sea para imprimir, escribir o pintar, el material para colorear requiere tanto de una fuente de color como de un vehículo de dispersión, dos componentes que varían, que pueden estar compuestos por más de una sustancia y que pueden cambiar con el tiempo, oscureciéndose, por ejemplo, como las paletas de Le Blon.

En 1797, Alois Senefelder (1771–1834) describió en su patente de la litografía las posibilidades de utilizar la técnica para imprimir imágenes en color (il. 20). Los desarrollos posteriores del estadounidense Louis Prang (1824–1909) y otros incluyeron el uso de metal en lugar de piedra, y un sistema de producción en el que se empleaban distintas planchas en un proceso similar al inventado por Le Blon. Estos cambios facilitaron la comercialización de litografías en color y contribuyeron al desarrollo de los procesos fotomecánicos demostrados por primera vez por James Clerk Maxwell (1831–1879) en 1861 (ils. 21–23). Ambas técnicas se posicionaron temporalmente para aprovechar los materiales colorantes sintéticos que de forma reciente se habían desarrollado y la necesidad de volver a trabajar las tintas para incorporarlos.

El uso de la cromolitografía en libros sobre conceptos de color se hizo habitual tras el establecimiento de los «cromos» como método de impresión en color para crear artículos económicos y populares. La precisión y la estabilidad del color eran menos importantes en los artículos efímeros, como las tarjetas comerciales (il. 37), que es el uso más conocido de la cromolitografía en el siglo XIX.

La publicación de un sistema de orden de los colores podía ofrecer un nuevo concepto de color sin emplear una técnica de impresión igualmente nueva. Un punto a favor del retraso en la adopción de una tecnología de color fue la mejor comprensión de la interacción entre sus elementos de producción. Para algunos autores, la fidelidad a la forma original hecha a mano pudo haber sido un requisito más importante que producir un libro que cumpliera con ciertos estándares de longevidad. Por lo tanto, existió una desconexión potencial entre la modernidad intelectual o filosófica en las conceptualizaciones del color y los medios empleados para mostrar esas ideas.

Como nota final sobre los materiales de producción de los conceptos de color, debemos reconocer la falta de articulación en esas presentaciones de ciertos aspectos de la apariencia del color: transparencia y brillo, textura, iridiscencia, fluorescencia y luminiscencia, todos los cuales afectan a su percepción. Newton había discutido estos fenómenos en la Proposición V de *Opticks*, y el color de las luciérnagas, las plumas del pavo real y del guayacán eran enigmas comunes que los historiadores naturales intentaban resolver. Los autores de las descripciones de color presentadas en este libro se refieren a la transparencia y la opacidad, y a las superficies brillantes frente a las mates, como características conferidas por la composición de la fuente colorante. La incorporación de cualidades como estas, que afectan al aspecto de los colores, rara vez forma parte del diseño del sistema. A pesar de esta omisión, los colores metalizados, iridiscentes y aterciopelados altamente saturados fueron fundamentales en el uso y la presentación del color. Los impresores podían dar una calidad metálica a un color determinado al espolvorear metal molido sobre tinta húmeda. El grabado, especialmente el grabado a media tinta, se cita a menudo por su capacidad para sostener toda una gama de variaciones tonales. Vanderpoel destacó la dificultad de incorporar información visual y textural importante en un sistema de color en una nota sobre el hongo arborícola representado en su lámina CXIV (il. 17). El efecto brillante de una pluma de pavo real, la loza de reflejos dorados islámica o la *soie changeante* podrían analizarse de acuerdo con las reglas de adyacencia de color de Chevreul, pero incluso este método de comprensión de un efecto de color rara vez se aborda. De manera similar, la fluorescencia y la luminiscencia, dos cualidades de color abordadas por los historiadores naturales desde el siglo XVII, tal como se ve en el vidriado

54

brillante de esta loza del siglo XV, solo han llegado recientemente a ser parte de las discusiones sobre los sistemas de color (il. 18). A pesar de la amplia gama de conceptos representados en los sistemas de visualización de los colores incluidos en este libro, después de examinar las imágenes y trazar los significados modificados de las variaciones de color a través de ellas, debemos reconocer los límites de cualquier presentación material de los conceptos de color.

Trazando relaciones en esta colección

Como colección de fuentes que rastrean la comprensión del color en la historia occidental, los conceptos de color presentados en este libro muestran una diversidad obvia e instructiva en relación con el tiempo y la geografía, pero, incluso dentro de esa diversidad, podemos identificar tipos con bases comunes. Los autores que incorporan una historia de la comprensión del color en su trabajo a menudo reconocen diversos enfoques, pero tienden a seleccionar en lugar de sintetizar. Ningún autor cuestiona la existencia del color, aunque sí se discuten las diferencias entre el color en la luz y el color en los objetos; cómo se forma el color es principalmente una preocupación de quienes escriben sobre la visión del color.

De manera similar, la amplitud de cada presentación, entendida como la cantidad de colores articulados en cada conceptualización, varía según su propósito. Un trabajo descrito en detalle, como un catálogo comercial o un tratado sobre la pintura de paisajes con acuarelas, incluirá solo los colores relevantes para la tarea. Mary Gartside, George Field, Charles Hayter y otros que exploraron el color como un aspecto de la expresión pictórica cruzaron más a menudo la teoría con una práctica basada en la experiencia. Sin embargo, al igual que Le Blon, Johann Heinrich Lambert, Harris e Itten, se basaron en una paleta cuidadosamente limitada. Los esfuerzos de Chevreul por codificar y estandarizar los valores de apariencia de los colores en función de su contraste o adyacencia con otros colores afectaron a los artistas, arquitectos y diseñadores de los siglos XIX y XX; por su parte, el *Atlas* de Munsell, el *Farbenkabinett* de Von Schönfeld y el *Dictionary of Color* de Maerz y Paul buscaban un alto grado de especificidad y la eliminación de nombres caprichosos y confusos. Estas obras, como las de Syme, funcionaron como estándares para la comparación y la reproducción. Sin embargo, en última instancia, la presentación de cientos o miles de muestras de diferentes colores dependía de la tecnología de impresión, ya fuera la habilidad de un meticuloso artesano que fabricaba colores o, más adelante, las nuevas capacidades que ofrecían los pigmentos manufacturados.

Ciertas ideas sobre el color han persistido a lo largo del tiempo, y en diferentes períodos han surgido nuevas actitudes hacia conceptos que en algún momento se abandonaron. Mencioné anteriormente que las valoraciones del trabajo de Goethe han cambiado; hoy apenas reconocemos alternativas a la tricromacia como teoría de la mezcla de colores, aunque las teorías bicromáticas de claro-oscuro, rojo-azul y otras combinaciones abundan en la historia del color. Otras conexiones, como los aspectos psicológicos de la elección y el uso del color, y las afinidades entre colores y sonidos, famosamente representadas como un «órgano de color», satirizado por Charles Germain de Saint-Aubin (1721-1786, il. 26) en el siglo XVIII y construido por Alexander Wallace Rimington (1854-1918) en el siglo XX (il. 25), se integraron de manera más consistente a medida que pasaron del experimento mental al discurso sinestésico antes de dar paso por fin a un prototipo.

Los autores cuyo trabajo privilegia la creación de un sistema de colores sobre el uso práctico del color pueden relacionar el color con la forma: el color es como un círculo, una esfera o una espiral; el color es como un triángulo, una pirámide o un hexaedro. El enfoque en una forma particular orienta estas obras de manera diferente a los catálogos estandarizados de Syme, Robert Ridgway, Munsell o Maerz y Paul. Además, cuando el propósito de un sistema de color es explorar

ILL. 54
Le Corbusier
Centre Le Corbusier, reopened as Pavillon Le Corbusier in 2019
Centre Le Corbusier, 2019 wiedereröffnet als Pavillon Le Corbusier
Centre Le Corbusier, réouvert sous le nom de Pavillon Le Corbusier en 2019
Centro Le Corbusier, reabierto como Pavillon Le Corbusier en 2019
Photograph
Zürich, Museum für Gestaltung

ILL. 55
Exterior-to-interior View of Magazzino Italian Art Museum (detail)
Von außen nach innen gerichteter Blick auf das Magazzino Italian Art Museum
Vue de l'extérieur vers l'intérieur du Magazzino Italian Art Museum
Vista del exterior al interior del Magazzino Italian Art Museum
Photograph
Cold Spring, New York

Pages 478/79
Customer at Sherwin-Williams Paint Store, Cleveland, *c.* 1925
Kundin im Farbengeschäft Sherwin-Williams, Cleveland
Cliente chez le fabricant de peinture Sherwin-Williams, Cleveland
Cliente en la tienda de pintura Sherwin-Williams, Cleveland
Photograph
Los Angeles Public Library

55

técnicas de coloración, no siempre resulta útil escudriñar el número de colores incluidos. Una publicación práctica sobre el uso del color puede incluir una forma física para comprender y ordenar, pero es probable que su autor asuma que hay más colores en el mundo. El uso del color en la arquitectura apela al entorno natural, ya sea para resaltar el drama del color, como en el Instituto Holandés de Imagen y Sonido, Hilversum (ils. 44, 53), o su naturaleza reflexiva, como en el edificio del Magazzino Italian Art, Cold Spring, New York (il. 55).

Un subgrupo final dentro de los trabajos aquí recopilados incluye aquellos sistemas diseñados específicamente para mostrar al lector cómo pensar sobre el color. Los autores de tales obras están ansiosos por situar el color dentro del mundo, por lo que las combinaciones de arte, filosofía y sensaciones ocupan un lugar destacado en sus presentaciones. Este grupo abarca el trabajo de Goethe, Rudolf Steiner y Josef Albers, y también incluye a los espiritualistas, que vieron el color como algo más ligado a la experiencia que a la teoría, y aquellos que, como S. Alekseev, B. M. Teplov y P. A. Shevarev o Burris-Meyer, interpretaron el concepto de forma literal al abordar el color en su dimensión arquitectónica, como un elemento a añadir a un paisaje (que ya tiene color). Otra preocupación fundamental de quienes pertenecen a este grupo son las conexiones que se pueden establecer, como los autores que escriben sobre el color y el sonido, o sobre la conexión lógica entre oír y ver. También se integran en este grupo algunas tecnologías en desarrollo, como el uso de equipos de fonógrafo después de 1870, un dispositivo que captura el sonido del mismo modo que la impresión captura los colores.

Ahora quiero volver a la idea del sistema de visualización de los colores como una herramienta para compartir conceptos de color. Al igual que con un martillo (una herramienta para generar un impacto físico en un área pequeña) o un pincel (un conjunto de cerdas unidas a un mango que recoge y esparce un líquido coloreado), la representación visual de los conceptos de color puede mostrar muchos tamaños y formas, y se puede personalizar para propósitos especiales. Un sistema de color puede ser una herramienta para recolectar, racionalizar o estandarizar colores de cosas o en cosas, para enseñar a otros a identificar colores o para elegir mejor los colores que van a usar. Más allá de la conceptualización y presentación de la imagen original y su adaptación a la producción de libros, se encuentra la materialidad misma de las fuentes aquí recopiladas. De hecho, *The Book of Colour Concepts* reúne cuidadosa y juiciosamente un conjunto único de sistemas de color de muy diversas fuentes y los presenta a un público interesado, que de otro modo no podría acceder a ellos. Como resultado, este libro comparte propósito con cada uno de sus autores de una manera que les hace justicia y despierta la curiosidad sobre el trabajo de todos ellos.

DECOTINT
WALL FINISH
SHERWIN-WILLIAMS PRODUCTS
Semi-Lustre
OIL STAIN
ROOF AND BRIDGE PAINT
STUCCO AND CONCRETE PAINT
FLO-LAC

SHERWIN-WILLIAMS PRODUCTS
Semi-Lustre
OIL STAIN
FLO-LAC
STUCCO AND CONCRETE PAINT
ENAMELOID

Chapter 5

Theory and Practice: THE TEACHING OF COLOUR

1816–1918

George Brookshaw (*c.* 1751–1823)

A NEW TREATISE ON FLOWER PAINTING

or Every Lady Her Own Drawing Master

21 plates with 8 text pages, 31.4 x 24.5 cm | 12 3/8 x 9 5/8 in., London, 1816
Glasgow University Library, Department of Special Collections

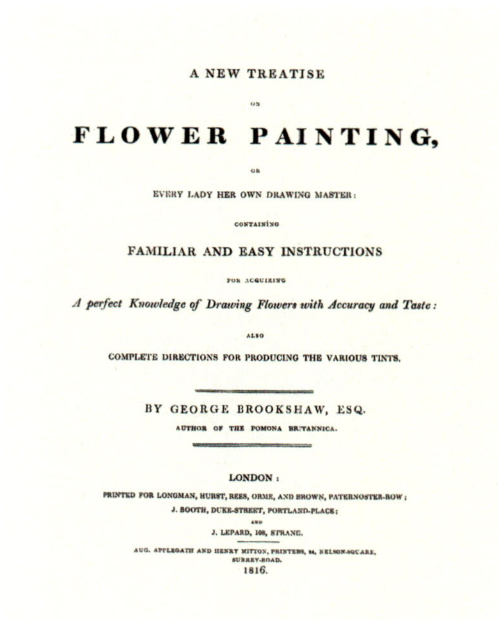
A NEW TREATISE

ON

FLOWER PAINTING,

OR

EVERY LADY HER OWN DRAWING MASTER:

CONTAINING

FAMILIAR AND EASY INSTRUCTIONS

FOR ACQUIRING

A perfect Knowledge of Drawing Flowers with Accuracy and Taste:

ALSO

COMPLETE DIRECTIONS FOR PRODUCING THE VARIOUS TINTS.

BY GEORGE BROOKSHAW, ESQ.

AUTHOR OF THE POMONA BRITANNICA.

LONDON:

PRINTED FOR LONGMAN, HURST, REES, ORME, AND BROWN, PATERNOSTER-ROW;

J. BOOTH, DUKE-STREET, PORTLAND-PLACE;

AND

J. LEPARD, 108, STRAND.

AUG. APPLEGATH AND HENRY MITTON, PRINTERS, 24, NELSON-SQUARE, SURREY-ROAD.

1816.

By the early 19th century painting in watercolour had reached a peak of popularity among amateur artists, and often formed part of the informal education of young women. With subjects from nature, this work could take many forms, whether capturing picturesque views of the countryside near to home or documenting journeys to other lands (for those who had the opportunity to travel), or alternatively by copying nature on a smaller scale such as painting flora. The boundaries between flower painting and formal botanical illustration could be porous, although flower painting in general was most often associated with women and was also partly a means of restricting their spheres of action and movement. While Mary Gartside (*c.* 1755–1819) elevated her flower painting manuals to a more abstract and theoretical level, Brookshaw's *New Treatise on Flower Painting* stayed firmly within the genre of instructive painting guidebooks for women and concentrated largely on technique. The book offered "familiar and easy instructions for acquiring a perfect knowledge of drawing flowers with accuracy and taste", and every "lady" (as mentioned on the title-page) would very probably have been the proud owner of a paintbox furnished with a selection of manufactured watercolour cakes. Brookshaw's book gave "complete directions for producing the various tints", which were to be used in conjunction with these handy and newly available artists' materials. The directions were incorporated into sample lists of more than 50 tints, all hand-painted, with simple instructions on how to create them through mixing colours together. The collected samples provide a vivid snapshot of what these specific watercolour tints would have looked like at the time when the book was published. Brookshaw's *New Treatise* contains a further 12 engraved and partly coloured plates showing plants and flowers in various stages of depiction.

The publishing history of this book and its author's career is somewhat complicated. Brookshaw originally worked as a cabinet-maker in the latter part of the 18th century, specialising in items with painted floral designs, before becoming a botanical illustrator and painting instructor. He published several further editions of this work soon after it first appeared, together with supplements showing more flower groups as well as illustrations of birds and groups of fruit. Brookshaw may have published earlier versions of it too, between 1797 and 1803, under the pseudonym "G. Brown", or else perhaps plagiarised from those works. His *Pomona Britannica*, published in 1817, is a masterpiece amongst 19th-century British illustrated books, featuring 90 superb aquatints of different fruits.

Painted by G. Brookshaw

Published by Longman Hurst, Rees, Orme & Brown & J. Lepard 108 Strand

9

Apple Green.	No. 1. 	This tint is made by mixing gamboge and a very little Prussian blue.
Pea Green.	No. 2. 	This tint is made with gamboge, and still more blue than in the last.
Grass Green.	No. 3. 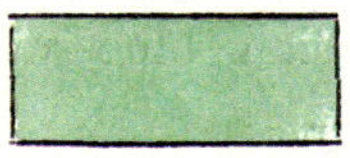	This tint is made by mixing gamboge, and blue worked thicker.
Dark Green.	No. 4. 	This tint is made by mixing gamboge, blue, and a little yellow oker.
Darker Green.	No. 5. 	This tint is gamboge, more blue, and more yellow oker.
	No. 6. 	This tint is the same as the last, with a little sap green in it.
Sap Green.	No. 7. 	This tint is sap green alone.
	No. 8. 	This tint is made with sap green and dark blue.

D

10

Blue.

No. 1.

This tint is Prussian blue worked very thin with water.

No. 2.

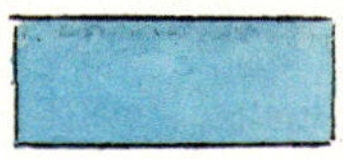

This tint is Prussian blue worked not so thin with water.

No. 3.

This tint is Prussian blue worked thicker with more colour.

No. 4.

This tint is Prussian blue its full colour.

Pink.

No. 1.

This tint is lake worked thin with water.

No. 2.

This tint is lake worked thicker in colour.

No. 3.

This tint is lake worked thicker than the last.

No. 4.

This tint is clear lake worked its full colour.

11

No. 1.

Purples.  This tint is lake and blue worked thin.

No. 2.

 This tint is the same as the above, only with more lake.

No. 3.

 This tint is lake and blue worked thicker than No. 1.

No. 4.

 This tint is lake and blue, but more lake than No. 3.

No. 5.

 This tint is lake and blue worked stronger than No. 3.

No. 6.

 This tint is lake and blue, but more lake than No. 5.

No. 7.

 This tint is lake and blue worked dark.

No. 8.

 This tint is lake and blue, with more lake than No. 7.

No. 9.

 This tint is dark blue, glazed with lake twice over

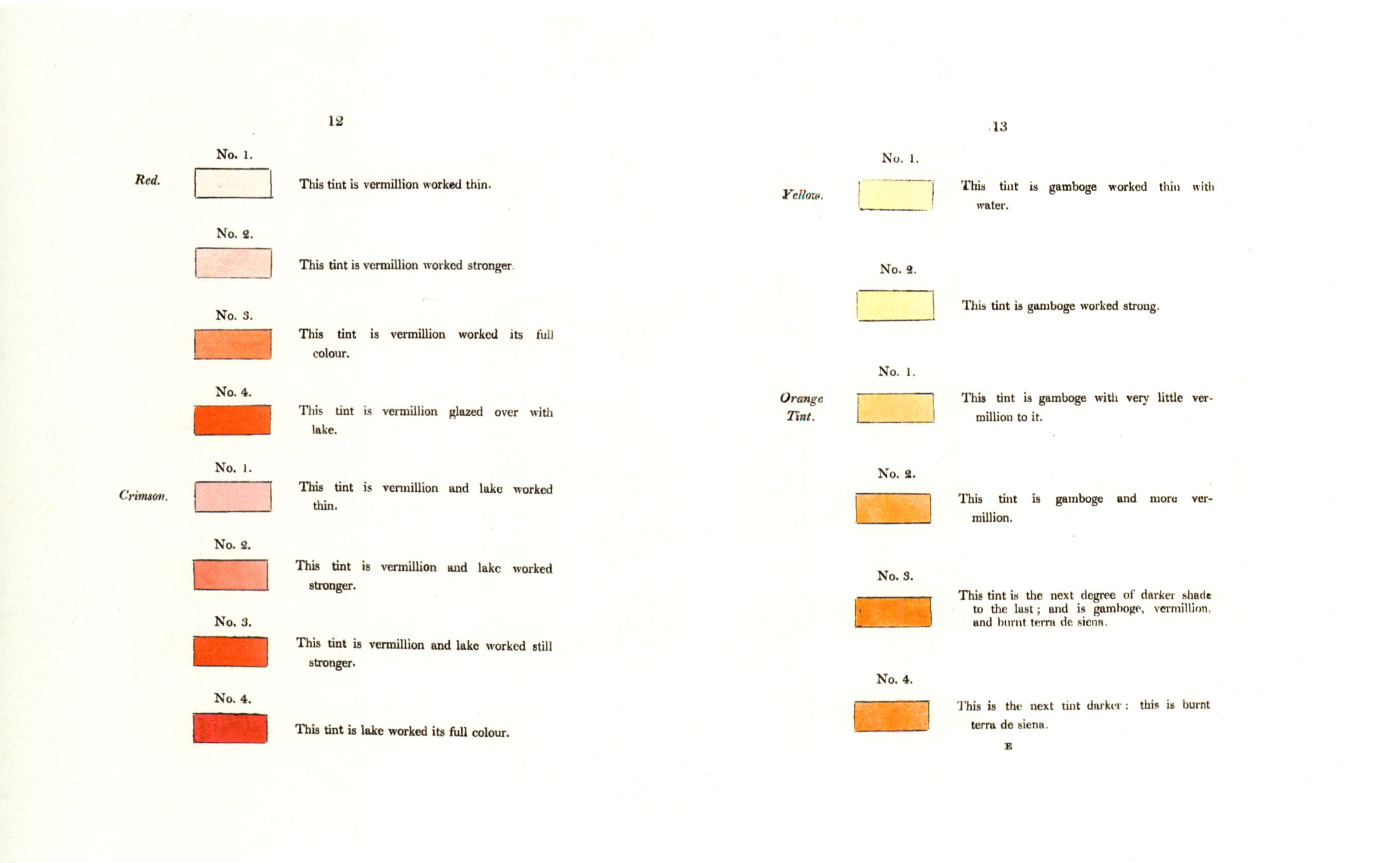

12

Red.

No. 1. This tint is vermillion worked thin.

No. 2. This tint is vermillion worked stronger.

No. 3. This tint is vermillion worked its full colour.

No. 4. This tint is vermillion glazed over with lake.

Crimson.

No. 1. This tint is vermillion and lake worked thin.

No. 2. This tint is vermillion and lake worked stronger.

No. 3. This tint is vermillion and lake worked still stronger.

No. 4. This tint is lake worked its full colour.

13

Yellow.

No. 1. This tint is gamboge worked thin with water.

No. 2. This tint is gamboge worked strong.

Orange Tint.

No. 1. This tint is gamboge with very little vermillion to it.

No. 2. This tint is gamboge and more vermillion.

No. 3. This tint is the next degree of darker shade to the last; and is gamboge, vermillion, and burnt terra de siena.

No. 4. This is the next tint darker: this is burnt terra de siena.

E

Neue Abhandlung über Blumenmalerei, oder: Jede Dame ihre eigene Zeichenlehrerin

Mit Beginn des 19. Jahrhunderts hatte die Aquarellmalerei unter Amateurkünstlern eine solche Beliebtheit erreicht, dass sie oft zur informellen Ausbildung junger Frauen gehörte. Mit Motiven aus der Natur konnte sie zahlreiche Formen annehmen – von malerischen Landschaften unweit des eigenen Zuhauses über die Dokumentation von Reisen in andere Länder (sofern man die Gelegenheit dazu hatte) bis hin zum Kopieren der Natur in kleinerem Maßstab, etwa in der Abbildung von Pflanzen. Wenngleich die Grenzen zwischen Blumenmalerei und formaler botanischer Illustration durchlässig sein konnten, war das Blumenmalen im Allgemeinen oft weiblich konnotiert und wurde zum Teil auch genutzt, um den Handlungs- und Bewegungsfreiraum von Frauen einzuschränken. Während Mary Gartside (um 1755–1819) ihre Handbücher für Blumenmalerei auf eine auch abstrakte und theoretische Ebene hob, verharrte Brookshaws *New Treatise on Flower Painting* fest im Genre der instruktiven Malhandbücher für Frauen und konzentrierte sich hauptsächlich auf die Technik. Das Buch bot „vertraute und einfache Anweisungen, um vollkommene Kenntnisse des genauen und geschmackvollen Blumenzeichnens zu erwerben". Jede „Dame" (wie es auf der Titelseite hieß) war sehr wahrscheinlich stolze Besitzerin eines Malkastens, der mit einer Auswahl vorgefertigter Farbblöcke bestückt war. Ihnen lieferte Brookshaws Handbuch „vollständige Anleitungen für die Herstellung der verschiedenen

14

Browns.

No. 1.

This tint is burnt umber worked thin with water.

No. 2.

This tint is burnt umber, worked thicker than No. 1.

No. 3.

This is burnt umber worked strong.

No. 4.

This is burnt umber, glazed over with burnt terra de siena, and is sometimes required to strengthen the darkest orange tints.

Shadow for White.

No. 1.

This tint is blue and yellow oker very faint.

No. 2.

This tint is blue and yellow oker a degree stronger.

No. 3.

This tint is blue and yellow oker, with a faint tinge of burnt umber.

No. 4.

This tint is blue, burnt umber, and raw terra de siena.

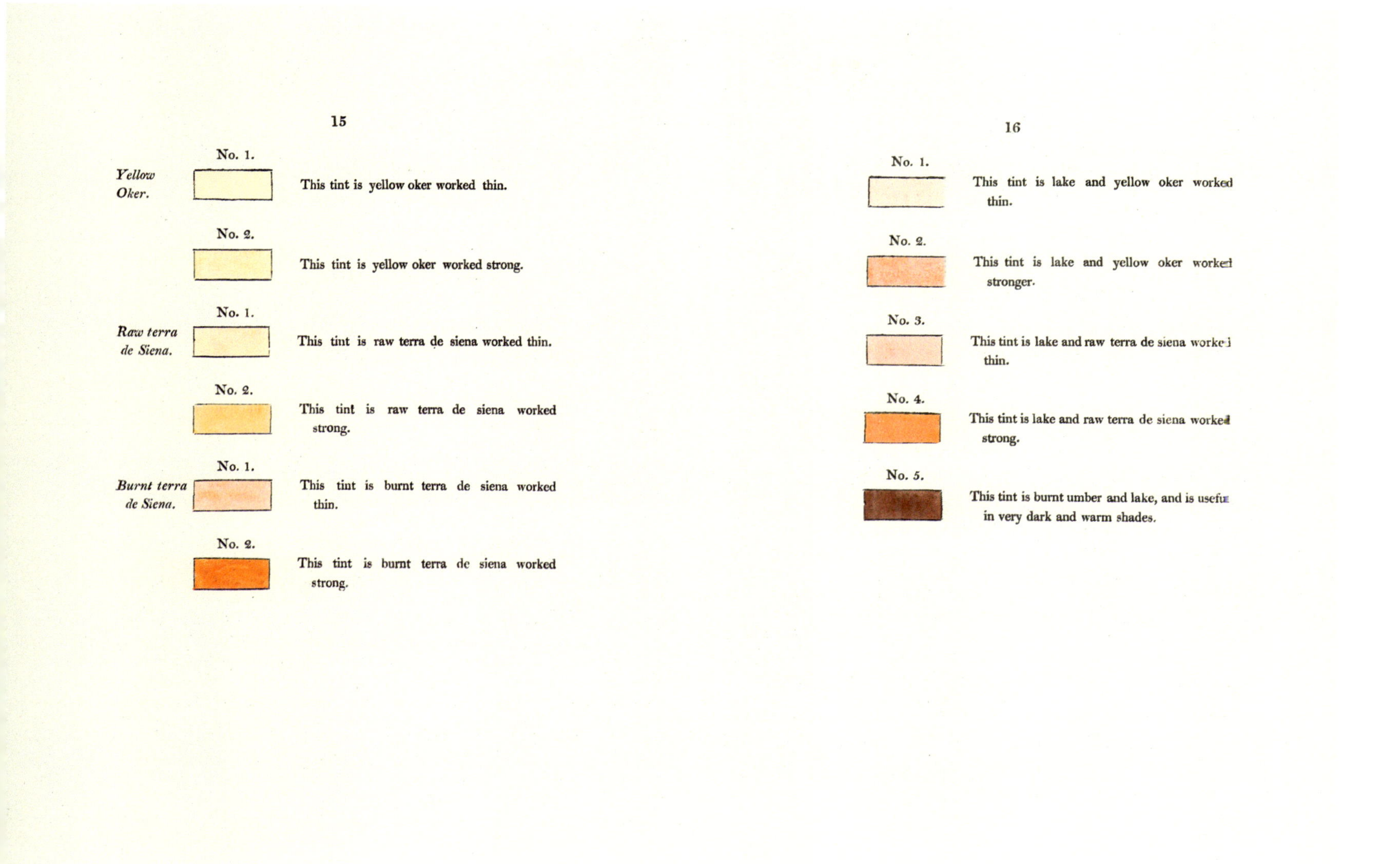

Farbtöne“, die zusammen mit diesen praktischen und neuerdings verfügbaren Künstlermaterialien zu verwenden waren. In einer mehrseitigen Liste wurde neben jedem der über fünfzig handgemalten Farbmuster in wenigen Worten erklärt, wie diese Farbe mit Wasser anzurühren oder aus mehreren Farben anzumischen war. Zusammen führen die Muster in einer lebhaften Momentaufnahme vor Augen, wie diese speziellen Wasserfarbtöne wohl aussahen, als das Buch erschien. Brookshaws *New Treatise* enthält in jeweils doppelter Ausführung zwölf weitere, zum Teil kolorierte Kupfertafeln von Blättern, Blumen und Blütenzweigen in verschiedenen Stadien ihrer Darstellung.

Die Publikationsgeschichte dieses Buches und die Karriere seines Autors sind etwas verschlungen, da Brookshaw im ausgehenden 18. Jahrhundert zunächst als Möbeltischler tätig war, der sich auf Objekte mit Blumendekor spezialisiert hatte, bevor er Pflanzenillustrator und Mallehrer wurde. Kurz nach der Erstauflage veröffentlichte er weitere Ausgaben des Buches jeweils mit Nachträgen, die zusätzliche Blumengruppen und Illustrationen von Vögeln und Früchten umfassten. Möglicherweise brachte er zwischen 1797 und 1803 unter dem Pseudonym „G. Brown“ auch frühere Ausgaben auf den Markt oder bediente sich als Plagiator aus diesen Werken. Sein 1817 erschienenes *Pomona Britannica* ist mit neunzig herausragenden Früchtetafeln in Aquatintatechnik ein Meisterwerk unter den britischen Bildbänden des 19. Jahrhunderts.

Nouveau traité de peinture florale, que toute dame doit pouvoir maîtriser

Au début du XIXe siècle, la peinture à l'aquarelle est devenue extrêmement populaire parmi les artistes amateurs et fait généralement partie de l'éducation informelle reçue par les jeunes femmes. Avec la nature pour sujet, cette activité prend de multiples formes, qu'il s'agisse de saisir des paysages près de chez soi, de rendre compte de voyages dans d'autres contrées (pour qui a l'occasion de voyager), ou encore de copier ce qu'offre la nature à plus petite échelle, comme avec la peinture de végétaux. Même si la frontière entre la peinture florale et l'illustration botanique à proprement parler peut être poreuse, peindre des fleurs est bien souvent considéré comme l'apanage des femmes, voire un moyen de restreindre leur sphère d'action et de mouvement. Alors que Mary Gartside (vers 1755–1819) avait poussé plus loin l'abstraction et la théorie, le « Nouveau traité de peinture florale » de Brookshaw ne déroge pas au genre codifié du manuel pédagogique pour femmes et fait la part belle à la technique. Le livre offre des « instructions courantes et faciles pour l'acquisition d'un parfait savoir-faire afin de dessiner des fleurs avec goût et précision ». Toute « dame », comme l'indique le titre, se doit de posséder à l'époque une boîte de couleurs garnie d'un choix de tablettes d'aquarelle industrielle. L'ouvrage donne « toutes les indications pour produire différentes teintes », destinées à être mises en application à l'aide de ce matériel de beaux-arts nouveau et commode.

Les indications sont assorties de listes d'échantillons de plus de 50 teintes, toutes peintes à la main, avec des instructions simples pour les créer en mélangeant les couleurs. Les échantillons choisis nous renseignent de façon frappante sur l'aspect de ces teintes d'aquarelle à l'époque de la publication de ce « Nouveau traité ». L'ouvrage de Brookshaw contient en outre 12 gravures partiellement colorées figurant des plantes et des fleurs à plusieurs étapes de leur représentation.

Retracer l'historique de l'ouvrage et la carrière de son auteur s'avère compliqué. À la fin du XVIIIe siècle, Brookshaw travaille comme ébéniste spécialisé dans les motifs floraux, avant de devenir illustrateur botanique et professeur de peinture. Plusieurs éditions de cet ouvrage verront le jour peu après la première publication, ainsi que des fascicules présentant des illustrations d'oiseaux et de groupes de fleurs et de fruits. Brookshaw a peut-être publié des versions préalables entre 1797 et 1803, sous le pseudonyme de G. Brown, ou encore plagié ces travaux antérieurs. Quoi qu'il en soit, son *Pomona Britannica*, recueil de 90 splendides aquatintes de différents fruits publié en 1817, figure parmi les chefs-d'œuvre de l'illustration britannique du XIXe siècle.

Nuevo tratado sobre pintura floral, o Manual de dibujo para damas autodidactas

A principios del siglo XIX, la pintura en acuarela había alcanzado una gran popularidad entre los artistas aficionados y solía formar parte de la educación informal de las mujeres jóvenes. Las obras realizadas con esa técnica tomaban sus asuntos de la naturaleza y pertenecían a distintos géneros: vistas pintorescas del campo cercano a casa, documentos de viajes a otras tierras (para quienes tenían la oportunidad de viajar) o motivos a escala más pequeña, como la pintura de flores. Los límites entre esta última y la ilustración botánica formal podían ser difusos, aunque la pintura de flores se asociaba con mayor frecuencia a las mujeres, en parte porque servía para restringir sus esferas de acción y movimiento. Si Mary Gartside (c. 1755–1819) elevó sus manuales de pintura de flores a un nivel más abstracto y teórico, el *New Treatise on Flower Painting* de Brookshaw se mantuvo dentro del género de las guías didácticas para mujeres y se centró principalmente en la técnica. El libro ofrecía «instrucciones fáciles y familiares para adquirir un conocimiento perfecto del dibujo de flores y ejecutarlo con precisión y buen gusto», y cada «dama» (como se menciona en la portada) fue muy probablemente la orgullosa propietaria de una caja de pinturas provista de una selección de pastillas de acuarela. Asimismo, el libro incluía «instrucciones completas para producir los diversos tonos» con esos materiales para artistas tan útiles que desde hacía poco estaban a disposición del público. Esas instrucciones acompañaban

listas de colores con más de 50 tonos de muestra, todos pintados a mano, y detallaban de manera sencilla las mezclas a realizar para obtenerlos. Las muestras recogidas brindan una instantánea vívida de cómo se veían esos tonos de acuarela cuando se publicó el libro. El *New Treatise* de Brookshaw contiene otras 12 láminas grabadas y parcialmente coloreadas con plantas y flores en distintas etapas de representación.

La historia editorial de este libro y la carrera de su autor son asuntos algo complejos. A finales del siglo XVIII, Brookshaw trabajó como ebanista especializado en objetos con diseños florales pintados; tras eso, se convirtió en ilustrador botánico y profesor de pintura. Publicó varias ediciones de este trabajo poco después de su aparición, junto con suplementos que mostraban más conjuntos de flores, así como ilustraciones de pájaros y conjuntos de frutas. Entre 1797 y 1803, es posible que también publicara versiones anteriores con el seudónimo «G. Brown», o que tal vez plagiara esas obras. Su *Pomona Britannica* (1817) incluye 90 magníficas aguatintas de diferentes frutas y es una obra maestra de los libros ilustrados británicos del siglo XIX.

David Cox (1783–1859)

A SERIES OF PROGRESSIVE LESSONS

Intended to Elucidate the Art of Painting in Water Colours

15 plates with 11 text pages, 20.1 x 27.9 cm | 7 ⅞ x 11 in., London, 1845
Heidelberg, Universitätsbibliothek

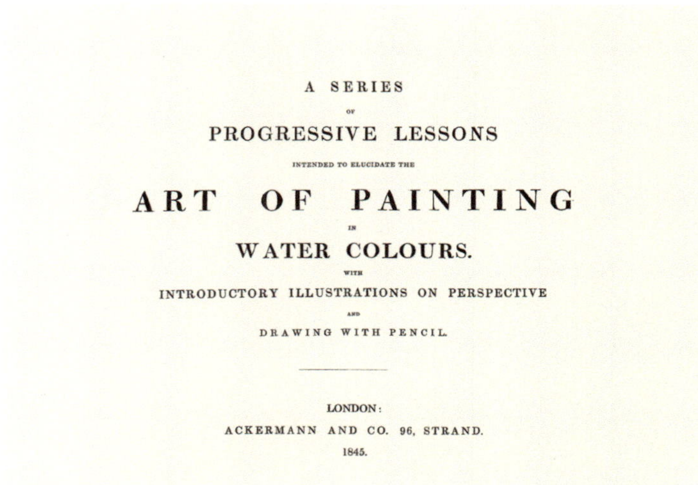
A SERIES
OF
PROGRESSIVE LESSONS
INTENDED TO ELUCIDATE THE
ART OF PAINTING
IN
WATER COLOURS.
WITH
INTRODUCTORY ILLUSTRATIONS ON PERSPECTIVE
AND
DRAWING WITH PENCIL.

LONDON:
ACKERMANN AND CO. 96, STRAND.
1845.

David Cox was an established landscape painter in watercolour for much of his career, and while he turned to the more prestigious and costly medium of oil later in life, he is now considered an important figure mostly for his contributions to the history of watercolour painting. His significance here resides in the fact that he published some of the most successful books on painting technique and composition in the early 19th century.

The first edition of *A Series of Progressive Lessons* was published in 1811, with 13 plates that included soft-ground etchings and aquatints (some hand-coloured). The aquatints show pictorial views based on Cox's own works, depicting British landscapes with rural scenes, castles, ruins or seascapes, in the romantic picturesque style typical of the time. They illustrate the process (the "progressive stages") of creating watercolour painting, from the initial sketching through several stages of layering on colour to the finished picture. Cox's focus in the text was on practical advice, but he also provided a brief introduction to the basics of trichromatic colour theory in relation to aesthetics and composition. The book's first edition featured additionally a number of small rectangles of colour samples in the running letterpress text itself, which gave the reader an exact impression of each tint or pigment at the point where it was mentioned. It was an innovative way of incorporating real colour within the bounds of an instructive text.

Cox's manual was a noteworthy commercial success, no doubt partly because of the idyllic images of Britain it contained at a time when there was a widespread renewed interest in local sights and beauty spots while travel to the continent had become difficult during the Napoleonic Wars. *A Series of Progressive Lessons* went into a further eight editions, with an increasing number of plates on each occasion. The edition shown here is the final, ninth edition from 1845, which included 18 plates and 88 colour samples in the text. In the later editions and in his other books Cox was assisted by his son, David Cox Jr.

BOLTON ABBEY, YORKSHIRE.

The sky cobalt ; the clouds cobalt and light red ; the mountains with the same, but rather darker; the trees in a line with the ruin indigo, yellow ochre, and a little light red ; those on the right add more yellow ochre ; the ruin yellow ochre and light red ; the meadows yellow ochre and gamboge ; the trees on the near bank burnt sienna, gamboge, and little indigo ; the bank light red and little lamp black ; reflection upon the water with the same tints as the objects. Second process: The distant trees have a tint partially worked over them similar to the first, and indigo is used as a shadow throughout the distance ; the richer green and shadows in the foreground, burnt sienna, gamboge, and indigo ; Vandyke brown and little lake for the shadows upon the bank .

Eine Abfolge fortlaufender Lehrstunden mit der Absicht, die Kunst der Aquarellmalerei zu erklären

David Cox war ein anerkannter Landschaftsaquarellist, der sich erst im fortgeschrittenen Alter der renommierteren und kostspieligeren Ölmalerei zuwandte. Heute wird er hauptsächlich wegen seiner Beiträge zur Geschichte der Aquarellmalerei geschätzt. Seine Bedeutung liegt vor allem darin, dass er im frühen 19. Jahrhundert einige der erfolgreichsten Bücher über Maltechnik und Komposition veröffentlichte.

Die Erstauflage von *A Series of Progressive Lessons* erschien 1811 mit 13 Tafeln, die in Weichgrundätzung oder Aquatintamanier (teilweise handkoloriert) ausgeführt waren. Letztere zeigen, basierend auf Cox' Gemälden, Ansichten von britischen Landschaften mit ländlichen Szenen, Schlössern, Ruinen oder Seen im für die Zeit typischen, pittoresk-romantischen Stil. Sie veranschaulichen den Entstehungsprozess (die „fortschreitenden Stadien") eines Aquarells von der ersten Skizze über verschiedene Stufen des Farbauftrags bis zum fertigen Bild. Im Text konzentrierte sich Cox auf praktische Ratschläge, gab jedoch im Hinblick auf Ästhetik und Komposition auch eine kurze Einführung in die Grundlagen der trichromatischen Farbtheorie. Der Fließtext der ersten Auflage enthielt zudem etliche kleine Rechtecke mit Farbmustern, die der Leserschaft in dem Moment, in dem ein Farbton oder Pigment erwähnt wurde, einen genauen Eindruck davon vermittelten. Diese Methode, echte Farbe in einen instruktiven Text einzubeziehen, war neu.

Der kommerzielle Erfolg des Handbuchs war bemerkenswert, was sicher auch auf die idyllischen Bilder von Großbritannien in einer Zeit zurückzuführen war, in der sich ein neues Interesse an lokalen Sehenswürdigkeiten und schönen Orten breitmachte, während Kontinentalreisen aufgrund der Napoleonischen Kriege schwierig geworden waren. *A Series of Progressive Lessons* erlebte acht weitere Auflagen, in denen die Anzahl der Tafeln jedes Mal zunahm. Die hier vorgestellte Ausgabe ist die letzte, neunte Auflage von 1845, die insgesamt 18 Tafeln und 88 textbegleitende Farbmuster enthielt. Bei den späteren Auflagen und bei seinen anderen Büchern wurde Cox von seinem Sohn, David Cox jun., unterstützt.

Série de leçons progressives, destinées à éclairer l'art de peindre à l'aquarelle

David Cox consacre la majeure partie de sa carrière à la peinture de paysages à l'aquarelle et se tourne vers la peinture à l'huile, plus coûteuse et prestigieuse, sur le tard. C'est cependant bien pour ses contributions à l'histoire de l'aquarelle qu'il est reconnu comme une figure importante, notamment grâce à la publication d'ouvrages à grand succès sur les techniques picturales et la composition au début du XIXe siècle.

La première édition de cette « Série de leçons progressives » paraît en 1811, avec 13 planches dont des eaux-fortes au vernis mou et des aquatintes (parfois coloriées à la main). Ces dernières sont des représentations, inspirées de ses propres travaux, de divers paysages britanniques figurant des scènes rurales, des châteaux, des ruines ou encore des marines, dans le style romantique caractéristique de l'époque. Elles donnent par ailleurs à voir le processus (les « étapes progressives ») de création d'une œuvre à l'aquarelle, depuis l'esquisse première jusqu'au rendu final, en passant par les applications de couleurs successives. Dans son texte, Cox se concentre sur les conseils pratiques mais introduit aussi brièvement les fondamentaux de la théorie trichromatique des couleurs et ses liens avec l'esthétique et à la composition. Le premier tirage de l'ouvrage offre également plusieurs petits cartouches de couleurs rectangulaires insérés dans le corps du texte typographié, qui permettent au lecteur de bien visualiser chaque teinte ou pigment au moment où le texte l'évoque. Une manière innovante d'incorporer la véritable couleur dans l'espace dévolu aux explications.

Le manuel de Cox doit sans aucun doute une partie de son remarquable succès commercial aux images idylliques de la Grande-Bretagne qu'il contient. En effet, un net regain d'intérêt pour les paysages locaux et les lieux pittoresques à visiter se manifeste en ces temps de guerres napoléoniennes qui rendent difficiles les voyages vers le continent. *A Series of Progressive Lessons* connaît huit éditions supplémentaires, chacune augmentée de nouvelles planches. L'édition reproduite ici, la neuvième et dernière, parue en 1845, comprend 18 planches et 88 échantillons de couleurs dans le texte. Pour les éditions ultérieures et ses ouvrages suivants, Cox est assisté de son fils, David Cox Jr.

Serie de lecciones progresivas sobre el arte de pintar con acuarelas

David Cox fue un importante pintor paisajista que durante gran parte de su carrera se dedicó a la acuarela, y aunque al final de su vida optó por la pintura al óleo, un medio más prestigioso y costoso, hoy está considerado una figura importante por su contribución a la pintura con acuarela. Asimismo, publicó algunos de los libros de más éxito sobre técnica pictórica y composición de principios del siglo XIX.

La primera edición de *A Series of Progressive Lessons* se publicó en 1811, e incluía 13 láminas con aguafuertes y aguatintas (algunas coloreadas a mano). Las aguatintas muestran vistas pictóricas basadas en sus propias obras de paisajes británicos con escenas rurales, castillos, ruinas o marinas en el estilo pintoresco romántico propio de la época. Ilustran el proceso (las «etapas progresivas») de la creación de acuarelas, desde el boceto inicial hasta la imagen final a través de varias fases de superposición de colores. El texto de Cox se centra en los consejos prácticos, pero también proporciona una breve introducción a los conceptos básicos de la teoría del color tricromático en relación con la estética y la composición. La primera edición del libro incluyó además una serie de pequeños rectángulos con muestras de color intercalados con el texto impreso, lo que ofrece al lector una impresión exacta de cada tono o pigmento en el punto donde este se menciona. Fue una forma innovadora de incorporar color real dentro de los límites de un texto didáctico.

El manual de Cox tuvo un gran éxito comercial. Sin duda, este se debió en parte a las imágenes idílicas de Gran Bretaña que contenía (viajar al continente se había vuelto difícil a causa de las guerras napoleónicas, y existía un renovado interés en las vistas y los lugares hermosos locales). *A Series of Progressive Lessons* alcanzó otras ocho ediciones, con un número creciente de láminas en cada ocasión. La edición que se muestra aquí es la novena y definitiva de 1845, que incluye 18 láminas y 88 muestras de color en el texto. En las últimas ediciones y en sus otros libros, Cox contó con la ayuda de su hijo, David Cox Jr.

BATTLE ABBEY, SUSSEX.

FIRST PROGRESSIVE STATE.

After having made the outline according to the directions given on sketching, it will facilitate the spreading of the tint if a clean sponge, or a flat brush dipped in water, be passed over the paper previously; the seeming greasiness of the paper will thereby be destroyed. For the sky take cobalt in the brush moderately full; apply it to the upper part of the sky, observing to keep the drawing nearly upright; continue to float the tint from left to right, and right to left, down towards the lower part of the sky, adding a little water to the colour; then add a little light red, and pass this all over the paper as evenly as possible, except any object that should be perfectly white, white drapery, &c.; this will give a warm and pleasing tone to the paper. If the tint should have not been spread

Day & Haghe lith.rs to the Queen.

GOODRICH CASTLE, HEREFORDSHIRE.

The sky cobalt and light red ; the clouds a little more light red added to the same ; the lower part with a little indigo upon the last tint. The trees and bank, indigo, gamboge, and light red ; varied with a little more gamboge and light red . The castle black, and a little yellow ochre ; the shadows with the same, and a little light red added ; the trees and bank finished with indigo and burnt sienna, with a little gamboge added.

evenly, when it is dry a flat brush softened in water, and passed lightly two or three times over the drawing, will restore it. When the paper is dry, commence with the distance, cobalt and a little light red ; add more light red , and in the lower part add yellow ochre and indigo ; for the ruin make a tint of yellow ochre and sepia ; the near part of the wall, the same with a little burnt sienna ; the green in the foreground, gamboge, indigo, and burnt sienna ; the bushes and ivy, add more burnt sienna ; the green tints, the foregrounds generally, are composed of these three colours.

SECOND PROGRESSIVE STATE.

Finish the distance with cobalt , adding a little indigo ; lower down add light red and indigo, and a little yellow ochre for the green . The green upon the building, indigo, gamboge, and little light red ; the shadows upon the building yellow ochre and sepia ; add to this a little burnt sienna, for the shadow upon the

near wall ; the shadow upon the near bushes indigo and a little burnt sienna ; the same upon the grass.

THIRD PROGRESSIVE STATE.—THE FINISH.

Strengthen the distance, where necessary, with cobalt and a very little indigo (in every case where the tint is dark use indigo principally); all the finishing touches upon the bushes and foreground are indigo and burnt sienna ; the greens in the foreground may be thinly glazed with brown pink, and occasionally with a little indigo ; any darker touches with Vandyke brown. There are various tints upon the building, as yellow ochre, and other purple, as cobalt and lake.

In reviewing the subject for the purpose of harmonizing the tints, bear in mind that lights must be warmer than shadows, and retouch accordingly.

The crudity of a green tint may be rendered mellow by a tint of lake or Vandyke brown; a tint of indigo or Prussian blue will reduce a warmth too violent, and a tint of ochre or light red will impart warmth to a tone too cold.

Blue tints will cause objects to recede, while red or yellow will cause them to advance in proportion to the strength of the tint, and with the help of appropriate touches communicate the aerial perspective to the subject.

Upon every application of tint, let it be considered how far a colour previously laid, will be affected in tone and strength; for a judicious observance in this particular will materially assist the learner in acquiring the knowledge necessary to produce the required effect with the least difficulty.

MOEL SHABBOD, NORTH WALES.

Sky cobalt ; the clouds cobalt and little light red ; afterwards a light tint of yellow ochre; the mountains cobalt and light red ; the nearer mountains add more light red ; the shadow on the middle distance light red and indigo ; the trees in the middle distance indigo, gamboge, and little lake, or light red ; the green in the foreground varied, viz.:—gamboge and burnt sienna , with more burnt sienna , and with gamboge, burnt sienna, and indigo ; second touches with a stronger tint of the same ; the road light red and a little lamp black ; shadow upon the mountains indigo ; in darker or nearer mountain add a little lake to the indigo ; the shadows upon the trees the same as the first tint, viz., indigo, gamboge, and little lake ; in finishing the foreground dark brown, pink, and Vandyke brown; shadows upon the road light red and black, Vandyke brown and burnt sienna may be used in light tints upon the road.

LAKE TAL Y LLYN, NORTH WALES.

Begin the sky with cobalt, softening down towards the horizon into light red, the mountains with the same two colours mixed with a little gamboge ; adding more light red for the nearer mountains ; and at the lower part, yellow ochre, with a little indigo ; the reflection of the mountains upon the water with the same tint as the mountains afterwards, when quite dry, a little yellow ochre passed over the whole. The cottage and wall yellow ochre, and a very little sepia . The shadows the same, made stronger ; the road, indian red, and little black ; the markings upon the road the same two colours , but stronger ; the roof of the cottage, cobalt, and lake .

DUTCH BOATS ON THE SCHELDT, OFF ANTWERP.

The sky cobalt ; the clouds yellow ochre, and a little vermilion ; the darker tint upon the clouds, cobalt, and vermilion ; when quite dry, the whole of the sky may have a very light wash of yellow ochre passed over it, the water indigo, and yellow ochre ; the sails; one burnt sienna, and vermilion ; the other yellow ochre, and Vandyke brown ; the barges with burnt sienna, and yellow ochre ; the darker parts with a little Vandyke brown.

WATER MILL NEAR DOLBENMAEN,

NORTH WALES.

Blue in the sky, cobalt ; softened at the edges with water. The clouds cobalt, and light red ; the mountains with the same, finished with indigo. The distant wood, indigo, yellow ochre, and little light red finished with the same; the tree at the end of the mill, indigo, gamboge, and light red ; finished with indigo, and burnt sienna. The mill, yellow ochre and black ; the shadows with the same, the slates, cobalt and lake. The trees and weeds in the foreground, indigo, gamboge, and burnt sienna , varied with more indigo, and finished with the same; the stones indigo, and Indian red . The whole of the foreground finished with Vandyke brown.

SCENE NEAR BALQUIDDER, NORTH BRITAIN.

The sky cobalt and light red, adding indigo in the darker parts; it will be necessary to pass over the cloud a second or third time, beginning each time with a very light tint in the upper part of the sky. The distant mountain, cobalt and light red; the nearer mountains, add more light red. The shadows in the middle ground, indigo and light red, and yellow ochre for the intermediate space; The green in the fore-ground, indigo, gamboge, and burnt sienna, with its varieties: the light green has a greater portion of gamboge; the cold green most indigo; the warm or dark green most burnt sienna. The shadows upon the distant mountain, cobalt; the nearer mountain indigo and little lake; the same upon the shadows in the middle ground; the green upon the mountain, yellow ochre and light indigo; the foreground is finished with Vandyke brown, and brown pink upon the green.

George Barnard (*c.* 1807–*c.* 1890)

THE THEORY AND PRACTICE OF LANDSCAPE PAINTING IN WATER-COLOURS

9 plates, 27 x 18.1 cm | 10 ⅝ x 7 ⅛ in., London, 1885
Los Angeles, Getty Research Institute

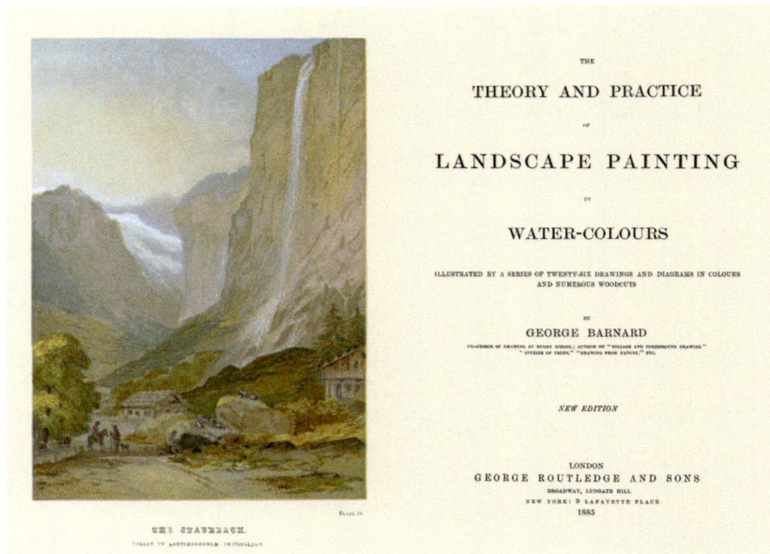

The British landscape artist and drawing teacher George Barnard was active at a time when great technical innovations were under way, which variously helped to make day-to-day life more colourful than before, from the goods that could now be brought in and quickly produced by means of steam power to the discovery and large-scale manufacture of aniline dyes. Barnard had a great interest in science and was strongly influenced by the work of George Field, whose pigments he used, as well as that of others working with colour such as David Brewster, Goethe and Chevreul.

The Theory and Practice of Landscape Painting in Water-Colours was first published in parts and then in book form, with a first edition in 1855 (the 1885 edition is reproduced here). It was intended as a comprehensive guidebook for amateur artists as well as students of art and is a substantial work, including 26 chromolithographs printed using the "Leighton Brothers' Chromatic Process" in addition to dozens of small engravings intercut within the text. As with David Cox's *Series of Progressive Lessons*, some of the plates and engravings illustrate the different stages of picture composition and are based on Barnard's own artwork.

The most interesting plates though are those which illustrate basic colour theory and Barnard's own colour concepts as applied to painting and material colour. His designs are simple and effective, and make good use of the possibilities provided by lithographic printing and the book's large format. His main colour order diagram is a vertically stretched rhombus or diamond shape, in which are arranged "twenty-five of the most useful pigments", each shown in a lighter and darker version. Barnard also included a number of plates that illustrate his interpretation of simultaneous colour contrast, among them a pair that allows readers to carry out simple optical experiments themselves (p. 519). A recently discovered sketchbook that has been attributed to Barnard (pp. 34–36) confirms his systematic working methods, such as the meticulous manner in which he recorded colours and pigments in relation to compositions. The sketchbook also includes a draft version for plate 26, entitled "Contrasts of Colour", which features rough blot shapes to illustrate colour contrasts and harmonies. Conceptually, these bear a resemblance to Mary Gartside's blots from 1805, and there is certainly a chance that Barnard knew her *Essay on Light and Shade*. His book went into several new and enlarged editions up until 1885.

THE PRISMATIC SPECTRUM.

LEIGHTON. BROS.

PLATE 2.

Theorie und Praxis der Landschaftsmalerei mit Wasserfarben

Der britische Landschaftsmaler und Zeichenlehrer George Barnard war zu einer Zeit tätig, in der große technische Neuerungen den Alltag auf unterschiedliche Weise bunter machten als zuvor – von den Waren, die jetzt importiert oder mithilfe der Dampfkraft schnell produziert werden konnten, bis hin zur Entdeckung und großflächigen Herstellung von Anilinfarben. Barnard war wissenschaftlich interessiert und beeinflusst von George Field, dessen Pigmente er verwendete, aber auch von anderen Farbtheoretikern wie David Brewster, Goethe und Chevreul.

The Theory and Practice of Landscape Painting in Water-Colours wurde zunächst fortlaufend in Einzelbeiträgen und dann 1855 erstmals in Buchform veröffentlicht (hier wird die Ausgabe von 1885 gezeigt) und als ausführliches Handbuch für Amateurkünstler und Kunststudenten gedacht. Das Werk enthält 26 Farblithografien, die nach dem „Chromatischen Verfahren der Brüder Leighton" gedruckt wurden, sowie Dutzende kleinerer Kupferstiche im laufenden Text. Wie bei *A Series of Progressive Lessons* von David Cox illustrieren einige Tafeln und Stiche anhand von Barnards eigenen Kunstwerken die verschiedenen Stadien der Bildkomposition.

Die interessantesten Tafeln sind jedoch jene, die sich mit den Grundlagen der Farbtheorie und Barnards eigenen Farbvorstellungen im Hinblick auf Malerei und stoffliche Farben befassen. Seine Zeichnungen sind einfach und wirkungsvoll und nutzen die Möglichkeiten der Lithografie und das große Buchformat gewinnbringend aus. Sein wichtigstes Farbordnungsdiagramm ist eine lang gezogene Raute, in der „fünfundzwanzig der brauchbarsten Pigmente" angeordnet sind, jeweils dargestellt in einer helleren und einer dunkleren Variante. Mehrere Tafeln veranschaulichen zudem Barnards Interpretation des simultanen Farbkontrasts, darunter ein Tafelpaar, das die Leserschaft selbst zur Durchführung einfacher optischer Experimente einlädt (S. 519). Ein vor Kurzem entdecktes und Barnard zugeschriebenes Skizzenbuch (S. 34–36) bestätigt

seine systematischen Arbeitsmethoden, etwa die akribische Art, Farben und Pigmente in Bezug auf Bildkompositionen zu dokumentieren. Es enthält auch die Entwurfsversion für eine Tafel 26 mit dem Titel „Farbkontraste“, die in groben Flecken Farbkontraste und Farbharmonien verbildlicht. In ihrer Anlage erinnern die Formationen an Mary Gartsides Farbflecken von 1805, und es könnte gut sein, dass Barnard ihre Abhandlung *An Essay on Light and Shade* kannte. Sein eigenes Buch erschien bis 1885 in mehreren neuen und erweiterten Auflagen.

La théorie et la pratique de la peinture de paysage à l'aquarelle

La période d'activité du George Barnard, peintre de paysage et professeur de dessin, correspond à une époque de grandes innovations techniques où la couleur est largement introduite dans la vie courante : quantité d'articles sont désormais produits rapidement grâce à la machine à vapeur et on a mis au point et lancé une production à grande échelle de teintures à l'aniline. Passionné de science, Barnard est fortement influencé par l'œuvre de George Field dont il utilise les pigments, ainsi que ceux d'autres spécialistes de la couleur tels que David Brewster, Goethe et Chevreul.

The Theory and Practice of Landscape Painting in Water-Colours, a d'abord été publié sous forme de fascicules avant de faire l'objet d'un livre paru en 1855 (l'édition de 1885 est reproduite ici). Ce guide complet pour les peintres amateurs et les étudiants des beaux-arts est un volumineux ouvrage contenant 26 chromolithographies imprimées grâce au « procédé chromatique des Frères Leighton », ainsi que des dizaines de petites gravures insérées dans le texte. Comme dans *A Series of Progressive Lessons* de David Cox, on trouve ici des planches et des gravures illustrant différentes étapes de la composition d'une image et inspirées des propres tableaux de Barnard. Les planches les plus intéressantes restent cependant celles qui illustrent les fondements de la théorie chromatique et les conceptions que Barnard applique à la peinture et aux couleurs matérielles. Son graphisme simple et efficace tire le meilleur parti des possibilités offertes par la lithographie et

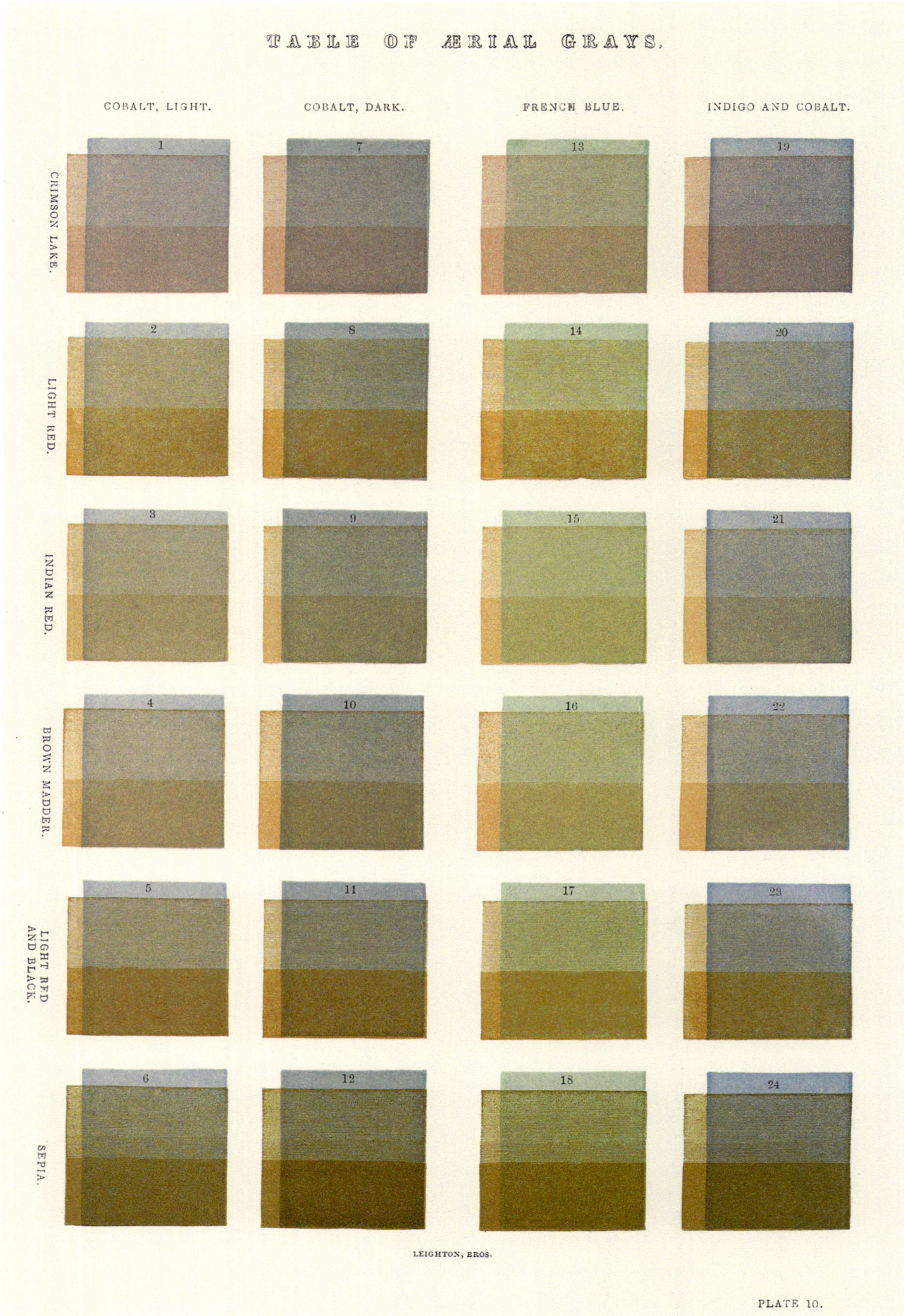
TABLE OF ÆRIAL GRAYS.
COBALT, LIGHT.
COBALT, DARK.
FRENCH BLUE.
INDIGO AND COBALT.
CRIMSON LAKE.
LIGHT RED.
INDIAN RED.
BROWN MADDER.
LIGHT RED AND BLACK.
SEPIA.
1
2
3
4
5
6
7
8
9
10
11
12
13
14
15
16
17
18
19
20
21
22
23
24
LEIGHTON, BROS.
PLATE 10.

TABLE OF GREENS AND RUSSETS.
INDIGO.
COBALT BLUE.
A LITTLE INDIGO.
SEPIA.
PRUSSIAN BLUE.
GAMBOGE.
INDIAN YELLOW.
RAW SIENNA.
BURNT SIENNA.
VAN. BROWN.
BROWN PINK.
1
2
3
4
5
6
7
8
9
10
11
12
13
14
15
16
17
18
19
20
21
22
23
24
LEIGHTON, BROS.
PLATE 13

par le grand format du livre. Sa principale représentation de l'ordre chromatique est un losange disposé verticalement, dans lequel sont agencés «vingt-cinq des pigments les plus utiles», chacun montré en deux tonalités, claire et foncée. Barnard intègre également plusieurs planches illustrant son interprétation du contraste simultané des couleurs, dont deux qui permettent au lecteur de mener quelques expériences optiques simples (p. 519). Un carnet de croquis récemment découvert et attribué à Barnard (p. 34–36) confirme ses méthodes systématiques de travail, comme sa manière méticuleuse de référencer les couleurs et les pigments correspondant à chaque composition. Le carnet en question comprend aussi une ébauche d'une planche 26, intitulée «Contrastes de couleur», où figurent des taches grossières de couleurs illustrant les contrastes et harmonies chromatiques. Cette conception rappelle fortement les taches proposées par Mary Gartside en 1805 dans son *Essay on Light and Shade*, référence probable de Barnard. L'ouvrage de Barnard est plusieurs fois réédité et augmenté jusqu'en 1885.

Teoría y práctica de la pintura de paisaje con acuarelas

El paisajista y profesor de dibujo británico George Barnard estuvo en activo en un momento en que la vida cotidiana se había vuelto más colorida gracias a las grandes innovaciones técnicas, como la máquina de vapor, que posibilitó que los bienes pudieran transportarse y producirse rápidamente, o la fabricación a gran escala de tintes de anilina. Barnard sentía un gran interés por la ciencia y estaba muy influenciado por el trabajo de George Field, cuyos pigmentos utilizó, así como por otros que trabajaron con el color, como David Brewster, Goethe y Chevreul. *The Theory and Practice of Landscape Painting in Water-Colours* se se publicó primero por partes y más adelante en forma de libro, cuya primera edición (que aquí se reproduce) apareció en 1855. Se concibió como una guía completa para artistas aficionados y estudiantes de arte. Es un trabajo relevante que incluye 26 cromolitografías impresas por medio del «proceso cromático de Leighton Brothers», además de docenas de pequeños grabados intercalados dentro del texto. Al igual que con la *Series of Progressive Lessons* de David Cox, parte de las láminas y de los grabados ilustran las diferentes etapas de la composición de la imagen y se basan en las obras del propio Barnard.

Sin embargo, las láminas más interesantes son las que ilustran la teoría básica del color y los conceptos de color de Barnard aplicados a la pintura y el color material. Sus diseños son sencillos y efectivos, y aprovechan bien las posibilidades que brinda la impresión litográfica y el gran formato del libro. Su principal diagrama cromático tiene forma de rombo estirado verticalmente. En él se disponen «veinticinco de los pigmentos más útiles», cada uno de los cuales se muestra en una versión más clara y otra más oscura. Barnard también incluyó una serie de láminas que ilustran su interpretación del contraste de color simultáneo, entre ellas dos que permiten a los lectores realizar experimentos ópticos simples (pág. 519). Un cuaderno de bocetos recientemente descubierto y atribuido a Barnard (págs. 34–36) confirma sus métodos de trabajo sistemáticos, como la forma minuciosa en que registraba los colores y los pigmentos en relación con las composiciones. El cuaderno de bocetos también incluye un borrador para una lámina 26, titulada «Contrastes de color», que presenta unas manchas de formas toscas para ilustrar contrastes y armonías de color. En lo conceptual, se parecen a las manchas de Mary Gartside de 1805, y sin duda existe la posibilidad de que Barnard conociera su *Essay on Light and Shade*. Su libro se reeditó y amplió varias veces hasta 1885.

John Franklin Earhart (1853–1940)

THE COLOR PRINTER

A Treatise on the Use of Colors in Typographic Printing

49 plates, 28 x 21 cm | 11 x 8¼ in., Cincinnati, 1892
New Haven, Yale University, Robert B. Haas Family Arts Library Special Collections, Faber Birren Collection of Books on Color

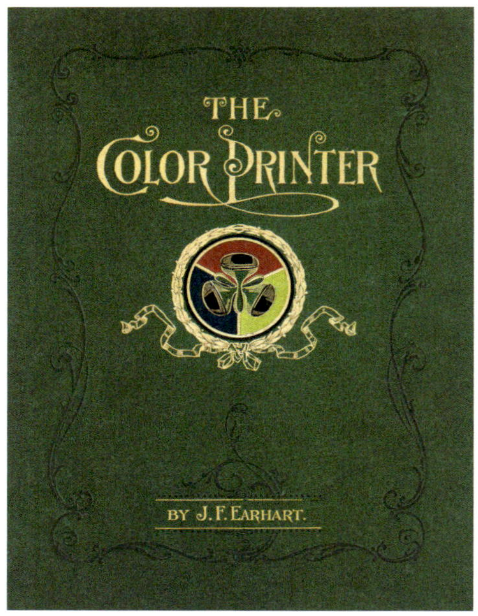

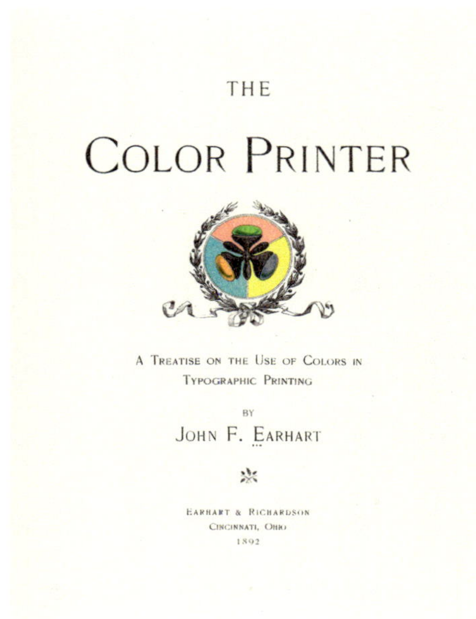

John Earhart's *The Color Printer* is frequently named as one of the greatest examples of American colour production in book form, a landmark in the history of what its author in his dedication called "the noble art of printing". The book was more than four years in the making, and was almost exclusively the work of Earhart himself, whose methodical mind, commitment and hard work made this extraordinary feat of colour printing possible. He was originally from Ohio and showed an early interest in engraving and printing technology. One of his greatest passions was colour, both in theory and practice, and in press coverage in his day he was often described as a "colorist". In one of Earhart's lectures he remarked that "color is one of the most alluring and illusive mysteries in the world", and with *The Color Printer* he made it his mission to unravel some of these mysteries and to show how material colour could be captured and utilised to most dazzling effect in typography.

This is a book of outstanding beauty and quality. It was printed in an edition of 2,000 copies on a Colt's Armory press, a state-of-the-art machine that was able to produce fine nuances of colour. Astonishingly, Earhart used only 12 standard printing inks, in combination with zinc white, and yet from those he created over a thousand distinct colours in his book. The 12 basic colours are shown in plate 1 (p. 525), where they appear as numbered circles resembling billiard balls. The decorated boards of the book and many of the internal ornaments were designed in a sinuous Art Nouveau style, and for the 90 plates with their 239 colour illustrations Earhart personally engraved 625 designs. To produce the plates for the entire print run 1,625,000 impressions were required, showcasing thousands of combinations of two- and three-colour printing, as well as halftone printing samples, colours printed in overlays and tints in combination with metallic inks, while the book also included several examples illustrating how to use colour and typefaces in advertising, business cards and stationery. Earhart went on to publish a second book on colour in 1897, *The Harmonizer*, which appeared in a smaller format and with a less ambitious scope but nevertheless included 240 printed colour specimens created from the same 12 basic inks.

PLATE I

1
RED
2
YELLOW
3
BLUE
4
ORANGE
5
GREEN
6
PURPLE
7
DEEP BLUE
8
ROSE LAKE
9
LEMON YELLOW
10
VERMILION
11
GRAY
12
BLACK

PLATE 2

13
1 part of 1
3 parts of 2

14
1 part of 1
15 parts of 2

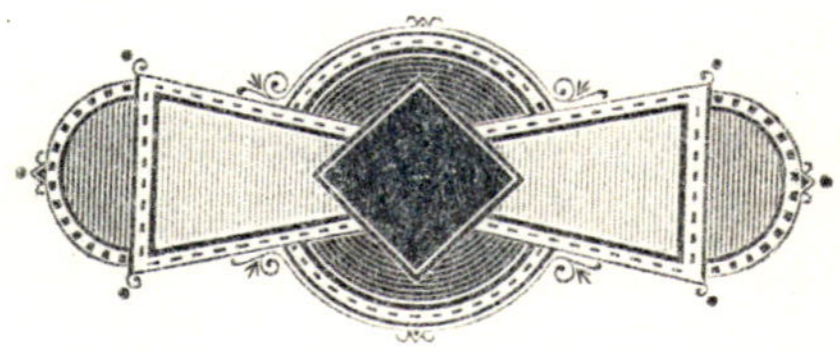

15
1 part of 1
3 parts of 3

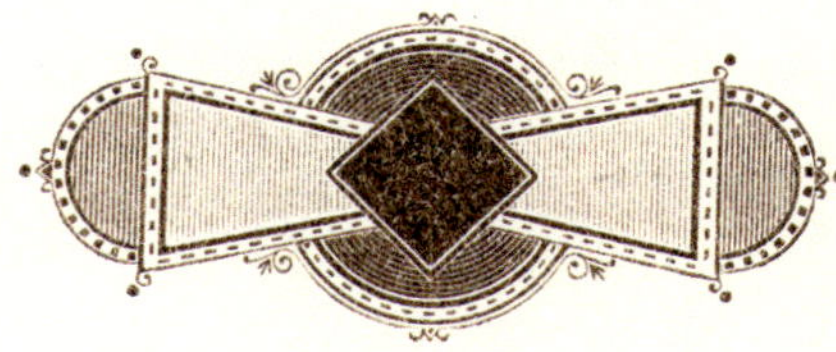

16
1 part of 1
1 part of 3

17
5 parts of 1
1 part of 3

18
15 parts of 1
1 part of 3

19
1 part of 1
1 part of 4

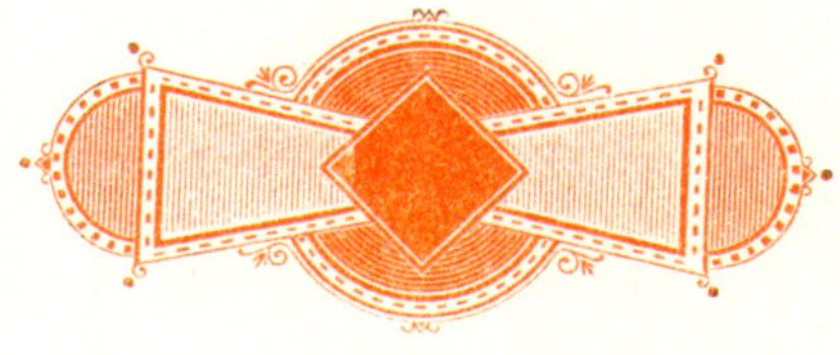

20
1 part of 1
5 parts of 4

PLATE 3
21
1 part of 1
6 parts of 5
22
1 part of 1
3 parts of 5
23
1 part of 1
1 part of 5
24
1 part of 1
1 part of 7
25
3 parts of 1
1 part of 7
26
6 parts of 1
1 part of 7
27
15 parts of 1
1 part of 7
28
1 part of 1
1 part of 8

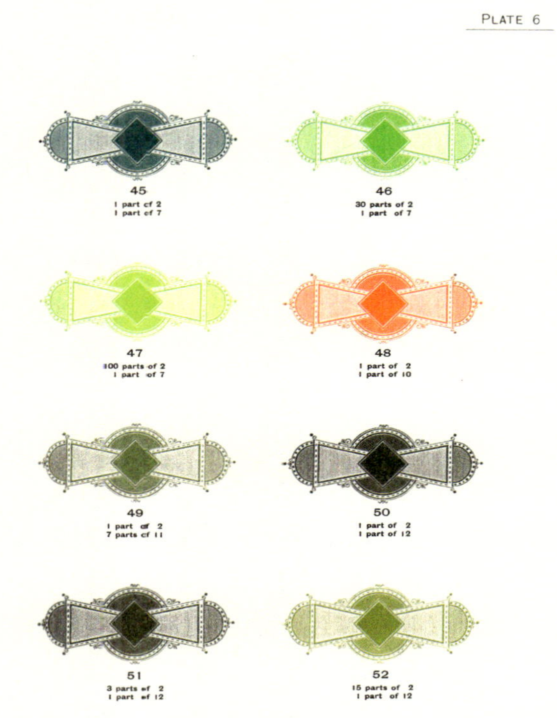
PLATE 6
45
1 part of 2
1 part of 7
46
30 parts of 2
1 part of 7
47
100 parts of 2
1 part of 7
48
1 part of 2
1 part of 10
49
1 part of 2
7 parts of 11
50
1 part of 2
1 part of 12
51
3 parts of 2
1 part of 12
52
15 parts of 2
1 part of 12

PLATE 19
149
1 part of 1
40 parts of White
150
1 part of 2
30 parts of White
151
1 part of 3
30 parts of White
152
1 part of 4
30 parts of White
153
1 part of 5
20 parts of White
154
1 part of 6
40 parts of White
155
1 part of 7
100 parts of White
156
1 part of 8
40 parts of White
157
1 part of 10
30 parts of White
158
1 part of 12
150 parts of White

PLATE 20
159
1 part of 14
15 parts of White
160
1 part of 24
150 parts of White
161
1 part of 38
30 parts of White
162
1 part of 47
15 parts of White
163
1 part of 48
30 parts of White
164
1 part of 51
100 parts of White
165
1 part of 55
30 parts of White
166
1 part of 59
60 parts of White
167
1 part of 65
40 parts of White
168
1 part of 66
40 parts of White

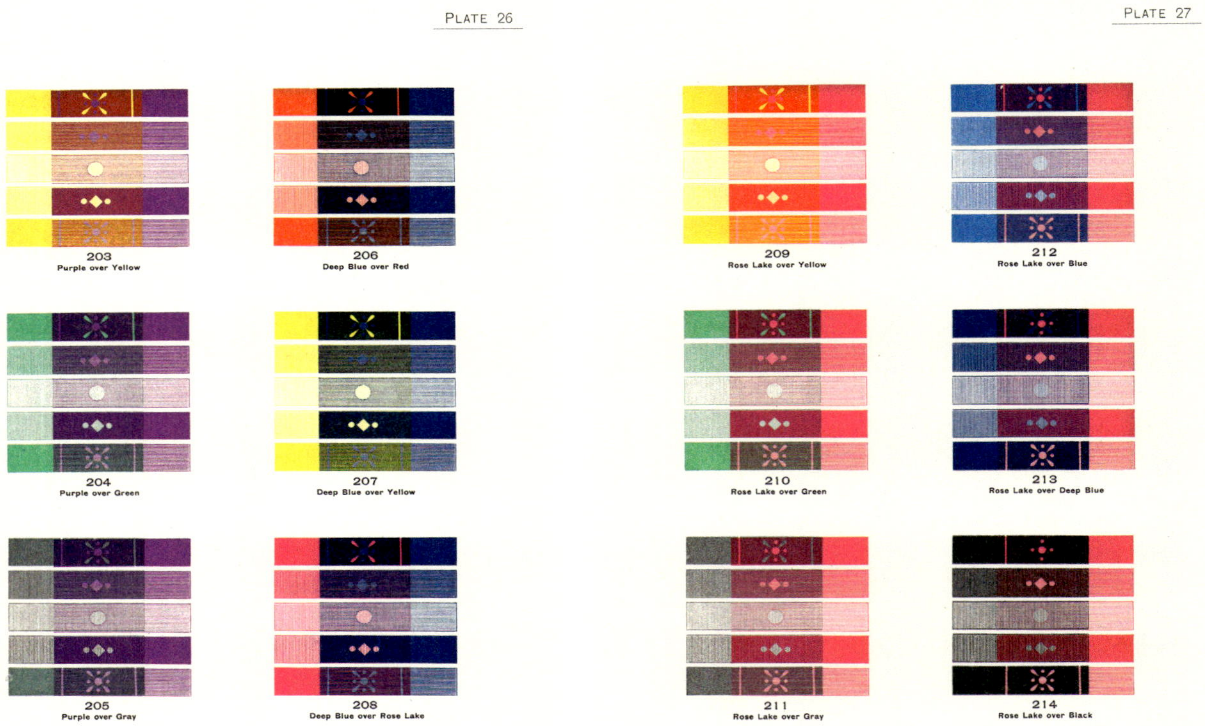

Der Farbdrucker. Eine Abhandlung über die Verwendung von Farben in der Kunst des Buchdrucks

John Earharts *The Color Printer* wird häufig als eines der großartigsten Beispiele amerikanischer Farbproduktion in Buchform bezeichnet, als Meilenstein der „edlen Kunst des Druckens“, wie sie der Autor in seiner Widmung nannte. Die Fertigstellung des Buches nahm mehr als vier Jahre in Anspruch und war fast ausschließlich Earharts eigenes Werk. Nur sein methodischer Geist, seine Hingabe und seine harte Arbeit machten dieses außergewöhnliche Meisterwerk des Farbdrucks überhaupt möglich. Earhart stammte ursprünglich aus Ohio und zeigte schon früh Interesse an Kupferstich- und Druckverfahren. Eine seiner größten Leidenschaften waren Farben in Theorie und Praxis, und in Presseberichten seiner Zeit wurde er oft als „Kolorist“ beschrieben. In einem Vortrag merkte er an: „Farbe ist eines der verlockendsten und trügerischsten Rätsel der Welt.“ Mit *The Color Printer* machte er es sich zur Aufgabe, einen Teil dieses Rätsels zu lösen und zu zeigen, wie stoffliche Farbe von der Typografie erfasst und überaus effektvoll genutzt werden konnte.

Das unvergleichlich schöne und qualitativ herausragende Buch wurde in einer Auflage von zweitausend Stück auf einer Presse vom Typ Colt's Armory gedruckt, einer damals hochmodernen Druckmaschine, die feinste Farbnuancen hervorbringen konnte. Erstaunlicherweise verwendete Earhart nur zwölf Standarddruckfarben und Zinkweiß, aus denen er in seinem Buch über tausend verschiedene Farben erzeugte. Die zwölf Grundfarben sind in Tafel 1 (S. 525) als nummerierte Kreise wiedergegeben, die an Billardkugeln erinnern. Die Verzierungen des Einbands und viele Ornamente im Innenteil des Buches wurden nach der geschwungenen Art des Jugendstils ausgeführt. Für die neunzig Tafeln mit ihren 239 farbigen Illustrationen stach Earhart persönlich 625 Vorlagen in Kupfer. Um die Bildtafeln für die gesamte Auflage herzustellen, waren 1.625.000 Abzüge erforderlich. Darauf wurden Tausende von Kombinationen aus Zwei- und Dreifarbendruck, Beispiele für den Rasterdruck, übereinandergedruckte Farben und Farbtöne in Verbindung mit metallischen Druckfarben präsentiert. Obendrein führte das Buch an mehreren illustrierten Beispielen vor, wie sich Farben und Schriften für Werbezwecke, Visitenkarten und Briefpapier einsetzen ließen. Mit *The Harmonizer* veröffentlichte Earhart 1897 ein zweites Buch über Farbe, das in kleinerem Format und weniger ambitioniertem Umfang erschien, aber immerhin noch 240 gedruckte Farbmuster enthielt, die aus denselben zwölf Grundfarben erzeugt wurden.

La couleur imprimée, traité sur l'usage des couleurs dans l'impression typographique

The Color Printer de John Earhart, souvent désigné comme l'un des sommets de la production éditoriale américaine sur la couleur, a fait date dans l'histoire de ce que son auteur appelle, dans sa dédicace, « l'art noble de l'impression ». La réalisation de l'ouvrage dure plus de quatre ans. Earhart, qui s'y engage totalement et réalise presque tout lui-même, mobilise son esprit méthodique et fournit un travail colossal pour donner le jour à cette prouesse. Originaire de l'Ohio, il montre très tôt un intérêt pour la gravure et les techniques d'impression. Absolument passionné par la couleur, tant en théorie qu'en pratique, il est souvent mentionné dans la presse de l'époque comme un « coloriste ». Lors d'une conférence, Earhart évoquera la couleur comme « l'un des mystères les plus attirants et les plus insaisissables du monde ». Dans ce « traité », il s'attelle à élucider certains aspects de ce mystère et à montrer comment les couleurs matérielles peuvent être obtenues et utilisées pour produire des effets éblouissants dans l'impression typographique.

L'ouvrage, d'une qualité et d'une beauté exceptionnelles, est d'abord tiré à 2000 exemplaires sur une presse fabriquée par la Colt's Armory, une machine dernier cri capable de reproduire les nuances les plus subtiles. Étonnamment, Earhart n'utilise que 12 encres standard, combinées avec du blanc de zinc, et parvient pourtant à produire plus de 1000 teintes différentes. Les 12 couleurs de base sont montrées sur la planche 1 (p. 525), sous forme de cercles numérotés ressemblant à des billes de billard. Les décorations des couvertures cartonnées et une grande partie des ornements intérieurs adoptent les formes sinueuses de l'Art nouveau. Quant aux 90 planches présentant 239 illustrations de couleurs, elles totalisent 625 dessins gravés par Earhart en personne. La fabrication des planches du tirage complet a nécessité 1625000 passages sous presse mettant en œuvre des milliers de combinaisons en bichromie et trichromie, des échantillons en demi-teintes, des superpositions de couleurs et des teintes associées avec des encres métallisées. Le livre contient par ailleurs plusieurs exemples d'utilisation de couleurs et de polices de caractères pour des supports publicitaires, des cartes de visite ou du papier à lettres. Earhart publie en 1897 un deuxième ouvrage, *The Harmonizer*, de format plus petit et moins ambitieux dans son traitement de la couleur, avec tout de même 240 teintes créées à partir des 12 mêmes encres de base.

PLATE 31

239

240

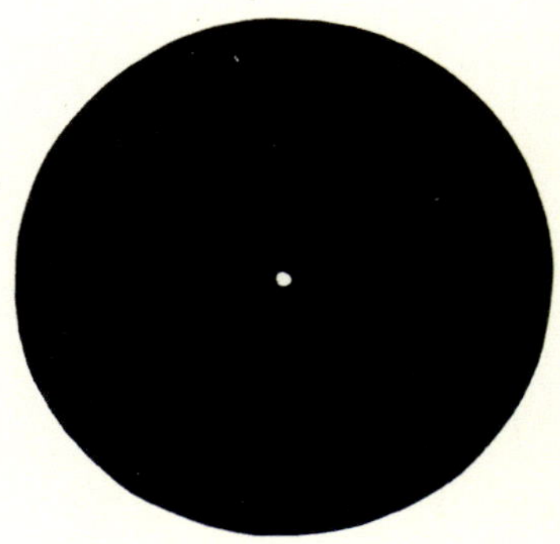

241

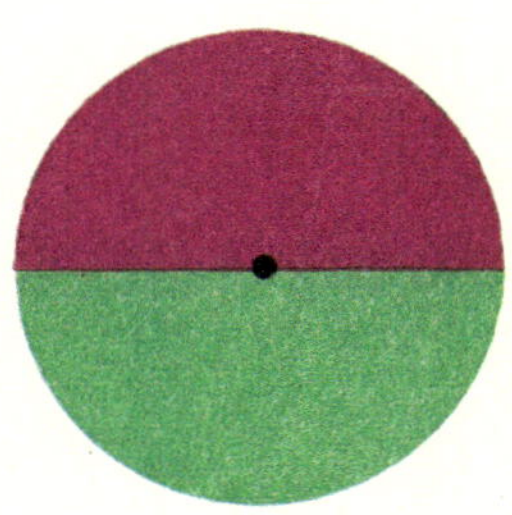

242

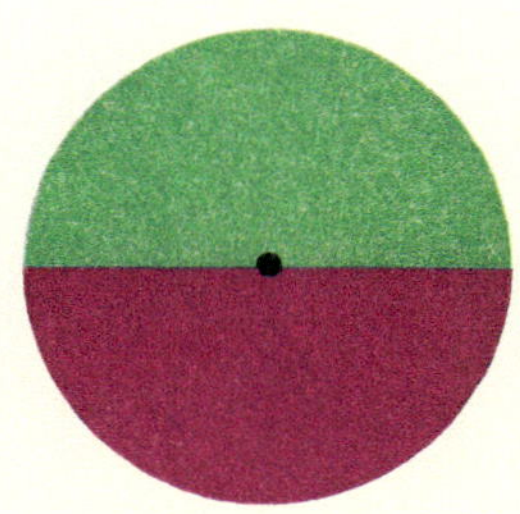

243

PLATE 32

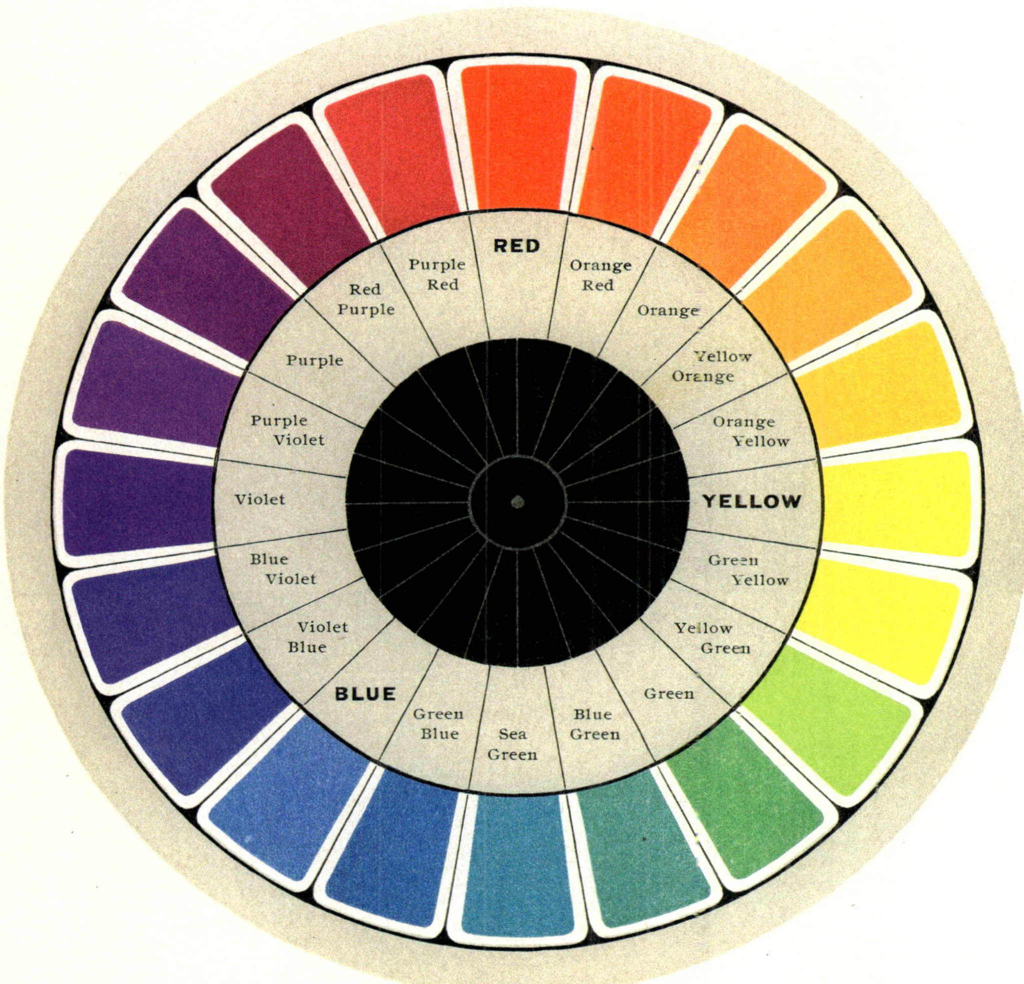

244

Scale of Complementary Colors.

PLATE 33

Two-Color Combinations.

PLATE 34

Two-Color Combinations.

PLATE 35

Two-Color Combinations.

PLATE 36

Two-Color Combinations.

PLATE 37

273
75 and 140

274
36 and 52

275
89 and 139

276
6 and 85

277
67 and 2

278
57 and 48

279
116 and 142

Two-Color Combinations.

PLATE 38

280
3 and 77

281
4 and 68

282
59 and 49

283
5 and 96

Two-Color Combinations.

PLATE 39

284
75, 144 and 170

285
8, 140 and 156

286
7, 139 and 155

Three-Color Combinations.

PLATE 40

287
36, 32 and 149

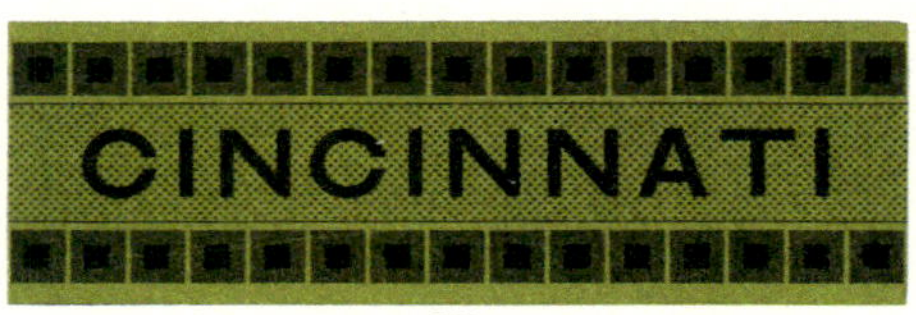

288
50, 51 and 52

289
34, 1 and 133

Three-Color Combinations.

PLATE 41

290
1, 83, and both combined.

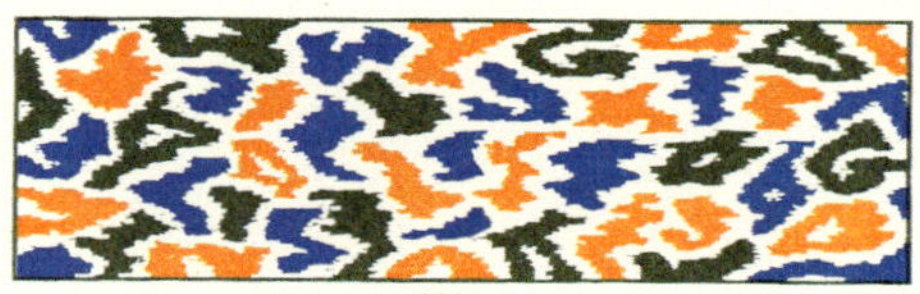

291
3, 4, and both combined.

292
6, 46, and both combined.

Three-Color Combinations.

PLATE 46

309

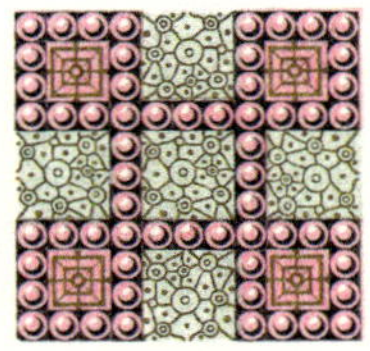

170, 156, Gold and Black

310

3, 71, 157, Gold and Black

311

41, 138, 83, Gold and Black

313

1, 80, 148, 152, 162, Gold and Black

312

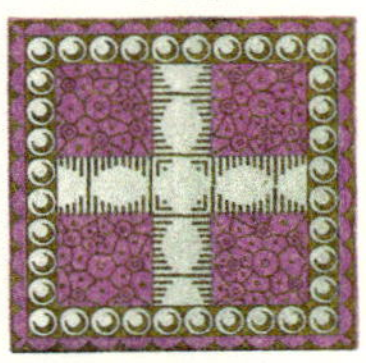

138, 170 and Gold

314

153, 157 and Gold

315

5, 153, 156, Gold and Black

316

6, 71, 170, Gold and Black

317

41, 157, Gold and Black

Combinations of Colors and Tints with Gold.

PLATE 43

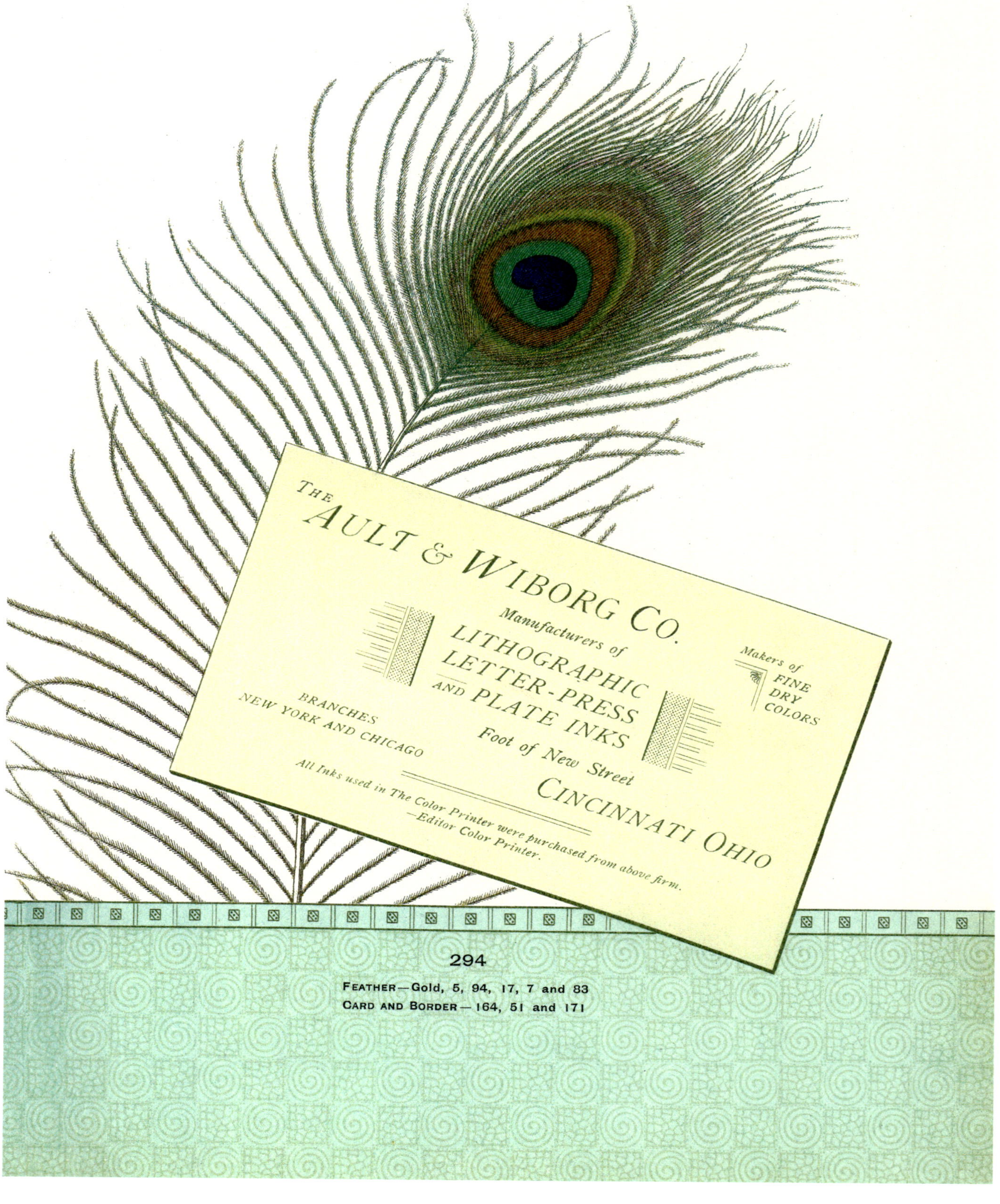

294

FEATHER—Gold, 5, 94, 17, 7 and 83
CARD AND BORDER—164, 51 and 171

PLATE 47

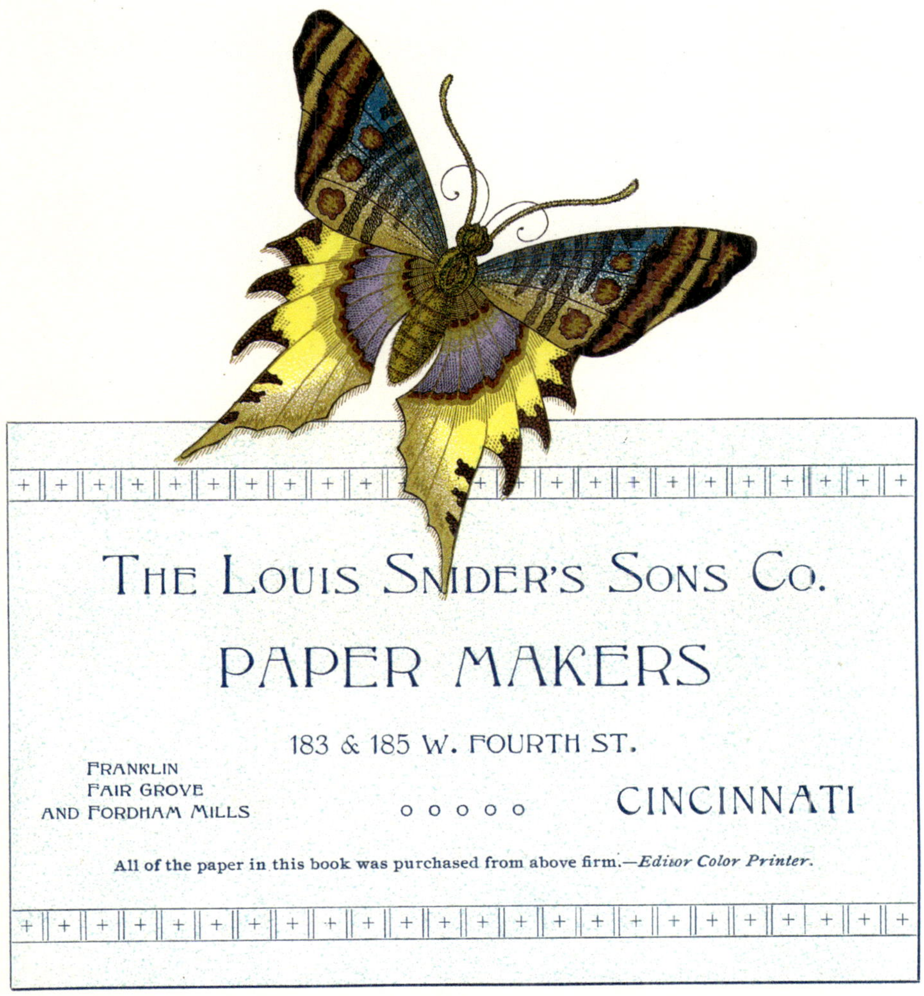

318
Butterfly: 78, 143, 2, 36, 83, Gold and 114
Card: 155 and 7

PLATE 44

295
155, Gold and 81

296
163, Gold and 139

297
44, 68 and 18

298
83, Gold and 80

299
13, 52 and 61

300
172, Gold and 73

301
154, Gold and 40

Combinations of Colors and Tints with Gold.

PLATE 45

302
150, Gold and 71

303
174, Gold and 78

304
144, Gold and 138

305
71, 142, Gold and 115

306
139, Gold and 20

307
170, Gold and 144

308
157, Gold and 137

Combinations of Colors and Tints with Gold.

PLATE 49

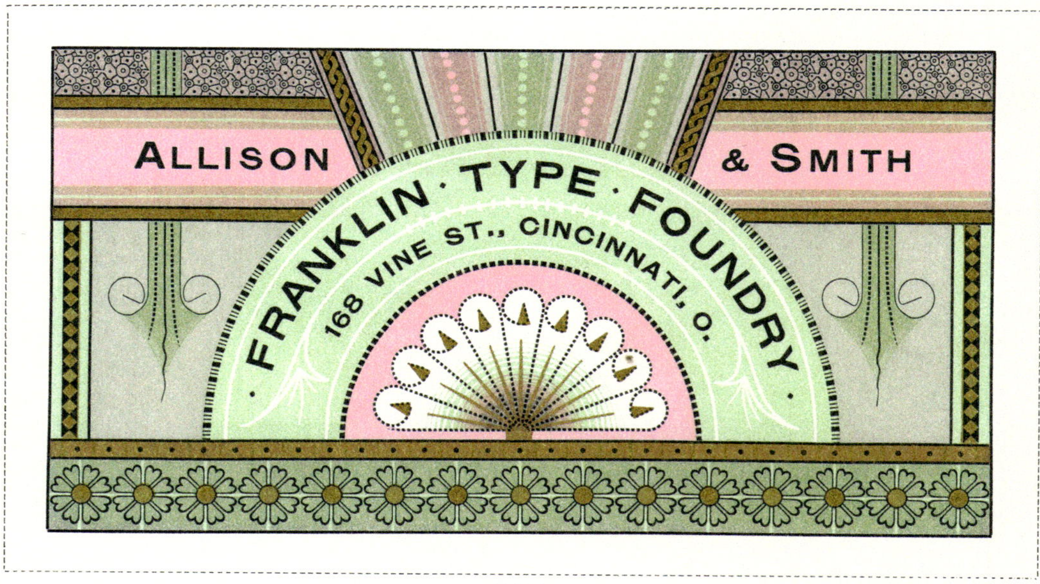

320
Gold, 153, 156, 158 and Black

321
Gold, 151, 152, 158 and Black

Combinations of Gold, Black and Three Tints.

Plate 82

Plate 83

380
Printed with color 114, from a piece of walnut wood, side grain.

382
Printed with color 79, from a piece of quartered oak wood.

381
Printed with color 114, from a piece of ash wood, side grain.

383
Printed with color 79, from a piece of shel-bark hickory wood, end grain.

La impresión a color. Tratado sobre el uso de colores en la impresión tipográfica

The Color Printer de John Earhart se menciona con frecuencia como uno de los mejores ejemplos de producción de color en forma de libro de Estados Unidos, un hito en la historia de lo que su autor llamó en la dedicatoria «el noble arte de la impresión». Su realización llevó más de cuatro años y fue obra casi exclusivamente del propio Earhart, cuyo compromiso, carácter metódico y esfuerzo hicieron posibles esta extraordinaria proeza de la impresión en color. Originario de Ohio, Earhart se interesó desde joven en la tecnología del grabado y de la impresión. Una de sus mayores pasiones era el color, tanto en la teoría como en la práctica, y la prensa de su época solía describirlo como un «colorista». En una de sus conferencias comentó que «el color es uno de los misterios más fascinantes e ilusorios del mundo», y con *The Color Printer* se propuso desentrañar algunos de esos misterios y mostrar cómo se podía capturar el color material y utilizarlo en tipografía del modo más deslumbrante.

Este es un libro de extraordinaria belleza y calidad. Se hizo una tirada de 2000 copias en una imprenta Colt's Armory, una máquina de última generación capaz de producir finos matices de color. De forma sorprendente, Earhart solo usó 12 tintas de impresión estándar en combinación con el blanco de zinc; sin embargo, creó con ellas más de mil colores distintos. Los 12 colores básicos se muestran en la lámina 1 (pág. 525), donde aparecen como círculos numerados semejantes a bolas de billar. Las cubiertas decoradas del libro y muchos de los adornos internos se diseñaron en un sinuoso estilo *art nouveau*, mientras que Earhart grabó personalmente 625 diseños para las 90 láminas con 239 ilustraciones en color. La fabricación de las láminas de toda la tirada precisó de 1625000 impresiones, que produjeron miles de combinaciones de dos y tres colores impresos, así como ejemplos de impresiones en tonos medios, colores impresos mediante superposiciones y matices logrados con el uso de tintas metálicas. Al mismo tiempo, el libro también incluye varios ejemplos de cómo usar el color y la tipografía en publicidad, tarjetas de presentación y artículos de papelería. Earhart publicó un segundo libro sobre el color en 1897, *The Harmonizer*. Aunque apareció en un formato más pequeño y tenía un alcance menos ambicioso, incluía 240 muestras de color impresas con las mismas 12 tintas básicas.

PLATE 50
322
95, 80 and Gold Ink
323
80 and Gold Ink
325
80 and Gold Ink
324
95, 7 and Gold Ink
326
80, 7 and Gold Ink
Combinations of Gold Ink and Colors on Green Enameled Paper.

PLATE 51
327
45, 80 and Gold Ink
328
80 and Gold Ink
330
80 and Gold Ink
329
45, 7 and Gold Ink
331
80, 7 and Gold Ink
Combinations of Gold Ink and Colors on Maroon-Brown Enameled Paper.

PLATE 52

332
45 and Gold Ink

333
7 and Gold Ink

334
45, 10, White and Gold Ink

335
7, 45, 10, White and Gold Ink

Combinations of Gold Ink and Colors on Black Enameled Paper.

SPECIMEN PAGE
Showing the different effects produced by printing the colors Red, Blue, Yellow, Gray, and Black, in lines and solids over Gold Bronze printed in lines and solids.
Gold.
Red.
Red on Gold.
Blue.
Blue on Gold.
Blue on Red on Gold.
Yellow.
Yellow on Gold.
Yellow on Red on Gold.
Yellow on Blue on Gold.
Yellow on Blue on Red on Gold.
Gray.
Gray on Gold.
Gray on Red on Gold.
Gray on Blue on Gold.
Gray on Blue on Red on Gold.
Gray on Yellow on Gold.
Gray on Red on Yellow on Gold.
Gray on Yellow on Blue on Gold.
Black.
Black on Gold.
Black on Red on Gold.
Black on Blue on Gold.
Black on Blue on Red on Gold.
Black on Yellow on Gold.
Black on Yellow on Red on Gold.
Black on Yellow on Blue on Gold.
Red lines on Gold solid.
Red solid on Gold lines.
Blue lines on Gold solid.
Blue solid on Gold lines.
Yellow lines on Gold solid.
Yellow solid on Gold lines.
Gray lines on Gold solid.
Gray solid on Gold lines.
Black lines on Gold solid.
Black solid on Gold lines.
Red and Blue lines on Gold solid.
Red and Yellow lines on Gold solid.
Red and Gray lines on Gold solid.
Red and Black lines on Gold solid.
Blue and Yellow lines on Gold solid.
Blue and Gray lines on Gold solid.
Blue and Black lines on Gold solid.
Yellow and Gray lines on Gold solid.
Yellow and Black lines on Gold solid.
346
PLATE 62

347

Card showing thirty-seven colors produced by six impressions. The colors were printed in the following order: Gold, Red, Blue, Yellow, Gray and Black. (See Plate 64).

PLATE 63

PLATE 58

341

85 and Copper Bronze

Samples of nine different patterns of Embossing, from one plate made with punches.

PLATE 66

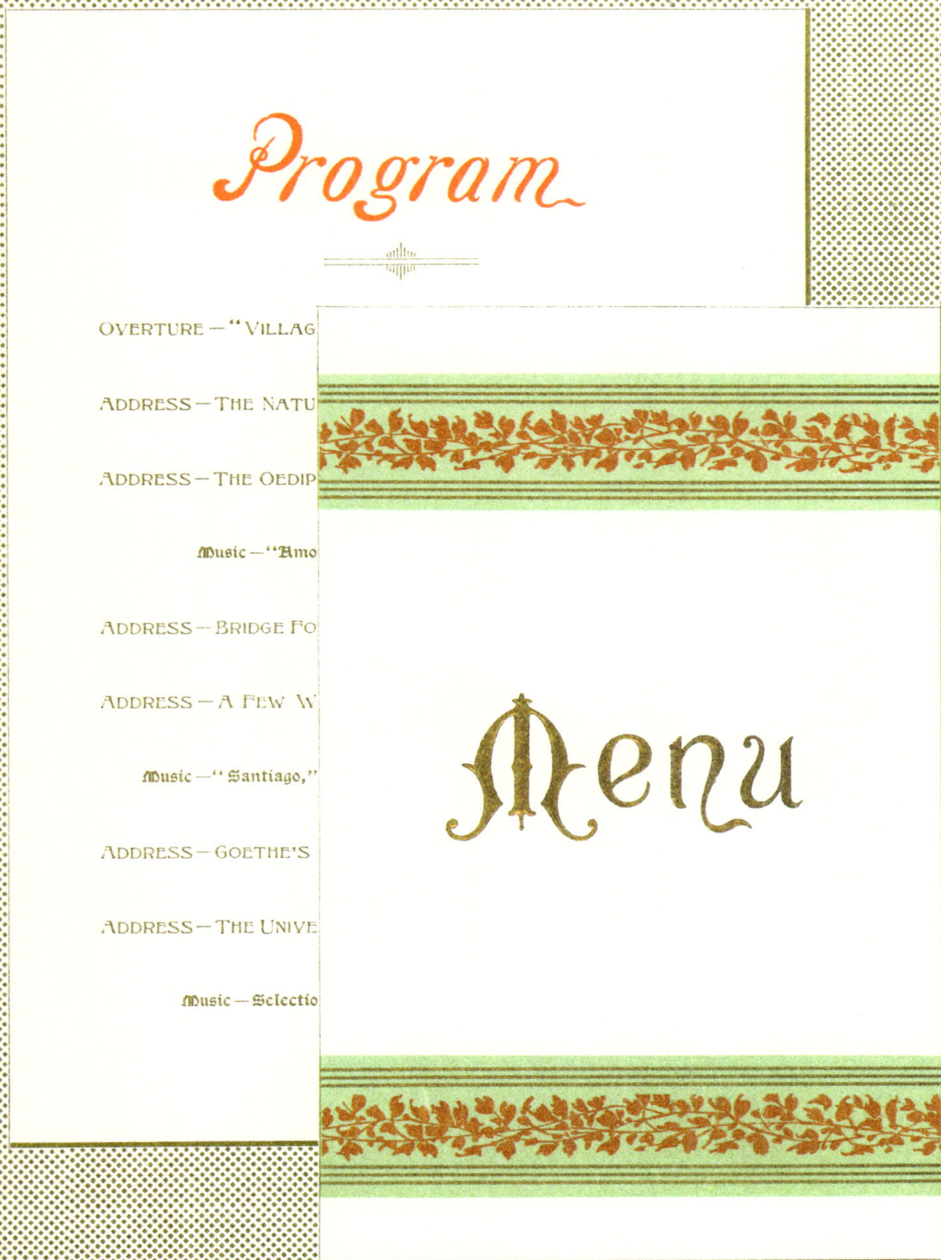

350

170, Gold, 20 and 80

PROGRAM AND MENU EMBOSSED.

PLATE 69

SERIES OF IMPRESSIONS

SHOWING A LANDSCAPE
PRINTED IN TEN COLORS.

Each block is shown separate and also as registered into its proper place as the work progresses towards completion.

357
First Impression

PLATE 70

358
Second Block

359
First and Second Impressions

PLA

360
Third Block

361
First, Second and Third Impressions

PLATE 72

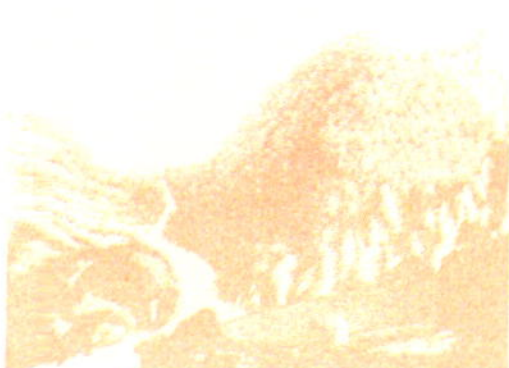

362
Fourth Block

363
First, Second, Third and Fourth Impressions

PLATE 73

364
Fifth Block

365
First, Second, Third, Fourth and Fifth Impressions

PLAT

366
Sixth Block

367
First, Second, Third, Fourth, Fifth and Sixth Impressions

PLATE 75

368
Seventh Block

369
First, Second, Third, Fourth, Fifth, Sixth and Seventh impressions

PLATE 75

370
Eighth Block

371
First, Second, Third, Fourth, Fifth, Sixth, Seventh and Eighth impressions

PLATE 77

372
Ninth Block

373
First, Second, Third, Fourth, Fifth, Sixth, Seventh, Eighth and Ninth impressions

PLATE 78

374
Tenth Block

375
First, Second, Third, Fourth, Fifth, Sixth, Seventh, Eighth, Ninth and Tenth impressions

PLATE 79

376
The border around the picture was printed in a green-gray, and the whole embossed with an electrotype taken from emery paper.

PLATE 87

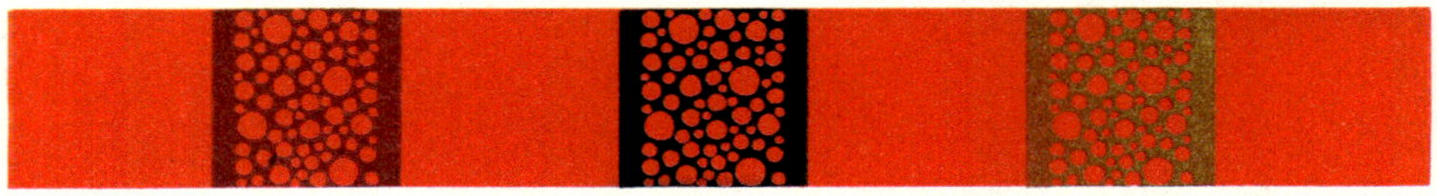

396

Gray on Red | Black on Red | Gold on Red

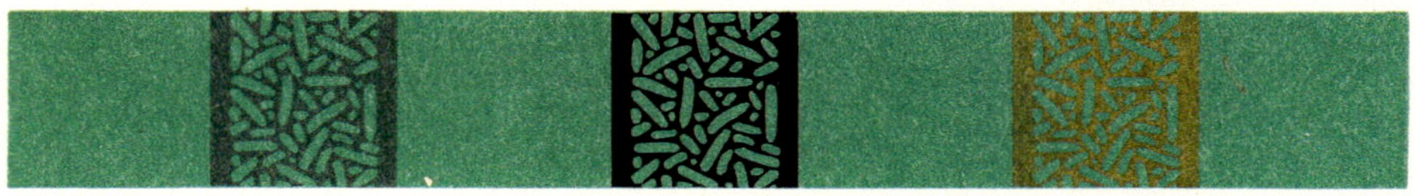

397

Gray on Green | Black on Green | Gold on Green

398

Gray on Blue | Black on Blue | Gold on Blue

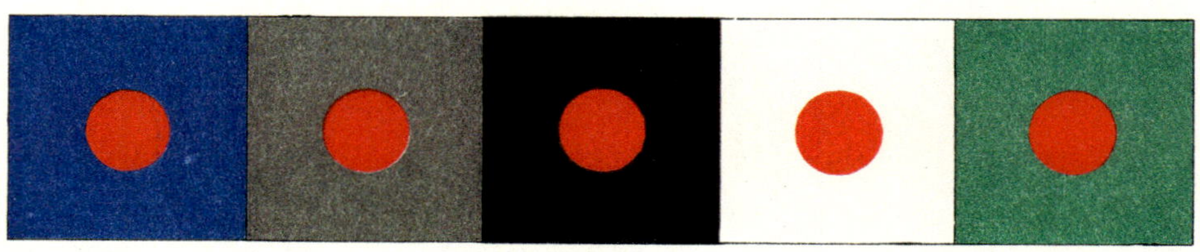

399

Red surrounded by Blue, Gray, Black, White, and Green

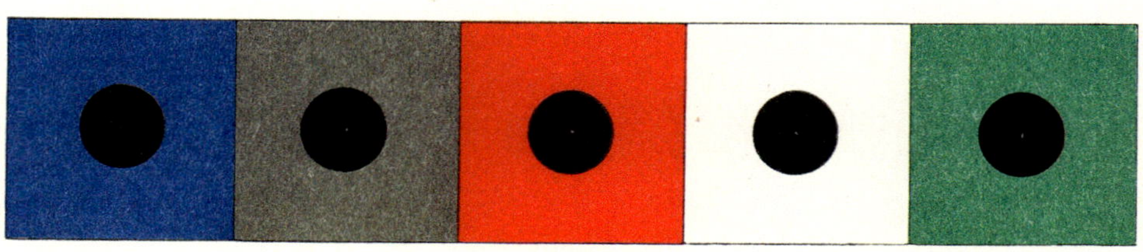

400

Black Surrounded by Blue, Gray, Red, White, and Green

PLATE 88

DO NOT FORGET THAT

This Red

FORMS A BETTER
COMBINATION
WITH

* Black *

THAN ROSE LAKE OR
ANY OTHER RED WHICH
LEANS TOWARD PURPLE

• Printers •

often make the mistake of combining a purplish red with black.

401
12 and 30

Bonnie E. Snow (1865–1925),
Hugo B. Froehlich (1862–1925)

THE THEORY AND PRACTICE OF COLOR

10 plates, 26 x 20 cm / 10 ¼ x 7 ⅞ in., New York & Chicago, 1918
New Haven, Yale University, Robert B. Haas Family Arts Library Special Collections, Faber Birren Collection of Books on Color

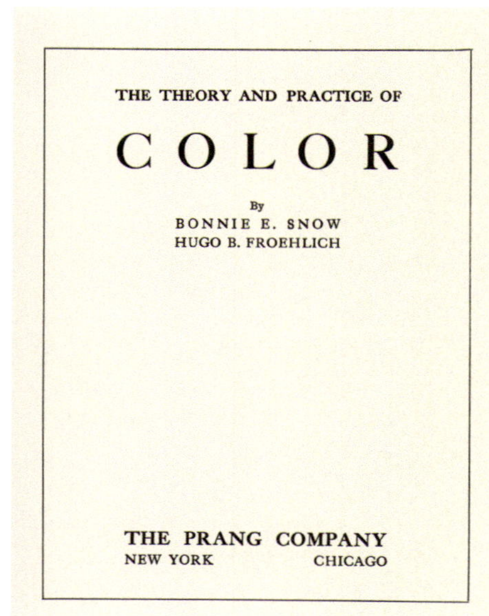

While little today is known about the two American authors of this concise overview of colour theory presented in a practical context, Bonnie Snow and Hugo Froehlich's book was intended to provide the "ordinary" reader with the basic rules and principles of colour, so that it could be enjoyed more fully and used more efficiently in art, advertising and elsewhere. It was written in an engagingly narrative and slightly didactic style, which the pair had developed in the course of their previous work. In around 1904 Snow and Froehlich had begun publishing a series of text-books and educational course-books for children and young readers (pp. 17, 20, 22/23), published with the same Prang Educational Company that issued the book presented here. These small-format booklets were designed to train children in drawing, painting, paper collage and other creative occupations, but in a refreshing departure colour use was given greater prominence than drawing technique, and the illustrations relating to colour theory and composition are charming, inventive and effective. They include colour wheels shaped like flower-heads, sunsets in winter and goldfish swimming in a jar. The authors' ability to simplify complex content is also evident in *The Theory and Practice of Color*, their only known work for older readers. The book was part of Prang's series of "Quarto Art Books", which covered various aspects of art, crafts, design and art history, and although it is a slim volume it was the highest-priced book in the series on account of its colour illustrations. A printed image of a prismatic scale forms the frontispiece and indicates that optical colour theory will be explained in the text. This image is followed by nine plates of colour charts which together present hundreds of hand-painted samples in circular and rectangular shapes, pasted on to the pages. A "value scale" using two colours demonstrates a neutral greyscale, while a sequence of further charts shows primaries, binaries, colours in lighter tints and darker shades, complementaries and mixtures of these colours in several combinations and proportions. The book is an overlooked gem in colour history and an important example of educational literature from the early 20th century. There are few physical depictions of colour order, grading and mixture that are so neatly presented and executed.

A Symbol of the Rainbow

CHART ONE

CHART TWO

Theorie und Praxis der Farbe

Über die beiden amerikanischen Autoren dieses kurzen Überblicks über die Farbtheorie in einem praktischen Kontext ist heute wenig bekannt. Man weiß jedoch, dass Bonnie Snow und Hugo Froehlich den „gewöhnlichen" Leser mit den Grundregeln und -prinzipien von Farbe vertraut machen wollten, damit man sich daran erfreuen und sie in Kunst, Werbung und anderen Bereichen effizienter einsetzen konnte. Das Buch wurde in einem einnehmend erzählerischen und wenig didaktischen Stil verfasst, den das Autorenpaar im Verlauf seiner bisherigen Arbeit entwickelt hatte. Um 1904 hatten Snow und Froehlich begonnen, eine Serie von Schulbüchern und lehrreichen Fachbüchern für Kinder und Jugendliche zu veröffentlichen (S. 17, 20, 22/23), die wie der hier vorgestellte Band von der Prang Educational Company verlegt wurden. Mithilfe der kleinformatigen Büchlein sollten Kinder das Zeichnen, Malen, Collagieren und andere kreative Betätigungen erlernen. Im Vergleich zu anderen Lehrbüchern wirkt es hier erfrischend, dass den Farben mehr Platz eingeräumt wird als der Zeichentechnik und dass die Illustrationen zu Farbtheorie und Bildaufbau charmant, ideenreich und wirkungsvoll daherkommen. Sie beinhalten Farbkreise mit Blütenköpfen als Muster, Sonnenuntergänge im Winter und Goldfische im Glas.

Die Fähigkeit der Autoren, komplexe Inhalte zu vereinfachen, zeigt sich auch in *The Theory and Practice of Color*, ihrem einzigen bekannten Buch für eine ältere Leserschaft. Das Werk war Teil der von Prang herausgegebenen Serie „Quarto Art Books", die verschiedene Aspekte aus Kunst, Kunsthandwerk, Gestaltung und Kunstgeschichte abdeckte. Trotz des geringen Umfangs war es aufgrund seiner Farbillustrationen das teuerste Buch der Reihe. Das gedruckte Bild einer prismatischen Farbskala bildet das Frontispiz und deutet an, dass die Theorie der immateriellen Farben im Text erläutert wird. Auf dieses Bild folgen über das Buch verteilt neun Tafeln mit Farbtabellen, die zusammen Hunderte von handgemalten und aufgeklebten Farbmustern in Form von Kreisen und Rechtecken präsentieren. Eine am Beispiel von zwei Farben aufgestellte „Werteskala" weist in der Mitte eine neutrale Grauskala auf. Alle weiteren Tafeln zeigen Primär- und Sekundärfarben, Farben in helleren Tönen und dunkleren Schattierungen, Komplementärfarben und Mischungen dieser Farben in verschiedenen Kombinationen und Zusammensetzungen. Das Buch ist ein vergessenes Juwel der Farbgeschichte und ein bedeutendes Beispiel für die Bildungsliteratur des frühen 20. Jahrhunderts. Es gibt nur wenige Darstellungen der Ordnung, Abstufung und Mischung von Farben, die so feinsäuberlich aufbereitet und ausgeführt sind.

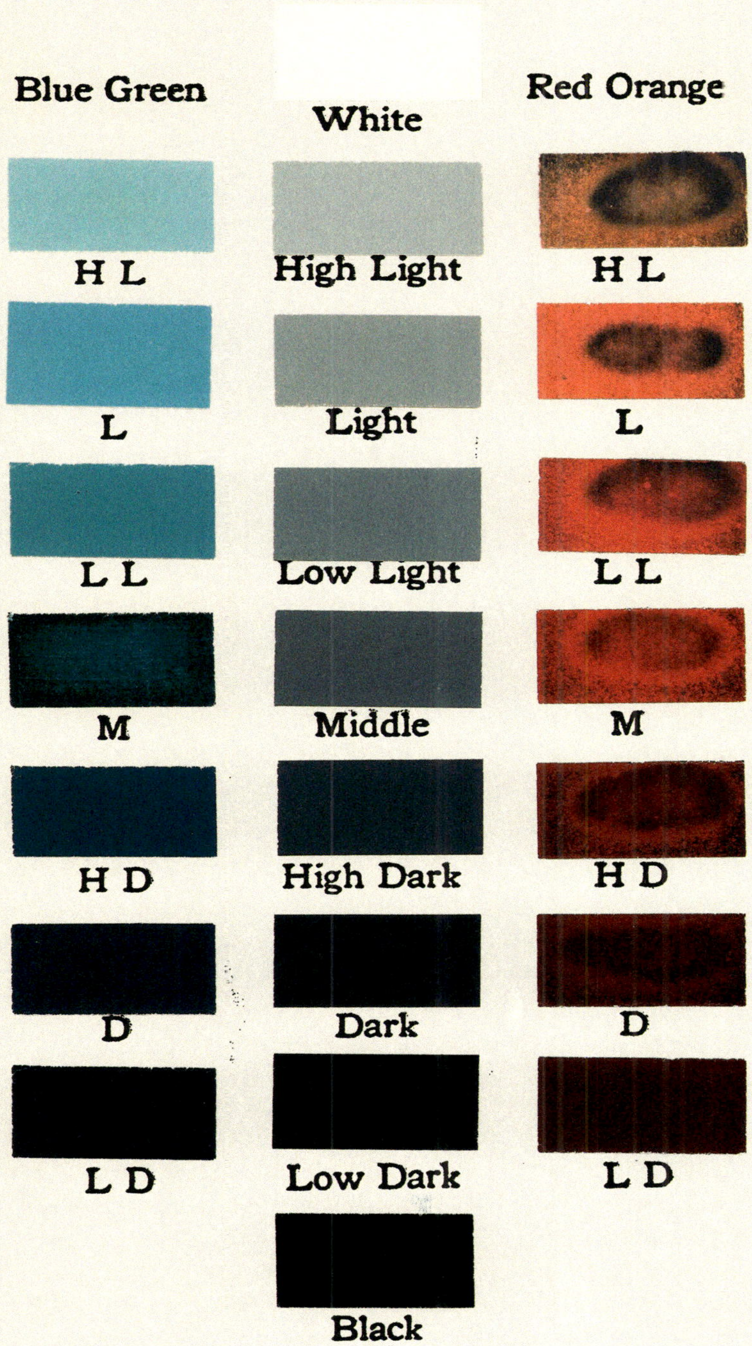

VALUE SCALE IN TWO COLORS AND NEUTRAL TONES

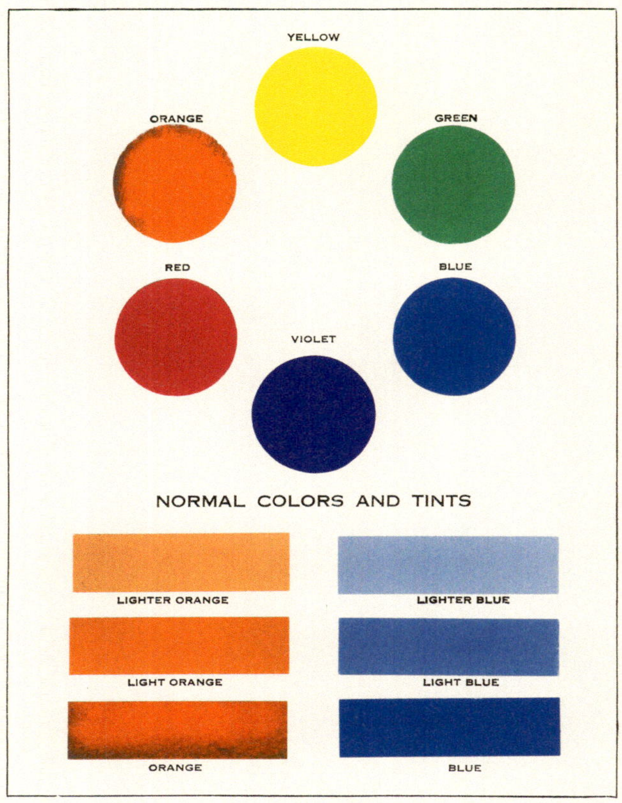

CHART THREE

CHART FOUR

Théorie et pratique de la couleur

On sait peu de choses des deux auteurs américains de ce panorama concis des théories de la couleur, proposé dans un but pratique. Bonnie Snow et Hugo Froehlich entendent fournir au lecteur « ordinaire » les règles de base et les principes de la couleur, pour un usage plus efficace dans les domaines artistique et publicitaire, entre autres. Le duo écrit dans un style narratif plaisant et discrètement didactique qu'ils ont mis au point au fil de leurs ouvrages précédents. Vers 1904, Snow et Froehlich commencent en effet à publier des manuels scolaires et ouvrages pédagogiques pour enfants et jeunes lecteurs (p. 17, 20, 22/23), édités, comme l'ouvrage présenté ici, par Prang Educational Company. Ces publications de petit format sont conçues pour que les enfants s'adonnent au dessin, à la peinture et au collage, entre autres occupations manuelles, mais proposent une alternative bienvenue : l'usage de la couleur y est plus important que la technique du dessin, et les illustrations au service de la théorie de la couleur et de la composition sont charmantes, inventives et efficaces. Ainsi, les cercles chromatiques adoptent des formes de corolles de fleurs, de couchers de soleil en hiver ou de poissons nageant dans un bocal. Cette capacité à simplifier des contenus complexes est aussi à l'œuvre dans *The Theory and Practice of Color*, seul titre connu que les auteurs destinent à un public plus âgé. L'ouvrage fait partie de la collection Quarto Art Books que publie Prang, consacrée à plusieurs aspects de la peinture, de l'artisanat, des arts graphiques et de l'histoire de l'art. Malgré son nombre de pages modeste, c'est le livre le plus onéreux de la collection de par ses illustrations en couleurs. La gamme prismatique du frontispice annonce que la théorie de la couleur optique sera expliquée. Viennent ensuite neuf planches de tableaux chromatiques présentant des centaines de pastilles circulaires ou rectangulaires, coloriées manuellement et collées sur les pages. L'échelle des gris est mise en évidence par apposition avec une « échelle de valeur » de deux autres couleurs, Toute une série de tableaux traitent ensuite des couleurs primaires et binaires, des tons clairs et des nuances sombres, des complémentaires et des mélanges selon différentes combinaisons et proportions. L'ouvrage constitue un trésor oublié de l'histoire de la couleur et un exemple remarquable de la littérature pédagogique du début du XXe siècle. Les représentations physiques de l'ordre chromatique, des dégradés et des mélanges sont rarement exécutées avec un tel soin.

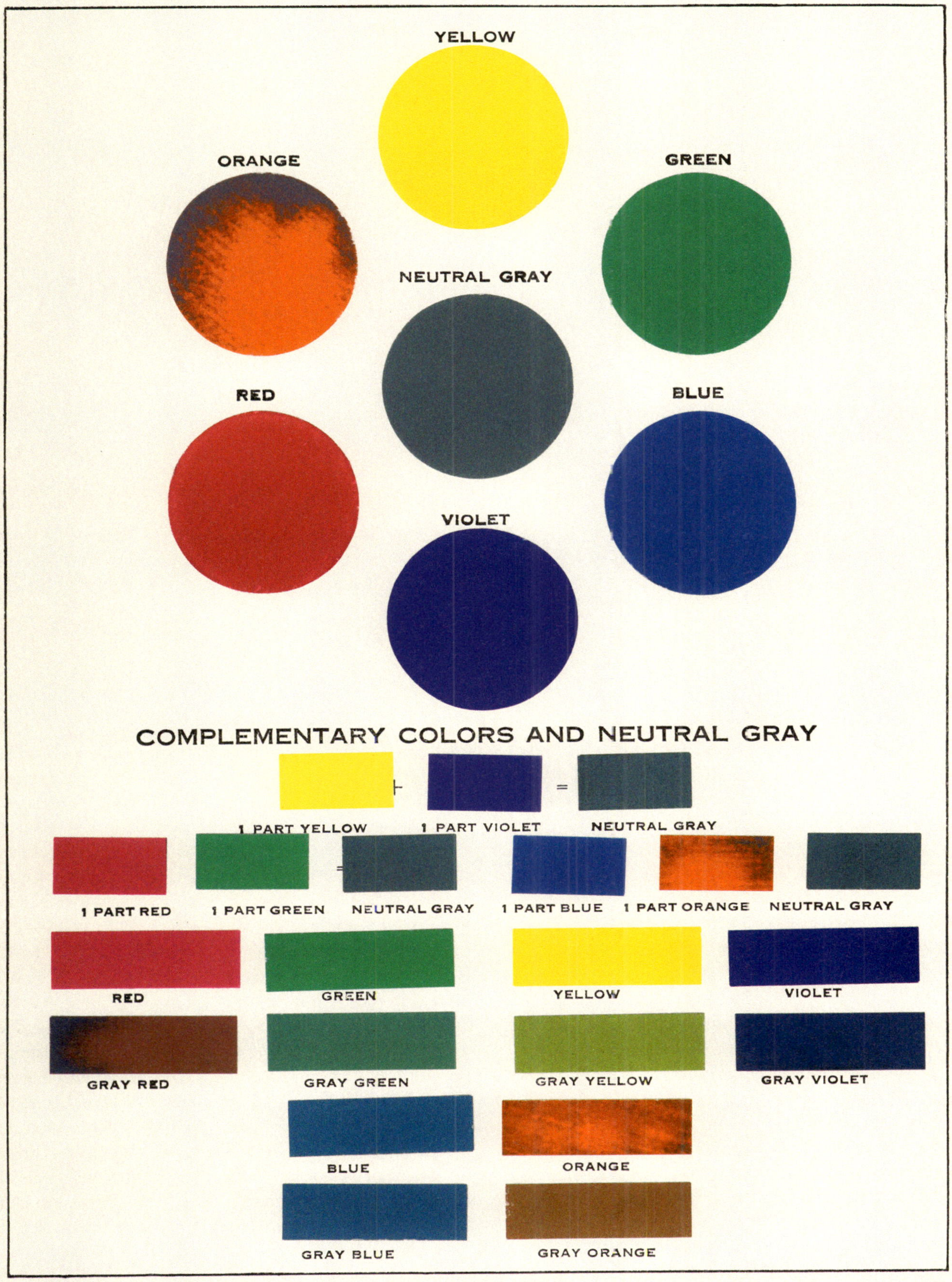
YELLOW
ORANGE
GREEN
NEUTRAL GRAY
RED
BLUE
VIOLET
COMPLEMENTARY COLORS AND NEUTRAL GRAY
+
=
1 PART YELLOW
1 PART VIOLET
NEUTRAL GRAY
=
1 PART RED
1 PART GREEN
NEUTRAL GRAY
1 PART BLUE
1 PART ORANGE
NEUTRAL GRAY
RED
GREEN
YELLOW
VIOLET
GRAY RED
GRAY GREEN
GRAY YELLOW
GRAY VIOLET
BLUE
ORANGE
GRAY BLUE
GRAY ORANGE

CHART FIVE

Teoría y práctica del color

Este libro es una descripción general y concisa de la teoría del color presentada en un contexto práctico. Obra de los estadounidenses Bonnie Snow y Hugo Froehlich, de quienes a día de hoy todavía se sabe poco, tenía la intención de proporcionar al lector «común» las reglas y principios básicos del color, de modo que se pudiera disfrutar más plenamente y usar con mayor eficacia en el arte y la publicidad, entre otros ámbitos. Está escrito en un estilo narrativo atractivo y ligeramente didáctico que la pareja había desarrollado en el curso de su trabajo anterior. Alrededor de 1904, Snow y Froehlich habían comenzado a producir una serie de libros de texto y educativos para niños y lectores jóvenes (págs. 17, 20, 22/23), publicados con la misma Prang Educational Company que editó el libro que aquí se presenta. Esos cuadernillos de pequeño formato estaban diseñados para formar a los niños en el dibujo, la pintura, el *collage* con papel y otras ocupaciones creativas, pero para hacer las primeras páginas más atractivas, le dieron mayor importancia al uso del color que a la técnica del dibujo. Las ilustraciones relacionadas con la teoría del color y la composición son encantadoras, imaginativas y efectivas. Incluyen ruedas de colores con forma de flores, puestas de sol invernales y peces dorados nadando en un frasco. La capacidad de los autores para simplificar contenido complejo es también evidente en *The Theory and Practice of Color*, su único trabajo conocido dirigido a lectores adultos. El libro formaba parte de la serie de Prang «Quarto Art Books», que cubría varios aspectos de las bellas artes, la artesanía, el diseño y la historia del arte, y aunque es un volumen delgado, fue el libro más caro de la serie debido a sus ilustraciones en color. Una imagen de una escala prismática forma el frontispicio e indica que el texto explicará la teoría del color óptico. A esta imagen le siguen nueve láminas de tablas de colores que, en conjunto, presentan cientos de muestras pintadas a mano con formas circulares y rectangulares pegadas a las páginas. Una «escala de valores» hecha con dos colores muestra una escala de grises neutra, mientras que una secuencia de gráficos adicionales muestra colores primarios, binarios, en tonos más claros y más oscuros y complementarios, y mezclas de estos colores en varias combinaciones y proporciones. El libro es una joya de la historia del color que se ha pasado por alto y un importante ejemplo de las obras didácticas de principios del siglo XX. Hay pocas representaciones físicas del orden, la clasificación y la mezcla de los colores presentadas y ejecutadas con tanta nitidez.

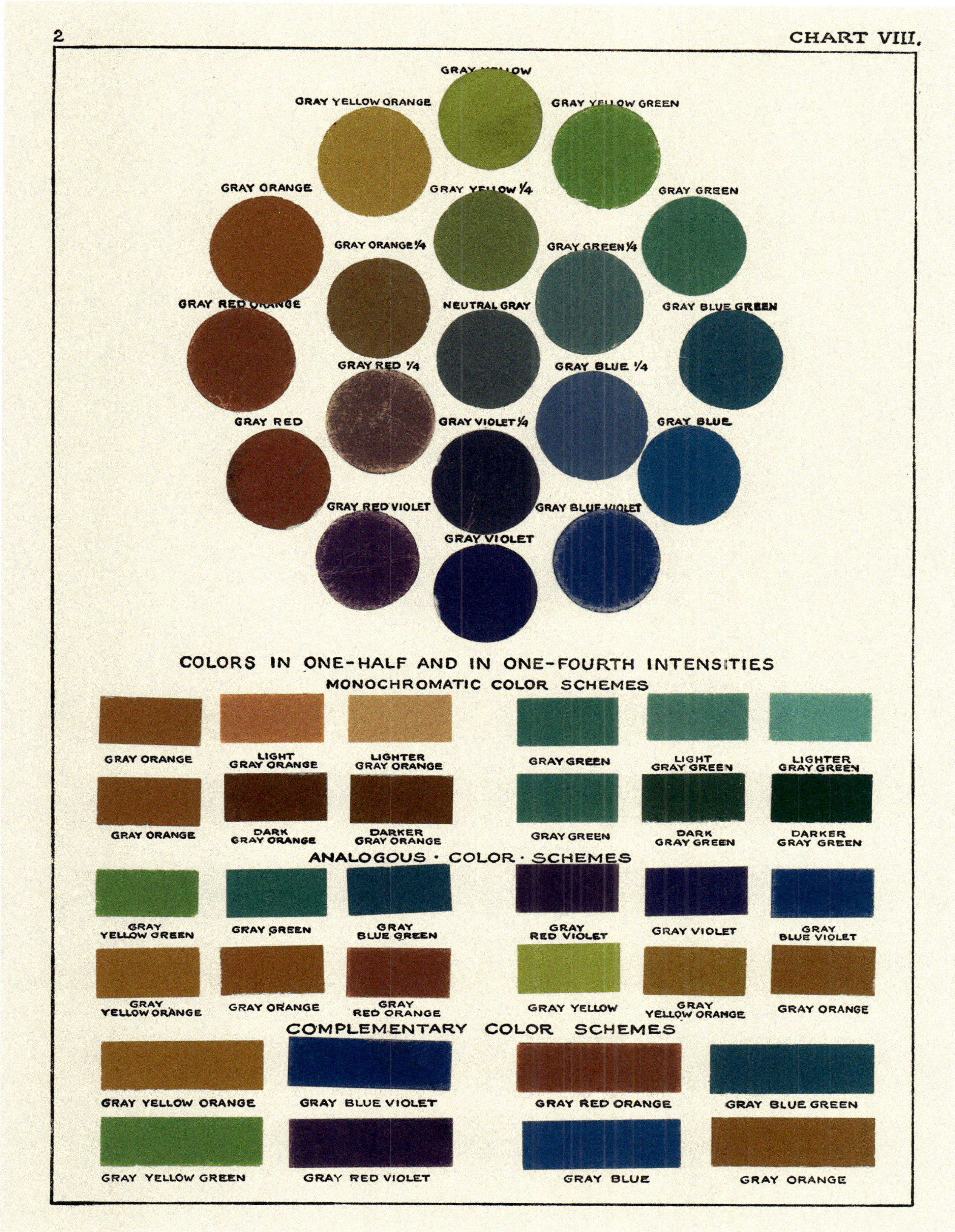
2
CHART VIII.
GRAY YELLOW ORANGE
GRAY ORANGE
GRAY GREEN
GRAY ORANGE 1/4
GRAY GREEN 1/4
NEUTRAL GRAY
GRAY BLUE GREEN
GRAY RED 1/4
GRAY BLUE 1/4
GRAY RED
GRAY VIOLET 1/4
GRAY BLUE
GRAY RED VIOLET
GRAY VIOLET
COLORS IN ONE-HALF AND IN ONE-FOURTH INTENSITIES
MONOCHROMATIC COLOR SCHEMES
GRAY ORANGE
LIGHT GRAY ORANGE
LIGHTER GRAY ORANGE
GRAY GREEN
LIGHT GRAY GREEN
LIGHTER GRAY GREEN
GRAY ORANGE
DARK GRAY ORANGE
DARKER GRAY ORANGE
GRAY GREEN
DARK GRAY GREEN
DARKER GRAY GREEN
ANALOGOUS · COLOR · SCHEMES
GRAY YELLOW GREEN
GRAY GREEN
GRAY BLUE GREEN
GRAY RED VIOLET
GRAY VIOLET
GRAY BLUE VIOLET
GRAY YELLOW ORANGE
GRAY ORANGE
GRAY RED ORANGE
GRAY YELLOW
GRAY YELLOW ORANGE
GRAY ORANGE
COMPLEMENTARY COLOR SCHEMES
GRAY YELLOW ORANGE
GRAY BLUE VIOLET
GRAY RED ORANGE
GRAY BLUE GREEN
GRAY YELLOW GREEN
GRAY RED VIOLET
GRAY BLUE
GRAY ORANGE

Chapter 6

Colour Breaking Free: THE EARLY 20th CENTURY

1902–1933

Emily Noyes Vanderpoel (1842–1939)

COLOR PROBLEMS

A Practical Manual for the Lay Student of Color

46 plates, 21 x 16 cm | 8 ¼ x 6 ¼ in., New York, London, Bombay, 1902
New Haven, Yale University, Robert B. Haas Family Arts Library Special Collections, Faber Birren Collection of Books on Color

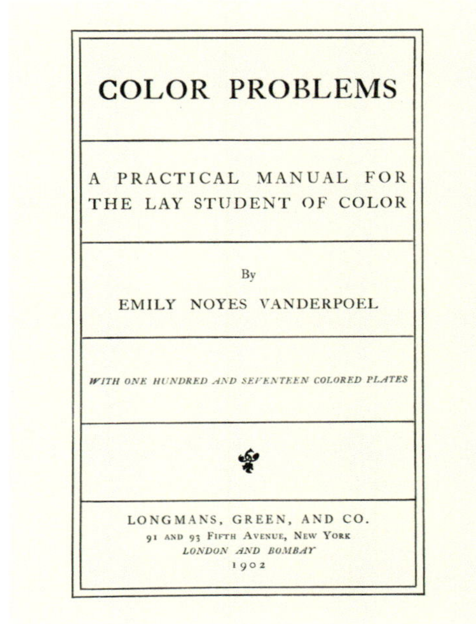
COLOR PROBLEMS

A PRACTICAL MANUAL FOR THE LAY STUDENT OF COLOR

By

EMILY NOYES VANDERPOEL

WITH ONE HUNDRED AND SEVENTEEN COLORED PLATES

LONGMANS, GREEN, AND CO.
91 AND 93 FIFTH AVENUE, NEW YORK
LONDON AND BOMBAY
1902

Emily Noyes Vanderpoel was a New York-born artist, teacher and advocate of the right of women to a full education. In 1902 her book *Color Problems* was published, which she described as a "practical manual" although it was very much concerned as well with pushing the boundaries of the genre. Vanderpoel was widely read on the subject of colour and was especially indebted to Goethe's work, but in the same way as Chevreul and others before her she cast the net of application for her studies beyond the realm of mere painting, noting that, "a better understanding of color would also be of great value to decorators, designers, lithographers, florists, dressmakers, and milliners; women in their dress and home decoration, and many others". Keeping her text as brief as possible she instead put a great deal of effort into the book's 117 full-page lithographed plates, which were printed on thick, textured paper.

Vanderpoel's plates include some standard images of optical range, colour gradation, a colour wheel and tables of complementary colours, but others are much more experimental and give a sense of a highly analytical mind with a deep understanding of compositional harmony. Most of the plates show a high degree of abstraction, including several with colour "notes" and "harmonies" that are presented by means of impressionistic brushstrokes. Meanwhile, other diagrams are marked by a fine geometrical sharpness, including a group of images of colour contrast that resemble Josef Albers's much later colour squares. Five plates feature circles of complementary colour mixtures inspired by Milton Bradley's (1836–1911) "color machine", a mechanical "color-disk rotating mechanism" that had been patented in 1893. Beyond all these, however, Vanderpoel's most notable diagrams are her 54 "color analyses" in which she sought to break down artefacts or ornamental patterns into their chromatic components and use these as the colour key for a 10 x 10 grid of squares. She also included celluloid colour transparencies in the book, to be used as overlays with some of the plates. *Color Problems* was a commercial success and was reprinted just 12 months after its first publication. It marked a significant new milestone in publishing on colour by women, and in her concluding comments in the text Vanderpoel confidently noted that "No woman has a right to say she has no influence, conscious or unconscious, on the world around her".

PLATE I

WOOLS AS SORTED BY A COLOR-BLIND MAN

PLATE II

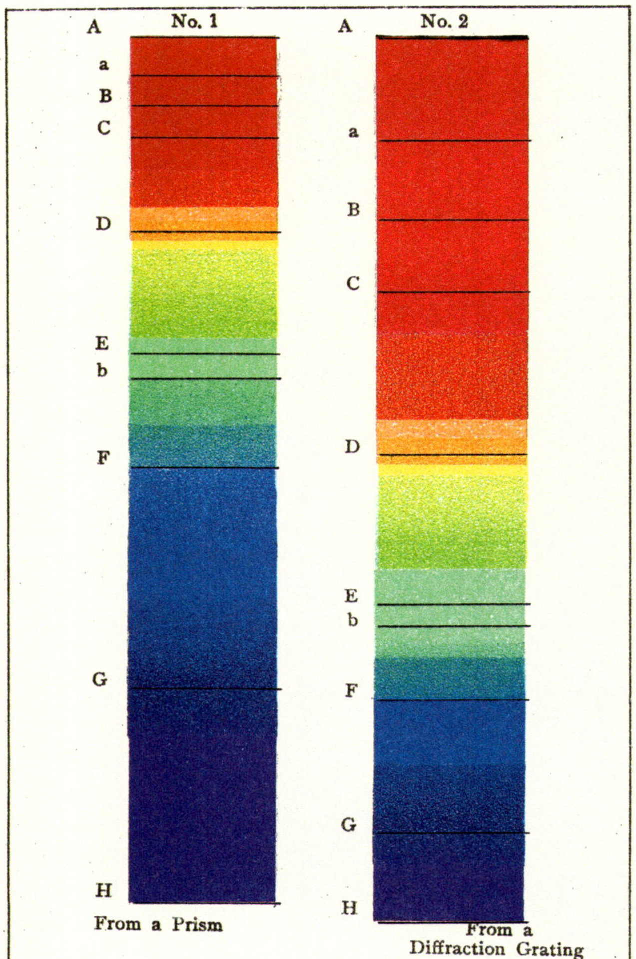

SOLAR SPECTRA

PLATE III

Names	Paints used	Wave length	Purity	Luminosity	Warm or Cold
Violet	French Blue and Crimson Lake	4.059	As great as can be given by pigments	6	Cold
Blue	French Blue	4.732		5	Cold
Green	Emerald Green	5.271		3	Cold
Yellow	Aurora Yellow	5.808		1	Warm
Orange	Vermilion and Cadmium	5.972		2	Warm
Red	Vermilion and Crimson Lake	7.000		4	Warm

TABLE OF SPECTRAL COLORS

PLATE IV

(a) (b)

THE SPECTRAL COLORS

(a) In their order of Luminosity
(b) Pure and Grayed

Farbprobleme. Ein praktisches Laienhandbuch für Farbenschüler

Die in New York geborene Künstlerin und Lehrerin Emily Noyes Vanderpoel setzte sich unter anderem für das Recht von Frauen auf eine vollwertige Ausbildung ein. 1902 erschien ihr Farbenbuch *Color Problems*, das sie als „praktisches Handbuch" bezeichnete, obwohl es vor allem auch die Grenzen des Genres sprengen sollte. Vanderpoel war in Farbfragen sehr belesen und besonders dem Werk Goethes verpflichtet, doch wie Chevreul und andere vor ihr bezog sie die Anwendbarkeit ihrer Studien nicht nur auf die Malerei – denn, so Vanderpoel in ihrem Vorwort, „ein besseres Farbverständnis wäre auch für Dekorateure, Designer, Lithografen, Floristen, Schneider und Hutmacher, für Frauen beim Dekorieren ihrer Wohnräume und Kleider und für viele andere von großem Wert." Ihren Text hielt sie so knapp wie möglich und investierte stattdessen viel Mühe in die 117 ganzseitigen lithografierten Bildtafeln, die sie auf dickes, strukturiertes Papier drucken ließ.

Einige ihrer Tafeln zeigen übliche Abbildungen des optischen Bereichs, Farbabstufungen, einen Farbkreis und Tabellen von Komplementärfarben, andere geben sich weitaus experimenteller und vermitteln den Eindruck eines äußerst analytischen Geistes mit einem tiefen Verständnis für harmonische Kompositionen. Die meisten Tafeln sind in hohem Maße abstrakt, so auch mehrere, die mithilfe impressionistischer Pinselstriche „Farbnotizen" und „Farbharmonien" präsentieren. Andere Diagramme, wie eine Gruppe von Farbkontraststudien, die an die späteren Farbquadrate von Josef Albers erinnern, zeichnen sich durch eine feine geometrische Strenge aus. Fünf Tafeln zeigen Kreise mit Komplementärfarbmischungen, die von einer ebenfalls abgebildeten „Farbmaschine" angeregt waren, einer mechanischen „Rotationsvorrichtung für Farbscheiben", auf die Milton Bradley (1836–1911) seit 1893 ein Patent hielt. Die über all das hinaus bemerkenswertesten Diagramme Vanderpoels sind jedoch ihre 54 „Farbanalysen", in denen sie Artefakte oder ornamentale Muster in ihre farblichen Komponenten zerlegte und diese als Farbschlüssel in ein Raster aus zehn mal zehn Feldern

übertrug. Darüber hinaus fügte sie dem Buch Farbfolien aus Zelluloid bei, die man über einzelne Tafeln legen sollte. Der Erfolg von *Color Problems* war so groß, dass das Buch bereits zwölf Monate nach seinem Erscheinen nachgedruckt werden musste. Für die Veröffentlichung von Farbenbüchern durch Frauen stellte es einen wichtigen Meilenstein dar. In den Schlussbemerkungen ihres Textes merkte Vanderpoel selbstbewusst an: „Keine Frau hat das Recht zu behaupten, sie habe, bewusst oder unbewusst, keinen Einfluss auf ihre Umgebung."

Problèmes de la couleur, manuel pratique pour s'initier à la couleur

Née à New York, Emily Noyes Vanderpoel est une artiste, enseignante et militante pour le droit des femmes à l'éducation. En 1902, elle publie *Color Problems*, qu'elle décrit comme un « manuel pratique » bien qu'elle y repousse véritablement les limites du genre. Vanderpoel est une grande connaisseuse des recherches antérieures sur la couleur et reconnaît devoir beaucoup notamment à Goethe, mais, à l'instar de Chevreul et d'autres avant elle, elle énonce que son champ d'études s'applique bien au-delà de la peinture. Elle souligne ainsi « qu'une meilleure compréhension de la couleur est fort profitable aux décorateurs, dessinateurs, lithographes, fleuristes, couturiers, modistes, aux femmes pour leur garde-robe et la décoration intérieure, et à bien d'autres ». Pour accompagner un texte aussi concis que possible, elle propose 117 planches lithographiées, imprimées en pleine page sur du papier épais et texturé.

Les planches de Vanderpoel proposent des représentations classiques du spectre lumineux et des gradations des couleurs, un cercle chromatique et des tableaux des couleurs complémentaires. D'autres, plus expérimentales, témoignent d'un esprit hautement analytique et d'un sens profond de la composition harmonieuse. Abstraites pour la plupart, elles sont faites de touches impressionnistes qui sont autant de « notes » et d'« harmonies » de couleurs. Par ailleurs, d'autres graphiques se caractérisent par une netteté toute géométrique, tel le groupe de contrastes de couleurs qui semble annoncer les carrés de Josef Albers, bien plus tardifs. Cinq planches présentent des cercles de mélanges de couleurs

PLATE IX

VIOLET

with its extremes

PLATE X

BLUE

with its extremes

PLATE XII

YELLOW

with its extremes

PLATE XIII

ORANGE

with its extremes

PLATE XI

GREEN

with its extremes

PLATE XIV

RED

with its extremes

complémentaires inspirés par la « machine à couleur » de Milton Bradley (1836–1911), un « dispositif circulaire et rotatif des couleurs » breveté en 1893. Mais les propositions les plus remarquables de Vanderpoel sont ses 54 graphiques baptisés « analyses de couleurs ». Elle y cherche à séparer les composants chromatiques d'objets et de motifs ornementaux et à en coder les teintes dans des grilles carrées de 10 cases de côté. Elle glisse aussi dans le livre des feuilles de celluloïde transparent à appliquer sur certaines planches. Fort de son succès commercial, *Color Problems* est réimprimé douze mois à peine avec sa première publication. Il constitue une étape importante dans la littérature sur la couleur écrite par les femmes. Vanderpoel conclut l'ouvrage sur une prise de position : « Aucune femme n'est en droit de dire qu'elle n'a pas d'influence, consciemment ou inconsciemment, sur le monde qui l'entoure. »

Problemas de color. Manual práctico para el estudiante profano del color

Emily Noyes Vanderpoel fue una artista, maestra y defensora del derecho de las mujeres a una educación completa nacida en Nueva York. En 1902 publicó *Color Problems*, una obra que describió como un «manual práctico», pero que ambicionaba ir más allá. Vanderpoel había leído mucho acerca del color, y estaba especialmente en deuda con el trabajo de Goethe, pero de la misma manera que Chevreul y otros antes que ella, quería que la aplicación de sus estudios trascendiera al ámbito de la mera pintura, y señaló que «una mejor comprensión del color también puede ser de gran valor para decoradores, diseñadores, litógrafos, floristas, modistas y sombrereros; para la mujer en su forma de vestir y decorar el hogar, y para muchos otros». Mantuvo el texto lo más breve posible, y puso un gran esfuerzo en las 117 láminas litografiadas a página completa, impresas en papel grueso y texturizado.

Las láminas de Vanderpoel incluyen algunas imágenes estándares sobre rango óptico,

PLATE XVIII

BLACK
ON SPECTRAL COLORS

PLATE XIX

GRAY
ON SPECTRAL COLORS

gradación de colores, una rueda de colores y tablas de colores complementarios, pero otras, mucho más experimentales, se revelan obra de una mente altamente analítica con una comprensión profunda de la armonía compositiva. La mayoría de las láminas muestran un alto grado de abstracción, y entre ellas se cuentan varias con «notas» y «armonías» de color que se presentan mediante pinceladas impresionistas. Otros diagramas se caracterizan por una fina nitidez geométrica, incluido un grupo de imágenes sobre contrastes de colores que se asemejan a los cuadrados de color mucho más tardíos de Josef Albers. Cinco láminas presentan círculos de mezclas de colores complementarios inspirados en la «máquina de color» de Milton Bradley (1836–1911), un «disco de color mecánico giratorio» patentado en 1893. Pero más allá de todo eso, los diagramas más notables de Vanderpoel son sus 54 «análisis de color», en los que buscó descomponer artefactos o patrones ornamentales en sus elementos cromáticos y utilizarlos como clave de color para una tabla de cuadrados de 10 × 10. También incluyó celuloides de colores transparentes para superponerlos sobre algunas de las láminas.

Color Problems fue un éxito comercial (se reimprimió apenas 12 meses después de su lanzamiento) y marcó un hito en la historia de los trabajos sobre el color obra de mujeres. En sus comentarios finales, Vanderpoel señaló con confianza que «ninguna mujer tiene derecho a decir que no tiene influencia, consciente o inconsciente, en el mundo que la rodea».

PLATE XX

SPECTRAL RED WITH ITS COMPLEMENT

N. B. The blue-green complementary is here imitated as closely as possible, but when spontaneously called up by the eye it is really brighter than the white paper.

PLATE XXI

SPECTRAL RED DISK FOR EXPERIMENT IN COMPLEMENTS

Gaze steadily at the red disk for three minutes, cover it quickly with the preceding blank page without removing the eyes and you will see its complementary image.

PLATE XXII

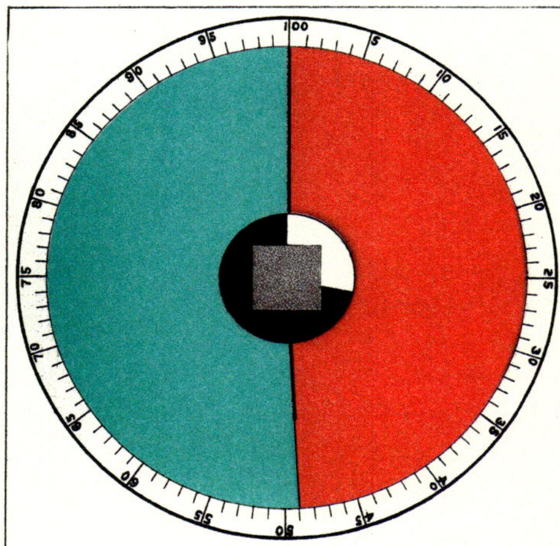

SPECTRAL RED AND ITS COMPLEMENT, BLUE-GREEN, IN THEIR RELATIVE PROPORTIONS

The gray in the centre of this Plate is the gray produced by the above two complements when mixed on a color wheel, and corresponds exactly to the gray produced by the given amounts of black and white.

(N. B. The above proportions were obtained in an average light. They will vary with all variations in the quality and quantity of the illumination. This applies as well to the following four Plates.)

PLATE XXIII

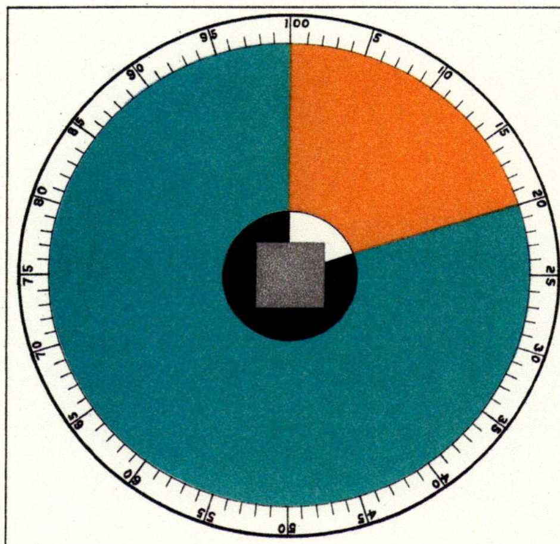

SPECTRAL ORANGE AND ITS COMPLEMENT, GREEN-BLUE, IN THEIR RELATIVE PROPORTIONS

The gray in the centre of this Plate is the gray produced by the above two complements when mixed on a color wheel, and corresponds exactly to the gray produced by the given amounts of black and white.

(N. B. The above proportions were obtained in an average light. They will vary with all variations in the quality and quantity of the illumination.)

PLATE XXIV

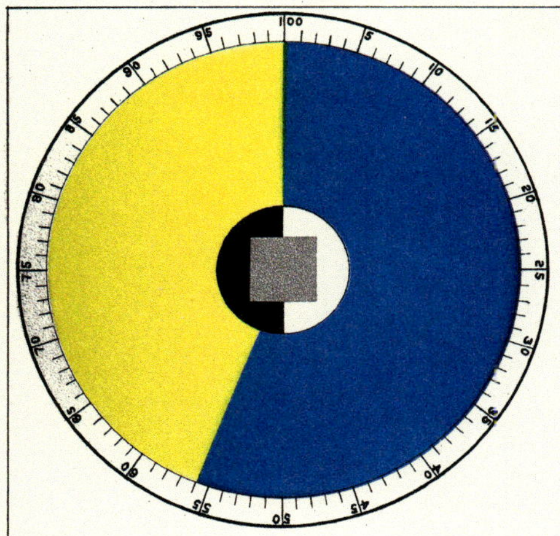

SPECTRAL YELLOW AND ITS COMPLEMENT,
SPECTRAL BLUE,
OR
SPECTRAL BLUE AND ITS COMPLEMENT,
SPECTRAL YELLOW,
IN THEIR RELATIVE PROPORTIONS

The gray in the centre of this Plate is the gray produced by the above two complements when mixed on a color wheel, and corresponds exactly to the gray produced by the given amounts of black and white.

(N. B. The above proportions were obtained in an average light. They will vary with all variations in the quality and quantity of the illumination.)

PLATE XXV

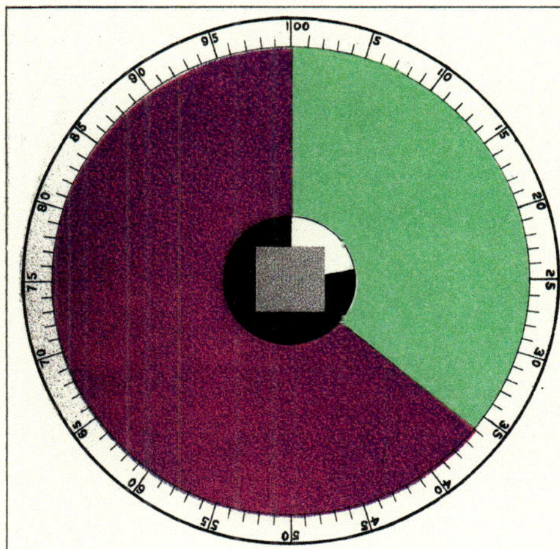

SPECTRAL GREEN AND ITS COMPLEMENT,
PURPLE, IN THEIR RELATIVE PROPORTIONS.

The gray in the centre of this plate is the gray produced by the above two complements when mixed on a color wheel, and corresponds exactly to the gray produced by the given amounts of black and white.

(N. B. The above proportions were obtained in an average light. They will vary with all variations in the quality and quantity of the illumination.)

PLATE XXVI

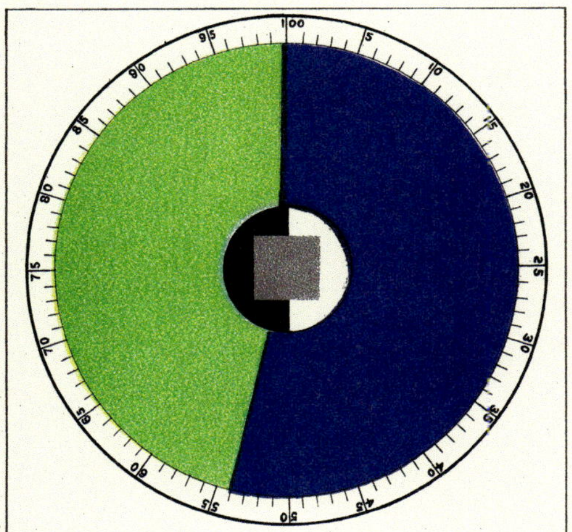

SPECTRAL VIOLET AND ITS COMPLEMENT,
YELLOW-GREEN, IN THEIR RELATIVE
PROPORTIONS

The gray in the centre of this plate is the gray produced by the above two complements when mixed on a color wheel, and corresponds exactly to the gray produced by the given amounts of black and white.

(N. B. The above proportions were obtained in an average light. They will vary with all variations in the quality and quantity of the illumination.)

PLATE XXX

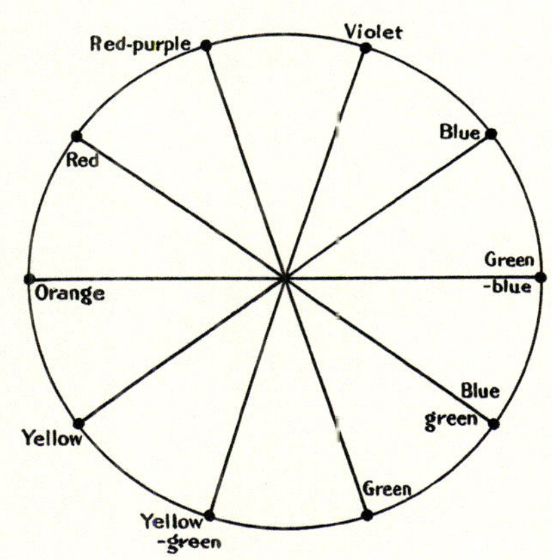

CONTRAST DIAGRAM

See page 58. Transparency accompanying the volume is for use with this plate.

PLATE XXVIII

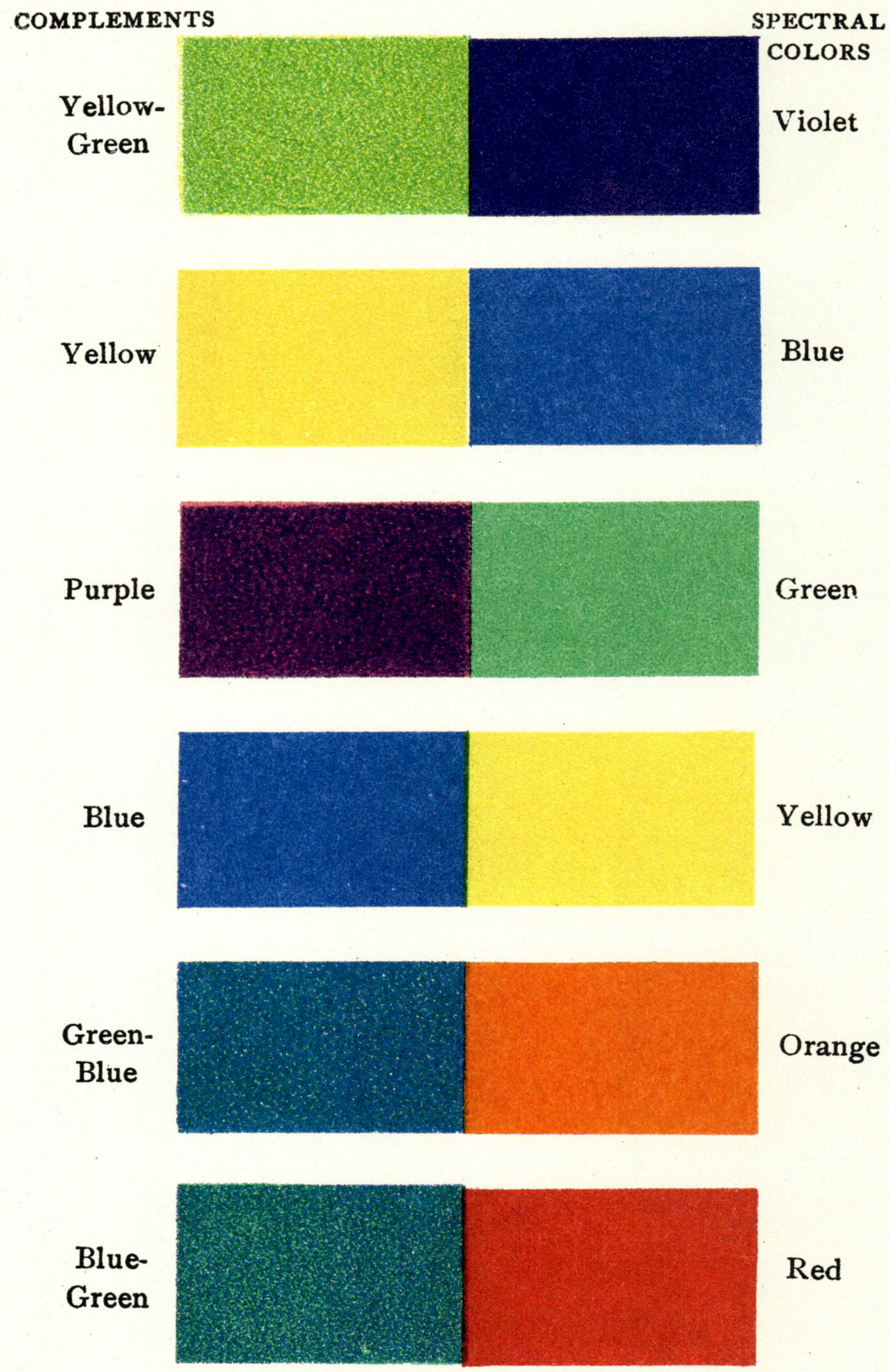

TABLE OF COMPLEMENTS ARRANGED IN PAIRS

PLATE XXIX

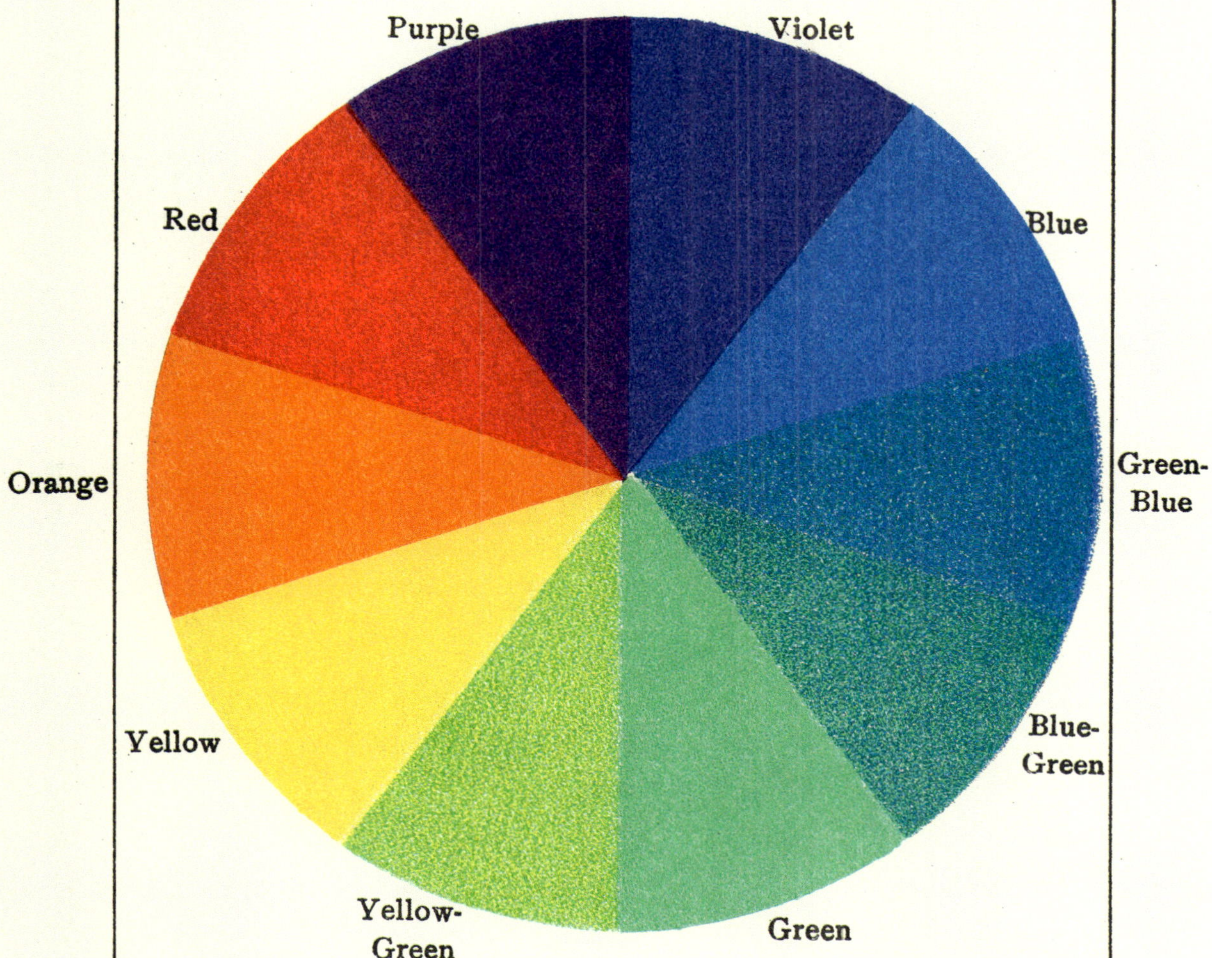

TABLE OF COMPLEMENTS ARRANGED IN A CIRCLE

PLATE XXXI

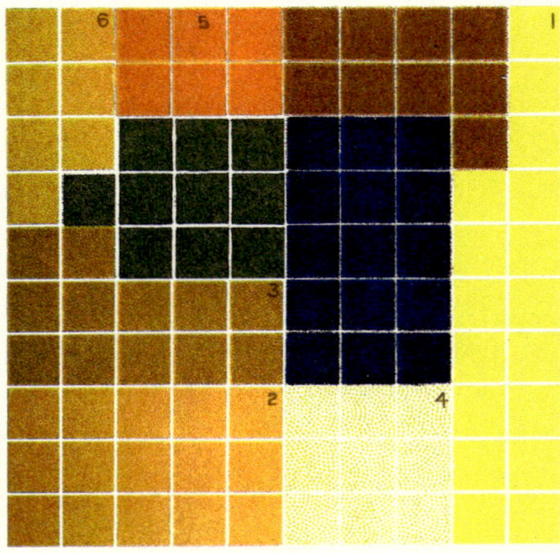

COLOR ANALYSIS FROM A PRIZE DINNER TABLE

A harmony of yellow and blue.

See page 70.

PLATE XXXII

COLOR ANALYSIS FROM TEACUP AND SAUCER

Yellow Tint	65
Yellow Shade	5
Blue Tint	20
Spectral Blue	10
	100

PLATE XXXIV

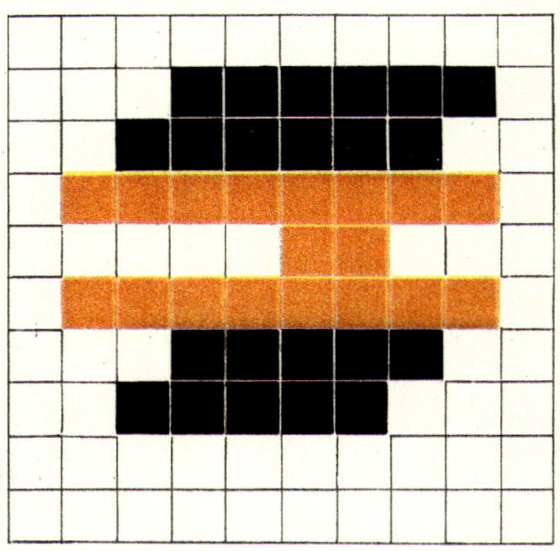

COLOR ANALYSIS OF A BOOK ADVERTISEMENT

White	60
Black	22
Yellow	18
	100

PLATE XXXV

HARMONY HELPED BY OUTLINE

PLATE XXXIII

A HARMONY OF ONE COLOR

A HARMONY OF CONTRAST

COMPLEX HARMONY

PLATE XXXVI

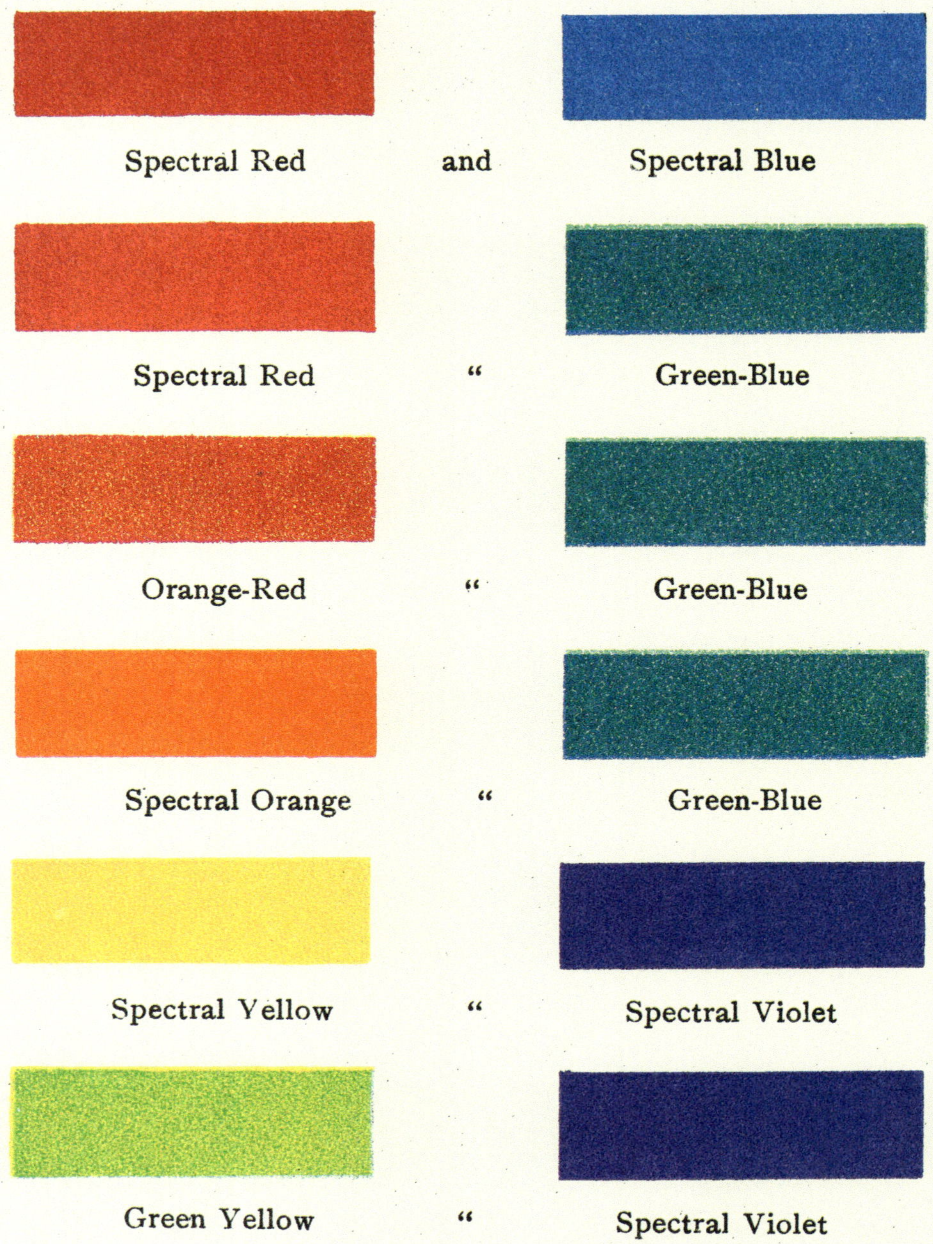

GOOD DYADS OR PAIRS

PLATE XXXVII

GOOD TRIADS

PLATE XXXVIII

HARMONY BY GRADATION

PLATE XXXIX

HARMONY BY CHANGE OF QUALITY

(In the yellow.)

PLATE XL

HARMONY BY CHANGE OF QUANTITY

PLATE XLII

HARMONY BY THE ADDITION OF ANOTHER COLOR

PLATE XLIII

HARMONY BY THE ADDITION OF BLACK

PLATE XLV

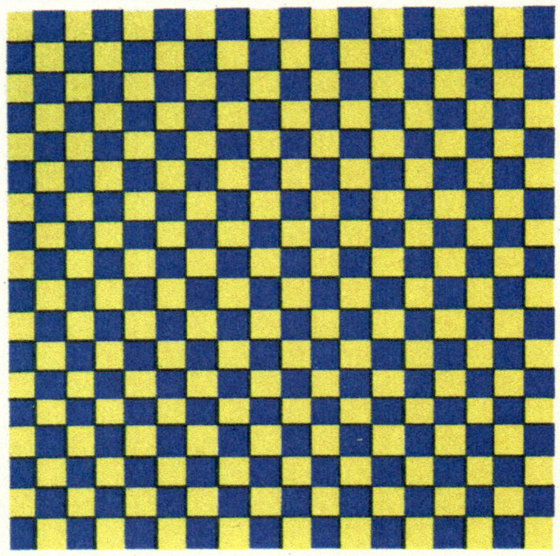

HARMONY BY INTERCHANGE

PLATE XLVI

HARMONY BY COUNTERCHANGE

PLATE XLVII

From Orange to Cream-White

From Yellow to Yellow-White

From Green to Green-White

From Blue to Blue-White

THE TRUE CHARACTER OF SOME OF THE SO-CALLED "WHITES"

(which are really pale tints)

PLATE XLVIII

From Brown to Yellow

From Green to Yellow

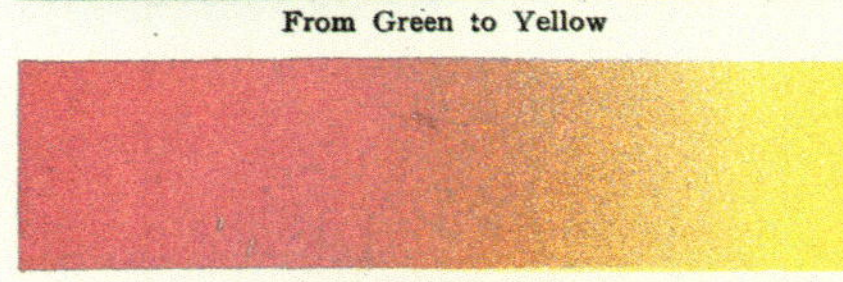

From Pink to Yellow

From Red to Yellow

SOME CHANGES BY GRADATION FROM ONE COLOR TO ANOTHER

PLATE CVII

COLOR NOTE FROM A SLICE OF AN ORANGE

PLATE CIX

COLOR NOTE FROM A BUNCH OF AZALEAS

Albert Henry Munsell (1858–1918)

ATLAS OF THE MUNSELL COLOR SYSTEM

15 plates, 28 x 35.5 cm / 11 x 14 in., Malden, Massachusetts, 1915
University of Vermont, Silver Special Collections Library

The American Albert Henry Munsell was one of several educators in the early 20th century who worked to bring order to what was perceived by some as the chromatic chaos of the 19th century. His aim was to develop a system that would be easy to understand, would identify colours accurately and could be used in all forms of art education. The basis of Munsell's concept was that colour is three-dimensional and may be anchored in relation to three qualities: *hue* (the colour itself, such as red, yellow, blue etc.), *value* (that is brightness, or the amount of white or black within a colour) and *chroma* (the saturation or brilliance of a colour). He visualised his concept in the form of an irregular three-dimensional model resembling a tree, in which the colours were represented as branches of different lengths and at different heights, protruding from a central stem of neutral greys with black at the bottom and white at the top. Each colour could be identified by its location on this spatial model and referred to using precise alphanumerical coordinates instead of unreliable colour names.

Munsell first published his general concept in 1905 in *A Color Notation*, a small, practical handbook intended to help standardise how colour was taught in schools. It contained woodcut illustrations that were somewhat limited in size, while later editions were published with a "Munsell Student Chart" and a set of 26 coloured "Munsell chips". When his *Atlas* was published 10 years later this was now a sophisticated and large-format visualisation of his concept. It contained 15 plates with colour charts produced with hand-painted colour samples, not dissimilar to those seen in the work of his predecessor Patrick Syme (pp. 310–319), and indeed Munsell's work in turn inspired that of his contemporary Wilhelm Ostwald (pp. 600–609). Some of Munsell's plates also have overlays that can be lifted, as, for example, on the chart depicting the "Axis of the Color Tree" (p. 586). His system proved to be hugely successful and was soon adopted internationally and used in all manner of different disciplines and industries. Munsell continued to issue further books visualising his system, including *A Grammar of Color* which was eventually published posthumously by the Strathmore Paper Company in 1921, but none matched the sophistication and elegance of the *Atlas* of 1915.

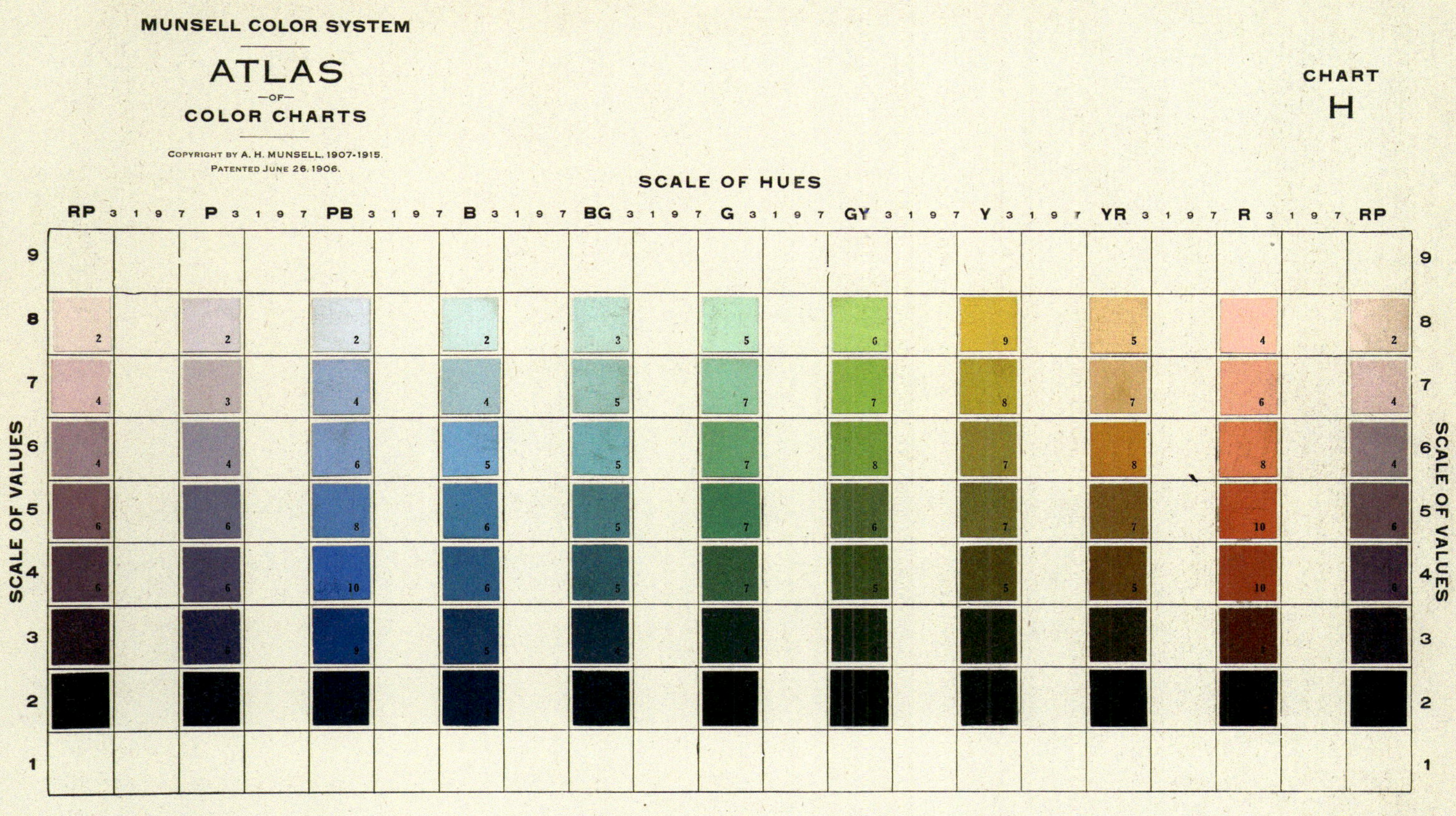

CHART H

INDEX FOR COLOR NOTATION

This chart suggests all color paths and records each step by a simple NOTATION. The ten steps of hue are written RP (red-purple), P (purple), PB (purple-blue), B (blue), BG (blue-green), G (green), GY (green-yellow), Y (yellow), YR (yellow-red or orange), and R (red).

Initials at the top of the chart trace the Sequence of Hues; numerals at the side trace the Sequence of Values and the small numeral printed on each color step is an index of its Chroma, *i. e.* strength or saturation. The color step made of vermilion bears the chroma numeral 10—it is at the value level 4—and in the red column R. This step is written $5R\frac{4}{10}$ as explained in a previous introduction and in chapter VI of "A Color Notation."

If this chart were bent around the equator of the color sphere forming a cylindrical envelope, it would imitate a Mercator chart of the globe, each hue taking the place of a meridian and each value level representing a parallel of latitude, while the chroma numerals would correspond to altitudes.

Were this cylinder cut open on the red-purple meridian (RP) it would spread out to form this Hue Chart—green being at its center with yellow and red (warm hues) to the right, and blue and purple (cool hues) to the left.

Colors shown on this chart form the *irregular outside* of the color tree, between which and the neutral gray trunk are the intermediate degrees of weaker chroma, which appear on the succeeding charts R. Y. G. B. P. and 20. 30. 40. 50. 60. 70. 80. of the system.

AVOID DUST, HANDLING AND EXPOSURE TO STRONG LIGHT.

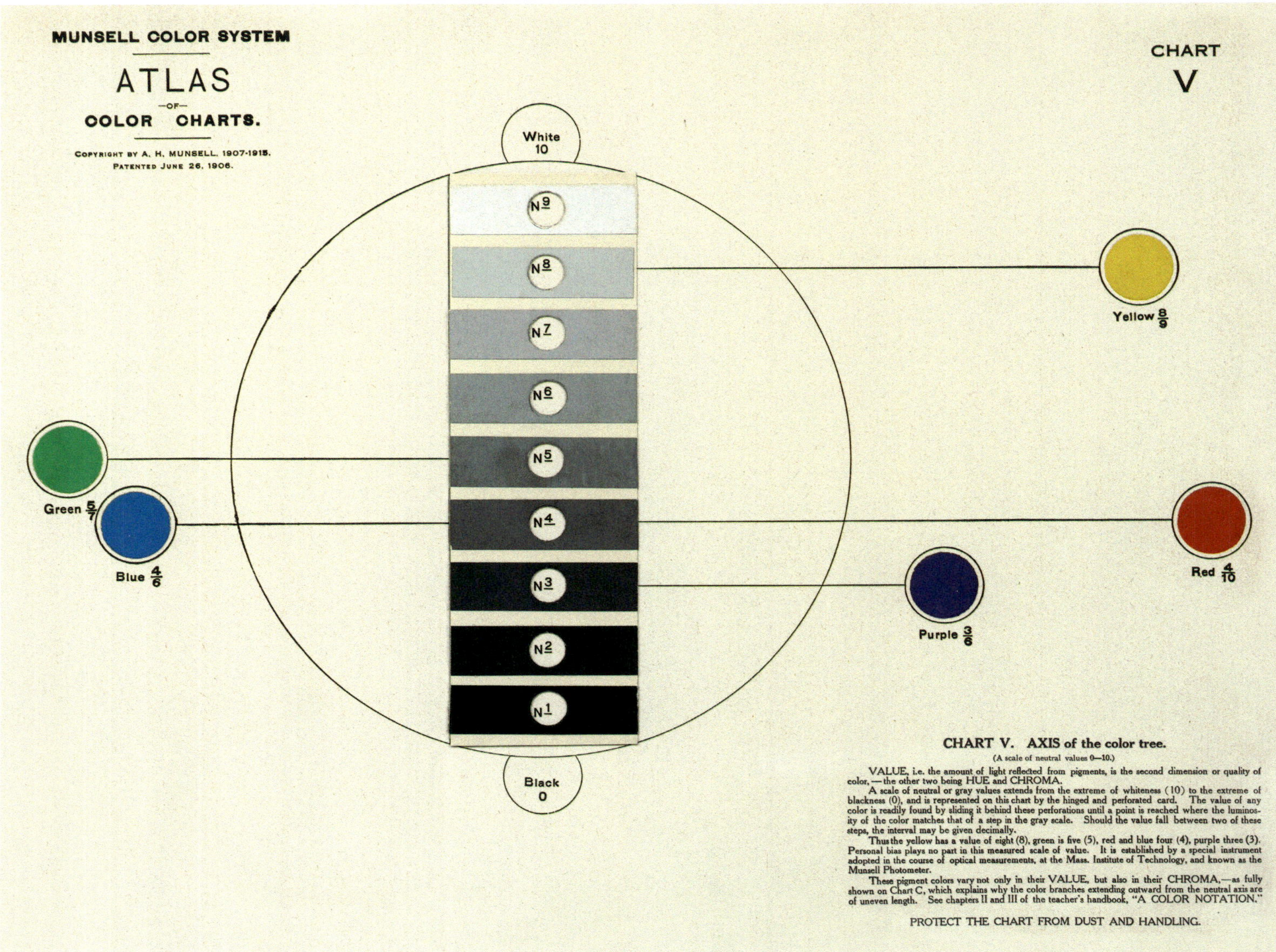

Atlas des Munsell-Farbsystems

Der Amerikaner Albert Henry Munsell war einer von mehreren Pädagogen des frühen 20. Jahrhunderts, die Ordnung in die von einigen als chromatisches Chaos des 19. Jahrhunderts wahrgenommene Farbenlehre bringen wollten. Ihm schwebte ein leicht verständliches Farbsystem vor, das Farben exakt bestimmen würde und für jede Form der Kunsterziehung einsetzbar wäre. Seiner Theorie lag die Vorstellung zugrunde, dass Farbe dreidimensional ist und sich an drei Eigenschaften festmachen lässt: dem *Farbton* (der Farbe an sich, etwa Rot, Gelb oder Blau usw.), der *Wertigkeit* (also dem Helligkeitsgrad, der in einer Farbe enthaltenen Menge von Weiß oder Schwarz) und der *chroma* (also der Intensität oder Leuchtkraft einer Farbe). Als Bild für sein System wählte Munsell ein unregelmäßiges dreidimensionales Modell, das einem Baum ähnelte. Die Farben wurden von unterschiedlich langen Ästen dargestellt, die in verschiedenen Höhen einem zentralen Stamm aus neutralen Grautönen mit Schwarz am unteren und Weiß am oberen Ende entwuchsen. Anhand ihrer Lage in diesem räumlichen Modell konnte jede beliebige Farbe identifiziert und mit präzisen alphanumerischen Koordinaten anstelle von unzuverlässigen Farbnamen bezeichnet werden.

Munsell veröffentlichte seine Ideen zuerst 1905 in *A Color Notation*, einem kleinen, praktischen Handbuch, das helfen sollte, den Farbunterricht an

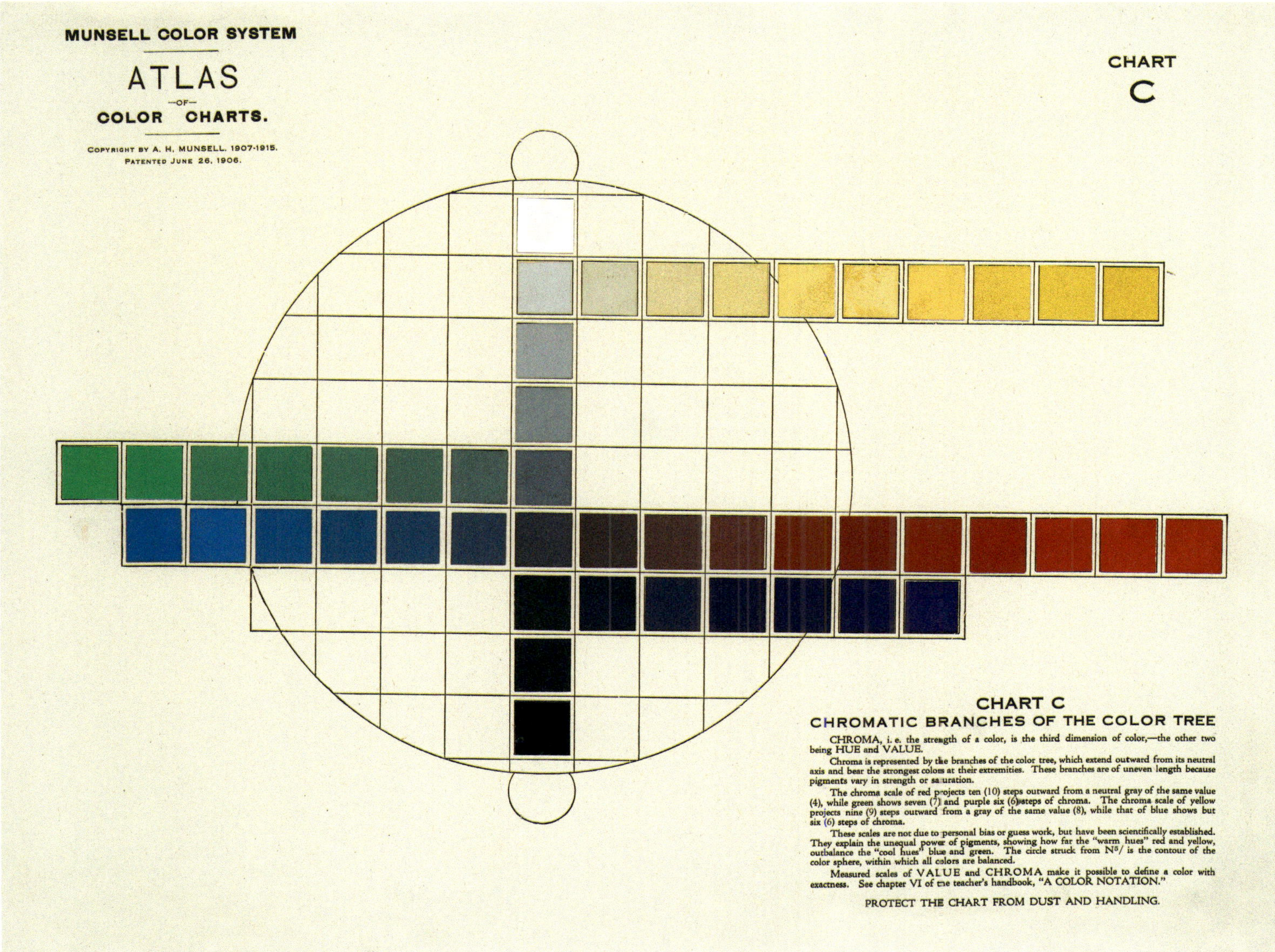

Schulen zu vereinheitlichen. Es enthielt Holzschnittillustrationen, die in der Größe etwas begrenzt waren, bevor spätere Auflagen mit einer „Munsell-Schülerkarte" und 26 farbigen „Munsell-Plättchen" herausgegeben wurden. Mit dem zehn Jahre später erschienenen *Atlas* gelang Munsell eine anspruchsvolle und großformatige Visualisierung seines Systems, die unter anderem 15 Tafeln mit Farbtabellen enthielt. Die handbemalten Farbmuster, die Munsell hierfür verwendete, waren denen seines Vorgängers Patrick Syme (S. 310–319) nicht unähnlich; im Gegenzug inspirierte sein eigenes Werk die Arbeit seines Zeitgenossen Wilhelm Ostwald (S. 600–609). Einige Tafeln, wie das Schaubild „Achse des Farbbaums" (S. 586), sind zudem mit abhebbaren Schablonen ausgestattet. Munsells System erwies sich als Riesenerfolg und wurde bald von etlichen Fachdisziplinen und Branchen weltweit übernommen und angewandt. Der Autor selbst ließ weitere Bücher folgen, um sein System zu veranschaulichen, darunter *A Grammar of Color*, das jedoch erst 1921 postum von der Strathmore Paper Company herausgegeben wurde. Die Vollkommenheit und Eleganz des 1915 erschienenen *Atlas* erreichte keines von ihnen.

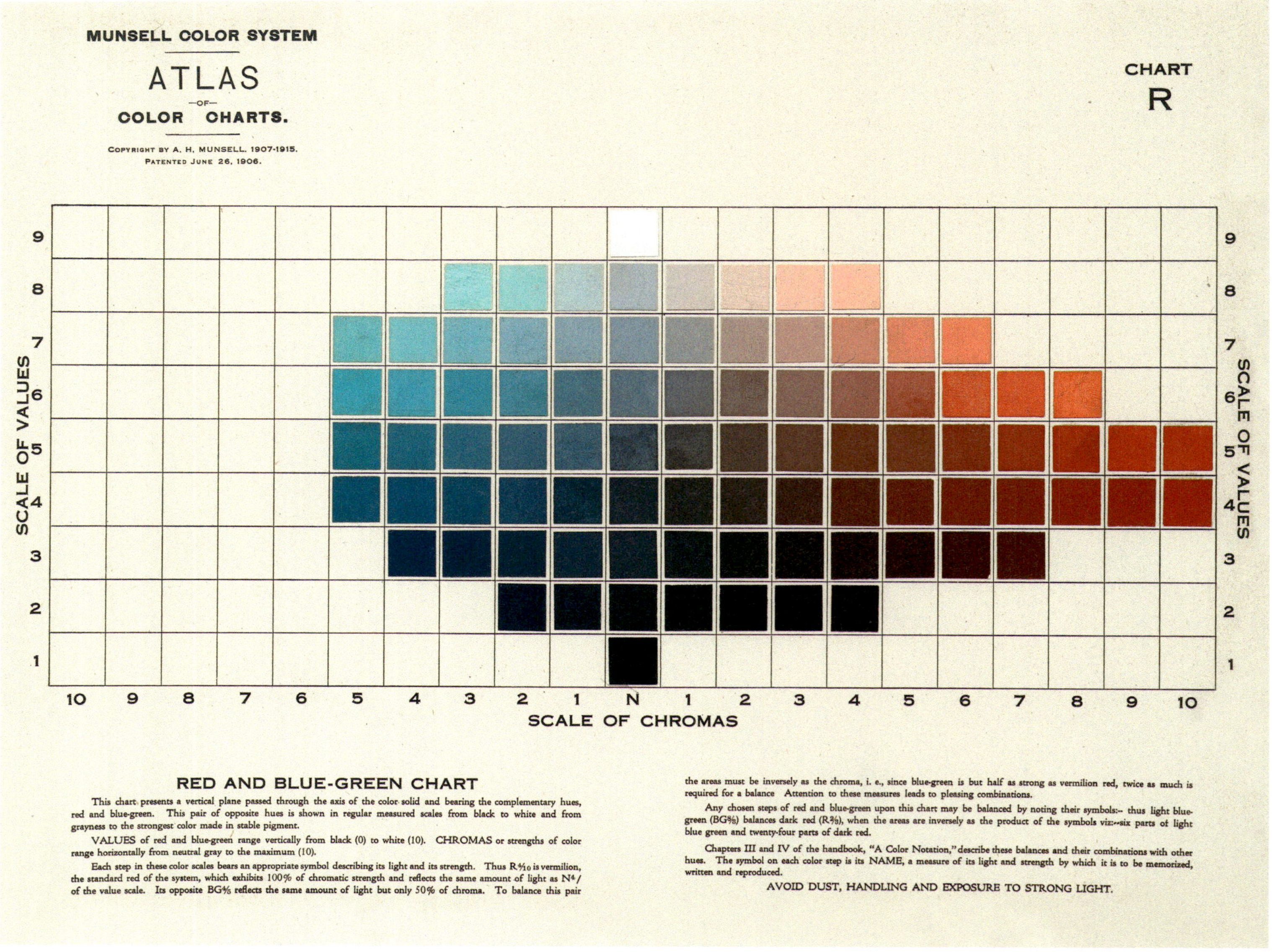

Atlas du système chromatique de Munsell

Albert Henry Munsell fait partie d'une poignée de pédagogues du début du XXe siècle qui, aux États-Unis, cherchent à ordonner ce qui est alors perçu par certains comme le chaos chromatique du siècle précédent. Il se donne pour objectif de mettre au point un système qui identifie les couleurs avec précision, soit facile à comprendre et exploitable dans toutes les formes d'apprentissage artistique. Munsell fonde sa conception sur le fait qu'une couleur possède trois dimensions et peut être rapportée à trois qualités : la *teinte* (la couleur elle-même : rouge, jaune, bleu, etc.), la *valeur* (sa luminosité, selon la quantité de blanc ou de noir qu'elle contient) et le *chroma* (sa saturation ou intensité). Il envisage un modèle de forme irrégulière en trois dimensions ressemblant à un arbre, où les couleurs sont représentées comme des branches de différentes longueurs, qui émergent à différentes hauteurs d'un tronc central de gris neutres, où le noir figure en bas et le blanc, en haut. Chaque couleur peut ainsi être identifiée par son emplacement dans cet espace et désignée par des coordonnées alphanumériques précises, plutôt que par des noms de couleurs hasardeux.

Munsell a déjà fait connaître les grandes lignes de sa conception en 1905 dans *A Color Notation*, petit manuel pratique destiné à standardiser la façon dont la couleur est enseignée à l'école. Il contient

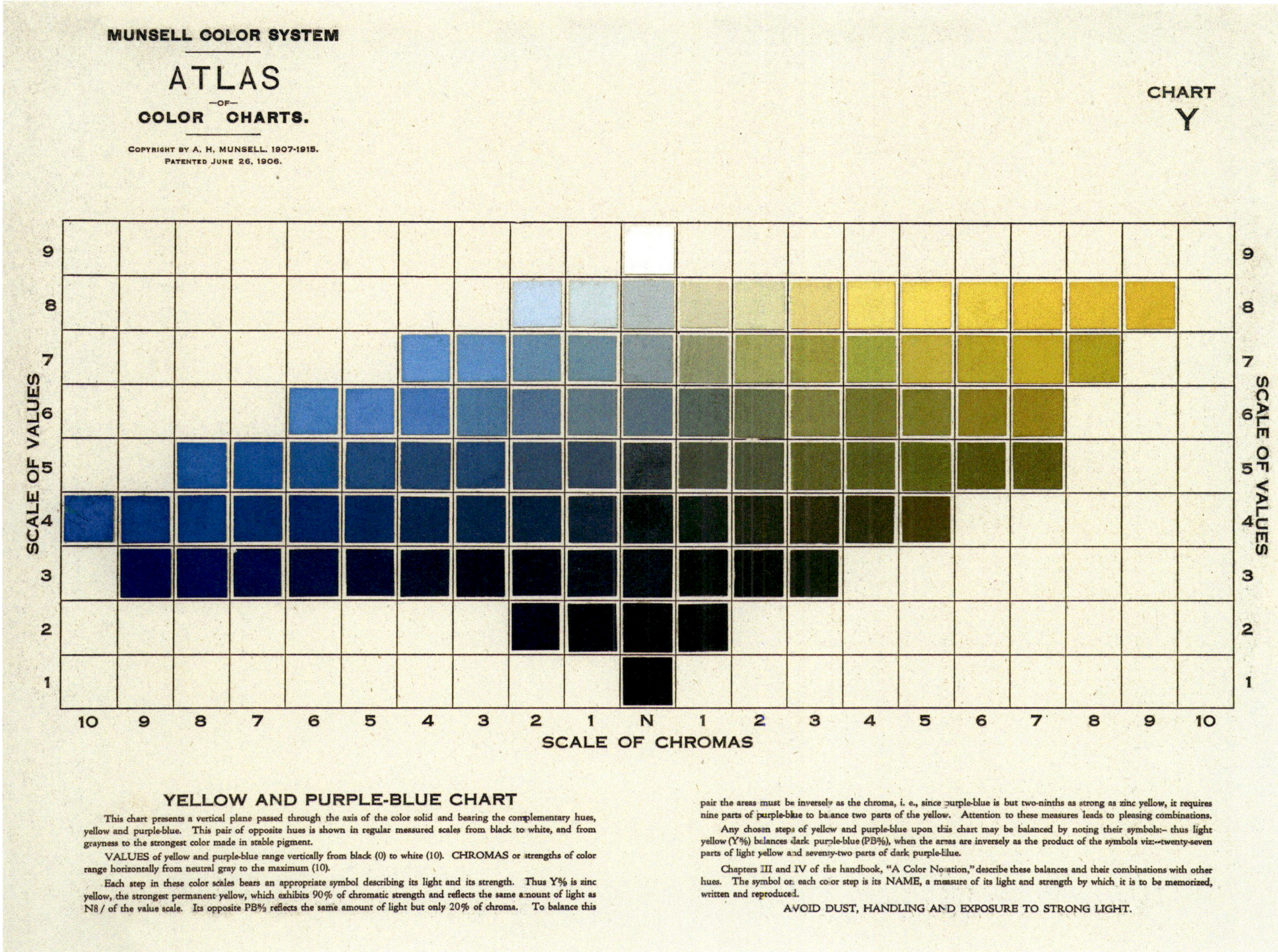

des illustrations gravées sur bois relativement limitées en taille. Des éditions ultérieures intègrent le « Tableau de Munsell pour les élèves » et une série de 26 échantillons coloriés, les « Éclats de Munsell ». Dix ans plus tard, dans l'*Atlas* présenté ici, la visualisation de sa conception est bien plus élaborée et bénéficie d'un format plus grand. Quinze planches offrent des tableaux chromatiques d'échantillons peints à la main, qui rappellent ceux de son prédécesseur Patrick Syme (p. 310–319) et, à leur tour, inspireront les recherches d'un contemporain de Munsell, Wilhelm Ostwald (p. 600–609). Certaines planches sont pourvues d'un cache transparent que l'on peut soulever, comme par exemple celle décrivant l'« Axe de l'arbre chromatique » (p. 586). Le sys:ème de Munsell, qui rencontre un énorme succès international, est adopté dans de nombreuses disciplines et secteurs. L'auteur fera paraître d'autres ouvrages proposant sa conception visuelle, dont *A Gra*mmar of Color* que publie The Strathmore Paper Company en 1921 à titre posthume, mais aucun n'égale la sophistication et l'élégance de cet *Atlas* de 1915.

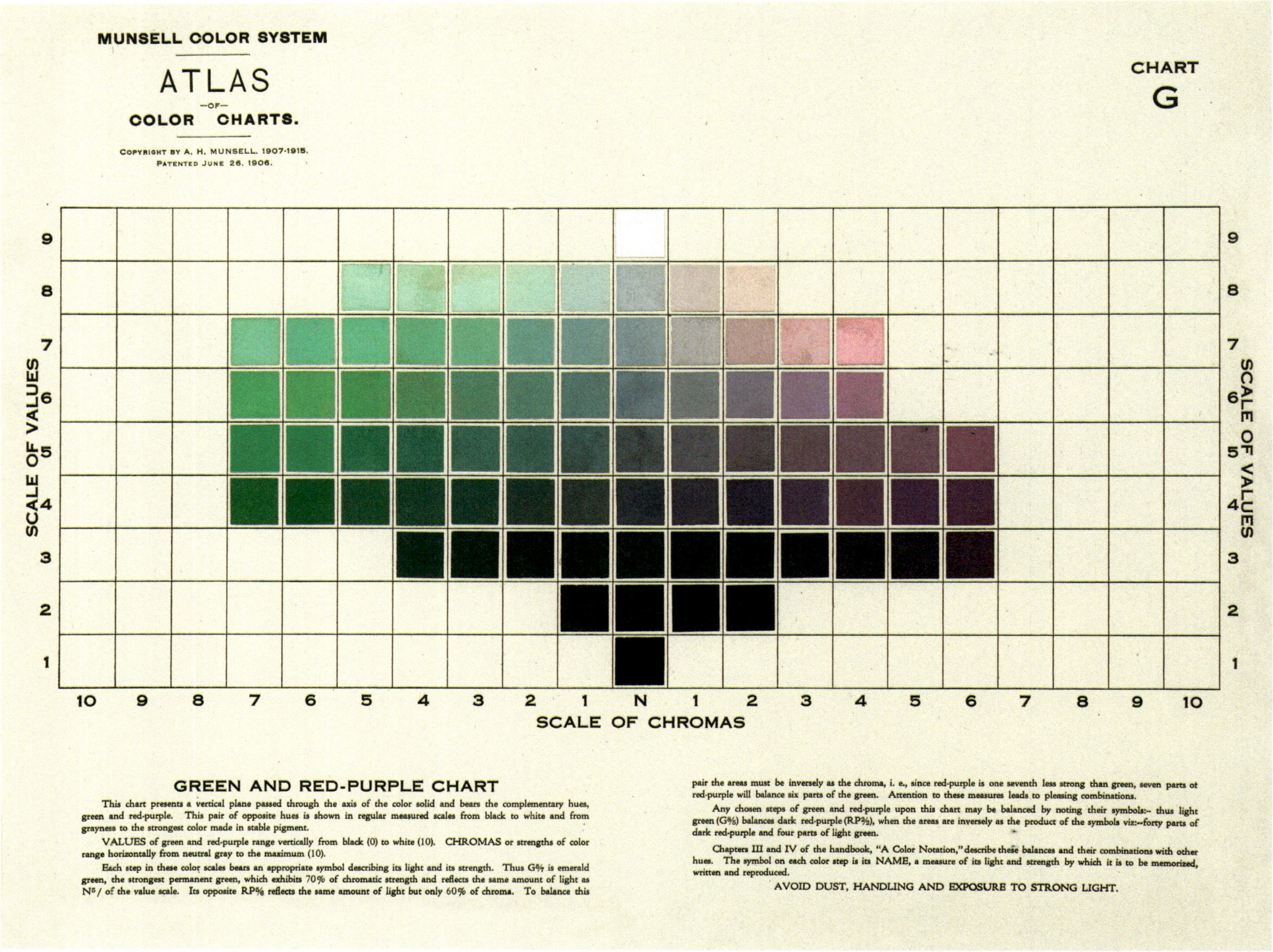

Atlas del sistema de color de Munsell

El estadounidense Albert Henry Munsell fue uno de los distintos educadores de principios del siglo XX que trabajaron para poner orden en lo que algunos percibía como el caos cromático del siglo XIX. Su objetivo fue desarrollar un sistema fácil de entender que identificara los colores con precisión y pudiera usarse en todas las formas de educación artística. La base del concepto de Munsell era que el color es tridimensional y se define en base a tres cualidades: la *coloración* (el color en sí mismo, como rojo, amarillo, azul, etc.), el *valor* (es decir, el brillo o la cantidad de blanco o negro) y el *croma* (la saturación). Visualizó su concepto en forma de un modelo tridimensional irregular parecido a un árbol en el que los colores se representan formando ramas de diferentes longitudes y a diferentes alturas que sobresalen de un tallo central de grises neutros con negro en la parte inferior y blanco en la superior. Cada color podría identificarse por su ubicación en ese modelo espacial y hacer referencia a él mediante coordenadas alfanuméricas precisas en lugar de nombres poco fiables. Munsell publicó por primera vez su concepto general en 1905 en *A Color Notation*, un manual pequeño y práctico destinado a ayudar a estandarizar la enseñanza del color en las escuelas. Estaba ilustrado con xilografías de un tamaño algo limitado, mientras que las ediciones posteriores se publicaron con una «tabla Munsell para el estudiante» y un conjunto de 26 «fichas

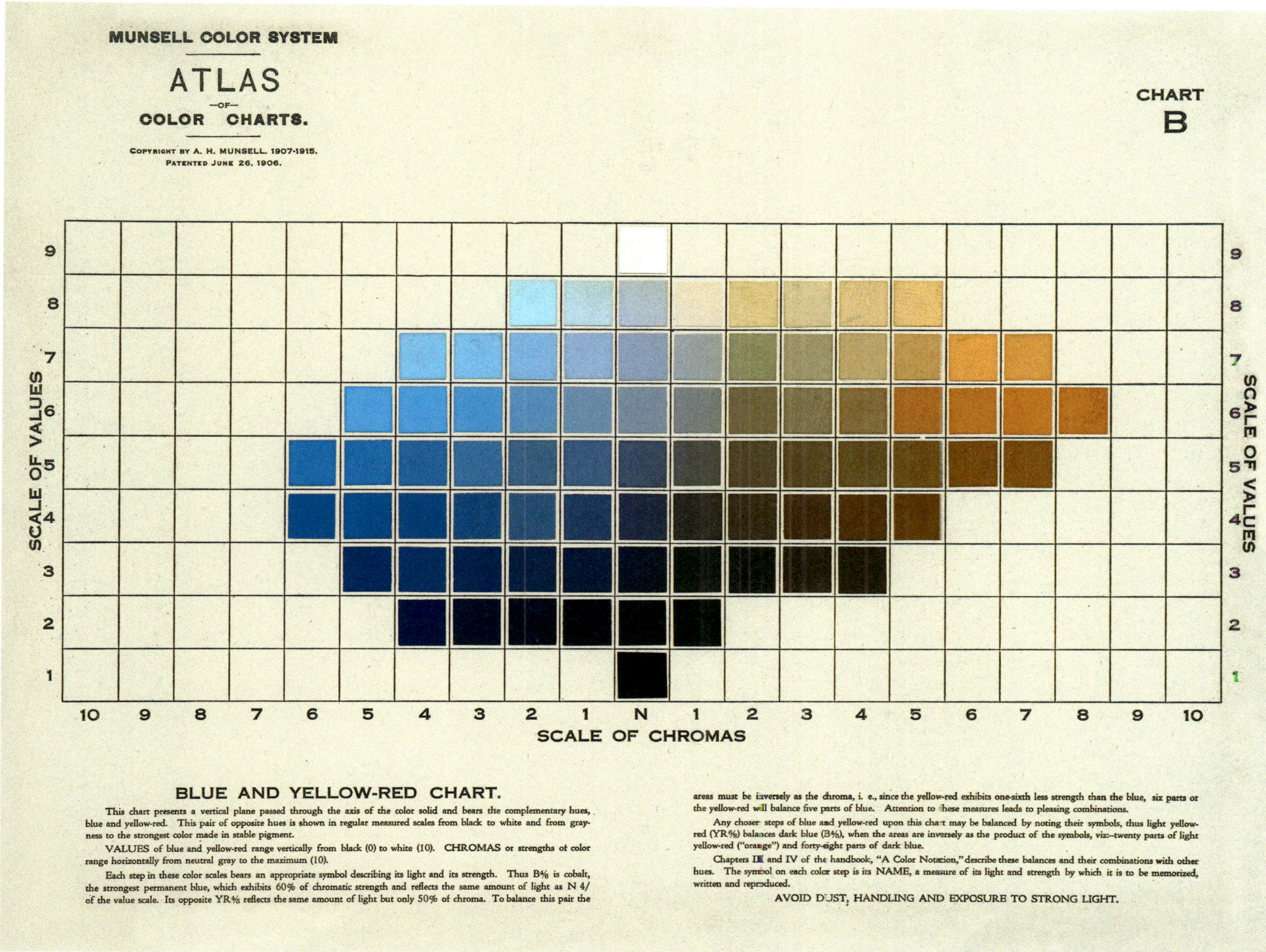

Munsell» de colores. Cuando se publicó su *Atlas* 10 años después, este ya era una visualización sofisticada y de gran formato de su concepto. Contenía 15 láminas con tablas de colores pintadas a mano, no muy diferentes a las vistas en el trabajo de su predecesor Patrick Syme (págs. 310–319); de hecho, el trabajo de Munsell inspiró a su vez el de su contemporáneo Wilhelm Ostwald (págs. 600–609). Algunas de las láminas de Munsell también incluyen superposiciones que se pueden levantar, como la del gráfico que representa el «eje del árbol de colores» (pág. 586). Su sistema resultó ser un gran éxito: pronto se adoptó internacionalmente y se empleó en todo tipo de disciplinas e industrias. Munsell continuó publicando más libros que visualizaban su sistema, como *A Grammar of Color*, que The Strathmore Paper Company publicó póstumamente en 1921, pero ninguno igualó la sofisticación y elegancia del *Atlas* de 1915.

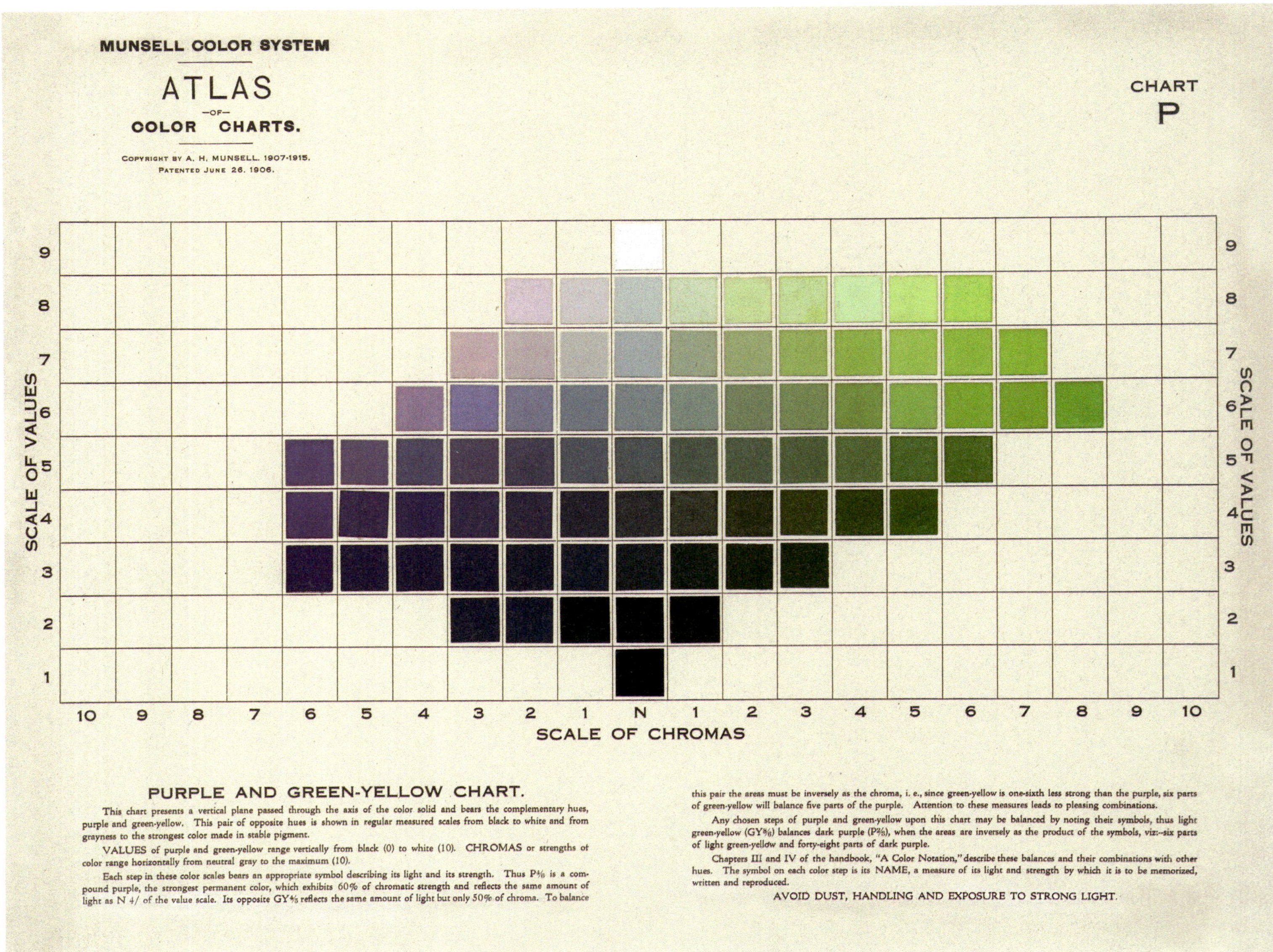
MUNSELL COLOR SYSTEM
ATLAS
—OF—
COLOR CHARTS.
COPYRIGHT BY A. H. MUNSELL. 1907-1915.
PATENTED JUNE 26. 1906.
CHART
P
SCALE OF VALUES
9
8
7
6
5
4
3
2
1
10 9 8 7 6 5 4 3 2 1 N 1 2 3 4 5 6 7 8 9 10
SCALE OF CHROMAS
PURPLE AND GREEN-YELLOW CHART.
This chart presents a vertical plane passed through the axis of the color solid and bears the complementary hues, purple and green-yellow. This pair of opposite hues is shown in regular measured scales from black to white and from grayness to the strongest color made in stable pigment.
VALUES of purple and green-yellow range vertically from black (0) to white (10). CHROMAS or strengths of color range horizontally from neutral gray to the maximum (10).
Each step in these color scales bears an appropriate symbol describing its light and its strength. Thus P4/6 is a compound purple, the strongest permanent color, which exhibits 60% of chromatic strength and reflects the same amount of light as N 4/ of the value scale. Its opposite GY4/5 reflects the same amount of light but only 50% of chroma. To balance this pair the areas must be inversely as the chroma, i. e., since green-yellow is one-sixth less strong than the purple, six parts of green-yellow will balance five parts of the purple. Attention to these measures leads to pleasing combinations.
Any chosen steps of purple and green-yellow upon this chart may be balanced by noting their symbols, thus light green-yellow (GY8/6) balances dark purple (P2/3), when the areas are inversely as the product of the symbols, viz:--six parts of light green-yellow and forty-eight parts of dark purple.
Chapters III and IV of the handbook, "A Color Notation," describe these balances and their combinations with other hues. The symbol on each color step is its NAME, a measure of its light and strength by which it is to be memorized, written and reproduced.
AVOID DUST, HANDLING AND EXPOSURE TO STRONG LIGHT.

CHART 20.

DARK SCALES OF HUE AND CHROMA, REFLECTING 20% OF THE INCIDENT LIGHT.

This chart is a horizontal section through the color solid, similar to chart 50 except that the shorter radii describe a loss of chroma as colors darken.

Each radius from the neutral centre, N^2, is a scale of chroma for its hue and displays the strength obtainable in stable pigment at this level. Each step in the scale bears its appropriate symbol by which the color is known and written. For simplicity the scale is given ten equal and measured steps, so that the symbol $B\frac{2}{4}$ indicates that this particular dark blue reflects 20% of standard white and 40% of the strength of the maximum standard vermilion.

To balance any pair of opposite colors on this chart, such as $B\frac{2}{4}$ and $YR\frac{2}{1}$ (dark orange) the area of each color should be inversely as its chroma, i. e., four parts of $YR\frac{2}{1}$ with one part of $B\frac{2}{4}$.

To balance this dark $B\frac{2}{4}$ with its corresponding light $YR\frac{8}{5}$ (orange), on chart 80 the area of each should be inversely as the product of its symbol, thus eight parts of the light orange balance forty parts of dark blue.

The suggestions for selecting sequences and groups of color which appear on chart 50, are also applicable here, as indicated in Chapters III and IV of the hand book, "A Color Notation."

AVOID DUST, HANDLING AND EXPOSURE TO STRONG LIGHT.

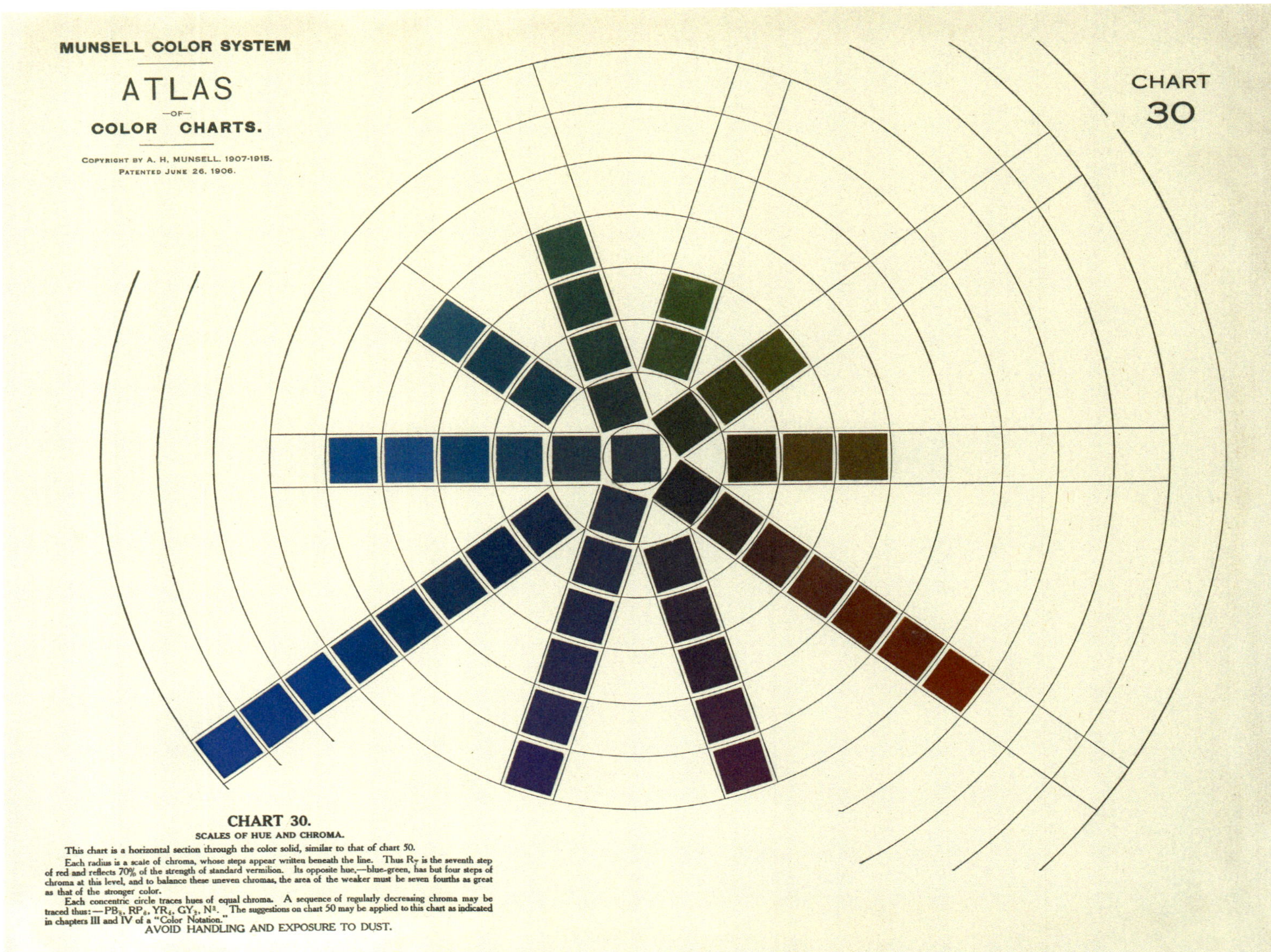
MUNSELL COLOR SYSTEM
ATLAS
—OF—
COLOR CHARTS.
COPYRIGHT BY A. H. MUNSELL. 1907-1915.
PATENTED JUNE 26. 1906.
CHART
30
CHART 30.
SCALES OF HUE AND CHROMA.
This chart is a horizontal section through the color solid, similar to that of chart 50.
Each radius is a scale of chroma, whose steps appear written beneath the line. Thus R_7 is the seventh step of red and reflects 70% of the strength of standard vermilion. Its opposite hue,—blue-green, has but four steps of chroma at this level, and to balance these uneven chromas, the area of the weaker must be seven fourths as great as that of the stronger color.
Each concentric circle traces hues of equal chroma. A sequence of regularly decreasing chroma may be traced thus:—PB_8, RP_6, YR_4, GY_2, N^3. The suggestions on chart 50 may be applied to this chart as indicated in chapters III and IV of a "Color Notation."
AVOID HANDLING AND EXPOSURE TO DUST.

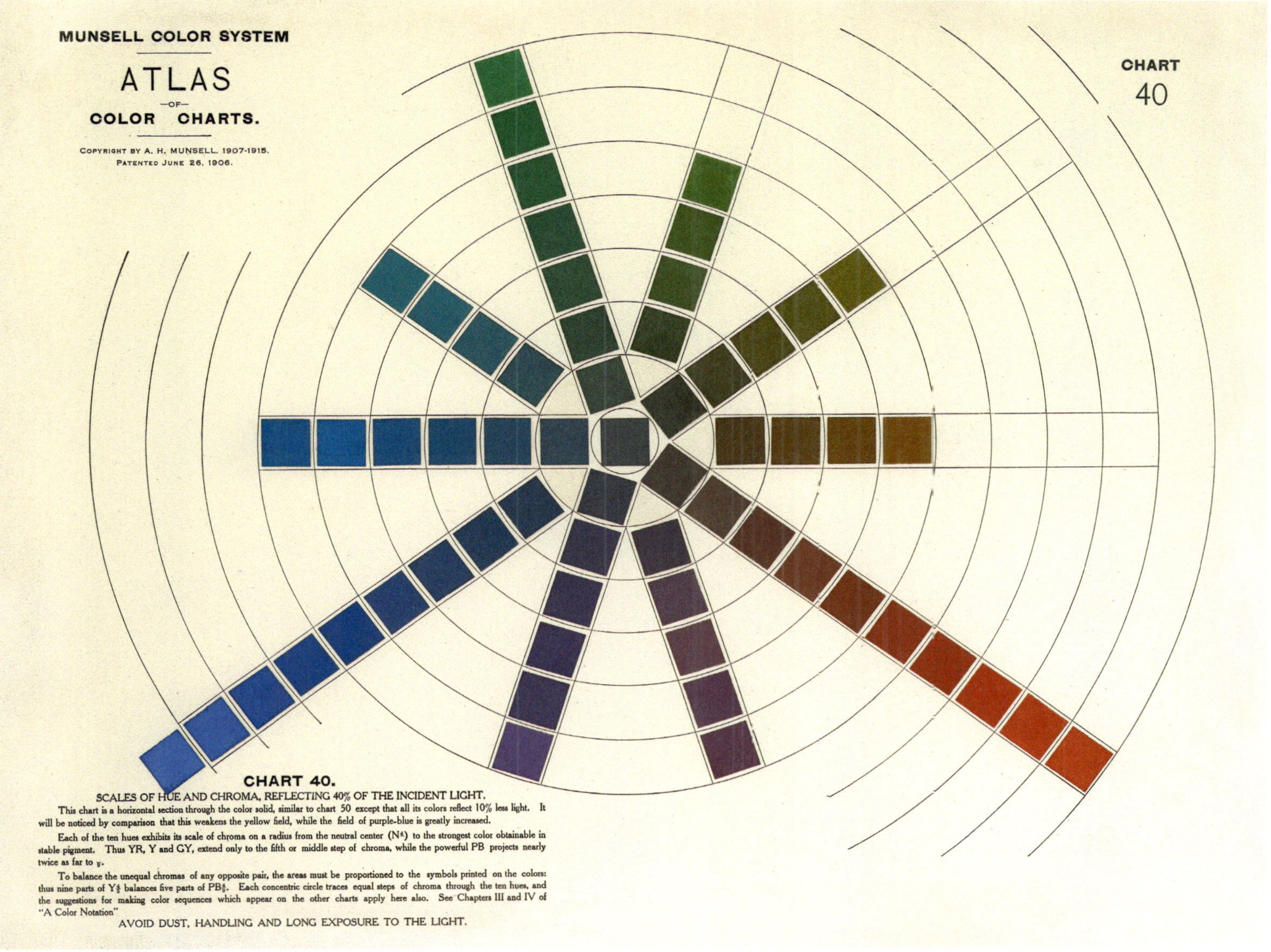
MUNSELL COLOR SYSTEM
ATLAS
—OF—
COLOR CHARTS.
COPYRIGHT BY A. H. MUNSELL, 1907-1915.
PATENTED JUNE 26, 1906.
CHART
40
CHART 40.
SCALES OF HUE AND CHROMA, REFLECTING 40% OF THE INCIDENT LIGHT.
This chart is a horizontal section through the color solid, similar to chart 50 except that all its colors reflect 10% less light. It will be noticed by comparison that this weakens the yellow field, while the field of purple-blue is greatly increased.
Each of the ten hues exhibits its scale of chroma on a radius from the neutral center (N^4) to the strongest color obtainable in stable pigment. Thus YR, Y and GY, extend only to the fifth or middle step of chroma, while the powerful PB projects nearly twice as far to 9.
To balance the unequal chromas of any opposite pair, the areas must be proportioned to the symbols printed on the colors: thus nine parts of Y$\frac{4}{5}$ balances five parts of PB$\frac{4}{9}$. Each concentric circle traces equal steps of chroma through the ten hues, and the suggestions for making color sequences which appear on the other charts apply here also. See Chapters III and IV of "A Color Notation"
AVOID DUST, HANDLING AND LONG EXPOSURE TO THE LIGHT.

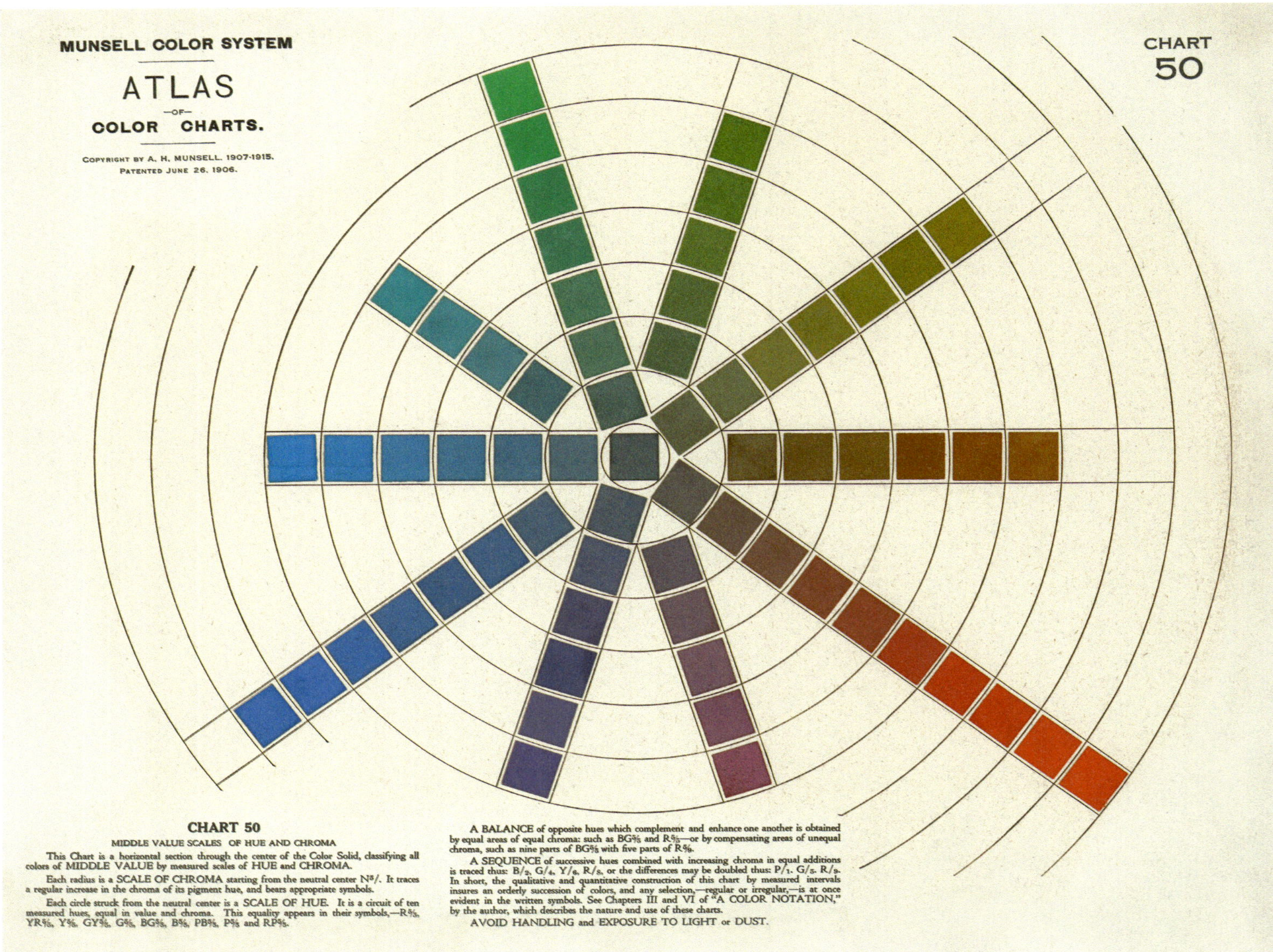
MUNSELL COLOR SYSTEM
ATLAS
—OF—
COLOR CHARTS.
COPYRIGHT BY A. H. MUNSELL. 1907-1915.
PATENTED JUNE 26, 1906.
CHART
50
CHART 50
MIDDLE VALUE SCALES OF HUE AND CHROMA
This Chart is a horizontal section through the center of the Color Solid, classifying all colors of MIDDLE VALUE by measured scales of HUE and CHROMA.
Each radius is a SCALE OF CHROMA starting from the neutral center $N^5/$. It traces a regular increase in the chroma of its pigment hue, and bears appropriate symbols.
Each circle struck from the neutral center is a SCALE OF HUE. It is a circuit of ten measured hues, equal in value and chroma. This equality appears in their symbols,—$R^5/_5$, $YR^5/_5$, $Y^5/_5$, $GY^5/_5$, $G^5/_5$, $BG^5/_5$, $B^5/_5$, $PB^5/_5$, $P^5/_5$ and $RP^5/_5$.
A BALANCE of opposite hues which complement and enhance one another is obtained by equal areas of equal chroma: such as $BG^5/_5$ and $R^5/_5$—or by compensating areas of unequal chroma, such as nine parts of $BG^5/_5$ with five parts of $R^5/_9$.
A SEQUENCE of successive hues combined with increasing chroma in equal additions is traced thus: $B/_2$, $G/_4$, $Y/_6$, $R/_8$, or the differences may be doubled thus: $P/_1$. $G/_5$. $R/_9$. In short, the qualitative and quantitative construction of this chart by measured intervals insures an orderly succession of colors, and any selection,—regular or irregular,—is at once evident in the written symbols. See Chapters III and VI of "A COLOR NOTATION," by the author, which describes the nature and use of these charts.
AVOID HANDLING and EXPOSURE TO LIGHT or DUST.

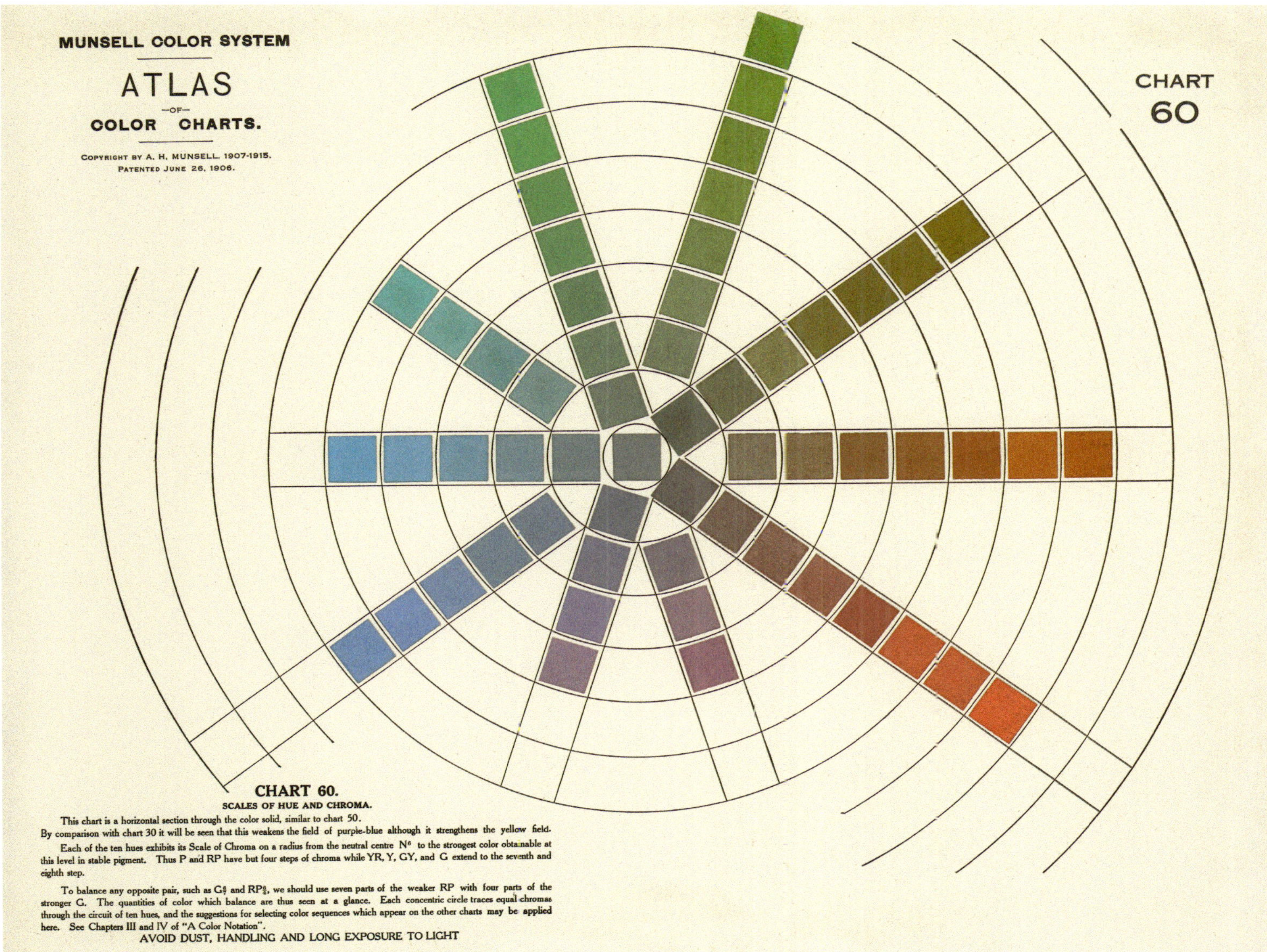
MUNSELL COLOR SYSTEM
ATLAS
—OF—
COLOR CHARTS.
COPYRIGHT BY A. H. MUNSELL. 1907-1915.
PATENTED JUNE 26, 1906.
CHART
60
CHART 60.
SCALES OF HUE AND CHROMA.
This chart is a horizontal section through the color solid, similar to chart 50.
By comparison with chart 30 it will be seen that this weakens the field of purple-blue although it strengthens the yellow field.
Each of the ten hues exhibits its Scale of Chroma on a radius from the neutral centre N^6 to the strongest color obtainable at this level in stable pigment. Thus P and RP have but four steps of chroma while YR, Y, GY, and G extend to the seventh and eighth step.
To balance any opposite pair, such as $G\frac{6}{7}$ and $RP\frac{6}{4}$, we should use seven parts of the weaker RP with four parts of the stronger G. The quantities of color which balance are thus seen at a glance. Each concentric circle traces equal chromas through the circuit of ten hues, and the suggestions for selecting color sequences which appear on the other charts may be applied here. See Chapters III and IV of "A Color Notation".
AVOID DUST, HANDLING AND LONG EXPOSURE TO LIGHT

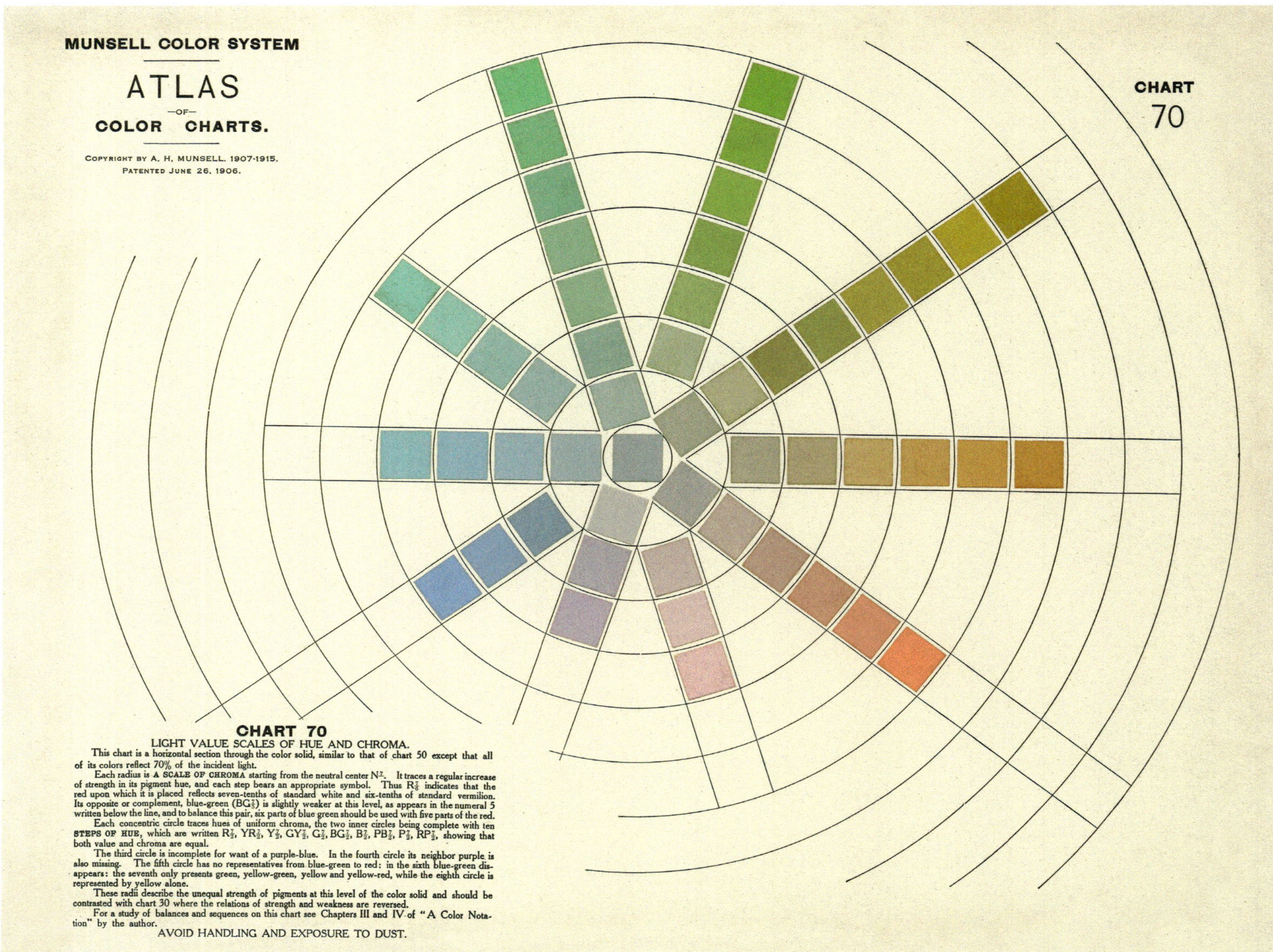
MUNSELL COLOR SYSTEM
ATLAS
—OF—
COLOR CHARTS.
COPYRIGHT BY A. H. MUNSELL. 1907-1915.
PATENTED JUNE 26, 1906.
CHART
70
CHART 70
LIGHT VALUE SCALES OF HUE AND CHROMA.
This chart is a horizontal section through the color solid, similar to that of chart 50 except that all of its colors reflect 70% of the incident light.
Each radius is A SCALE OF CHROMA starting from the neutral center $N\frac{7}{}$. It traces a regular increase of strength in its pigment hue, and each step bears an appropriate symbol. Thus $R\frac{7}{6}$ indicates that the red upon which it is placed reflects seven-tenths of standard white and six-tenths of standard vermilion. Its opposite or complement, blue-green ($BG\frac{7}{5}$) is slightly weaker at this level, as appears in the numeral 5 written below the line, and to balance this pair, six parts of blue green should be used with five parts of the red.
Each concentric circle traces hues of uniform chroma, the two inner circles being complete with ten STEPS OF HUE, which are written $R\frac{7}{2}$, $YR\frac{7}{2}$, $Y\frac{7}{2}$, $GY\frac{7}{2}$, $G\frac{7}{2}$, $BG\frac{7}{2}$, $B\frac{7}{2}$, $PB\frac{7}{2}$, $P\frac{7}{2}$, $RP\frac{7}{2}$, showing that both value and chroma are equal.
The third circle is incomplete for want of a purple-blue. In the fourth circle its neighbor purple is also missing. The fifth circle has no representatives from blue-green to red: in the sixth blue-green disappears: the seventh only presents green, yellow-green, yellow and yellow-red, while the eighth circle is represented by yellow alone.
These radii describe the unequal strength of pigments at this level of the color solid and should be contrasted with chart 30 where the relations of strength and weakness are reversed.
For a study of balances and sequences on this chart see Chapters III and IV of "A Color Notation" by the author.
AVOID HANDLING AND EXPOSURE TO DUST.

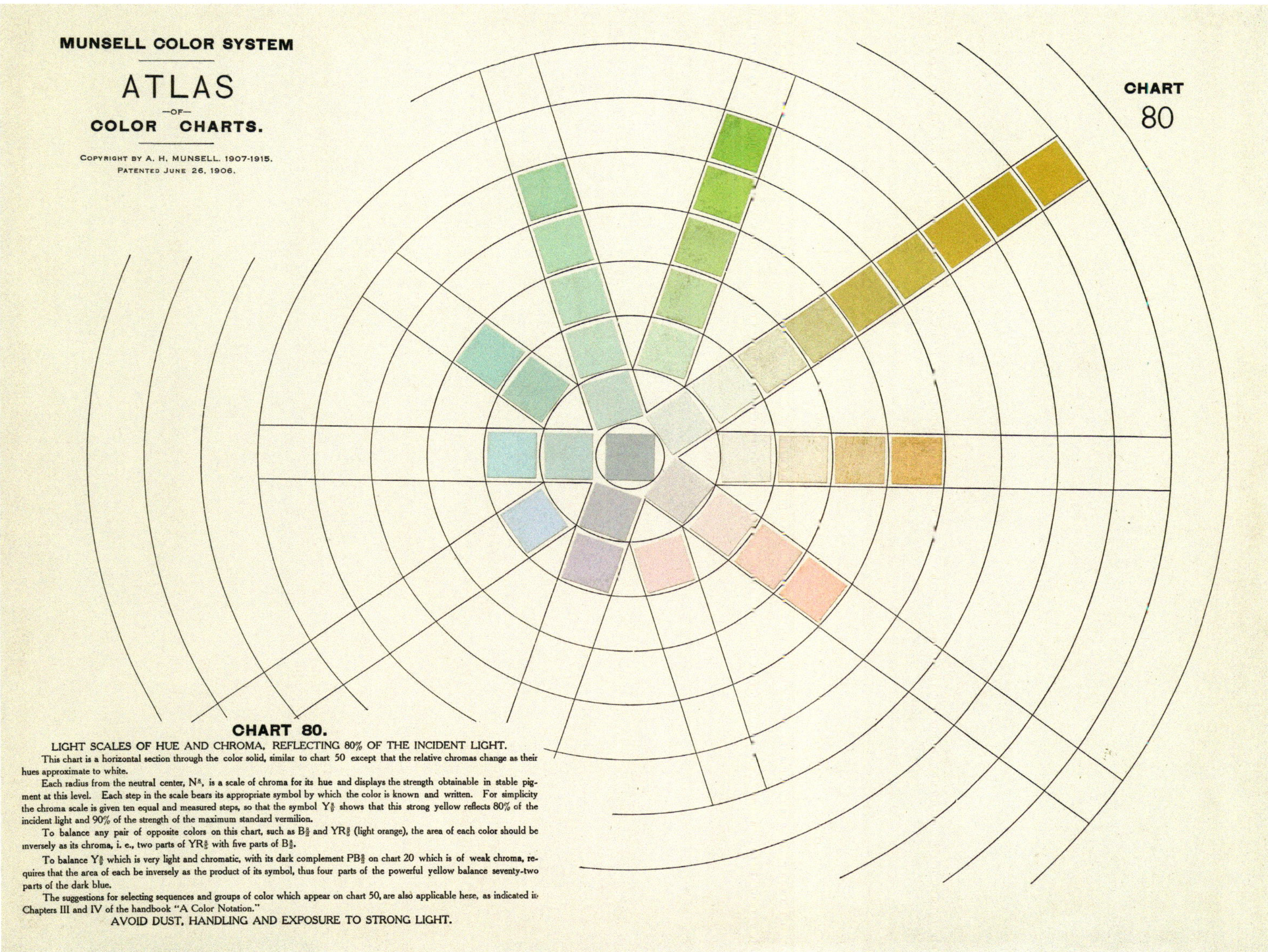
MUNSELL COLOR SYSTEM
ATLAS
—OF—
COLOR CHARTS.
COPYRIGHT BY A. H. MUNSELL. 1907-1915.
PATENTED JUNE 26, 1906.
CHART
80
CHART 80.
LIGHT SCALES OF HUE AND CHROMA, REFLECTING 80% OF THE INCIDENT LIGHT.
This chart is a horizontal section through the color solid, similar to chart 50 except that the relative chromas change as their hues approximate to white.
Each radius from the neutral center, N^8, is a scale of chroma for its hue and displays the strength obtainable in stable pigment at this level. Each step in the scale bears its appropriate symbol by which the color is known and written. For simplicity the chroma scale is given ten equal and measured steps, so that the symbol Y$\frac{8}{9}$ shows that this strong yellow reflects 80% of the incident light and 90% of the strength of the maximum standard vermilion.
To balance any pair of opposite colors on this chart, such as B$\frac{8}{2}$ and YR$\frac{8}{5}$ (light orange), the area of each color should be inversely as its chroma, i. e., two parts of YR$\frac{8}{5}$ with five parts of B$\frac{8}{2}$.
To balance Y$\frac{8}{9}$ which is very light and chromatic, with its dark complement PB$\frac{2}{2}$ on chart 20 which is of weak chroma, requires that the area of each be inversely as the product of its symbol, thus four parts of the powerful yellow balance seventy-two parts of the dark blue.
The suggestions for selecting sequences and groups of color which appear on chart 50, are also applicable here, as indicated in Chapters III and IV of the handbook "A Color Notation."
AVOID DUST, HANDLING AND EXPOSURE TO STRONG LIGHT.

Wilhelm Ostwald (1853–1932)

DIE FARBENFIBEL

The Colour Primer

13 illustrated pages, 22.4 x 16 cm | 8 ⅞ x 6 ¼ in., Leipzig, 1920
Munich, Deutsches Museum

After a long and successful career as a chemist, including being awarded the Nobel Prize for Chemistry in 1909, Friedrich Wilhelm Ostwald turned to colour theory only late in life. He met Albert Henry Munsell while lecturing in the United States and was greatly inspired by his work, which led to him publishing his own book on colour, *Die Farbenfibel* (The Colour Primer), in 1916, the year after Munsell's *Atlas* appeared. In both format and style Ostwald's book was clearly influenced by Munsell's first work on colour, *A Color Notation* (1905), and perhaps also by Milton Bradley's colour primers and practical handbooks, but Ostwald's work is more complex and its illustrations bear a closer resemblance to those in Munsell's *Atlas*. Since he was familiar with all these various publications, it would seem possible that Ostwald's intention was to produce something that combined the different formats.

Ostwald's system was based on four main colours – yellow, red, ultramarine and "sea green" – from which he developed a numerical range that would cater for up to 100 mixed hues and which was illustrated with a simplified 24-part colour wheel. As Munsell had done, he also incorporated a greyscale axis of eight *unbunten* (achromatic) colours into his system, and these are discussed first in his book, at considerable length. Each hue in the *Farbenfibel*'s illustrations is represented as a small square set inside a heavy black outline (or alternatively set against a completely black square). The colour samples, which were cut from hand-painted sheets and pasted on to the pages, are particularly vibrant, and in some editions of this work a small overlay in the shape of an open square was attached to a ribbon to enable readers to isolate certain individual colours or to see them against a different coloured background. The *Farbenfibel* proved popular and went into many editions. Ostwald had a direct influence on the Bauhaus and many other artists in Germany and beyond, and was invited to give lectures on colour at the Bauhaus between 1926 and 1928. In 1930, Winsor & Newton's scientific director John Scott Taylor began translating his works, which were then published in English with simplified illustrations while a range of artists' materials was also launched with the brand name "Ostwald". The Winsor & Newton archives still contain several historical items relating to Ostwald, among them pigments, paintboxes and a model of an Ostwald colour solid (p. 430).

Die Farbtonreihe. Die Farbtöne bilden ähnlich wie die Helligkeiten der unbunten Farben eine stetige Reihe. Sind beliebig viele Farben gegeben, so werden sie von verschiedenen Beobachtern übereinstimmend geordnet, da man gewisse Farbtöne als näherstehend oder ähnlicher empfindet, andere als ferner oder weniger ähnlich.

Eine willkürliche Reihe bunter Farben, wie sie in 53—60 gegeben ist, wird nach Maßgabe von 61—68 geordnet, wenn man mit Gelb anfängt und nach Rot weitergeht.

Während aber bei der unbunten Helligkeitsreihe niemals Ausnahmen beobachtet worden sind, gibt es einzelne Personen, deren Urteil in bezug auf die bunten Farben unvollkommen oder gar abweichend ist. Wir sehen von diesen Ausnahmen ab und beschränken uns auf die Menschen mit übereinstimmendem Urteil, welche die große Mehrheit bilden, die „Farbtüchtigen".

Erster Abschnitt

Die unbunten Farben

Die Ordnung. Die unbunten Farben bilden eine stetige einfaltige (eindimensionale) Reihe mit den Endpunkten Schwarz und Weiß. Zwischen beiden lassen sich alle grauen Farben so einordnen, daß jede einen eindeutig bestimmten Platz zwischen ihren Nachbarn erhält. Der eine Nachbar ist heller, der andere dunkler als das gegebene Grau.

Sind z. B. die 5 grauen Farben 1 bis 5 in willkürlicher Anordnung gegeben:

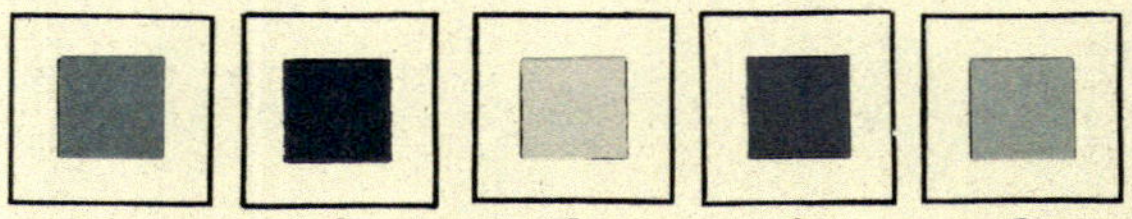

1 2 3 4 5

so wird jedermann sie in die folgende Reihe ordnen:

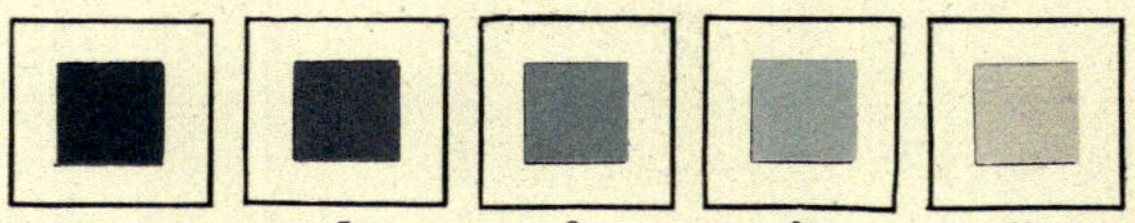

6 7 8 9 10

und es hat nie einen Menschen gegeben, dessen Farbempfindung eine andere Ordnung verlangt hätte. In dieser Reihe ist 6 die dunkelste, 10 die hellste Farbe. Diese Namen drücken die Tatsache aus, daß von dem Licht, welches auf die Papierfläche fällt, 6 das wenigste und 10 das meiste zurückwirft. Für jedes Glied der Reihe sind alle rechts stehenden Glieder heller, alle links stehenden dunkler. Ist insbesondere z. B. 8 heller als 7, und 7 heller als 6, so ist auch (und um so mehr) 8 heller als 6.

— 3 —

Wird irgendein Grau hinzugebracht, welches in der Reihe noch nicht vorhanden ist, so gibt es nur einen einzigen Ort, an den es gehört. So kann z. B. das Grau 11

11

nur zwischen 7 und 8 so eingeordnet werden, daß es heller ist als alle links stehenden und dunkler als alle rechts stehenden Grau. Bringt man es z. B. zwischen 8 und 9, so sind zwar alle rechts stehenden Grau heller, aber nicht alle links stehenden dunkler, denn 8 ist heller als 11.

Die Grau-Reihe ist also eindeutig.

Stetigkeit. Zwischen zwei verschiedene Grau kann man immer ein drittes Grau einschalten, welches heller als das eine und dunkler als das andere ist. Auf solche Weise kann man die Stufen immer kleiner machen, bis sie schließlich unmerklich werden.

Die vollständige Grau-Reihe ist also stetig wie 12.

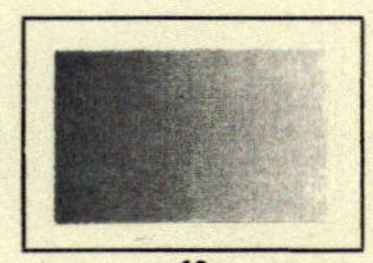

12

Hieraus folgt anscheinend, daß die vollständige Grau-Reihe aus unendlich vielen Gliedern bestehen müßte. Stellt man aber zwischen zwei Endpunkten eine Reihe von graugetünchten Blättern her, von denen jedes nur eben merklich heller ist als das vorangegangene, so findet man, daß man keineswegs unendlich viele Zwischenstufen unterscheiden kann. Vielmehr ist zur Unterscheidung eine endliche Verschiedenheit erforderlich, und wird die Stufe kleiner, so kann man keinen Unterschied mehr erkennen.

1*

Die Farbenfibel

Nach einer langen und erfolgreichen Laufbahn als Chemiker, die 1909 mit dem Nobelpreis für Chemie gekrönt wurde, wandte sich Friedrich Wilhelm Ostwald in vorgerücktem Alter der Farbenlehre zu. Während einer Lehrtätigkeit in den USA lernte er Albert Henry Munsell kennen, dessen Arbeit ihn so sehr inspirierte, dass er 1916 *Die Farbenfibel* veröffentlichte, sein eigenes Buch über Farbe. Erst im Jahr zuvor war Munsells *Atlas* erschienen. In Format und Stil war Ostwalds Buch eindeutig von Munsells erstem Werk über Farbe, *A Color Notation* (1905), und vielleicht auch von Milton Bradleys Farbfibeln und praktischen Handbüchern beeinflusst. Doch Ostwalds Werk ist vielschichtiger, und seine Illustrationen haben größere Ähnlichkeit mit denen in Munsells *Atlas*. Weil er mit all diesen Publikationen vertraut war, könnte Ostwald eine Kombination der verschiedenen Formate angestrebt haben.

Ostwalds System basierte auf den vier Grundfarben Gelb, Rot, Ultramarinblau und „Seegrün". Aus diesen entwickelte er eine Zahlenreihe für bis zu hundert Farbtöne, die in einem vereinfachten 24-teiligen Farbkreis dargestellt wurde. Wie Munsell vor ihm nahm auch Ostwald in sein System eine Grauachse aus acht unbunten Farben auf, die er im ersten Abschnitt seines Buches sehr ausführlich behandelte. Jeder Farbton in den Abbildungen der *Farbenfibel* wird als kleines Quadrat in einem breiten schwarzen Rahmen (beziehungsweise auf einem völlig schwarzen Quadrat) wiedergegeben. Die Farbmuster, die aus handbemalten Papierbögen ausgeschnitten auf die Seiten geklebt wurden, erscheinen so besonders strahlend. Einige Ausgaben des Werks waren mit einem kleinen quadratischen Passepartout an einer Schnur ausgestattet, das den Lesern die Möglichkeit gab, einzelne Farben isoliert oder vor einem andersfarbigen Hintergrund zu betrachten. *Die Farbenfibel* erwies sich als Erfolg und erfuhr zahlreiche weitere Auflagen. Ostwald hatte unmittelbaren Einfluss auf das Bauhaus und viele andere Künstler in Deutschland und darüber hinaus. Vom Bauhaus wurde er eingeladen, zwischen 1926 und 1928 Vorträge über Farbe zu halten. 1930 begann der wissenschaftliche Leiter von Winsor & Newton, John Scott Taylor, Ostwalds Werke zu übersetzen, die dann mit vereinfachten Illustrationen auf Englisch erschienen. Gleichzeitig brachte das Unternehmen unter dem Markennamen „Ostwald" eine ganze Palette von Künstlermaterialien auf den Markt. Das Firmenarchiv von Winsor & Newton ist bis heute im Besitz mehrerer historischer Gegenstände mit Ostwald-Bezug, darunter Pigmente, Malkästen und das Modell eines Ostwald'schen Farbkörpers (S. 430).

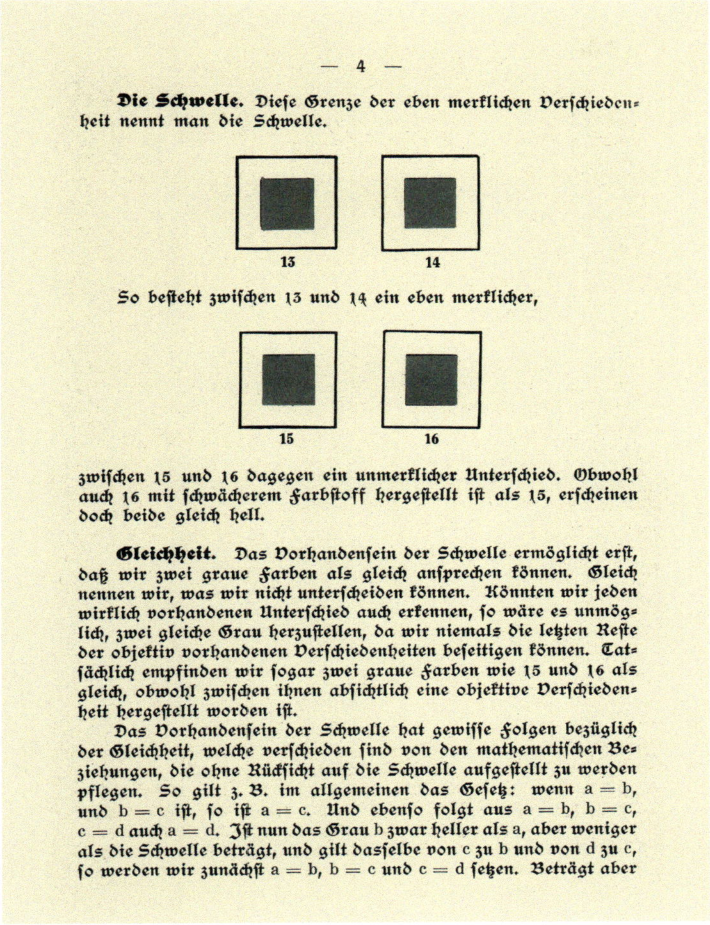

— 4 —

Die Schwelle. Diese Grenze der eben merklichen Verschiedenheit nennt man die Schwelle.

13 14

So besteht zwischen 13 und 14 ein eben merklicher,

15 16

zwischen 15 und 16 dagegen ein unmerklicher Unterschied. Obwohl auch 16 mit schwächerem Farbstoff hergestellt ist als 15, erscheinen doch beide gleich hell.

Gleichheit. Das Vorhandensein der Schwelle ermöglicht erst, daß wir zwei graue Farben als gleich ansprechen können. Gleich nennen wir, was wir nicht unterscheiden können. Könnten wir jeden wirklich vorhandenen Unterschied auch erkennen, so wäre es unmöglich, zwei gleiche Grau herzustellen, da wir niemals die letzten Reste der objektiv vorhandenen Verschiedenheiten beseitigen können. Tatsächlich empfinden wir sogar zwei graue Farben wie 15 und 16 als gleich, obwohl zwischen ihnen absichtlich eine objektive Verschiedenheit hergestellt worden ist.

Das Vorhandensein der Schwelle hat gewisse Folgen bezüglich der Gleichheit, welche verschieden sind von den mathematischen Beziehungen, die ohne Rücksicht auf die Schwelle aufgestellt zu werden pflegen. So gilt z. B. im allgemeinen das Gesetz: wenn $a = b$, und $b = c$ ist, so ist $a = c$. Und ebenso folgt aus $a = b$, $b = c$, $c = d$ auch $a = d$. Ist nun das Grau b zwar heller als a, aber weniger als die Schwelle beträgt, und gilt dasselbe von c zu b und von d zu c, so werden wir zunächst $a = b$, $b = c$ und $c = d$ setzen. Beträgt aber

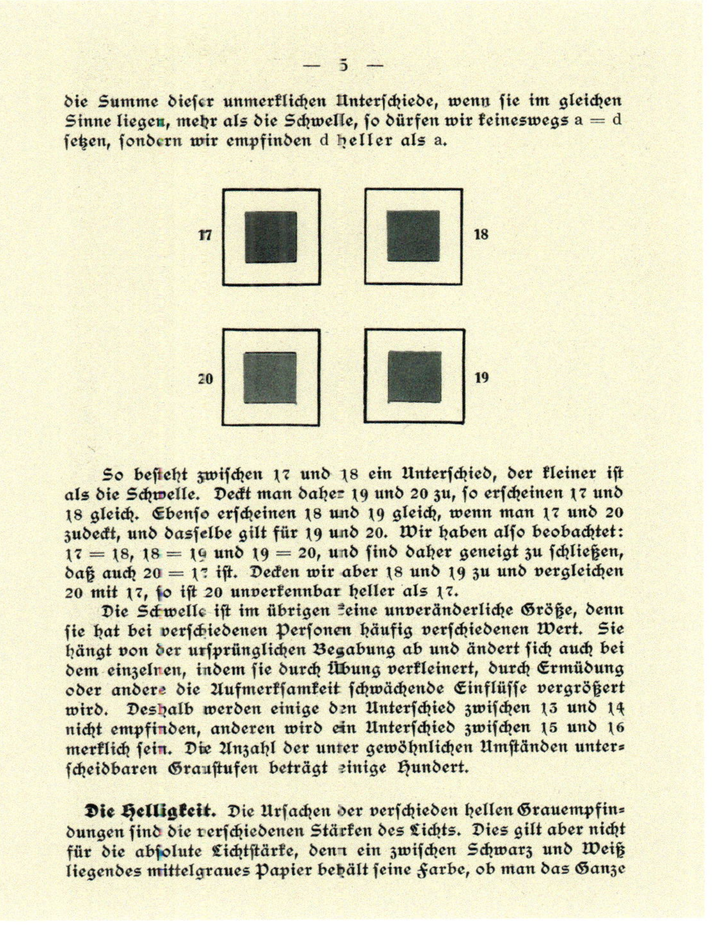

— 5 —

die Summe dieser unmerklichen Unterschiede, wenn sie im gleichen Sinne liegen, mehr als die Schwelle, so dürfen wir keineswegs $a = d$ setzen, sondern wir empfinden d heller als a.

17 18

20 19

So besteht zwischen 17 und 18 ein Unterschied, der kleiner ist als die Schwelle. Deckt man daher 19 und 20 zu, so erscheinen 17 und 18 gleich. Ebenso erscheinen 18 und 19 gleich, wenn man 17 und 20 zudeckt, und dasselbe gilt für 19 und 20. Wir haben also beobachtet: $17 = 18$, $18 = 19$ und $19 = 20$, und sind daher geneigt zu schließen, daß auch $20 = 17$ ist. Decken wir aber 18 und 19 zu und vergleichen 20 mit 17, so ist 20 unverkennbar heller als 17.

Die Schwelle ist im übrigen keine unveränderliche Größe, denn sie hat bei verschiedenen Personen häufig verschiedenen Wert. Sie hängt von der ursprünglichen Begabung ab und ändert sich auch bei dem einzelnen, indem sie durch Übung verkleinert, durch Ermüdung oder andere die Aufmerksamkeit schwächende Einflüsse vergrößert wird. Deshalb werden einige den Unterschied zwischen 13 und 14 nicht empfinden, anderen wird ein Unterschied zwischen 15 und 16 merklich sein. Die Anzahl der unter gewöhnlichen Umständen unterscheidbaren Graustufen beträgt einige Hundert.

Die Helligkeit. Die Ursachen der verschieden hellen Grauempfindungen sind die verschiedenen Stärken des Lichts. Dies gilt aber nicht für die absolute Lichtstärke, denn ein zwischen Schwarz und Weiß liegendes mittelgraues Papier behält seine Farbe, ob man das Ganze

Manuel sur la couleur

Après une longue carrière de chimiste, qui lui vaut le prix Nobel de sa discipline en 1909, Friedrich Wilhelm Ostwald se tourne, sur le tard, vers la théorie de la couleur. Lors d'une conférence qu'il donne aux États-Unis, il rencontre Albert Henry Munsell. Profondément inspiré par le travail de l'Américain, il publie son propre ouvrage en 1916, un an après l'*Atlas* de Munsell. Ostwald a peut-être aussi été marqué par les premiers manuels scolaires et pratiques de Milton Bradley. Cependant, on reconnaît l'influence de *A Color Notation* (1905) de Munsell dans le format et le style de l'ouvrage d'Ostwald, tandis que sa complexité et ses illustrations l'apparentent à l'*Atlas*. Connaisseur de l'ensemble de ces ouvrages, il est possible qu'Ostwald se soit proposé de croiser ces différents formats.

Le système d'Ostwald, illustré par un cercle chromatique simplifié de 24 sections, se fonde sur quatre couleurs principales – jaune, rouge, bleu outremer et « vert de mer » –, auxquelles il attribue un numéro d'ordre qui permet de recenser jusqu'à 100 teintes mélangées. Comme Munsell l'a fait avant lui, Ostwald place dans son système une échelle des gris composée de huit teintes *unbunten* (achromatiques), qui sont pour la première fois l'objet d'une longue réflexion dans l'ouvrage. Les illustrations présentent chaque teinte sous la forme d'un petit carré entouré d'un épais cadre noir (ou peint sur un carré totalement noir). Les échantillons, découpés dans des feuilles peintes à la main et collés sur les pages, sont particulièrement éclatants. Dans certaines éditions, un petit carré évidé, attaché par un ruban, permet au lecteur d'isoler certaines couleurs ou de l'observer sur un fond différent. Après un joli succès, *Die Farbenfibel* est réédité plusieurs fois. Ostwald influencera directement le Bauhaus, où il est invité à donner des conférences sur la couleur entre 1926 et 1928, ainsi que de nombreux artistes en Allemagne et ailleurs. En 1930, John Scott Taylor, directeur scientifique chez le fabricant Winsor & Newton, s'attelle à la traduction en anglais du travail d'Ostwald, assortie d'illustrations simplifiées. Par ailleurs, une gamme de matériel de beaux-arts est lancée sous la marque Ostwald. Le fonds d'archives de Winsor & Newton conserve plusieurs objets ayant appartenu à l'auteur allemand, dont des pigments, des boîtes de couleurs et une maquette du « corps coloré » d'Ostwald (p. 430).

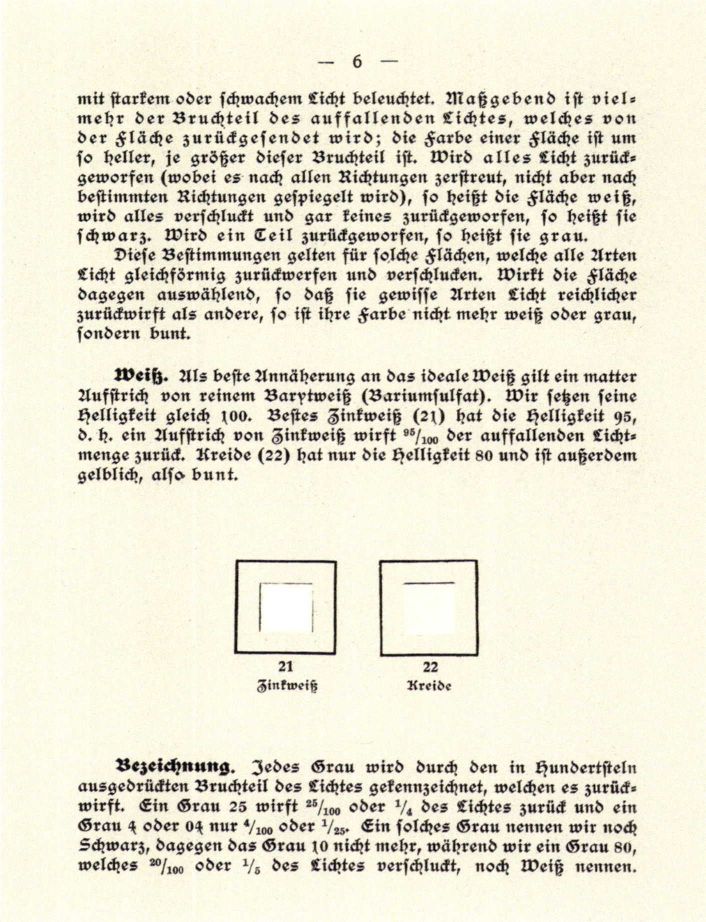

— 6 —

mit starkem oder schwachem Licht beleuchtet. Maßgebend ist vielmehr der Bruchteil des auffallenden Lichtes, welches von der Fläche zurückgesendet wird; die Farbe einer Fläche ist um so heller, je größer dieser Bruchteil ist. Wird alles Licht zurückgeworfen (wobei es nach allen Richtungen zerstreut, nicht aber nach bestimmten Richtungen gespiegelt wird), so heißt die Fläche weiß, wird alles verschluckt und gar keines zurückgeworfen, so heißt sie schwarz. Wird ein Teil zurückgeworfen, so heißt sie grau.

Diese Bestimmungen gelten für solche Flächen, welche alle Arten Licht gleichförmig zurückwerfen und verschlucken. Wirkt die Fläche dagegen auswählend, so daß sie gewisse Arten Licht reichlicher zurückwirft als andere, so ist ihre Farbe nicht mehr weiß oder grau, sondern bunt.

Weiß. Als beste Annäherung an das ideale Weiß gilt ein matter Aufstrich von reinem Barytweiß (Bariumsulfat). Wir setzen seine Helligkeit gleich 100. Bestes Zinkweiß (21) hat die Helligkeit 95, d. h. ein Aufstrich von Zinkweiß wirft $^{95}/_{100}$ der auffallenden Lichtmenge zurück. Kreide (22) hat nur die Helligkeit 80 und ist außerdem gelblich, also bunt.

21 Zinkweiß

22 Kreide

Bezeichnung. Jedes Grau wird durch den in Hundertsteln ausgedrückten Bruchteil des Lichtes gekennzeichnet, welchen es zurückwirft. Ein Grau 25 wirft $^{25}/_{100}$ oder $^{1}/_{4}$ des Lichtes zurück und ein Grau 4 oder 04 nur $^{4}/_{100}$ oder $^{1}/_{25}$. Ein solches Grau nennen wir noch Schwarz, dagegen das Grau 10 nicht mehr, während wir ein Grau 80, welches $^{20}/_{100}$ oder $^{1}/_{5}$ des Lichtes verschluckt, noch Weiß nennen.

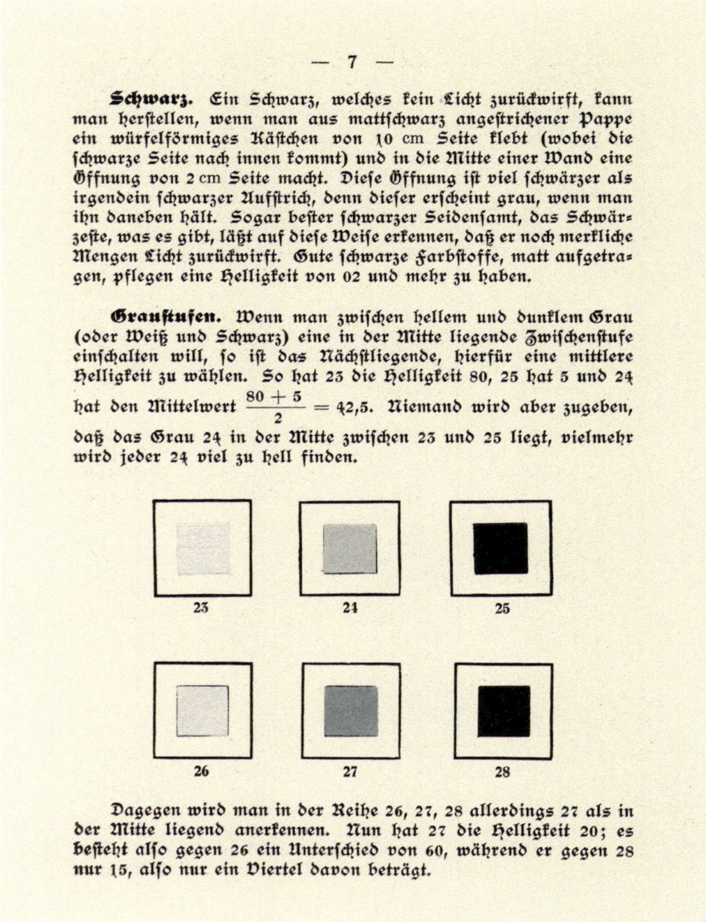

— 7 —

Schwarz. Ein Schwarz, welches kein Licht zurückwirft, kann man herstellen, wenn man aus mattschwarz angestrichener Pappe ein würfelförmiges Kästchen von 10 cm Seite klebt (wobei die schwarze Seite nach innen kommt) und in die Mitte einer Wand eine Öffnung von 2 cm Seite macht. Diese Öffnung ist viel schwärzer als irgendein schwarzer Aufstrich, denn dieser erscheint grau, wenn man ihn daneben hält. Sogar bester schwarzer Seidensamt, das Schwärzeste, was es gibt, läßt auf diese Weise erkennen, daß er noch merkliche Mengen Licht zurückwirft. Gute schwarze Farbstoffe, matt aufgetragen, pflegen eine Helligkeit von 02 und mehr zu haben.

Graustufen. Wenn man zwischen hellem und dunklem Grau (oder Weiß und Schwarz) eine in der Mitte liegende Zwischenstufe einschalten will, so ist das Nächstliegende, hierfür eine mittlere Helligkeit zu wählen. So hat 23 die Helligkeit 80, 25 hat 5 und 24 hat den Mittelwert $\frac{80+5}{2} = 42,5$. Niemand wird aber zugeben, daß das Grau 24 in der Mitte zwischen 23 und 25 liegt, vielmehr wird jeder 24 viel zu hell finden.

23 24 25

26 27 28

Dagegen wird man in der Reihe 26, 27, 28 allerdings 27 als in der Mitte liegend anerkennen. Nun hat 27 die Helligkeit 20; es besteht also gegen 26 ein Unterschied von 60, während er gegen 28 nur 15, also nur ein Viertel davon beträgt.

Manual básico del color

Después de una larga y exitosa carrera como químico, que incluyó la concesión del Premio Nobel de Química en 1909, Friedrich Wilhelm Ostwald abordó la teoría del color ya a una edad avanzada. Conoció a Albert Henry Munsell mientras daba conferencias en Estados Unidos. Su trabajo lo inspiró tanto que lo llevó a publicar su propio libro sobre el color, *Die Farbenfibel* (Manual básico del color), en 1916, un año después de que apareciera el *Atlas* de Munsell. El formato y el estilo del libro de Ostwald estuvieron claramente influidos por el primer trabajo de Munsell sobre el color, *A Color Notation* (1905), y quizás también por los manuales y guías prácticas de Milton Bradley, pero el trabajo de Ostwald es más complejo y sus ilustraciones se parecen más a las del *Atlas* de Munsell. Dado que estaba familiarizado con todas esas publicaciones, parece posible que su intención fuera producir algo que combinara los diferentes formatos.

El sistema de Ostwald se basó en cuatro colores principales (amarillo, rojo, azul de ultramar y «verde mar»), a partir de los cuales desarrolló un sistema numérico adaptado a 100 tonos mixtos e ilustrado con una rueda de color simplificada con 24 partes. Al igual que Munsell, incorporó en su sistema una escala de grises de ocho colores *unbunten* (acromáticos), a cuyo análisis dedica una extensión considerable al principio del libro. Cada tono de las ilustraciones del *Farbenfibel* se representa como un pequeño cuadrado rodeado de un grueso contorno negro (o, visto de otro modo, como un pequeño cuadrado sobre un cuadrado negro de mayor tamaño). Las muestras de color, que se recortaron de hojas pintadas a mano y se pegaron en las páginas, son particularmente vivas, y en algunas ediciones de esta obra se añadió una pequeña tarjeta con forma de cuadrado abierto unida a una cinta para permitir a los lectores aislar ciertos colores o verlos contra un fondo de otro color. El *Farbenfibel* se popularizó y reeditó muchas veces, y Ostwald tuvo una influencia directa en la Bauhaus y en muchos artistas de Alemania y del extranjero. Entre 1926 y 1928, lo invitaron a dar conferencias sobre el color en la Bauhaus. En 1930, el director científico de Winsor & Newton, John Scott Taylor, comenzó a traducir sus obras, que se publicaron en inglés con ilustraciones simplificadas al tiempo que se comercializó toda una línea de materiales para artistas de la marca «Ostwald». Los archivos de Winsor & Newton todavía contienen varios artículos históricos relacionados con Ostwald, entre ellos pigmentos, cajas de pintura y un modelo de un color sólido de Ostwald (pág. 430).

werden, um die entsprechende Weiß- oder Schwarzmenge zu bezeichnen; so kann h auch 18 Weiß oder 92 Schwarz bedeuten.

In der Praxis haben sich diese Stufen meist als zu eng erwiesen. Man überschlägt daher jede zweite und gelangt so zur praktischen Grauleiter

89	56	36	22	14
a	c	e	g	i
8,9	5,6	3,6	2,2	1,4
l	n	p	r	t

wie sie in den Aufstrichen 29—36 von a bis p wiedergegeben ist. Tieferes Schwarz als p läßt sich durch das benutzte Verfahren nicht herstellen.

Eine genaue Prüfung dieser „Grauleiter" lehrt, daß die Abstände tatsächlich als gleich groß empfunden werden. Nur die letzten Stufen machen einen etwas engeren Eindruck, entsprechend dem Umstande, daß das Gesetz der geometrischen Reihe im dunklen Gebiete nicht mehr genau die Tatsachen darstellt.

Folgen. Aus dem Gesetz der geometrischen Reihe geht ein gegensätzliches Verhalten des weißen und des schwarzen Endes der unbunten Reihe hervor. Während große Mengen Schwarz bei vorherrschendem Weiß

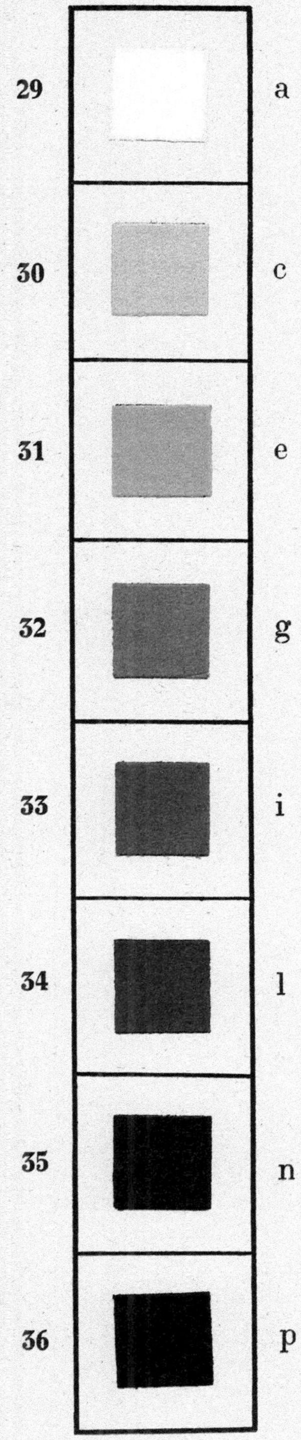

Ostwald, Farbenfibel. 4. bis 5. A.

2

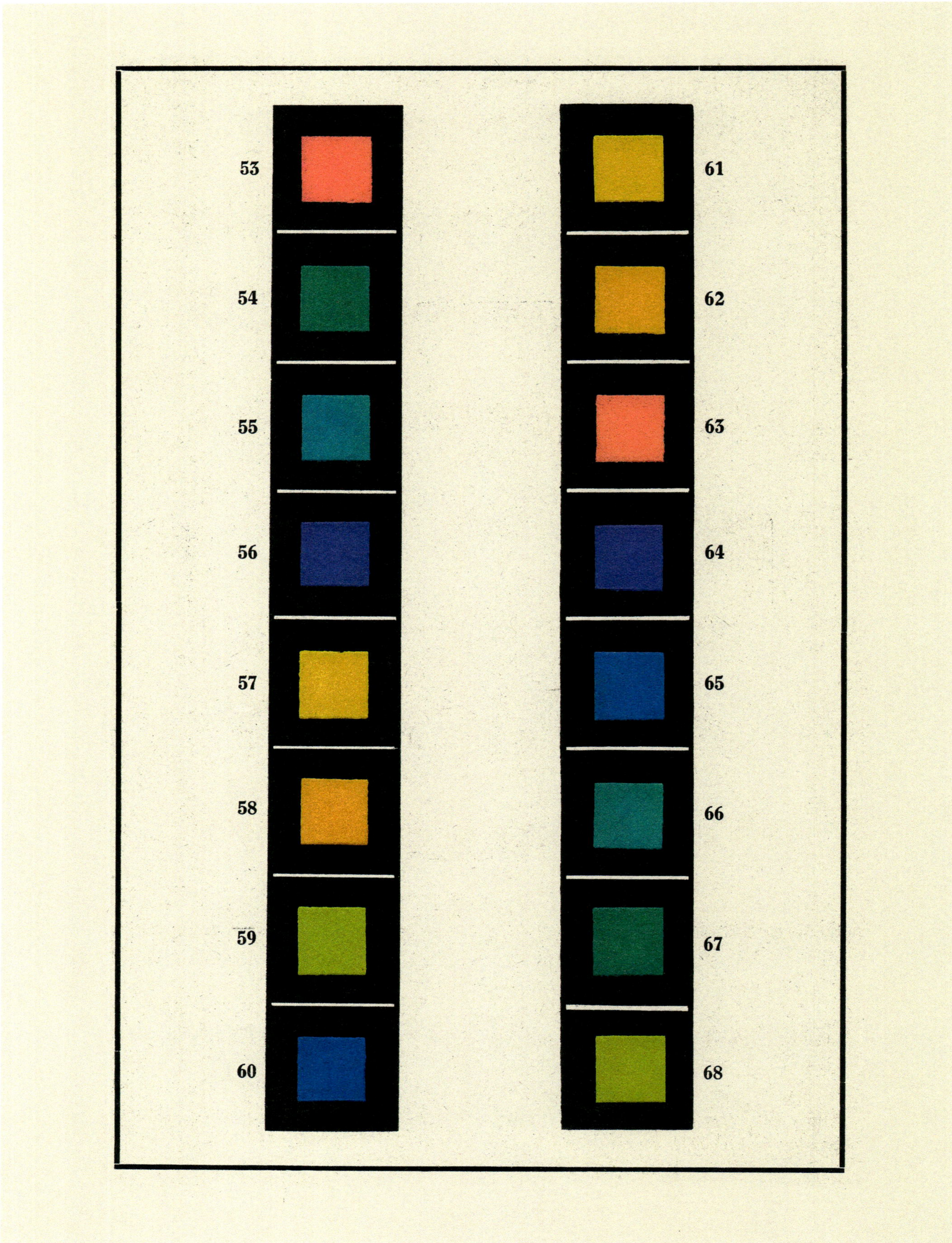
53
54
55
56
57
58
59
60
61
62
63
64
65
66
67
68

Seegrün. Dieselben Farben fehlen bei den Schmetterlingen und unter den Vögeln zeigt sie nur der seltene und scheue Eisvogel.

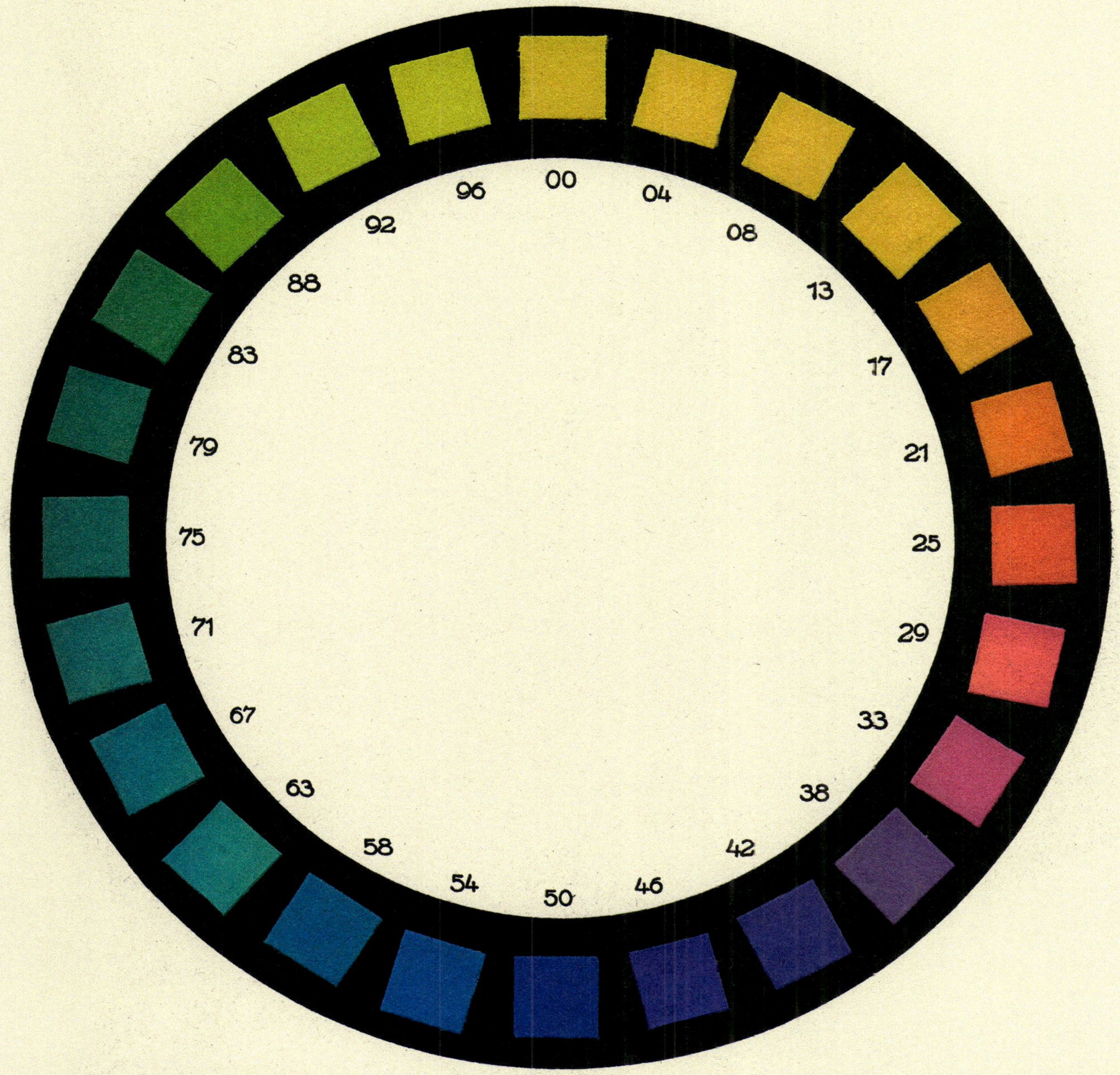

77 bis 100. (Die Zählung beginnt bei dem Farbton 00 und läuft im Sinne des Uhrzeigers.)

Alle anderen Farbtöne sind dagegen reichlich und mannigfaltig vertreten und sind uns daher wohlbekannt.

3*

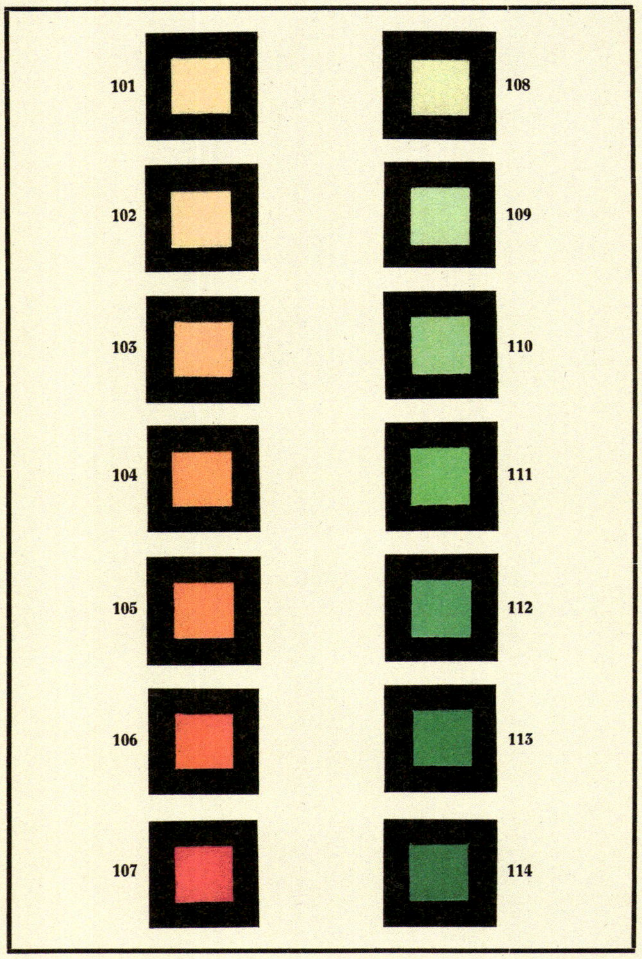

führen. Hier ist eine Beimischung von Weiß ausgeschlossen, weil deren Ursache bei Aufstrichen und Geweben, das von der Oberfläche zurückgeworfene ungefärbte Licht, nicht vorhanden ist.

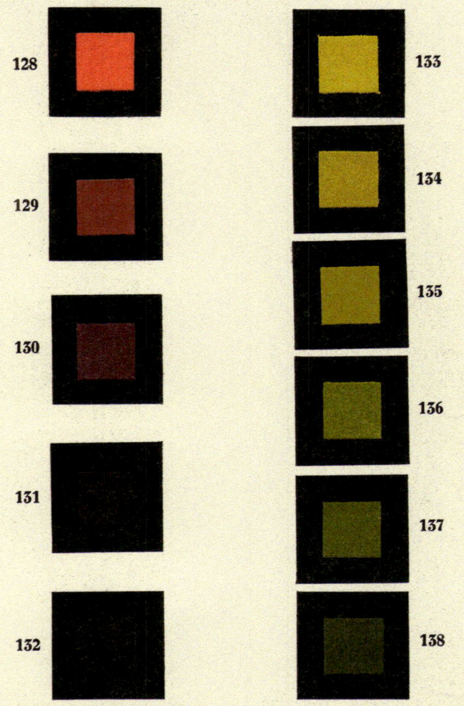

In Gestalt von Aufstrichen kann man die dunkelklaren Farben nur unvollkommen verwirklichen; die Farben der Blätter 128 bis 132 stellen die beste Annäherung dar, die sich mit den verfügbaren Hilfsmitteln erreichen läßt, doch enthalten sie noch 04—02 weißes Licht.

Die Farbzeichen. Die Doppelbuchstaben, welche den Gehalt der Farben an Weiß und Schwarz angeben, sind gleichzeitig das beste Mittel, sie kurz und unverwechselbar zu bezeichnen. Dazu ist

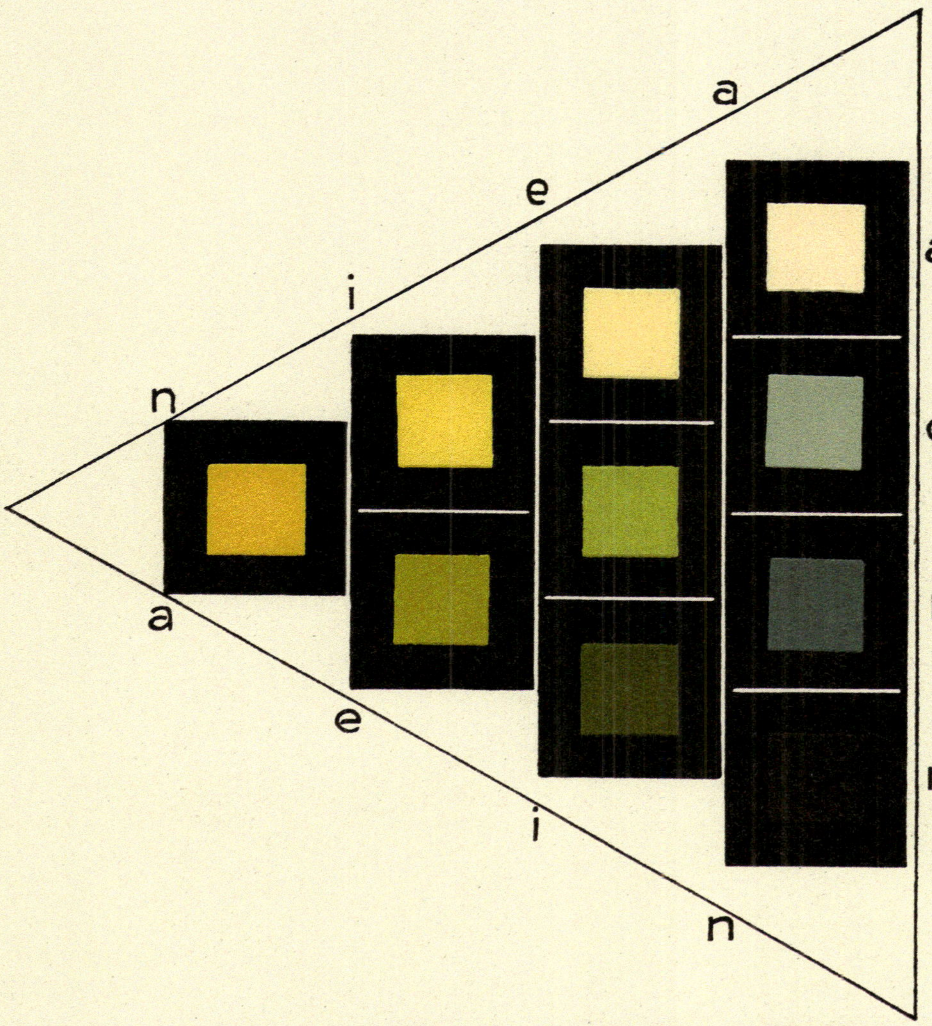

139 140—141 142—144 145—148

nur erforderlich, noch die Nummer des Farbtons anzugeben, die für jedes farbtongleiche Dreieck dieselbe ist. So bedeutet z. B. 29 le eine Farbe mit dem Farbton 29 (zweites Rot), dem Weißgehalt l und dem Schwarzgehalt e.

Christine Ladd-Franklin (1847–1930)

COLOUR AND COLOUR THEORIES

9 plates, 22 x 13.5 cm | 8 ⅝ x 5 ¼ in., London & New York, 1929
Sussex, collection of the author

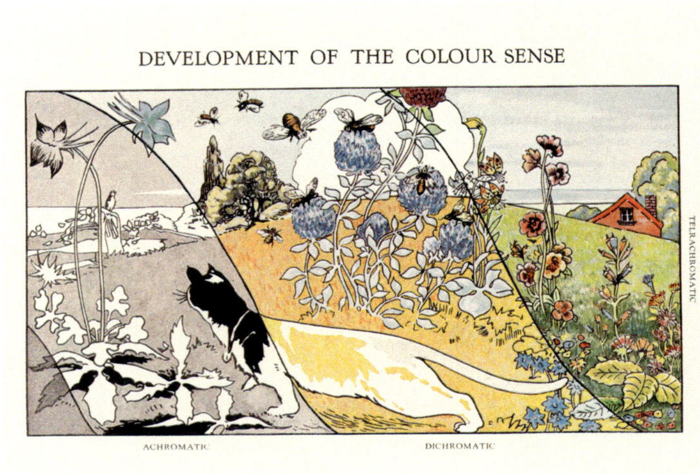

Although it was published in 1929, *Colour and Colour Theories* was first conceived in the 19th century and is therefore an important indicator of developments in colour research over that period, as well as the restrictions women still faced at the time in higher education. Connecticut-born Christine Ladd-Franklin succeeded in entering colleges and attending university courses despite the rules that were then in place, sometimes by hiding the fact that she was a woman. With the assistance of the English mathematician James Sylvester she was admitted to John Hopkins University, where she studied mathematics under Sylvester and logic with Charles Sanders Peirce. Although she completed all the requirements for a Ph.D. – and in the process became the first woman in the United States to do so – the university did not allow her to graduate, and she had to wait until 1926 for this to be rectified, 44 years after she had earned her doctorate.

Ladd-Franklin was concerned with how individual colour "sensation" could be explained in relation to the anatomy of the human eye. She had a profound knowledge of the prevailing theories of colour vision in the 19th century and had worked in Germany for several years with the pioneering researchers in this field, Hermann von Helmholtz, Ewald Hering, and their fellow scientists. As early as 1892 Ladd-Franklin had proposed her own theory of colour vision in a series of essays written in German and English, which took a critical view of the two rival theories proposed by Helmholtz and Hering. She argued for an evolutionary, or developmental theory of colour vision, beginning with a single light-sensitive chemical in prehistoric times that gave animals an achromatic black-and-white vision. Over time this molecular activity became differentiated into two processes, with one part recognising "warm" tones (yellow) and the other "cold" (blue), thus leading to dichromatic vision, as is found still in certain insects. Human trichromatic vision would represent a further evolutionary split when yellow differentiated into red and green, which Ladd-Franklin then extended to a theory of tetrachromatic human vision. One instance she put forward in support of her argument referred to colour blindness which was known to occur only in certain colour pairs.

The full extent of Ladd-Franklin's studies and research was not published until 1929 when this book was issued. She commissioned the colour plates specially, which she considered a "kintergarten [*sic*] method of enabling one to hold in mind all at once the curiously complicated [...] phenomena of colour", and while her theories are now mostly discredited or have been superseded, there can be no question that she contributed significantly to an understanding of colour psychology in relation to colour vision.

I. FIRST CRUDE ANALYSIS OF THE COLOUR SENSE

II. SCIENTIFIC ANALYSIS OF THE SPECTRUM: HELMHOLTZ-KONIG

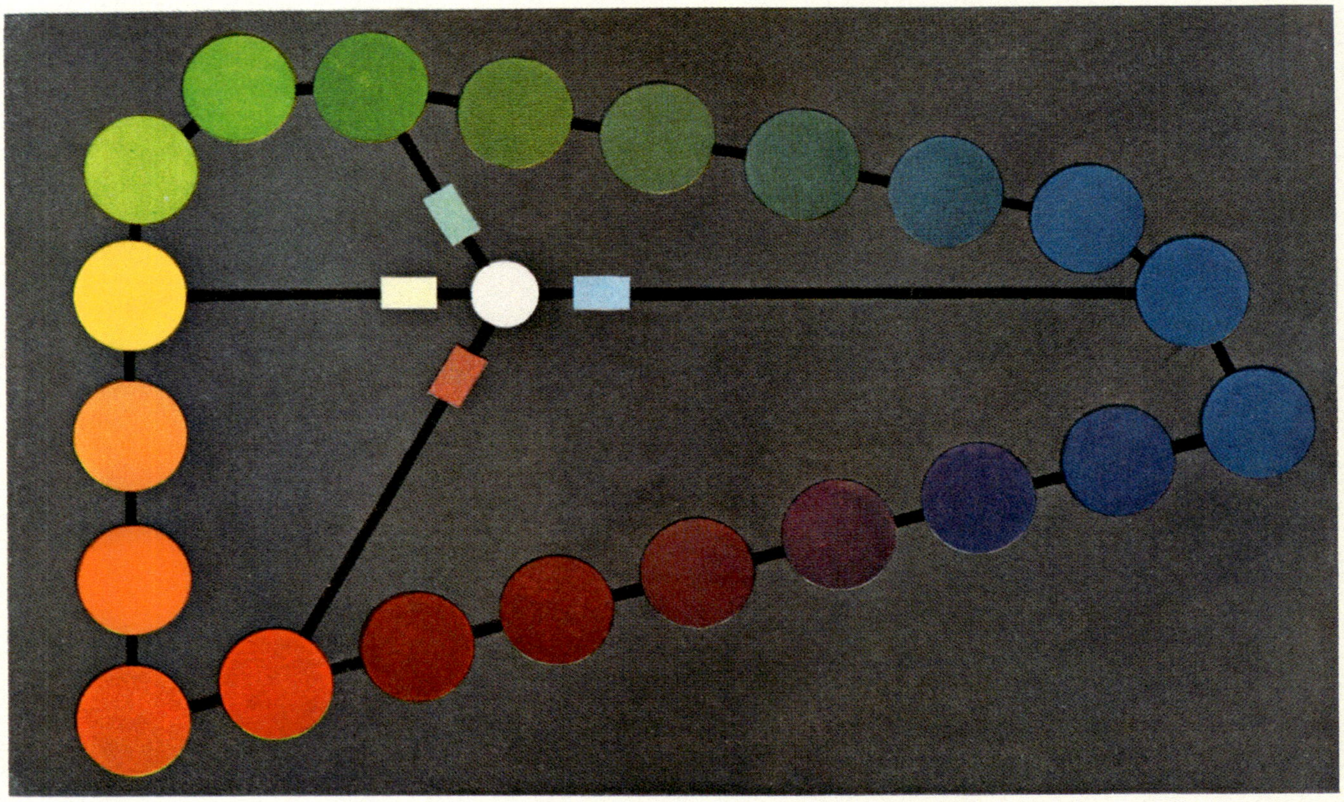

III. THE COLOUR TRIANGLE

Farbe und Farbtheorien

Obwohl es 1929 veröffentlicht wurde, reichen die Wurzeln von *Colour and Colour Theories* bis ins 19. Jahrhundert zurück. Das Buch ist daher ein wichtiger Indikator für die Entwicklung der Farbforschung in dieser Zeit und für die Einschränkungen, denen Frauen im damaligen Hochschulwesen unterworfen waren. Die im US-Bundesstaat Connecticut geborene Christine Ladd-Franklin setzte sich klug über die geltenden Vorschriften zum Collegezugang und Hochschulstudium hinweg und hatte Erfolg, indem sie mitunter sogar ihre weibliche Identität verbarg. Mit Unterstützung des englischen Mathematikers James Sylvester wurde sie an der Johns Hopkins University zugelassen, wo sie bei Sylvester Mathematik und bei Charles Sanders Peirce Logik studierte. Obwohl sie – als erste Frau in den USA überhaupt – alle für eine Promotion erforderlichen Leistungen erbrachte, verweigerte ihr die Universität den Abschluss. Sie musste bis 1926 warten, ehe diese Entscheidung korrigiert wurde – ganze 44 Jahre, nachdem sie den Doktorgrad eigentlich erworben hatte.

Ladd-Franklin beschäftigte die Frage, wie die individuelle „Empfindung" von Farbe in Bezug auf die Anatomie des menschlichen Auges zu erklären war. Sie kannte die im 19. Jahrhundert vorherrschenden Theorien des Farbensehens und hatte in Deutschland mehrere Jahre lang mit Hermann von Helmholtz, Ewald Hering und deren Kollegen, den wegweisenden Forschern auf diesem Gebiet, zusammengearbeitet. Schon 1892 hatte sie in einer Reihe von Aufsätzen auf Deutsch und Englisch ihre eigene Theorie des Farbensehens vorgelegt, die sich kritisch mit den beiden konkurrierenden Theorien von Helmholtz

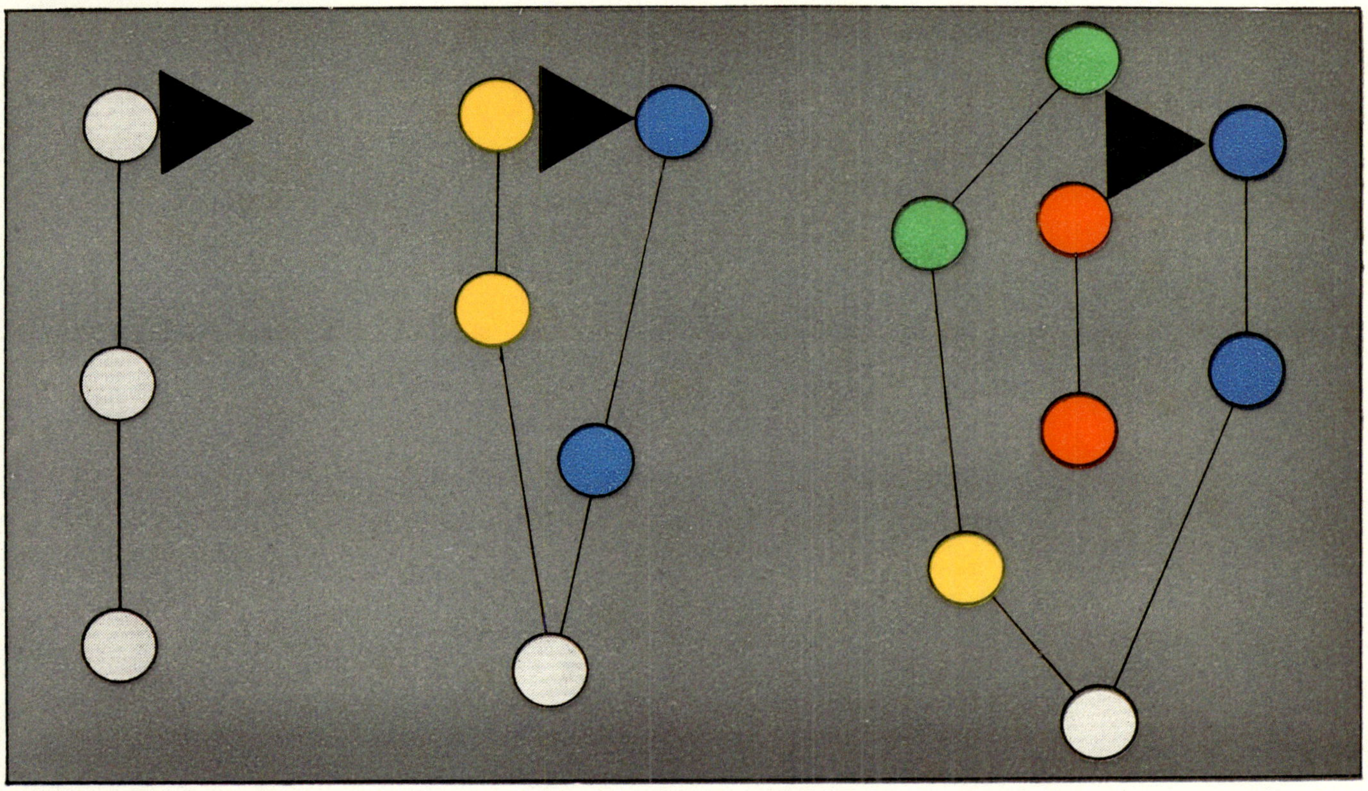

IV. THE STAGES OF DEVELOPMENT—THEORETICAL

und Hering auseinandersetzte. Sie selbst plädierte für eine Evolutions- oder Entwicklungstheorie des Farbensehens, das in prähistorischer Zeit mit einer einzigen lichtempfindlichen Chemikalie begann und Tieren ein unbuntes Schwarz-Weiß-Sehen ermöglichte. Mit der Zeit spaltete sich diese Molekulartätigkeit in zwei Prozesse auf. Ein Teil erkannte „warme" Töne (Gelb), der andere „kalte" (Blau), was zum Zweifarbensehen führte, wie es heute noch bei manchen Insekten zu finden ist. Das Dreifarbensehen des Menschen steht für eine weitere evolutionäre Aufspaltung von Gelb in Rot und Grün, die Ladd-Franklin dann zu einer Theorie des menschlichen Vierfarbensehens erweiterte. Ein Beleg, den sie zur Unterstützung ihrer Argumentation vorbrachte, bezog sich auf die Farbenfehlsichtigkeit, von der man wusste, dass sie nur bestimmte Farbpaare betraf. Der ganze Umfang der Studien und Forschungsarbeiten Ladd-Franklins wurde erst 1929 mit dem hier vorgestellten Farbenbuch sichtbar. Die Farbtafeln dafür gab sie speziell in Auftrag. Dabei hielt sie Farbdiagramme eigentlich für eine „Kintergartenmethod [sic], die uns befähigt, die merkwürdig komplizierten [...] Farbphänomene auf einmal im Kopf zu behalten". Während ihre Theorien heute größtenteils in Misskredit geraten oder überholt sind, kann es keinen Zweifel geben, dass Ladd-Franklin maßgeblich zu einem besseren Verständnis des Zusammenhangs zwischen Farbensehen und Farbpsychologie beigetragen hat.

V. THE STAGES OF DEVELOPMENT—*Left*, ACTUAL *Right*, THEORETICAL

Couleur et théories chromatiques

Publié en 1929, *Colour and Colour Theories* a pourtant été conçu à la fin du siècle précédent. À ce titre, il est un témoignage important de l'évolution de la recherche sur la couleur, ainsi que des limitations que subissent encore alors les femmes dans l'accès aux études supérieures. Née dans le Connecticut, Christine Ladd-Franklin a habilement transgressé les règles d'accès aux cours délivrés dans les universités, allant parfois jusqu'à cacher qu'elle était une femme. Elle étudie les mathématiques auprès de l'Anglais James Sylvester, qui l'a fait admettre à la Johns Hopkins University, ainsi que la logique auprès de Charles Sanders Peirce. Elle remplit toutes les conditions pour rédiger sa thèse et devient la première femme aux États-Unis à parvenir à ce niveau. Cependant, l'université ne lui permet pas d'obtenir son doctorat, ce qui ne sera réparé qu'en 1926, soit quarante-quatre ans après la fin de son cursus.

Ladd-Franklin cherche particulièrement à expliquer comment l'anatomie de l'œil humain produit la « sensation » d'une couleur. Elle est très au fait des théories sur la vision de la couleur qui prévalent au XIXe siècle et a travaillé plusieurs années en Allemagne avec les pionniers de la recherche dans ce domaine, Hermann von Helmholtz, Ewald Hering et leurs collègues scientifiques. Dès 1892, Ladd-Franklin a proposé sa propre théorie de la vision des couleurs et critique les deux théories rivales de Helmholtz et Hering dans une série d'essais écrits en allemand et en anglais. Elle y soutient une théorie évolutionniste : un élément chimique photosensible unique aurait donné aux animaux, depuis la préhistoire, une

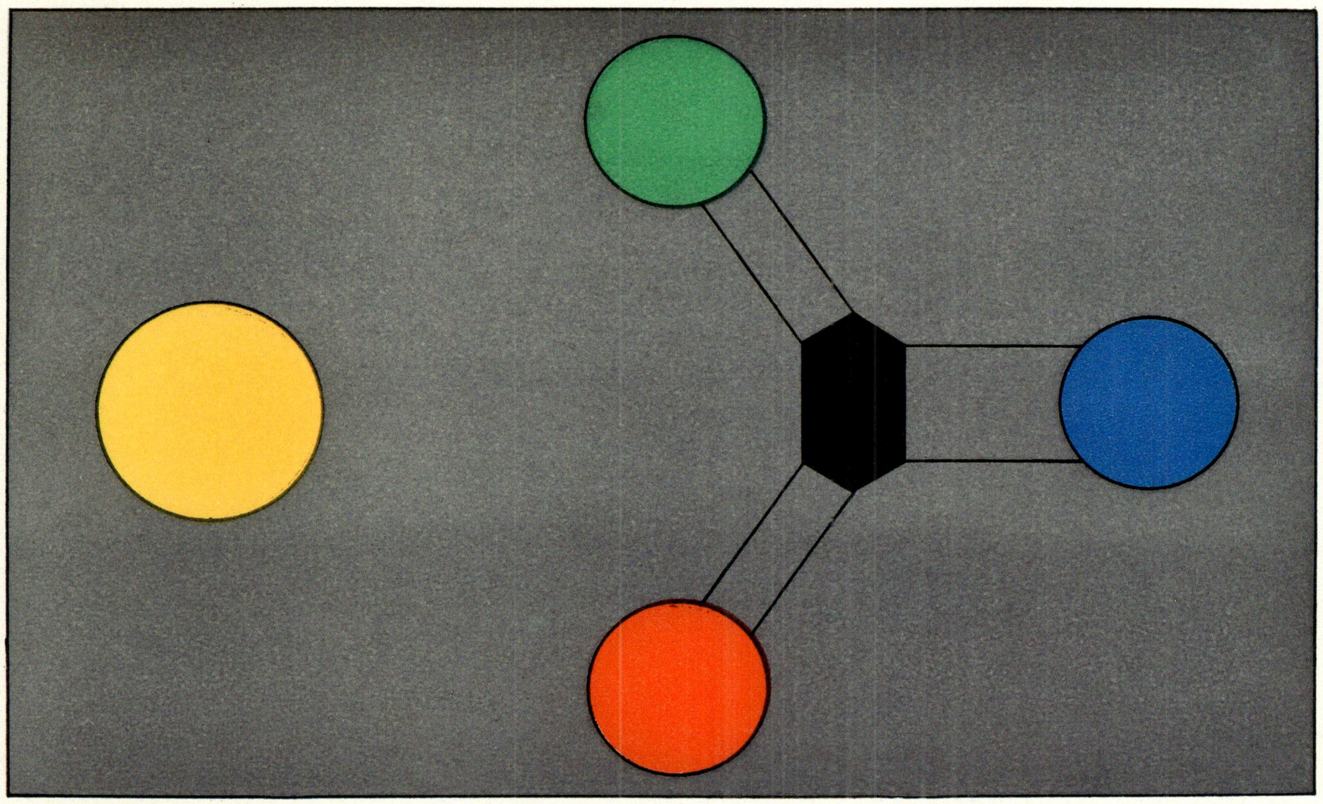

VI. THE ASSUMED COLOUR-MOLECULE—TOGETHER WITH SECONDARY YELLOW

vision achromatique en noir et blanc. Au fil du temps, cette activité moléculaire se serait différenciée en deux processus, l'un permettant de reconnaître les teintes « chaudes » (jaune), l'autre les « froides » (bleu), et aurait donné lieu à la vision dichromatique que l'on trouve chez certains insectes. La vision trichromatique humaine aurait correspondu à une séparation ultérieure dans cette évolution, soit la division du jaune en rouge et vert, et abouti plus tard encore, selon Ladd-Franklin, au tétrachromatisme chez l'humain. Le daltonisme, réputé n'affecter que la vision de certaines paires chromatiques, est un argument de plus pour étayer sa thèse.

La sortie de cet ouvrage en 1929 représente la première publication de la totalité des recherches de Ladd-Franklin. Elle fait faire tout spécialement les planches en couleurs, les considérant comme « une méthode de *kintergarten* [*sic*] pour permettre à chacun d'envisager dans sa totalité le phénomène [...] curieusement compliqué de la couleur ». Si ses théories ont été largement battues en brèche depuis, sa contribution a de toute évidence été significative dans la compréhension de la psychologie de la couleur par rapport à la vision des couleurs.

VII. *Above*, THE SPECTRUM. *Below*, ITS RESIDUAL IMAGE

Color y teorías del color

Aunque se publicó en 1929, *Colour and Colour Theories* se concibió en el siglo XIX y, por lo tanto, es una referencia importante de los avances en la investigación del color de ese período, así como de las limitaciones a las que todavía se enfrentaban las mujeres en la educación superior. Christine Ladd-Franklin, nacida en Connecticut, alcanzó el éxito inteligentemente a pesar de las normas que regían el acceso a la formación universitaria, a veces ocultando el hecho de ser mujer. Con la ayuda del matemático inglés James Sylvester, estudió matemáticas con él Sylvester y lógica con Charles Sanders Peirce en la Universidad John Hopkins. Aunque cumplía todos los requisitos para doctorarse —y convertirse de paso en la primera mujer en hacerlo en Estados Unidos— la universidad no le permitió licenciarse, y tuvo que esperar hasta 1926 para que eso se subsanara, 44 años después de haber presentado su tesis.

Ladd-Franklin se interesó en cómo se podía explicar la «sensación» del color individual en relación con la anatomía del ojo humano. Tenía un profundo conocimiento de las teorías dominantes sobre la visión del color en el siglo XIX, y había trabajado varios años en Alemania con los investigadores pioneros en ese campo, Hermann von Helmholtz, Ewald Hering y sus colegas científicos. Ya en 1892, Ladd-Franklin había propuesto su propia teoría de la visión del color en una serie de ensayos escritos en alemán e inglés en los que adoptaba una visión crítica de las dos teorías rivales propuestas por Helmholtz y Hering. Abogó por una teoría evolutiva o de desarrollo de la visión del color según la cual los animales contaban en tiempos prehistóricos con una única

VIII. *Left*, ATAVISTIC DICHROMATIC VISION OF THE TWO TYPES
Right, NORMAL TETRACHROMATIC VISION

sustancia química sensible a la luz que les proporcionaba una visión acromática en blanco y negro. Con el tiempo, de esa actividad molecular surgieron dos procesos que permitían reconocer, por una parte, los tonos «cálidos» (amarillos), y por la otra los «fríos» (azules), que dieron paso a una visión dicromática como la que aún se encuentra en ciertos insectos. La visión tricromática humana habría supuesto una división evolutiva adicional por la cual el amarillo se escindió en rojo y verde; más adelante, Ladd-Franklin reformuló esa teoría y planteó una visión humana tetracromática. En apoyo a su discurso, puso como ejemplo el daltonismo, del que se sabía que solo se daba con ciertas parejas de colores.

La totalidad de los estudios e investigaciones de Ladd-Franklin no se publicó hasta 1929, cuando apareció el libro que aquí se presenta. Ella misma encargó las láminas en color, que consideró un «método de escuela infantil que permite aprehender de un vistazo los curiosamente complicados [...] fenómenos del color», y aunque sus teorías ahora están en su mayoría desacreditadas o se han visto reemplazadas por otras, no puede haber duda de que contribuyó significativamente a la comprensión de la psicología del color en relación con la visión del color.

Carry van Biema (1881–1942)

FARBEN UND FORMEN ALS LEBENDIGE KRÄFTE

Colours and Forms as Living Forces
19 plates, 21.8 x 15.4 cm | 8 5/8 x 6 in., Jena, 1930
Berlin, Universität der Künste

A deeply personal and intellectual work, *Farben und Formen als lebendige Kräfte* was intended to combine scholarship with practical advice. In this it fully reflected its author's upbringing and vocation since Carry van Biema had decided when she was still young that she would be an artist, which she then managed to combine with teaching art and art history. She moved between her birthplace Germany and the Netherlands, where her family came from, for work and exhibiting her own art. Van Biema mixed with members of German avant-garde groups while studying old masters and foundational texts, including Goethe's writings on colour. The person who most influenced her approach to colour was Adolf Hölzel (1853–1934), a German abstract painter and teacher at the Königliche Akademie der bildenden Künste in Stuttgart (Stuttgart Academy of Arts) where Van Biema attended classes from 1914 to 1919, overlapping as a student there with Johannes Itten. In the absence of any published work by Hölzel, Van Biema intended to bring his theories to wider public attention, and this she eventually did with *Farben und Formen*, which was divided into three parts: an introduction to the basics of painting and composition, an overview of Goethe's *Zur Farbenlehre* and an introduction to Hölzel's colour theory.

The bold modernist cover of *Farben und Formen* was designed by the German Expressionist Max Thalmann (1890–1944), and the book itself contains 21 chromolithographic plates depicting colour diagrams and artworks, together with 81 black and white photographic images. Van Biema's plates are particularly innovative in having an interactive element, since each one is overlaid with a transparent tissue guard printed with graphic shapes and text labels that relate to the image underneath. It was an extremely simple and effective idea that made it easier for the reader to understand concepts such as the golden ratio or the structure of various colour diagrams.

Although the book was not positively received by Hölzel, it was widely discussed in Germany and during the early 1930s Van Biema appears to have enjoyed both intellectual fulfilment and professional success. It was not to last, however, for since she was Jewish she faced persecution under the Nazi regime. Van Biema temporarily found shelter in the Netherlands but was eventually deported and murdered in Auschwitz concentration camp. Most copies of her book are thought to have been destroyed by the Nazis.

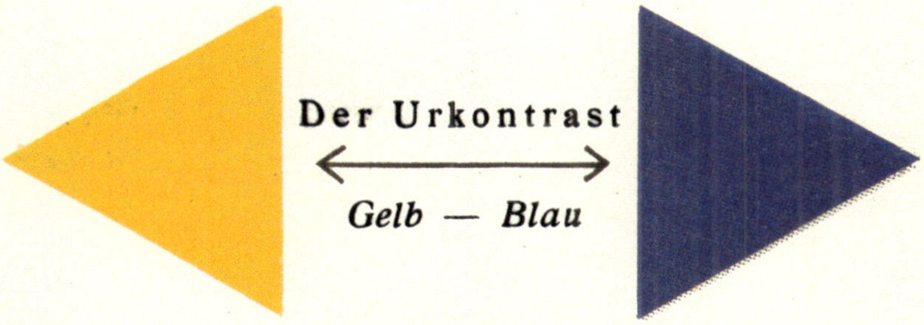

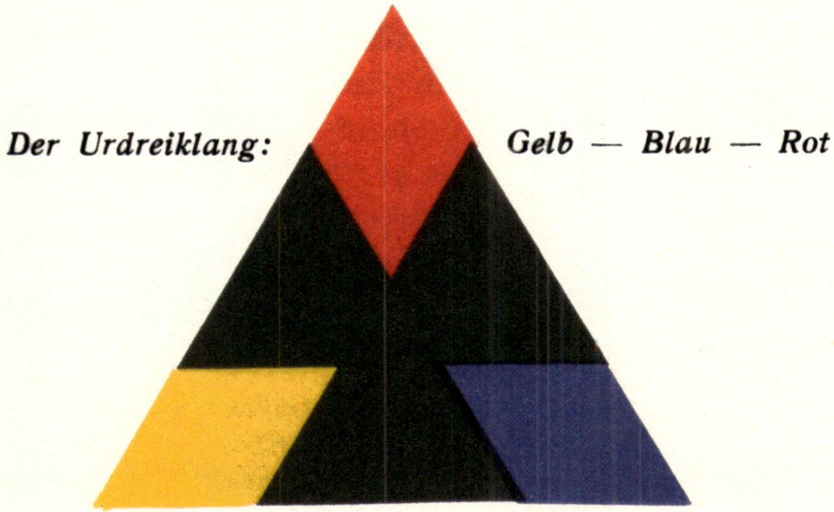

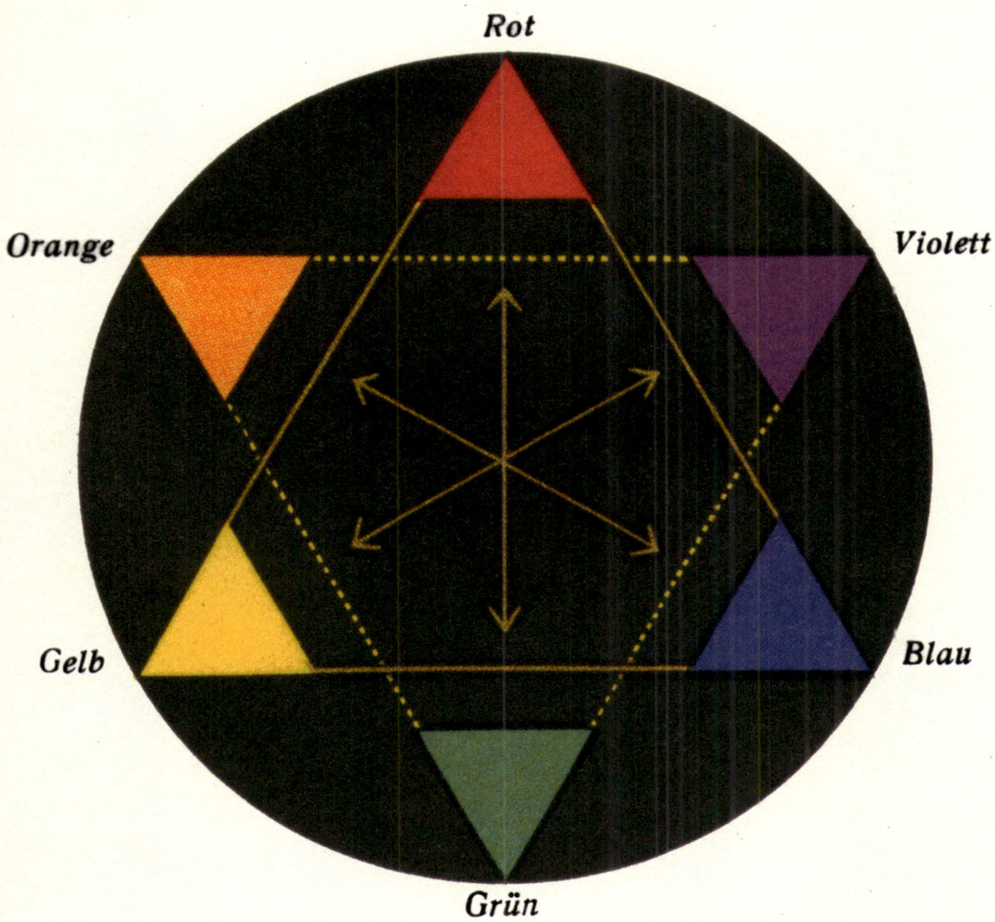

DER GOETHESCHE FARBKREIS
(Die Pfeile bezeichnen die komplementären Paare)

TAFEL II

DER ÄQUIVALENTE FARBKREIS NACH SCHOPENHAUER

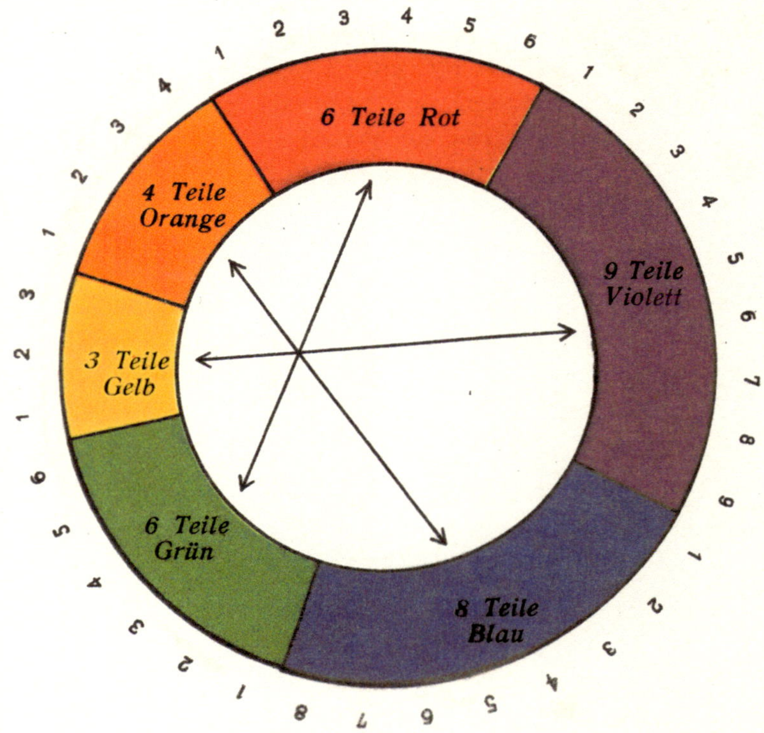

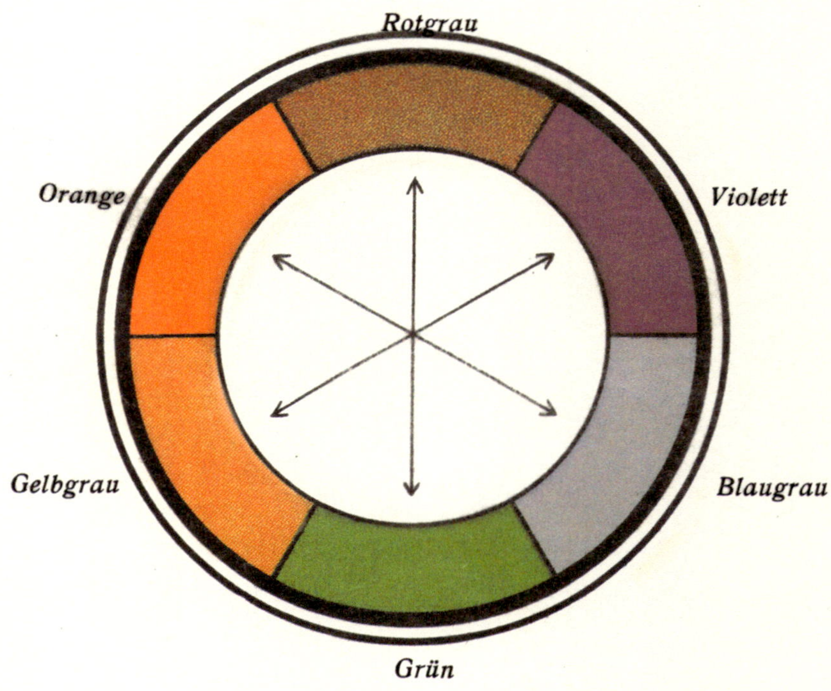

DER MISCHFARBENKREIS

Die tertiären Farben haben die Plätze der Urfarben eingenommen

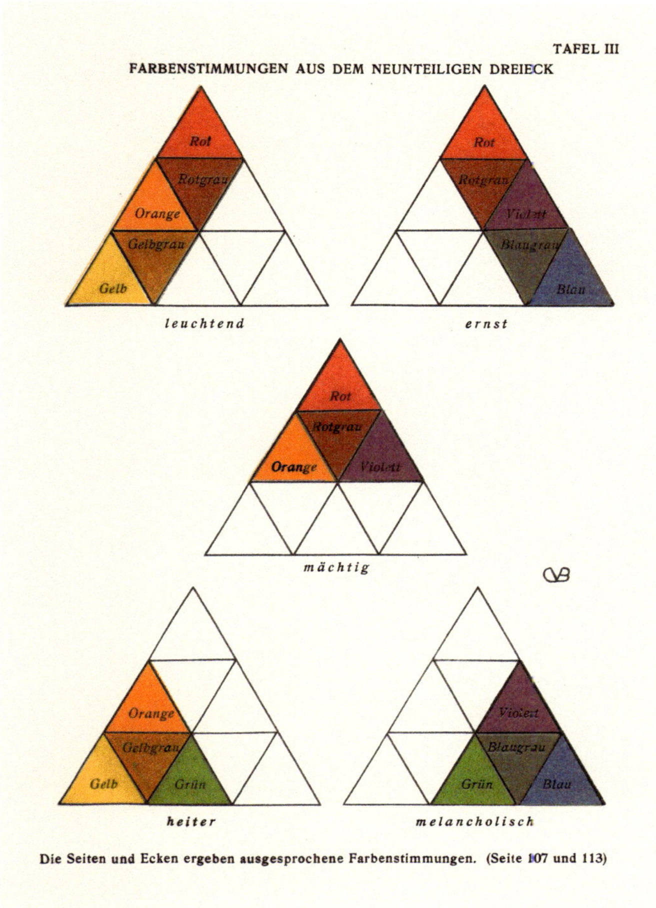

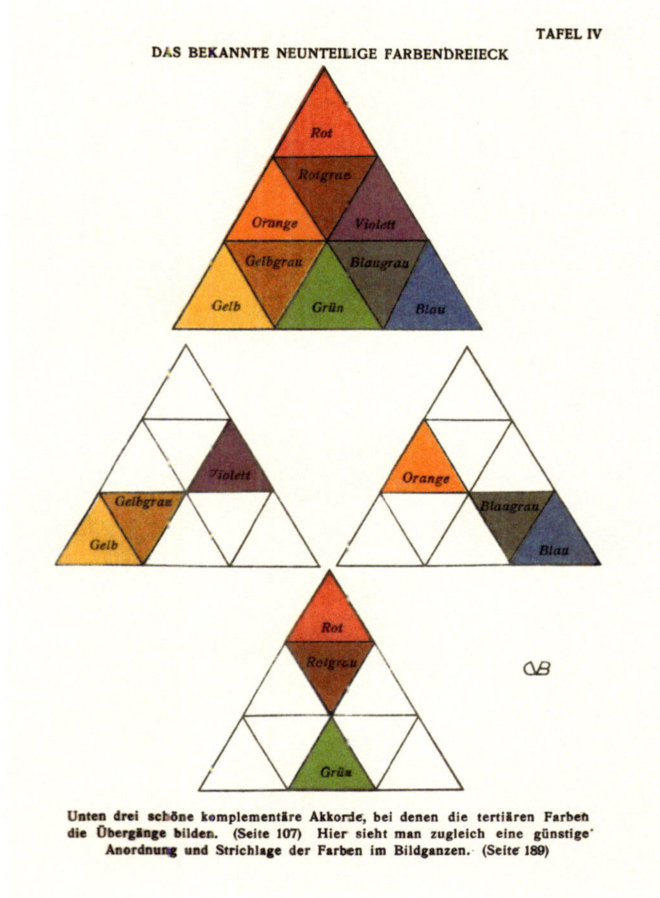

Farben und Formen als lebendige Kräfte

Farben und Formen als lebendige Kräfte war ein zutiefst persönliches und intellektuelles Buch, das Wissenschaft und praktische Ratschläge miteinander verbinden sollte. Darin spiegelte es vollumfänglich die Erziehung und Berufung seiner Autorin wider. Schon als Jugendliche hatte Carry van Biema beschlossen, Künstlerin zu werden. Später dann gelang es ihr, neben der Malerei Kunst und Kunstgeschichte zu unterrichten. Um zu arbeiten und ihre eigene Kunst auszustellen, pendelte sie zwischen ihrem Geburtsland Deutschland und den Niederlanden, dem Herkunftsland ihrer Familie. Sie verkehrte mit Mitgliedern avantgardistischer Künstlergruppen in Deutschland und beschäftigte sich gleichzeitig mit Alten Meistern und Grundlagentexten wie Goethes Schriften über Farbe. Den größten Einfluss auf ihren Zugang zur Farbe hatte der deutsche Abstraktionist Adolf Hölzel (1853–1934), der an der Königlichen Akademie der bildenden Künste in Stuttgart lehrte, wo van Biema von 1914 bis 1919 teils zeitgleich mit Johannes Itten studierte. Weil es von Hölzel wenig Schriftliches gab, wollte van Biema seine Theorien einer breiteren Öffentlichkeit bekannt machen und setzte ihr Vorhaben mit *Farben und Formen als lebendige Kräfte* in die Tat um. Das Buch war in drei Teile untergliedert: eine Einführung in die Grundlagen der Malerei und Komposition, einen Überblick über Goethes Farbenlehre und eine Einführung in Hölzels Farbtheorie.

Den modernen Einband von *Farben und Formen* entwarf der deutsche Expressionist Max Thalmann (1890–1944). Das Buch selbst enthält 21 farblithografische Tafeln mit Abbildungen von Farbdiagrammen und Kunstwerken, ergänzt um 81 Schwarz-Weiß-Reproduktionen. Als besondere Neuerung fügte van Biema jeder ihrer Bildtafeln ein interaktives Element hinzu, ein Deckblatt aus transparentem Seidenpapier, das mit grafischen Formen und Beschriftungen bedruckt war, die sich auf das darunterliegende Bild bezogen. Dieser überaus simple und wirkungsvolle Einfall erleichterte es der Leserschaft, Ideen wie den Goldenen Schnitt oder den Aufbau verschiedener Farbdiagramme nachzuvollziehen.

Obwohl Hölzel selbst das Buch nicht gut aufnahm, wurde es in Deutschland in weiten Kreisen diskutiert. Entsprechend scheint seine Autorin in den frühen 1930er-Jahren sowohl geistige Erfüllung als auch beruflichen Erfolg genossen zu haben. Beides sollte nicht von Dauer sein, denn als Jüdin wurde van Biema vom NS-Regime verfolgt. Vorübergehend fand sie Schutz in den Niederlanden, wurde jedoch schließlich deportiert und im Konzentrationslager Auschwitz ermordet. Die meisten Exemplare ihres Buches fielen vermutlich dem Zerstörungswahn der Nationalsozialisten zum Opfer.

TAFEL V

DER ACHTTEILIGE ODER DIATONISCHE FARBKREIS

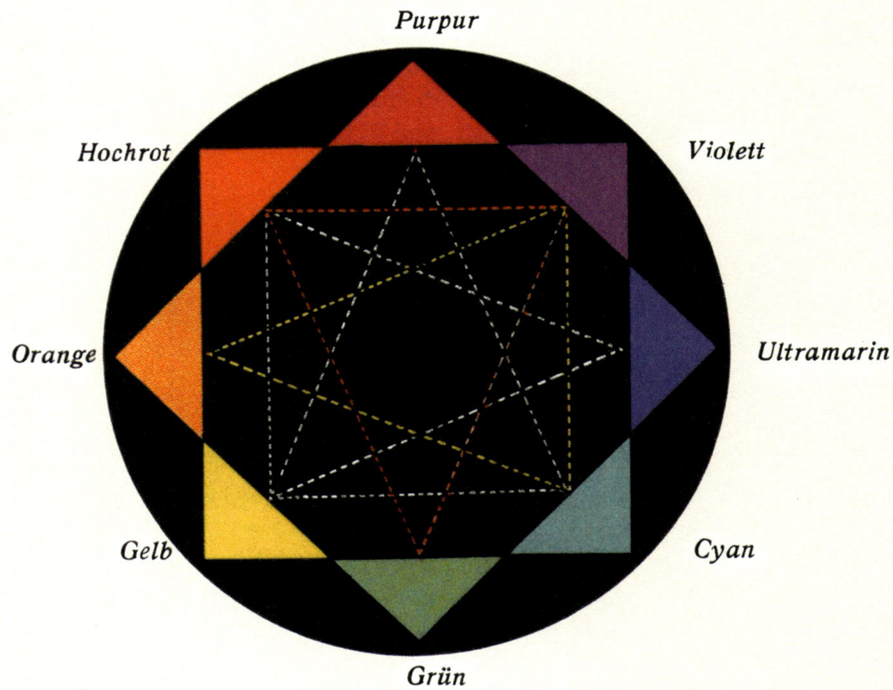

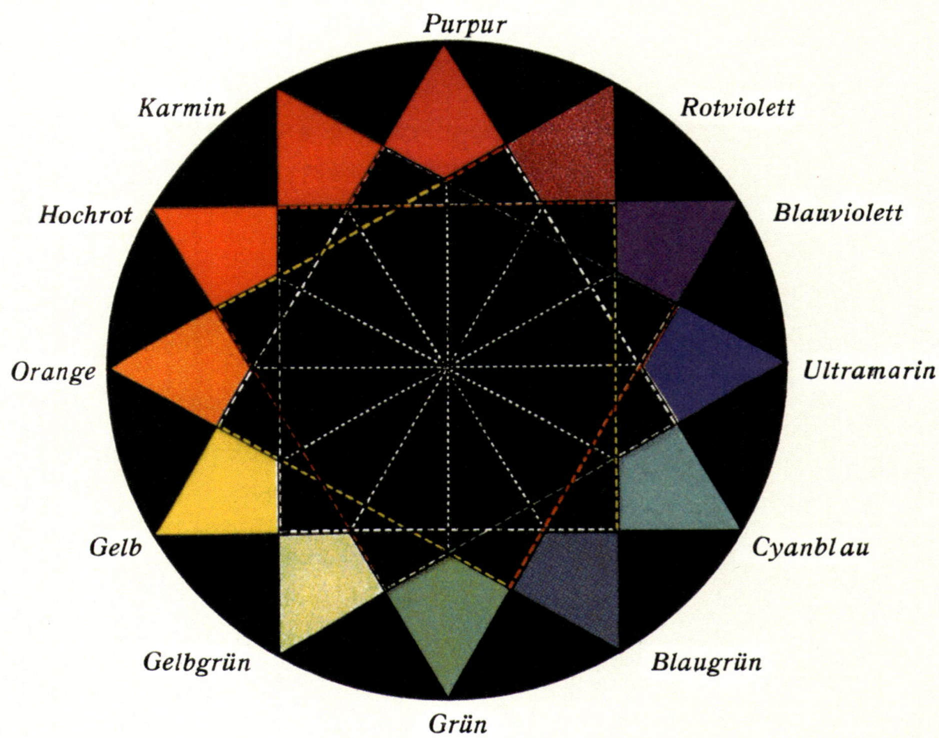

DER ZWÖLFTEILIGE FARBKREIS

TAFEL VI

DER ALTBEKANNTE ZWÖLFTEILIGE FARBKREIS

(Die Pfeile bezeichnen die komplementären Paare)

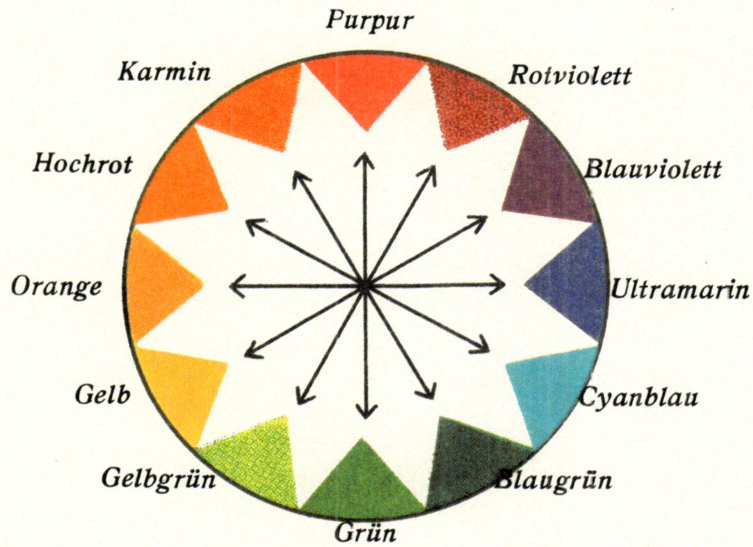

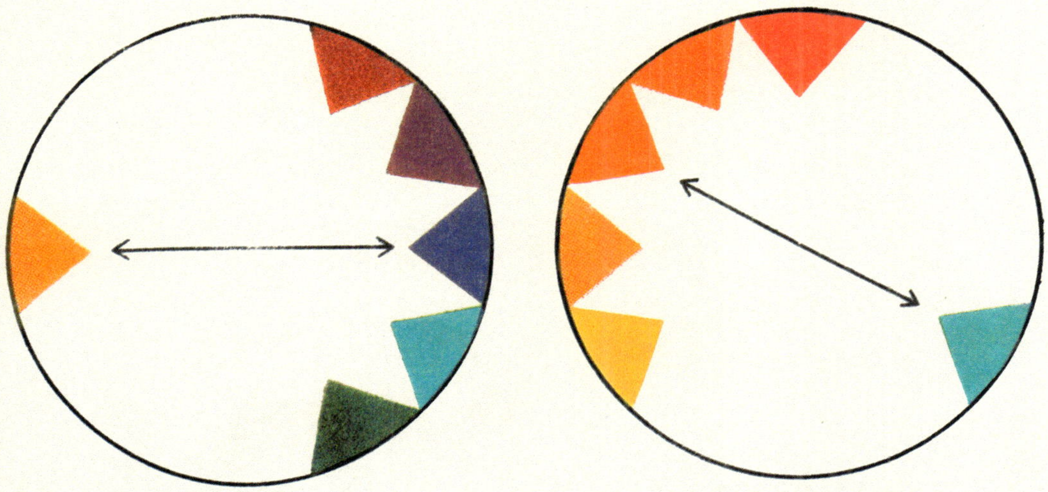

„Das Sanfte“ „Das Mächtige“

DUR- UND MOLLKLANG NACH GOETHE

TAFEL VII

DIE EINE SEITE DER IM JAHRE 1928 WIEDERGEFUNDENEN FARBENTAFEL GOETHES

Durch ein Prisma betrachtet zeigt diese Tafel sonderbare Verwandlungen, Verschiebungen, Überstrahlungen, leuchtende Ränder und Säume. (Seite 118)

TAFEL VIII

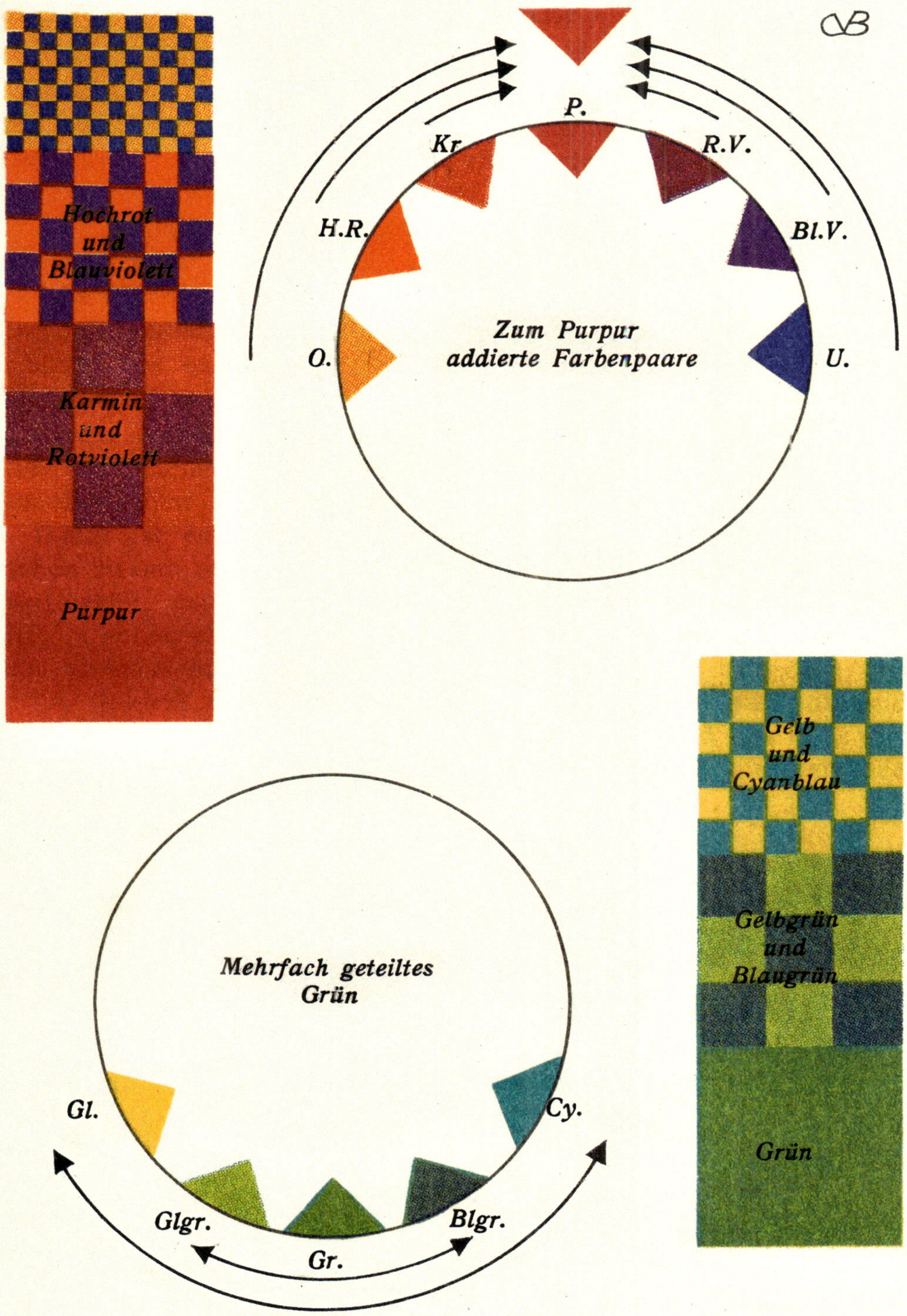

DIVIDIEREN UND ADDIEREN DER FARBEN

TAFEL IX

AUGENBLICKSSKIZZE VON HÖLZEL

(Bleistift, schwarze Tusche, Pastell)

Das Hell-Dunkel bildet hier die Grundlage und gibt dem Blatt die lebendige Wirkung. Die Farbe erscheint als Zugabe. (Seite 189) Aus der Entfernung betrachtet, regt diese Zeichnung die Phantasie zu reichen Bildgestaltungen an. Das Quadrat im Rechteck ist erkennbar. Auffallende helle und dunkle Stellen stehen im Goldenen Schnitt

TAFEL X

AUGENBLICKSSKIZZE VON HÖLZEL

während des Erklärens gezeichnet

Die vier Themen Hell, Dunkel, Kalt und Warm durchkreuzen sich. (Seite 192)

Les couleurs et les formes, forces vitales

Ouvrage profondément intellectuel et personnel, *Farben und Formen als lebendige Kräfte* vise à marier pédagogie et conseils pratiques. En cela, il reflète pleinement l'éducation et la vocation de son autrice. Carry van Biema a en effet décidé très jeune qu'elle serait artiste, ce qu'elle a ensuite réussi à mener de front avec l'enseignement de l'art et de l'histoire de l'art. Elle voyage régulièrement entre son Allemagne natale et les Pays-Bas, d'où est originaire sa famille, pour son travail et pour exposer ses œuvres. Elle fréquente les groupes de l'avant-garde allemande tout en étudiant les maîtres de la peinture classique et les textes fondateurs, dont les écrits de Goethe sur la couleur. Mais dans son approche du sujet, elle est surtout influencée par Adolf Hölzel (1853–1934), peintre abstrait allemand qui enseigne à la Königliche Akademie der bildenden Künste (Académie royale des beaux-arts) à Stuttgart, où van Biema suit des cours de 1914 à 1919, en partie au même moment que Johannes Itten. Hölzel n'ayant jamais publié d'ouvrage, van Biema se propose de faire connaître ses théories au public. C'est là l'objet de *Farben und Formen*, qui est divisé en trois parties : une présentation des bases de la peinture et de la composition, une vue d'ensemble du *Zur Farbenlehre* de Goethe et une introduction à la théorie de la couleur de Hölzel. La couverture, audacieusement moderniste, est signée par l'expressionniste allemand Max Thalmann (1890–1944). L'ouvrage contient 21 œuvres d'art et tableaux chromatiques chromolithographiés, ainsi que 81 photographies en noir et blanc. Les planches de van Biema sont particulièrement novatrices par leur élément interactif : chacune est recouverte d'un papier de soie transparent imprimé de formes graphiques et de brefs textes en lien avec les images. Une idée extrêmement simple et efficace pour faciliter la compréhension de concepts tels que le nombre d'or ou la structure des différents graphiques chromatiques.

Bien que l'ouvrage soit assez mal accueilli par Hölzel lui-même, il est largement commenté en Allemagne et, au début des années 1930, van Biema semble avoir connu à la fois l'épanouissement intellectuel et la réussite professionnelle. Cela ne dure pas : juive, elle subit la persécution du régime nazi. Après avoir provisoirement trouvé refuge aux Pays-Bas, van Biema est finalement déportée et assassinée au camp de concentration d'Auschwitz. La plupart des exemplaires de son livre ont probablement été détruits par les nazis.

TAFEL XIII

Überflutung des Mittelbildchens mit allen einzelnen Farben des achtteiligen Farbenkreises

EIN SEPTIMEN-SCHLÜSSEL (Seite 208)

Violett und Purpur sind vorhanden. Sie rufen ihr gemeinsames Komplement Gelbgrün hervor. Dieses, als stärkste Farbe, stimmt die beiden Ausgangsfarben in Cyanblau und Hochrot-Orange um

TAFEL XI

DER ZWEIKLANGPURPUR — GRÜN

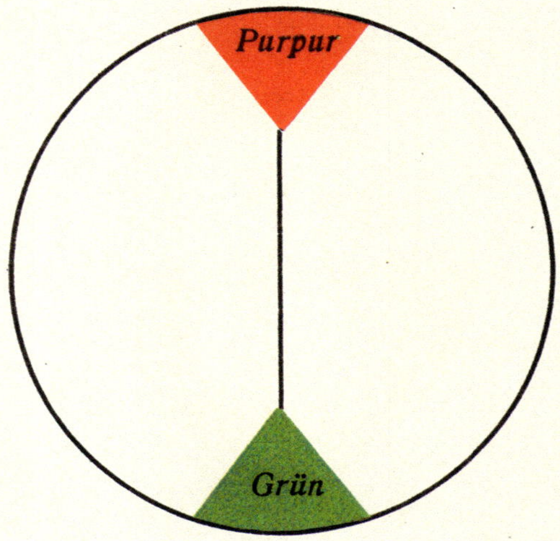

hat sich zum Dreiklang gespalten *und zum Kontradreiklang umgewendet*

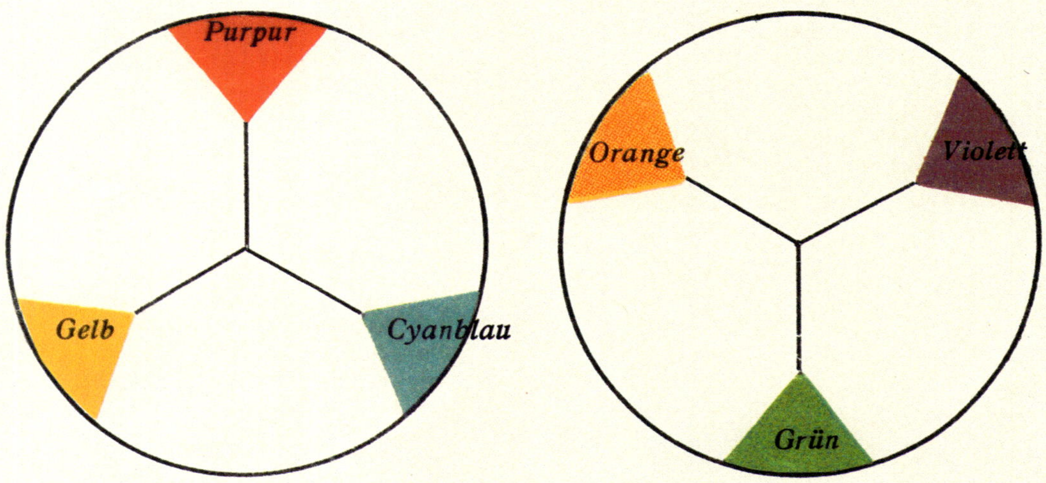

DREIKLANG UND KONTRADREIKLANG

TAFEL XII

Gelb zieht die drei Farben des angeschlagenen Akkords Hochrot, Grün, Violett halbwegs zu sich herüber

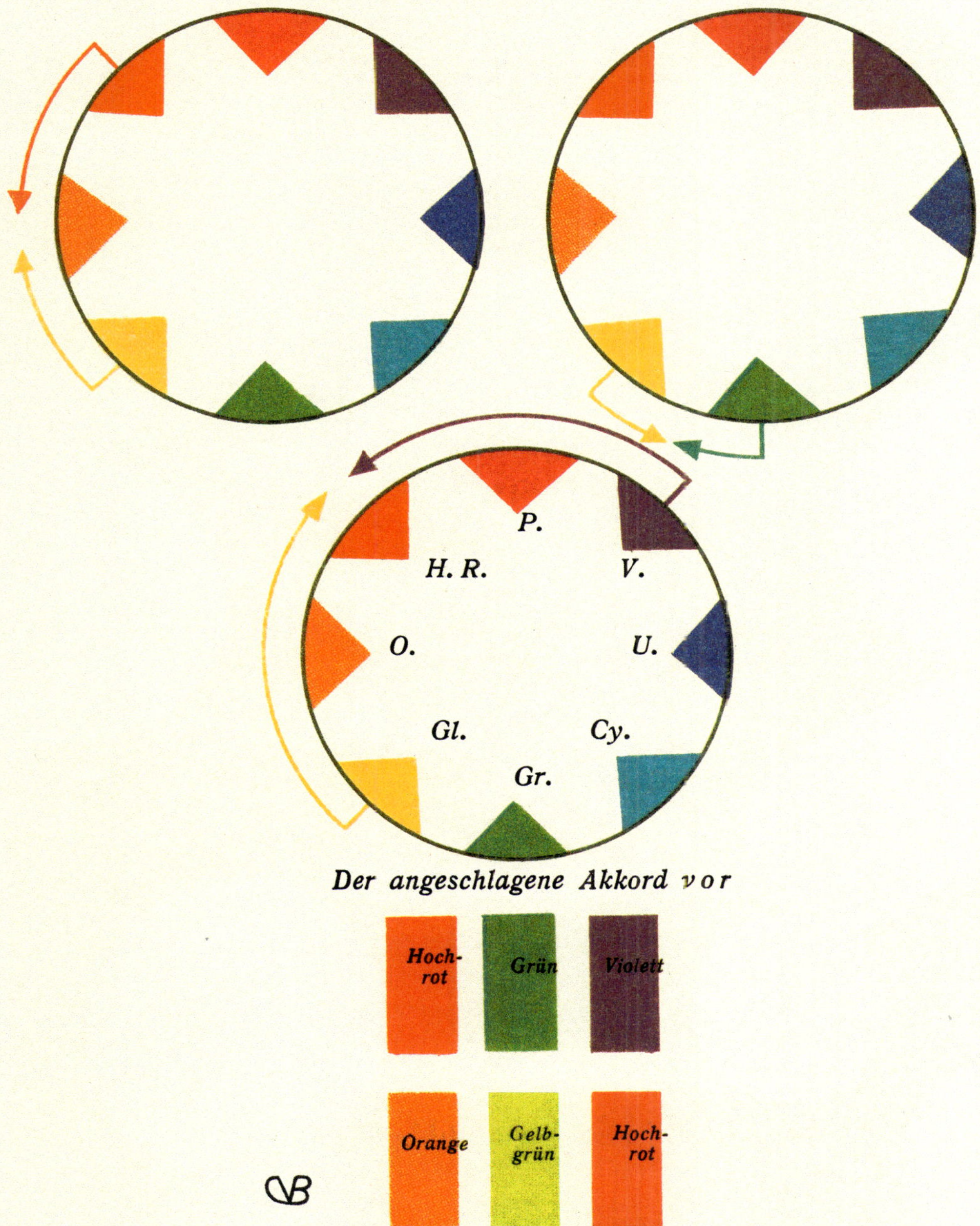

und nach der Überflutung mit Gelb

BEISPIEL EINER DIREKTEN ÜBERFLUTUNG MIT GELB

„Zwar ist ihr (der Farbe) wegen ihrer Unbestimmtheit und Versalität nicht allzuviel zu trauen, doch wird eben diese Beweglichkeit... wieder ein Kriterion des beweglichen Lebens." Goethe

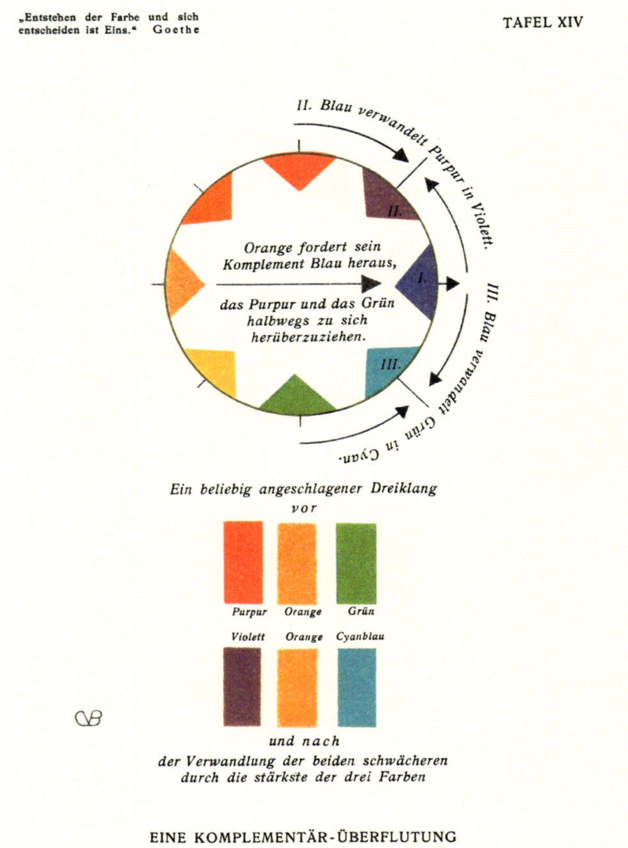

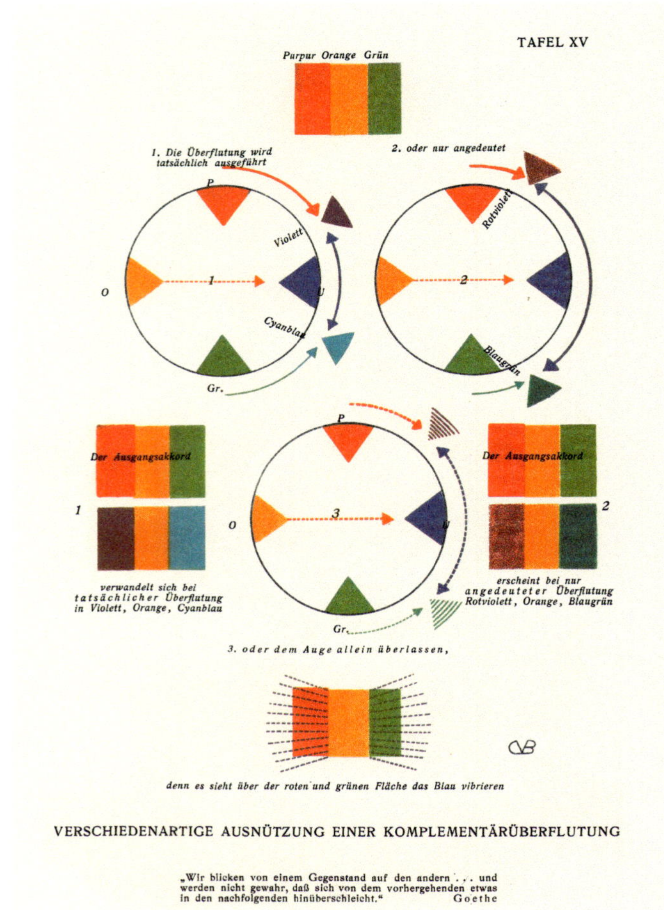

Colores y formas como fuerzas vivas

Farben und Formen als lebendige Kräfte (Colores y formas como fuerzas vivas) es una obra profundamente personal e intelectual que combina la erudición con consejos prácticos. Ese propósito reflejaba plenamente la formación y vocación de su autora, Carry van Biema, quien siendo muy joven había decidido que sería artista, algo que más adelante supo compaginar con la enseñanza del arte y la historia del arte. Vivió a caballo entre su lugar de nacimiento, Alemania, y los Países Bajos, de donde era su familia, para trabajar y exponer su obra. Van Biema se relacionó con miembros de grupos de vanguardia alemanes mientras trabajaba con viejos maestros y textos fundamentales, incluidos los escritos de Goethe sobre el color. La persona que más influyó en su acercamiento al color fue Adolf Hölzel (1853–1934), pintor abstracto alemán y profesor en la Königliche Akademie der bildenden Künste de Stuttgart (Real Academia de Bellas Artes de Stuttgart), donde Van Biema asistió a clases desde 1914 hasta 1919 y llegó a coincidir como estudiante con Johannes Itten. Ante la ausencia de cualquier obra publicada de Hölzel, Van Biema quiso llamar la atención del público sobre sus teorías, algo que finalmente hizo con *Farben und Formen*, que se dividió en tres partes: una introducción a los conceptos básicos de la pintura y la composición, una descripción general de la *Farbenlehre* de Goethe y una introducción a la teoría del color de Hölzel.

El expresionista alemán Max Thalmann (1890–1944) diseñó la audaz portada modernista de *Farben und Formen*. El libro contiene 21 láminas cromolitográficas que representan diagramas cromáticos y obras de arte, junto con 81 imágenes fotográficas en blanco y negro. Las láminas de Van Biema son particularmente innovadoras al contar con un elemento interactivo: encima de cada una hay un tejido transparente con formas gráficas y etiquetas de texto impresas que se relacionan con la imagen de debajo. Es una idea extremadamente sencilla y efectiva que facilita al lector la comprensión de conceptos como la proporción áurea o la estructura de varios diagramas cromáticos.

Aunque Hölzel no recibió bien el libro, este se debatió ampliamente en Alemania. A principios de la década de 1930, Van Biema parecía disfrutar tanto de la realización intelectual como del éxito profesional; sin embargo, eso no iba a durar mucho. Como judía, sufrió la persecución del régimen nazi, y aunque encontró temporalmente refugio en los Países Bajos, al final la deportaron y asesinaron en el campo de concentración de Auschwitz. Se cree que los nazis destruyeron la mayoría de las copias de su libro.

TAFEL XVI

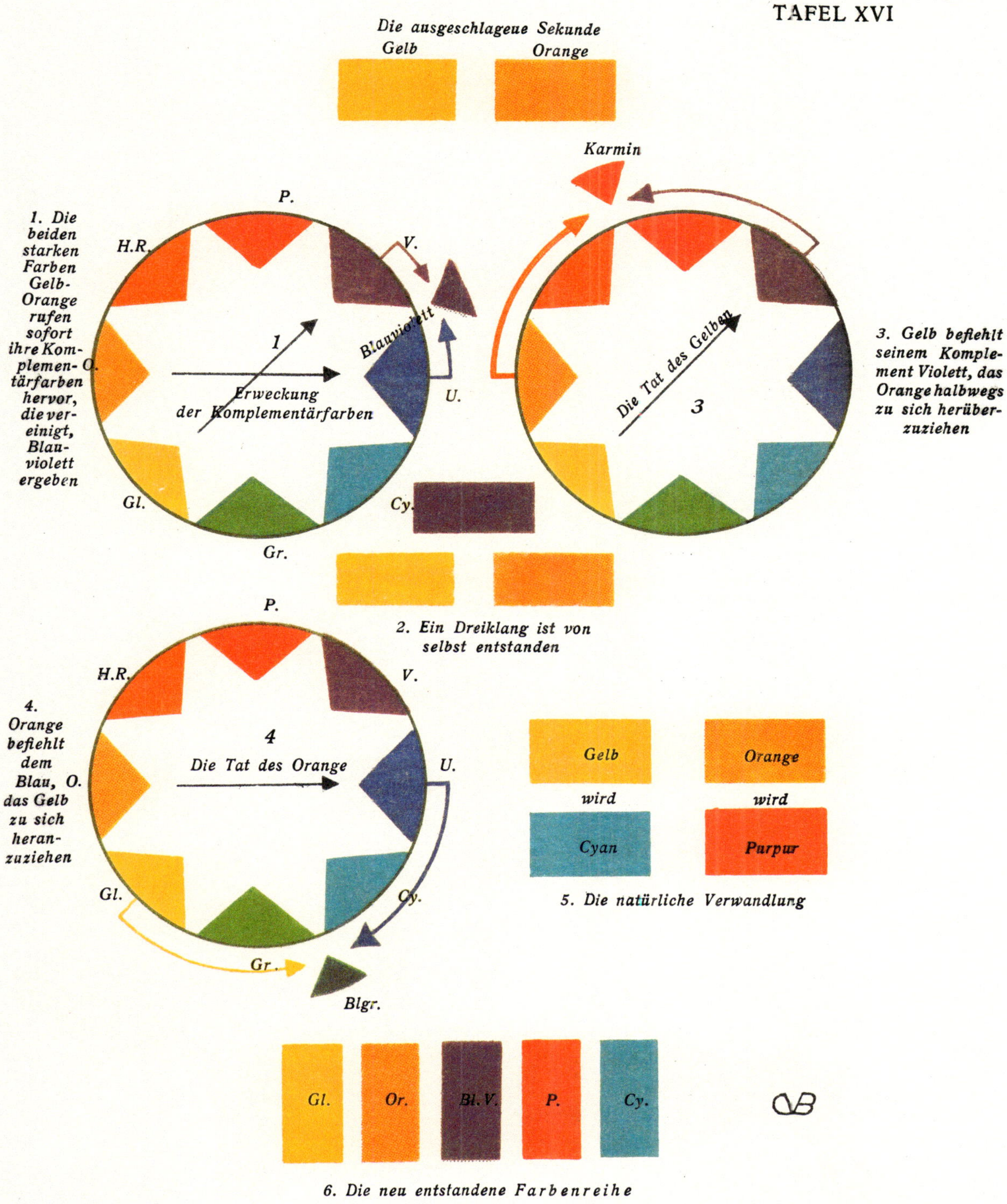

DER KAMPF ZWEIER GLEICHSTARKER FARBEN UM DIE VORHERRSCHAFT

„(Zwei Farben) können aufgehoben, neutralisiert, indifferenziert werden, so daß beide zu verschwinden scheinen, aber sie lassen sich auch umkehren, und diese Umkehrung ist im allgemeinen die zarteste Sache von der Welt.“ Goethe

Ein Terzenschlüssel (Seite 206)

Die rechte, aus dem verwandelten Akkord entwickelte Figur wirkt feinfarbiger als die linke

Ein Quartenschlüssel (Seite 207)

Die oberste Reihe stellt die Quarte Gelb-Ultramarin dar. In der zweiten Reihe steht anstatt der beiden geforderten Komplementärfarben deren Summe, nämlich Karmin. Die linke Figur zeigt diesen Dreiklang. In der dritten Reihe drängt das starke Gelb das Ultramarin ins Violette. Auf der rechten Figur sieht man, wie das Gelb auch das Karmin verwandelt und es ins Purpur zieht

TAFEL XVII

Ein Sextenschlüssel (Seite 208)

Die linke Figur ist aus dem oberen, die rechte aus dem unteren Akkord entstanden

Derselbe Sextenschlüssel mit der freigewählten Zugabe Grün

Der angeschlagene Dreiklang (Reihe 1) wird durch das Hochrot beeinflußt (Reihe 2), sodann durch das Grün (Reihe 3) und zuletzt durch das neuentstehende Gelbgrün verwandelt (Reihe 4)

TAFEL XVIII

„Die Mischung, die Steigerung, die Verbindung, die Trennung, sowie die harmonische Forderung (durchs Auge), alles geschieht mit der größten Schnelligkeit und Bereitwilligkeit, aber ebenso schnell verschwindet auch die Farbe wieder." Goethe

TAFEL XIX

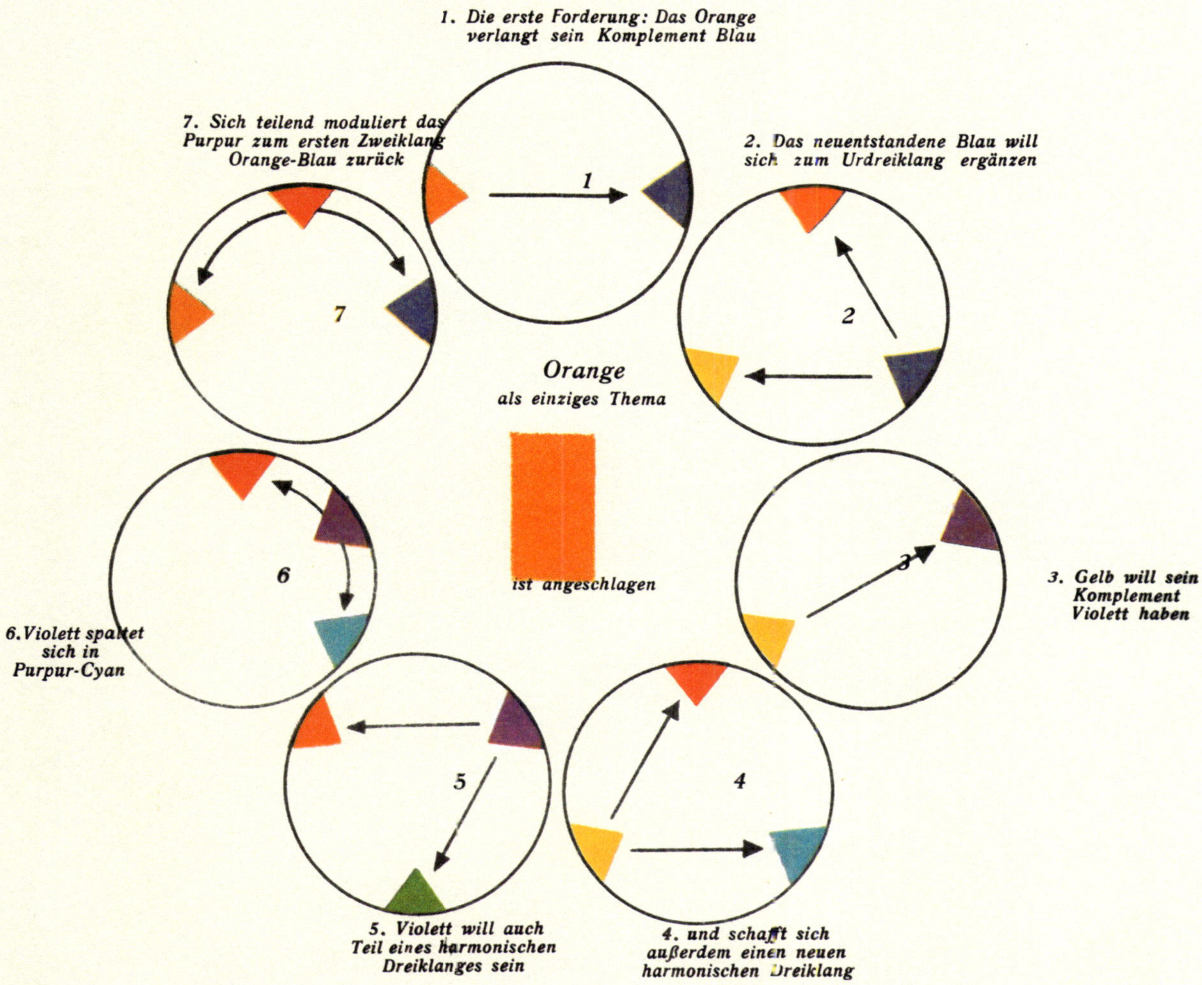

Eine leuchtende Farbenreihe ist aus dem Spiel entstanden

FREIES SPIEL MIT DER MODULATION EINER EINZELNEN FARBE

Derek Patmore (1908–1972)

COLOUR CHART

1 plate, from Colour Schemes for the Modern Home, *25 x 18.5 cm | 9 ⅞ x 7 ¼ in., London & New York, 1933*
Sussex, collection of the author

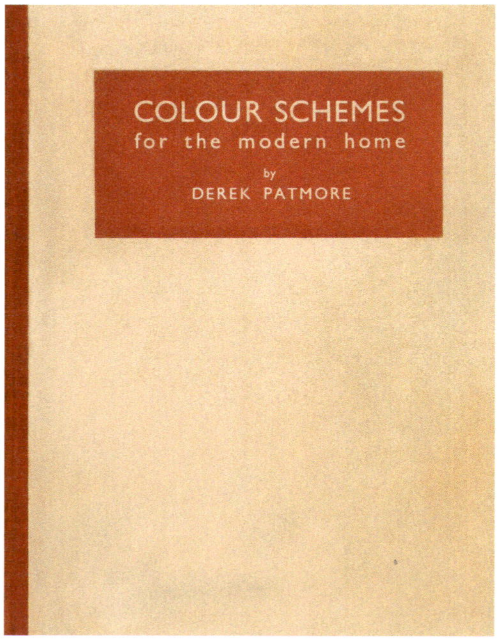

The diagram shown here is the only abstract image in a book about interior decoration published in the early 1930s. By the time it appeared in print the aesthetics of Modernism had filtered down to home furnishing, and a number of books duly appeared with tips and advice on how to decorate and fit out the rooms of a house in a sleek, modern style, by using carefully considered colour schemes. Around the same time colour charts and books documenting architectural and ornamental colour, both historical and contemporary, were also being published, such as Thomas Parsons's *A Tint Book of Historical Colours* (1934) and Elizabeth Burris-Meyer's *Historical Color Guide* (1938, pp. 388–409).

Derek Patmore's book is thus predominantly about fashionable interiors, but it merits inclusion here because it is structured around colour and discusses its theory and psychology, reflecting new attitudes to colour that had been ushered in following the First World War. Patmore, who had spent some of the 1920s in New York, immersed himself in the city's art and fashion and explained that "the way in which colours affect us is due partly to psychological association of ideas and partly to our physiological reactions."

This is the only image in the book which does not show an interior. It appears in the chapter on "Practical Combinations of Colours", opposite a list of 12 colours (yellow, orange, red, scarlet, crimson, purple, violet, blue violet, blue, blue green, green and yellow green) which Patmore had derived from Newton's prismatic spectrum. The image "shows some of the varieties of colours produced by combinations of the primary red, yellow and blue", with the primaries indicated as thin horizontal rectangles at the bottom edge. The rounded, conical shape suggests a pulsating, upward motion or sensation, perhaps analogous to soundwaves, and it is quite probable that new forms of electric lighting had influenced the form of this diagram. It was produced by B. Winstone & Sons Ltd., a manufacturer of printing inks and design office for colourful posters and advertisements based in London. Whether consciously or not, this colour diagram captured the spirit of the illuminated, upward-thrusting and more abundantly colourful age of speed, energy and soaring skyscrapers.

Reproduced by courtesy of B. Winstone & Sons, Ltd.

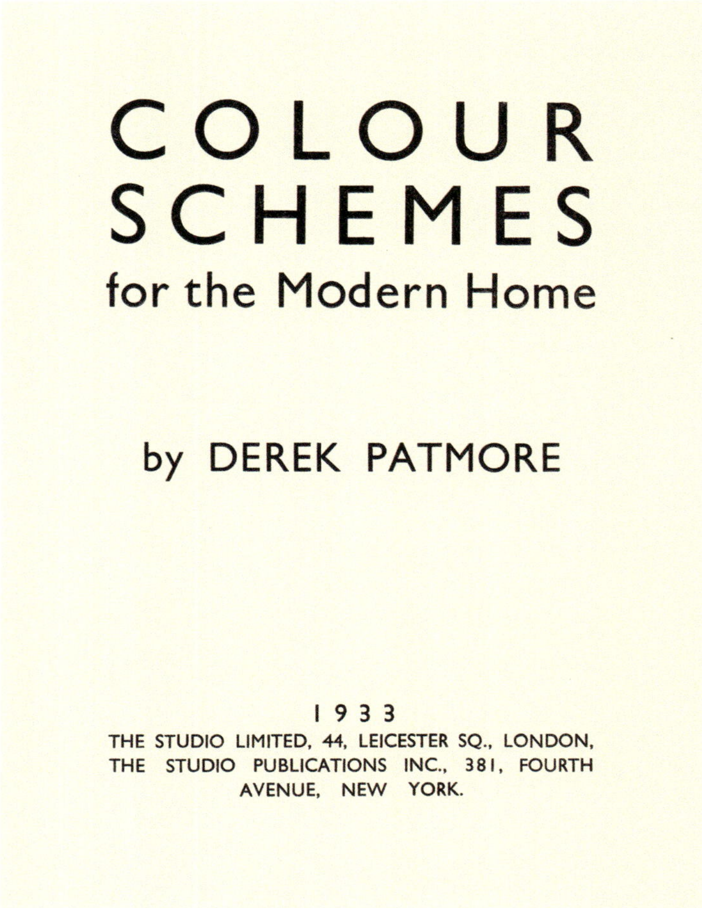

COLOUR SCHEMES
for the Modern Home

by DEREK PATMORE

1933
THE STUDIO LIMITED, 44, LEICESTER SQ., LONDON,
THE STUDIO PUBLICATIONS INC., 381, FOURTH
AVENUE, NEW YORK.

Farbdiagramm

Das hier vorgestellte Diagramm ist die einzige abstrakte Abbildung in einem Anfang der 1930er-Jahre erschienenen Buch über Innenarchitektur. Als es herauskam, hatte die Ästhetik der Moderne die Wohnkultur erreicht. Pünktlich dazu führte eine Reihe neu auf den Markt drängender Ratgeber vor, wie sich die Zimmer eines Hauses mithilfe sorgfältig abgewogener Farbkonzepte auf elegante und moderne Art dekorieren und einrichten ließen. Um die gleiche Zeit erschienen auch Farbtabellen und Farbenbücher, in denen historische und zeitgenössische Architektur- und Dekorfarben dokumentiert wurden – etwa *A Tint Book of Historical Colours* (1934) von Thomas Parsons oder Elizabeth Burris-Meyers *Historical Color Guide* (1938, S. 388–409).

Das Buch von Derek Patmore handelt daher überwiegend von modischen Interieurs. Dennoch verdient es hier aufgenommen zu werden, weil es rund um das Thema Farbe kreist, sich mit Farbtheorie und Farbpsychologie auseinandersetzt und neue Einstellungen zur Farbe reflektiert, die nach dem Ersten Weltkrieg aufgekommen waren. Patmore, der einen Teil der 1920er-Jahre in New York verbracht hatte und tief in die dortige Kunst- und Modeszene eingetaucht war, erklärte, dass „die Art und Weise, wie Farbe auf uns wirkt, teils auf psychologisch-gedanklicher Assoziation und teils auf physiologischen Reaktionen beruht".

Die hier gezeigte Abbildung ist die einzige im Buch, die kein Interieur zeigt. Sie taucht in dem Kapitel über „Praktische Farbkombinationen" neben einer Liste von zwölf Farben auf (Gelb, Orange, Rot, Scharlachrot, Karminrot, Purpur, Violett, Blauviolett, Blau, Blaugrün, Grün und Gelbgrün), die Patmore aus dem prismatischem Spektrum Newtons ableitete. Das Bild „zeigt einige der Farbvarianten, die aus Verbindungen des primären Rot, Gelb und Blau entstehen", wobei die Primärfarben als schmale vertikale Rechtecke am unteren Bildrand wiedergegeben sind. Die abgerundete Kegelform deutet eine pulsierende Aufwärtsbewegung oder Empfindung an, vielleicht analog zu Schallwellen, und es ist sehr wahrscheinlich, dass neue Formen von elektrischer Beleuchtung die Gestalt dieses Schaubilds beeinflusst haben. Es wurde von B. Winstone & Sons produziert, einem Londoner Druckfarbenhersteller und Designbüro für farbige Plakate und Werbeanzeigen. Ob bewusst oder unbewusst, fing dieses Farbdiagramm den Geist des beleuchteten, aufwärts drängenden und immer bunter werdenden Zeitalters der Geschwindigkeit, der Energie und der in die Höhe schießenden Wolkenkratzer ein.

Tableau chromatique

Le graphique présenté ici est la seule image abstraite figurant dans un livre consacré à la décoration d'intérieur. En ce début des années 1930, le modernisme s'est déjà immiscé dans l'esthétique de l'aménagement intérieur et de nombreuses publications fourmillent de conseils pour décorer et agencer les pièces de la maison dans un style raffiné et moderne, grâce à des choix de coloris avisés. À la même période paraissent également des tableaux chromatiques et autres livres consacrés aux usages passés et contemporains de la couleur architecturale et ornementale, comme par exemple *A Tint Book of Historical Colours* (1934) de Thomas Parsons ou *Historical Color Guide* (1938, p. 388–409) d'Elizabeth Burris-Meyer.

L'ouvrage de Derek Patmore, certes principalement tourné vers la mode en matière de décoration, trouve sa place ici car il est structuré autour de la couleur et aborde la théorie et la psychologie de la couleur, reflétant ainsi une nouvelle approche initiée après la Première Guerre mondiale. Ayant passé une partie des années 1920 à New York, l'auteur s'y est plongé dans les milieux de l'art et de la mode. Selon lui, « la façon dont les couleurs nous affectent est due en partie à des associations d'idées et en partie à nos réactions physiologiques ».

Seule image qui ne présente pas un intérieur, ce graphique figure dans le chapitre sur les « Combinaisons pratiques de couleurs » en face d'une liste de 12 teintes (jaune, orange, rouge, écarlate, cramoisi, pourpre, violet, bleu violacé, bleu, bleu vert, vert et jaune vert) que Patmore a établie à partir du spectre prismatique de Newton. L'image « présente certaines des variétés produites par combinaisons des rouge, jaune et bleu primaires », que l'on retrouve dans de fins rectangles au bas de la page. La grande forme elliptique suggère un mouvement, une sensation de pulsation ascendante, si semblables à des longueurs d'ondes que l'on peut y voir l'influence probable des nouvelles formes d'éclairage électrique. L'impression est réalisée par B. Winstone & Sons Ltd., fabricant d'encres et atelier graphique de Londres, spécialisé dans les affiches en couleurs et publicitaires. Délibérément ou non, ce graphique saisit magnifiquement l'esprit scintillant, l'élan et la profusion de couleurs de cette nouvelle ère marquée par la vitesse et l'énergie, où les buildings partent à l'assaut du ciel.

Carta de colores

El diagrama que aquí se muestra es la única imagen abstracta en un libro sobre decoración de interiores de principios de la década de 1930. En el momento de su aparición, la estética del modernismo se había filtrado a la decoración del hogar, y se habían publicado varios libros con sugerencias y consejos sobre cómo decorar y equipar las habitaciones de una casa con un estilo elegante y moderno apoyado en esquemas de color cuidadosamente considerados. Casi al mismo tiempo, también se publicaron cartas de colores y libros que documentaban el uso del color en la arquitectura y la ornamentación, tanto a nivel histórico como contemporáneo, como *A Tint Book of Historical Colours* (1934) de Thomas Parsons y *Historical Color Guide* de Elizabeth Burris-Meyer (1938, págs. 388–409).

El libro de Derek Patmore trata sobre todo de interiorismo, pero merece su inclusión en este volumen porque está estructurado en torno al color y analiza la teoría y la psicología del color, lo que refleja las nuevas actitudes hacia la materia posteriores a la Primera Guerra Mundial. Patmore, que había pasado parte de la década de 1920 en Nueva York, se empapó del arte y de la moda de la ciudad y explicó que «la forma en que los colores nos afectan se debe en parte a la asociación psicológica de ideas y en parte a nuestras reacciones fisiológicas».

Esta es la única imagen del libro que no muestra un interior. Aparece en el capítulo «Combinaciones prácticas de colores» frente a una lista de 12 colores (amarillo, naranja, rojo, escarlata, carmesí, púrpura, violeta, azul violeta, azul, verde azulado, verde y verde amarillo) que Patmore había derivado del espectro prismático de Newton. La imagen «muestra algunas de las variedades de colores producidas por combinaciones de los primarios rojo, amarillo y azul», con los primarios indicados como rectángulos horizontales estrechos en el borde inferior. La forma cónica redondeada sugiere un movimiento o sensación pulsante hacia arriba, quizás análogo a las ondas sonoras, y es bastante probable que las nuevas formas de iluminación eléctrica influyeran en la forma de este diagrama. B. Winstone & Sons Ltd., fabricante de tintas de impresión y despacho de diseño de vistosos carteles y anuncios con sede en Londres, se encargó de su producción. Ya sea de forma consciente o no, este diagrama cromático capturó el espíritu de la colorida era de la velocidad, la energía y los altísimos rascacielos iluminados.

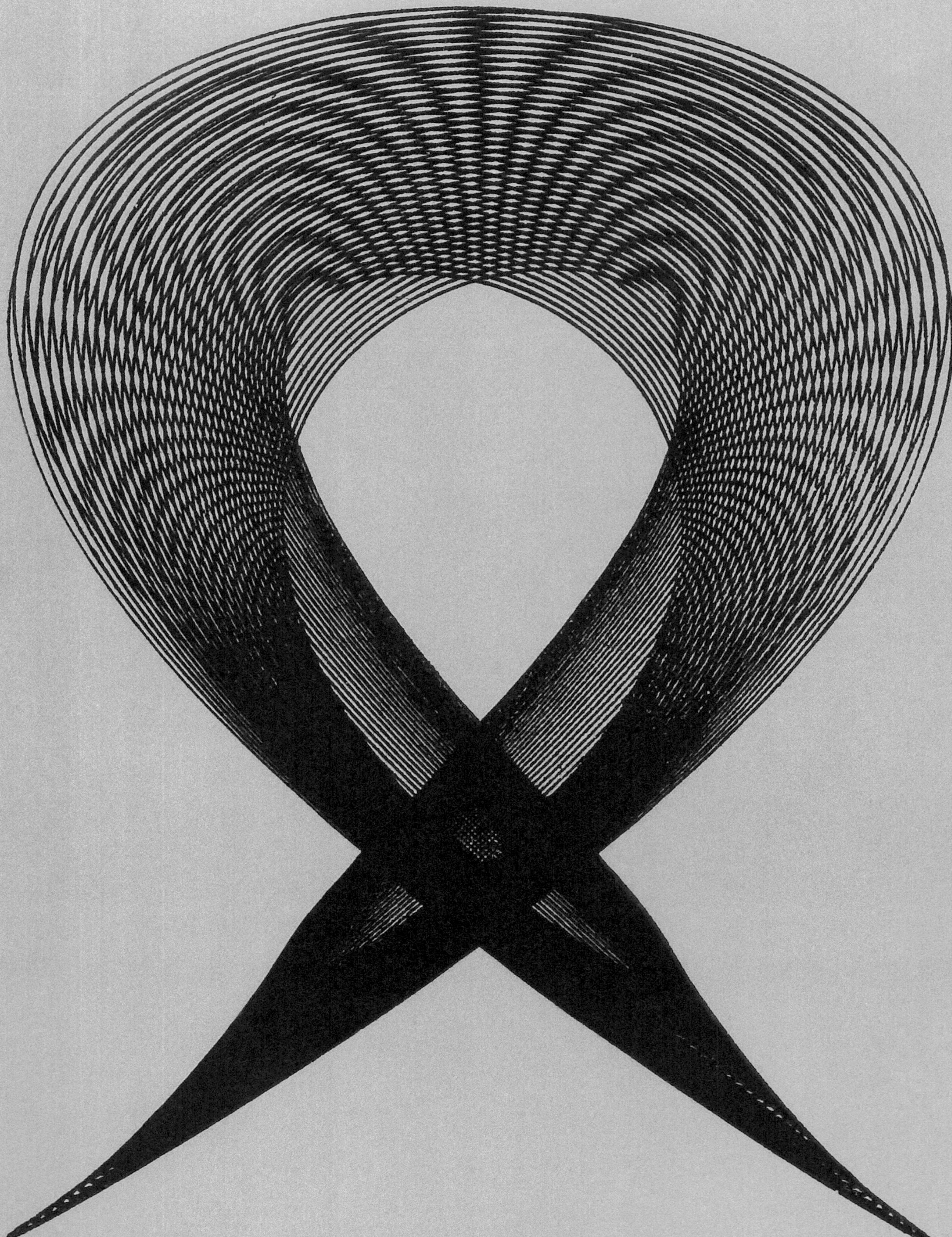

Chapter 7

The Sound of Colour: SPIRITUALISM, OCCULTISM AND MUSIC

1869–1946

John Denis MacDonald (1826–1908)

SOUND & COLOUR, THEIR RELATIONS, ANALOGIES & HARMONIES

10 illustrated pages, 21 x 13.8 cm | 8 ¼ x 5 ⅜ in., London, 1869
London, Royal College of Art, Colour Reference Library

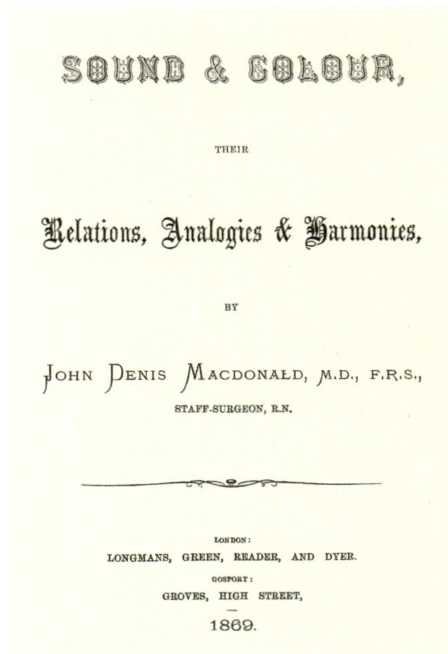
SOUND & COLOUR,

THEIR

Relations, Analogies & Harmonies,

BY

JOHN DENIS MACDONALD, M.D., F.R.S.,

STAFF-SURGEON, R.N.

LONDON:

LONGMANS, GREEN, READER, AND DYER.

GOSPORT:

GROVES, HIGH STREET,

1869.

This book was one of the first that specifically discussed and illustrated the relationship between colour and music, and its author, a naval surgeon of Irish background, had a keen interest in art and interdisciplinarity. John Denis MacDonald made his scientific angle clear from the outset, and in the first chapter discussed measurable "musical and colourific ratios of vibration" and the significance of light as the source of all colours. His writing is firmly rooted in optical studies and is devoid of supernatural allusions, where other writers on colour's spiritual associations have tended to take a different line. His opening chapter is illustrated with tables and charts comparing the vibrations of prismatic colours to musical notes.

The analogy between sound and colour is presented more fully in the following chapter, which outlines the principles involved and, in common with other texts about colour and painting, employs the vocabulary of harmonies, dissonance, chords etc. which apply in both fields. This chapter is also accompanied by diagrams of musical notation, in which each note was coloured in by hand. MacDonald's colour circle, also hand-coloured, depicts complementary colours contained within each other, in the form of slim strips and a small triangle of the opposite colour in each of the six segments. At the centre of the circle is a treble clef.

The third chapter reflects MacDonald's profession, where he provides a detailed account of the anatomy and physiology of the human eye and ear, illustrated with cross-sections of both organs. In 1869 colour vision and perception was still a relatively new and exciting area of modern research that had been touched on in Thomas Young's trichromatic theory in the early 19th century and developed more recently with Hermann von Helmholtz's studies in ophthalmology and acoustics.

In concluding his book, MacDonald applied his sound and colour concepts to the arts, and in doing so displayed an impressive understanding of tonal composition in painting. At one point he imagined translating a painting by Titian into music, an astonishing idea for his time, and although he made no mention in his text of current movements in art he appears to have foreseen the use of colour as an expressive tool in painting.

TABLE IV.

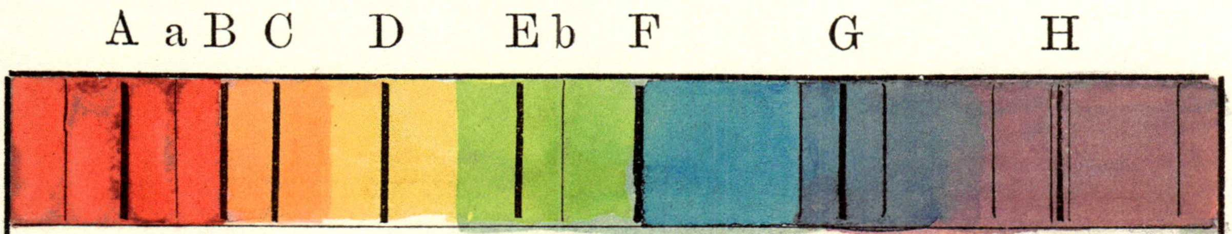

		Red		Orange		Yellow		Green		Blue		Indigo		Violet		
1st series.			271	256		244		207	191			169		155		
2nd.	E.R.	R.	I.	O.	I.	Y.	I.	G.	I.	B.	I.	Ind.	I.	V.	E.V.	
	266	256	246	240	235	227	219	211	203	196	189	185	181	174	167	
3rd.		300		264		240		225		200		180		160		150

The positions occupied by the dark lines only give a rough idea of the true localization of the prismatic colours. But on comparing the 1st and 2nd series with each other, there would appear to be no valid objection to the possible truth of the 3rd. Thus, the range of measurements embraced by the two former, cannot oppose the provisional selection of 0,0000,300 of an inch, as the length of the wave of the base red, and half that number for its octave, so that all the other colours may have the ratios applied to them in the 3rd series, by the musical analogy. It will be observed that any wide deviation occuring in the 1st series is compensated in the 2nd, and *vice versa*. The inference is therefore legitimate, that, if the analogy of the musical scale were taken as a guide, the special points of the spectrum, whose respective vibrations would compose a well tempered diatonic scale of colour, may be readily chosen. It is probable also, that the musical ratios alone can be the test of the truth

SOUND AND COLOUR. 13

mystery one point further than the ultimate fact? A similar theory may yet be found applicable to all the so called imponderable agents.

CHAPTER II.

ANALOGY OF SOUND AND COLOUR.

SECTION I.

Agreement of the Musical and Colorific Scales.

Like the notes of the musical scale, the prismatic colours are seven, as shewn in the following diagram.

DIAGRAM I. (Compound Gamut.)

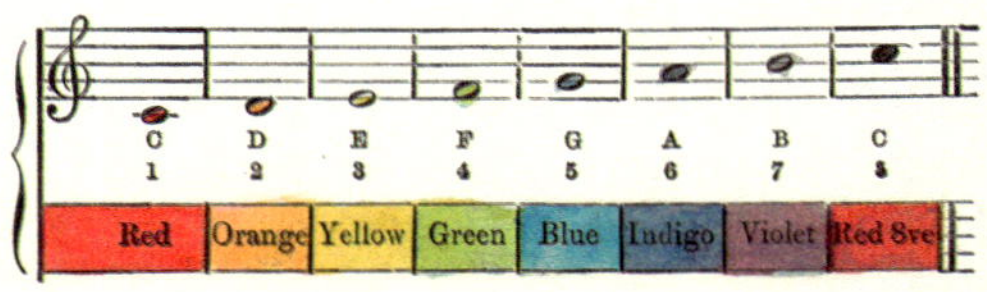

The staff, or stave of five lines, gives the musical notation of the natural scale; below this are the names and numbers of the notes, and next follow the corresponding colours as they occur in the iris. Now of the above series of colours, the red, yellow and blue are said to be primitives, as they are incapable of further analysis, whilst

14 SOUND AND COLOUR.

they themselves are variously combined, so as to produce all the remaining colours, which are therefore denominated compounds or derivatives.

The primitive colours, red, yellow and blue, occuring respectively upon the first, third and fifth intervals, in truthful analogy, independent of coincidence, or fortuity of any kind, may be said to compose the perfect chord of colour, answerable to that in music which all musicians admit to be the very ground work and basis of harmony. In favour of this combination, we have the most conclusive natural indications in the harmonics of strings and membranes, the open notes of musical instruments of inflation, and indeed under any circumstances in which the conditions for vibration exist.

The primitives, therefore, may be regarded as one family, in relation with the derivatives as in pedigree, thus:—

DIAGRAM II.

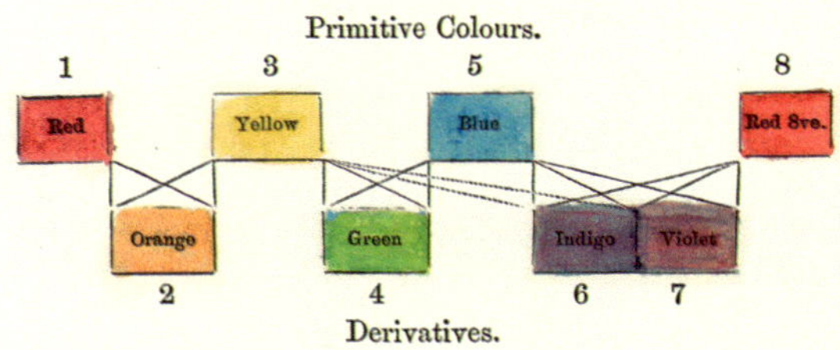

Klang und Farbe, ihre Beziehungen, Analogien und Harmonien

Dieses Buch gehörte zu den ersten, die gezielt das Verhältnis von Farbe und Musik behandelten und in Bildern verdeutlichten. Sein Autor, ein Marinearzt mit irischen Wurzeln, interessierte sich lebhaft für Kunst und Interdisziplinarität und machte von vornherein keinen Hehl aus seiner wissenschaftlichen Perspektive. Gleich im ersten Kapitel erörterte John Denis MacDonald messbare „musikalische und farbliche Schwingungsraten" und die Bedeutung des Lichts als Ursprung aller Farben. Sein Ansatz ist fest in der Optik verwurzelt. Im Unterschied zu anderen Autorinnen und Autoren, die sich mit den geistigen Zusammenhängen von Farbe befassten, vermied er jede Anspielung auf übernatürliche Bezüge. Entsprechend werden in den Tabellen seines Eröffnungskapitels die Schwingungen von prismatischen Farben mit denen von Noten verglichen.

Das Folgekapitel führt die Analogie zwischen Ton und Farbe näher aus, skizziert die beteiligten Prinzipien und bedient sich, wie andere Texte über Farbe und Malerei, des Vokabulars aus Harmonien, Dissonanzen, Akkorden und anderen Begriffen, das in beiden Bereichen Anwendung findet. In den Notendiagrammen, mit denen das Kapitel bebildert ist, wurde jede Note von Hand koloriert. MacDonalds ebenfalls handkolorierter Farbkreis zeigt Komplementärfarben, die als schmale Streifen und kleines Dreieck in allen sechs Segmenten in ihr jeweiliges Gegenüber eingelegt sind. Das Zentrum des Kreises ziert ein Violinschlüssel.

Das dritte Kapitel spiegelt insofern MacDonalds Beruf wider, als er hier eine ausführliche Darstellung der Anatomie und Physiologie des menschlichen Auges und Ohrs folgen lässt, jeweils illustriert mit einem Schnitt durch das Organ. 1869 waren Farbensehen und Farbwahrnehmung ein noch recht neues und aufregendes Gebiet der modernen Forschung. Im frühen 19. Jahrhundert war es in der trichromatischen Theorie von Thomas Young angerissen und erst kurz zuvor in den augenheilkundlichen und akustischen Studien des Physikers Hermann von Helmholtz weiterentwickelt worden.

Zum Abschluss des Buches übertrug MacDonald seine Ton- und Farbtheorie auf die Kunst und bewies dabei ein beeindruckendes Verständnis für die Tonwertkomposition in der Malerei. An einem Punkt stellte er sich vor, wie sich ein Gemälde von Tizian in Musik übersetzen ließe, was für die damalige Zeit eine erstaunliche Idee war; und obwohl er in seinem Text keine zeitgenössischen Kunstströmungen erwähnte, scheint er den Einsatz von Farbe als Ausdrucksmittel in der Malerei vorhergesehen zu haben.

and fifth, forming what is denominated a common chord. The equivalent colours have also been supplied to the musical characters.

DIAGRAM V.

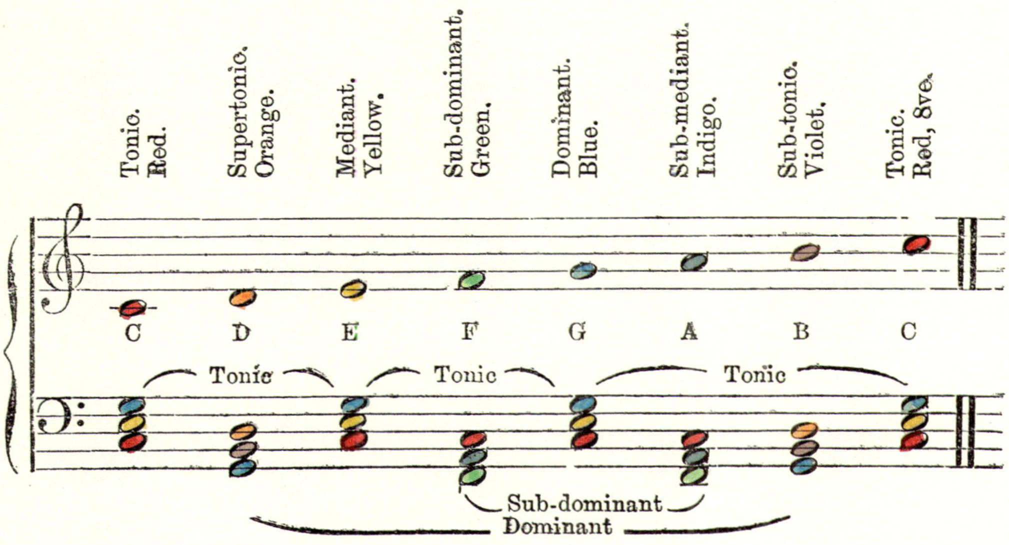

It will be observed that, only three common chords occur on the bass clef, and these are all that are required for common purposes without change of key. The first is founded on the tonic, C (red), E (yellow), and G (blue), the second on the sub-dominant, F (green), A (indigo), C (red), and the third on the dominant, G (blue), B (violet), & D (orange.) The first note of each is its fundamental bass, but this gives place to the others in the changes of position or inversions of the chords, as in the annexed diagrams

DIAGRAM VI.

Changes of position of the common chords of the tonic.

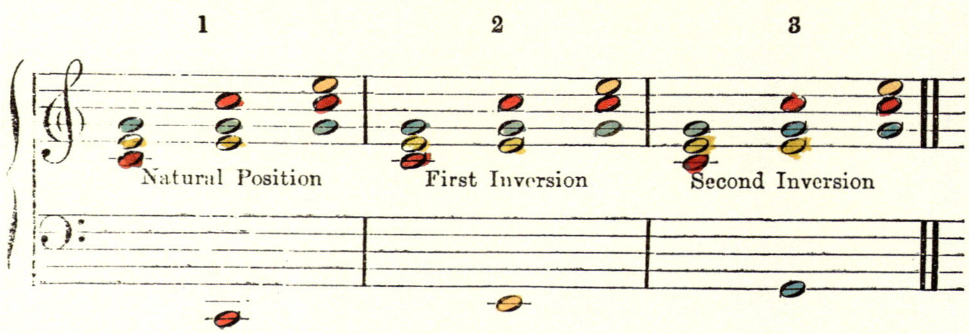

DIAGRAM VII.

Changes of position of the common chord of the dominant.

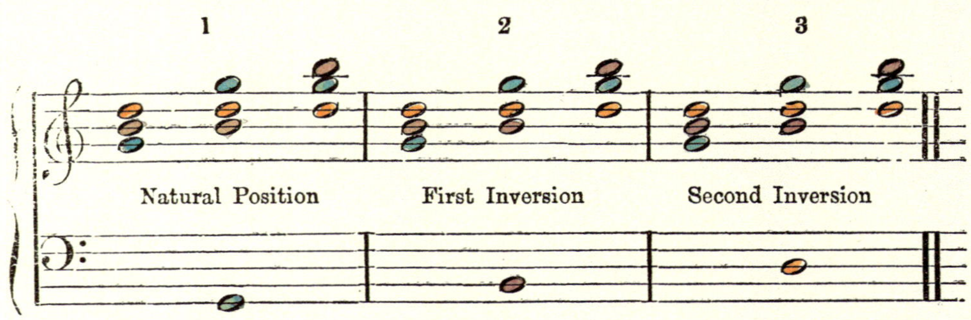

DIAGRAM VIII.

Changes of position of the common chord of the sub-dominant.

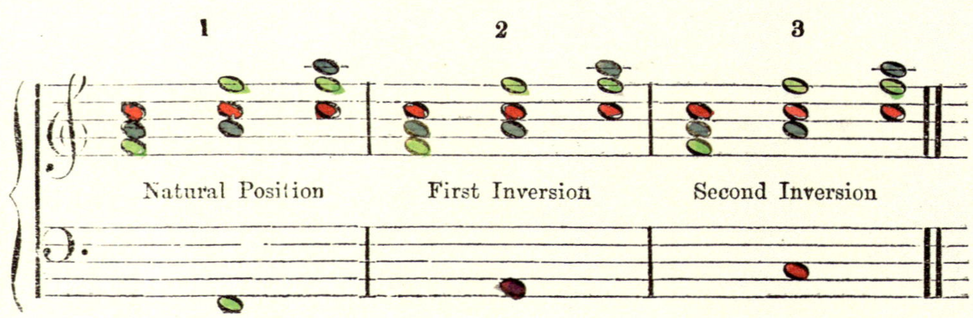

22 SOUND AND COLOUR.

That the three common chords as given, include all the intervals of the scale may be thus simply shown.

Chord of the tonic	C....E....G (1 3 5)
Chord of the dominant	: D......G....B (2 7)
Chord of the sub-dominant	: .....F....A....C (4 6 8)
Total	C D E F G A B C (1 2 3 4 5 6 7 8)

From this it will be apparent that any plain melody may be readily harmonised, with the proviso that each note must itself occur as a component of the particular chord selected to sustain it.

To the fore-going may be added the minor common chord of the super-tonic, the imperfect common chord of the sub-tonic, and the chord of the dominant seventh.

DIAGRAM IX.

Minor common chord of the super-tonic.

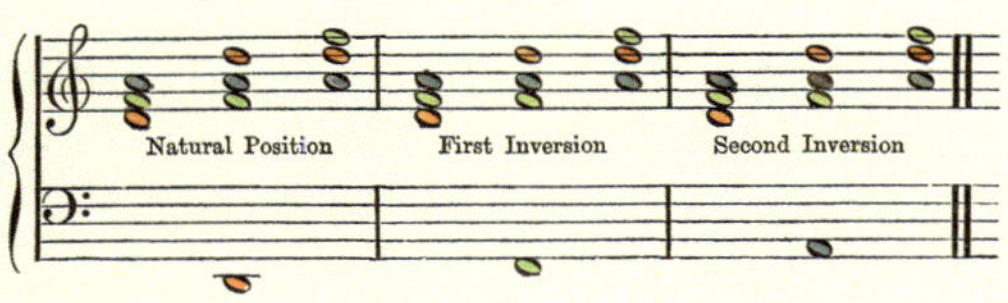

SOUND AND COLOUR. 23

DIAGRAM X.

Imperfect common chord of the sub-tonic.

As B and D the first and third of the last chord form respectively the third and fifth of the common chord of the dominant, it is more usual to combine the two triads in the form, known as the chord of the seventh, consisting of the dominant with its third, fifth and seventh as follows :—

DIAGRAM XI.

Chord of the dominant seventh.

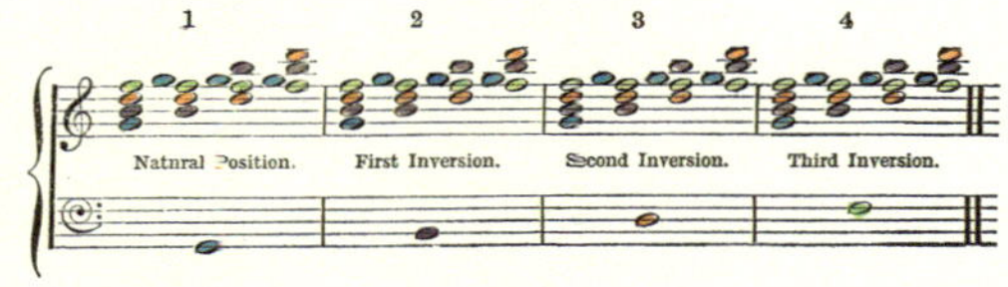

As there are four distinct notes in this chord it admits of four positions, moreover, the painter should observe the musical rule that it always requires preparation; (*i.e.*), a

Le son et la couleur, rapports, analogies et harmonies

Cet ouvrage est l'un des premiers à aborder et illustrer spécifiquement la relation entre couleur et musique. John Denis MacDonald, chirurgien de marine d'origine irlandaise, s'intéresse beaucoup à l'art avec une vision interdisciplinaire et pose ici d'emblée un point de vue scientifique. Là où d'autres auteurs font des associations d'ordre spirituel avec les couleurs, MacDonald porte un discours résolument ancré dans les études d'optique et dépourvu de toute allusion surnaturelle. Dans le premier chapitre, il analyse les « proportions musicale et colorante de la vibration » et l'importance de la lumière comme source de toute couleur. Il illustre son propos de planches et de tableaux comparant les vibrations des couleurs du spectre et des notes de musique.

L'analogie entre son et couleur est développée dans le chapitre suivant, avec les grandes lignes des principes à l'œuvre, ainsi que d'autres textes sur la couleur et la peinture, le tout dans un vocabulaire qui s'applique aux deux domaines : harmonies, dissonances, accords, etc. Ce chapitre est complété par des tableaux de notation musicale dans lesquels chaque note est coloriée à la main. Le cercle chromatique de MacDonald, lui aussi peint manuellement, représente les couleurs complémentaires qui se contiennent les unes les autres, sous la forme d'étroites bandes et un petit triangle de la couleur opposée dans chacun des six segments. Une clé de sol occupe le centre du cercle.

Le troisième chapitre, reflet de la profession de MacDonald, propose une présentation détaillée de l'anatomie et la physiologie de l'oreille et de l'œil humains, avec des vues en coupe des deux organes. En 1869, la vision et la perception des couleurs est un champ relativement nouveau et plein de promesses pour la recherche moderne. Le sujet a été abordé au début du siècle par Thomas Young et sa théorie trichromatique, puis développé par Hermann von Helmholtz dans ses travaux sur l'ophtalmologie et l'acoustique.

Pour conclure son ouvrage, MacDonald applique ses conceptions du son et de la couleur aux arts et fait montre d'un impressionnant sens de la composition tonale en peinture. Il va jusqu'à imaginer la traduction d'un tableau de Titien en musique, idée étonnante pour l'époque. S'il n'évoque pas dans son livre les mouvements artistiques de son temps, il semble avoir prédit l'usage de la couleur comme outil d'expression en peinture.

26 SOUND AND COLOUR.

chords in Diagrams V to X, inclusive, are available, and they will afford the composer sufficient materials to furnish parts with the double advantage of having a theme in themselves, without infringing rules. Those chords taken singly will support any of their own parts. Hence any note in the scale taken singly will agree, or harmonize with any chord, in which, it occurs as an ingredient. See annexed diagram.

DIAGRAM XIII.

Shewing the chords in agreement with each note in the Scale.

In plain counter point, the notes of the parts added are of uniform length with those of the subject; but where it is "florid" the notes are of different lengths, and variously intermixed at least in one of the parts. In the latter case attention must be paid to the accented parts of each bar, so as to know where the harmonies should be supplied, without involving the passing notes and embelishments.

SOUND AND COLOUR. 31

DIAGRAM XV.

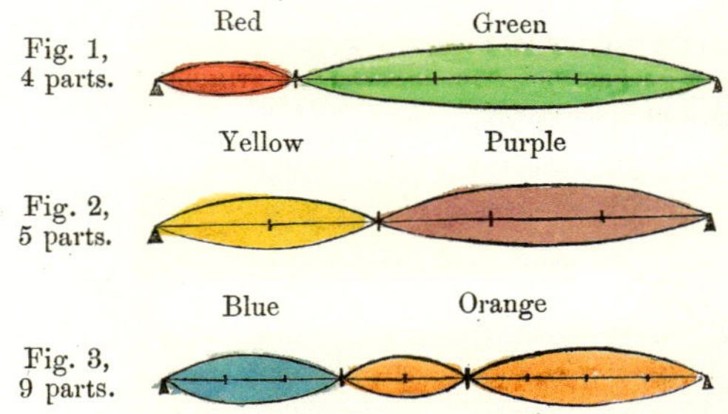

Divide the string into five parts, and $\frac{1}{5}$th, $\frac{2}{5}$ths and $\frac{4}{5}$ths will produce E, (yellow), but the complement of $\frac{2}{5}$ths are $\frac{3}{5}$ths, yielding A, the equivalent of indigo or purple, which is the colour required. Diagram XV, Fig. 2. Again, dividing the string into nine parts, $\frac{1}{9}$th, $\frac{2}{9}$ths, $\frac{4}{9}$ths and $\frac{8}{9}$ths produce D, (orange), but $\frac{3}{9}$ths & $\frac{6}{9}$ths make G, (blue), and the complements, whether single or double make only these two notes, whose equivalent colours, orange and blue, are complementaries (Fig. 3). These facts lead to the inference that complementary colours are, as it were, chromatic harmonics; and perhaps it is in this way that complementary sensations arise in the retina, whose surface being long excited by the influence of a particular colour would appear to be more susceptible of the vibrations of the complementary in white light, but, it is not at all improbable that these are actually included in the way of harmonic vibrations in general.

Sonido y color: relaciones, analogías y armonías

Este libro fue uno de los primeros en abordar e ilustrar específicamente la relación entre el color y la música. John Denis MacDonald, un médico naval de origen irlandés que tenía un gran interés en el arte y la interdisciplinariedad, quiso dejar claro su enfoque científico desde el principio, y en el primer capítulo trató las «relaciones entre las vibraciones musicales y las coloríficas» medibles y la importancia de la luz como fuente de todos los colores. Su discurso estaba firmemente arraigado en los estudios ópticos y desprovisto de alusiones sobrenaturales allí donde otros autores interesados en las asociaciones espirituales del color tendieron a tomar una línea diferente. El capítulo inicial está ilustrado con tablas y gráficos que comparan las vibraciones de los colores prismáticos con las notas musicales.

La analogía entre el sonido y el color se presenta con más detalle en el capítulo siguiente, que describe los principios que intervienen y, al igual que otros textos sobre el color y la pintura, emplea el vocabulario de armonías, disonancias, acordes, etc., que se aplican en ambos campos. Este capítulo también va acompañado de diagramas de notación musical en los que cada nota está coloreada a mano. El círculo cromático de MacDonald, también coloreado a mano, presenta colores complementarios contenidos unos dentro de otros en forma de finas tiras y con un pequeño triángulo del color opuesto en cada uno de los seis segmentos. En el centro del círculo hay una clave de sol.

El tercer capítulo refleja la profesión de MacDonald. En él proporciona una descripción detallada de la anatomía y fisiología del ojo y del oído humanos, ilustrada con secciones transversales de ambos órganos. En 1869, la visión y percepción del color era todavía un área relativamente nueva y emocionante de la investigación moderna. A principios del siglo XIX, Thomas Young la había abordado en la teoría tricromática; más recientemente, Hermann von Helmholtz la había desarrollado en sus estudios sobre oftalmología y acústica.

En la conclusión de su libro, MacDonald aplicó sus conceptos de sonido y color a las artes y, al hacerlo, mostró una comprensión impresionante de la composición tonal en la pintura. En cierto momento, imaginó traducir una obra de Tiziano a música, una idea sorprendente para su época, y aunque no menciona en su texto los movimientos artísticos contemporáneos, parece que previó el uso del color como herramienta expresiva en la pintura.

DIAGRAM XIV.

Green.

Red.

The alternate colours compose two common chords, one on the first and the other on the second interval of the scale. The opposite colours are also concords, standing in the double relation of fourths and fifths to each other, one being primitive and the other compound. Now in all the relations just mentioned, namely, the alternate simple and alternate compound, or any two opposite colours, the components are complementary, (*i.e.*), in the proportions to neutralize each other, and produce white or colourless light. It being assumed that the latter is in all cases composed of the three primitive colours in achromatic combination. Thus, if we take one primitive,

Charles Webster Leadbeater (1854–1934)

MAN VISIBLE AND INVISIBLE

Examples of Different Types of Men as Seen by Means of Trained Clairvoyance

25 plates, 23 x 14 cm / 9 x 5 ½ in., London, New York, 1902
Copenhagen, Det Kongelige Bibliotek (The Royal Danish Library)

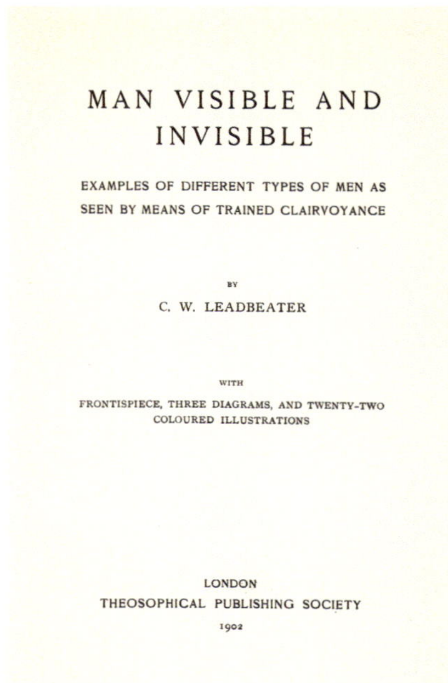
MAN VISIBLE AND INVISIBLE

EXAMPLES OF DIFFERENT TYPES OF MEN AS SEEN BY MEANS OF TRAINED CLAIRVOYANCE

BY

C. W. LEADBEATER

WITH

FRONTISPIECE, THREE DIAGRAMS, AND TWENTY-TWO COLOURED ILLUSTRATIONS

LONDON
THEOSOPHICAL PUBLISHING SOCIETY
1902

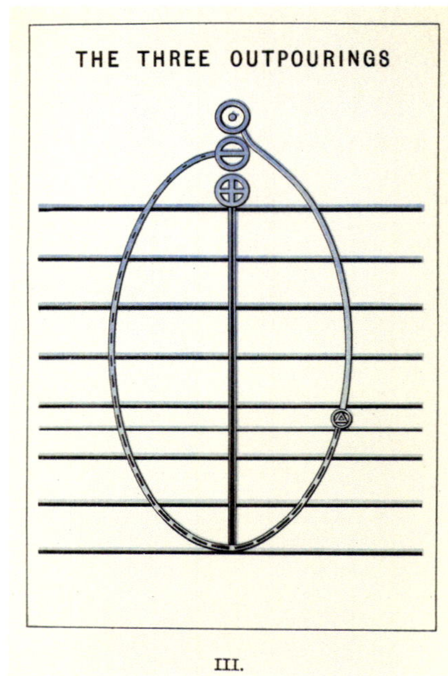

While this is not explicitly a book about colour, its content relies heavily on colour concepts and in particular on colour symbolism. The book's frontispiece (p. 649) shows a table of 25 colours, each symbolising a human emotion or disposition. These relate to the human auras that are described and illustrated later in the book, and the values assigned to each unnamed colour in the table provide a direct insight into the theosophical concepts of spiritual colour that were championed by the book's author. A light yellow square thus signifies "Highest Intellect", brown with red streaks indicates "Jealousy" and a saturated blue in the top row corresponds to "Pure Religious Feeling". In the text Charles Leadbeater explained that, "Before we can intelligently study the detail of these various [astral] bodies, we must familiarize ourselves with the general meaning of the various shades of colour in them, as indicated in our frontispiece. It will be realised that almost infinite variety is possible in their combination."

Three subsequent plates illustrate the theosophical concept of the "Planes of Nature", which relate to different states of consciousness, or being, and some of which are denoted with terms derived from Sanskrit and Buddhism. The book's most striking illustrations, however, are the 22 plates showing astral bodies surrounded by colourful auras. They were illustrated by the theosophist Count Maurice Prozor and copied for reproduction by another initiate, Gertrude Spink. The body is always represented by the outline of a man, possibly based on classical sculptures or Leonardo da Vinci's *Vitruvian Man* (*c.* 1490), and like that image it is trapped within a rounded perimeter. This is the aura, which is delineated as an ovoid form filled with varying shades of colour and often overlaid with geometric shapes, which indicate disruption, chaos or negative emotions. While these mostly abstract compositions with their pronounced colour symbolism are visually fascinating, they are also socially problematic, since three of the images illustrate a figure referred to as "The Savage", meaning a lower stage of evolution, or a "poor and undeveloped mind-body". A modern perspective would acknowledge the racist overtones in such terminology, in the depictions of Black bodies with certain exaggerated features, and in the language used to describe them.

HIGH SPIRITUALITY
DEVOTION MIXED WITH AFFECTION
DEVOTION TO A NOBLE IDEAL
PURE RELIGIOUS FEELING
SELFISH RELIGIOUS FEELING
RELIGIOUS FEELING TINGED WITH FEAR
HIGHEST INTELLECT
STRONG INTELLECT
LOW TYPE INTELLECT
PRIDE
SYMPATHY
LOVE FOR HUMANITY
HIGH UNSELFISH AFFECTION
SELFISH AFFECTION
PURE AFFECTION
ADAPTABILITY
JEALOUSY
DECEIT
FEAR
DEPRESSION
SELFISHNESS
AVARICE
ANGER
SENSUALITY
MALICE

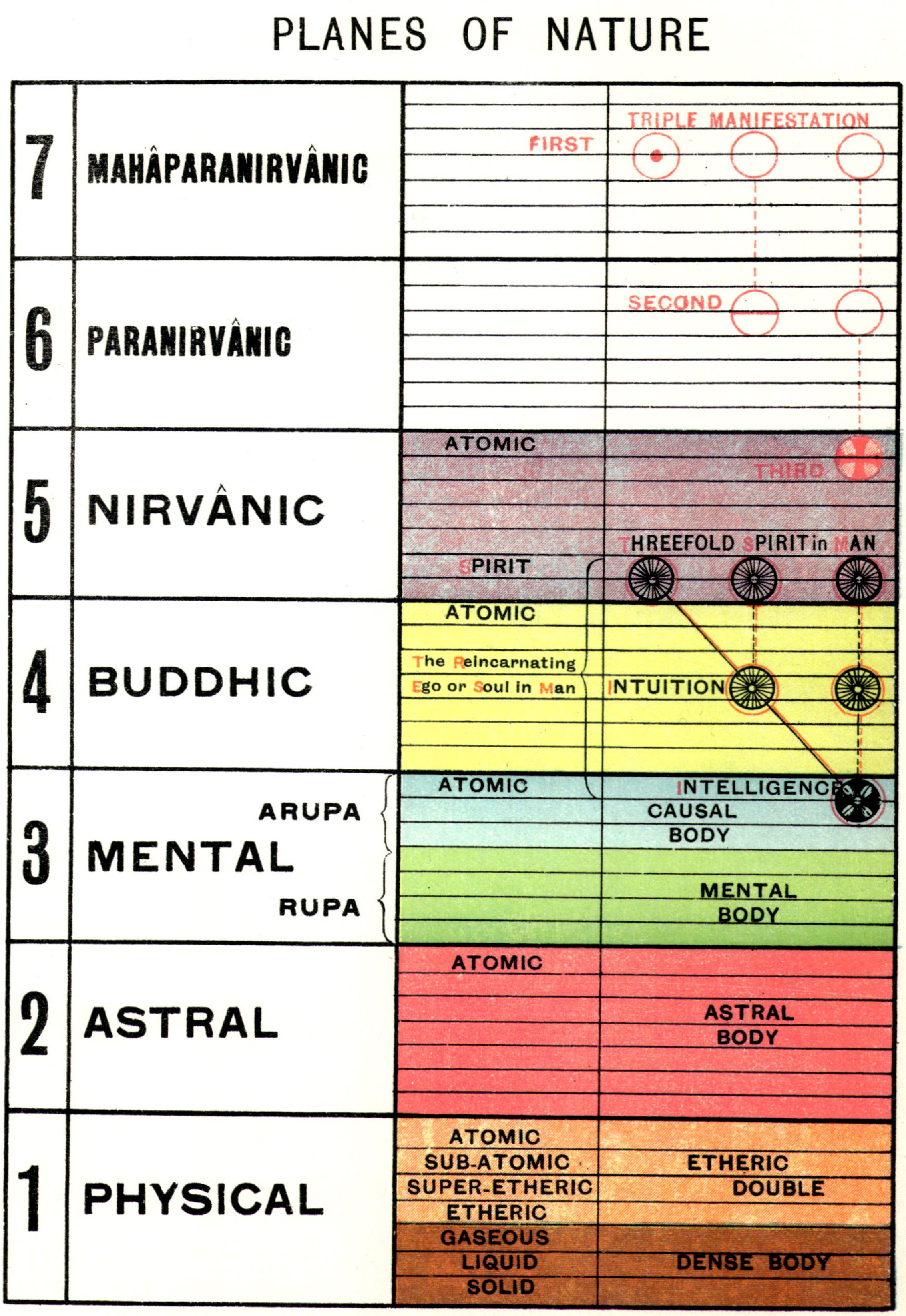
PLANES OF NATURE
7 MAHÂPARANIRVÂNIC
FIRST
TRIPLE MANIFESTATION
6 PARANIRVÂNIC
SECOND
5 NIRVÂNIC
ATOMIC
THIRD
THREEFOLD SPIRIT in MAN
SPIRIT
4 BUDDHIC
ATOMIC
The Reincarnating
Ego or Soul in Man
INTUITION
3 MENTAL
ARUPA
RUPA
ATOMIC
INTELLIGENCE
CAUSAL
BODY
MENTAL
BODY
2 ASTRAL
ATOMIC
ASTRAL
BODY
1 PHYSICAL
ATOMIC
SUB-ATOMIC
SUPER-ETHERIC
ETHERIC
GASEOUS
LIQUID
SOLID
ETHERIC
DOUBLE
DENSE BODY

II.

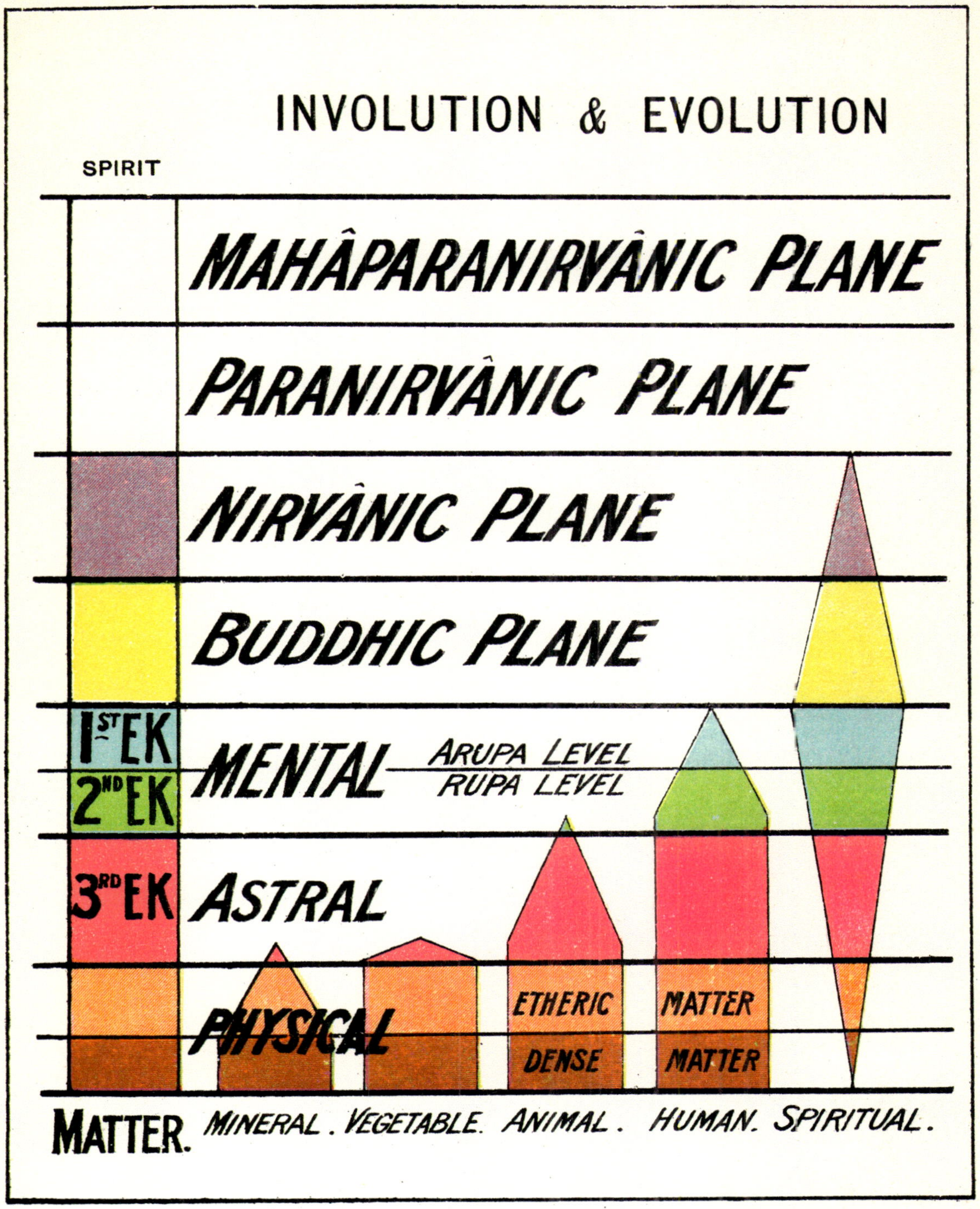
INVOLUTION & EVOLUTION
SPIRIT
MAHÂPARANIRVÂNIC PLANE
PARANIRVÂNIC PLANE
NIRVÂNIC PLANE
BUDDHIC PLANE
1ST EK
2ND EK
MENTAL
ARUPA LEVEL
RUPA LEVEL
3RD EK
ASTRAL
PHYSICAL
ETHERIC
MATTER
DENSE
MATTER
MATTER.
MINERAL. VEGETABLE. ANIMAL. HUMAN. SPIRITUAL.

IV.

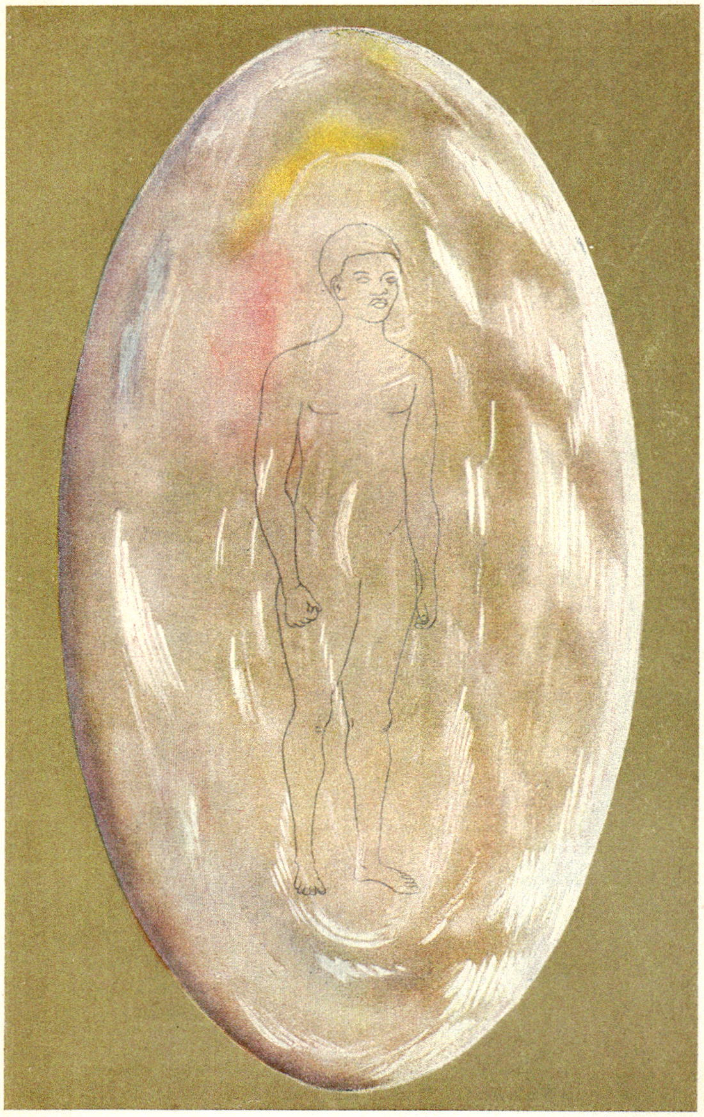

Photochromogravure, Lyons & London

Photochromogravure, Lyons & London

Der sichtbare und der unsichtbare Mensch

Handelt dieses Buch auch nicht ausdrücklich von Farbe, so stützt sich sein Inhalt doch maßgeblich auf Farbtheorien und speziell auf die Symbolik von Farben. Das Frontispiz (S. 649) zeigt 25 Farben, die jeweils eine menschliche Emotion oder Veranlagung symbolisieren. Diese beziehen sich auf die Auren des Menschen, die im Buch später beschrieben und veranschaulicht werden.

Die den unbenannten Farben in der Tabelle zugeordneten Werte verschaffen einen direkten Einblick in die theosophischen Vorstellungen von spiritueller Farbe, die der Buchautor selbst vertrat. Ein hellgelbes Quadrat zum Beispiel steht für „sehr hohe Verstandeskraft", Braun mit roten Streifen signalisiert „Eifersucht", und ein gesättigtes Blau in der oberen Reihe kennzeichnet ein „reines religiöses Empfinden". Im Text erläuterte Charles Leadbeater: „Ehe wir die Einzelheiten in den verschiedenen Körpern mit Verständnis betrachten können, müssen wir uns mit der allgemeinen Bedeutung der Farbenschattierungen bekannt machen, die die Farbentafel uns gibt. Außer den vorliegenden gibt es natürlich eine undarstellbare Menge von Variationen, die durch Mischung und Verbindung der Farben entstehen."

Die drei folgenden Tafeln illustrieren das theosophische Konzept der „Naturebenen", die mit verschiedenen Bewusstseins- oder Seinszuständen in Zusammenhang stehen und zum Teil aus dem Sanskrit oder dem Buddhismus abgeleitete Namen tragen. Die erstaunlichsten Illustrationen des Buches sind jedoch die 22 Tafeln, die von farbenprächtigen Auren umgebene Astralkörper zeigen. Sie wurden von dem Theosophen Maurice Graf Prozor gestaltet und von Gertrude Spink, einer weiteren Eingeweihten, für die Reproduktion kopiert. Der stets

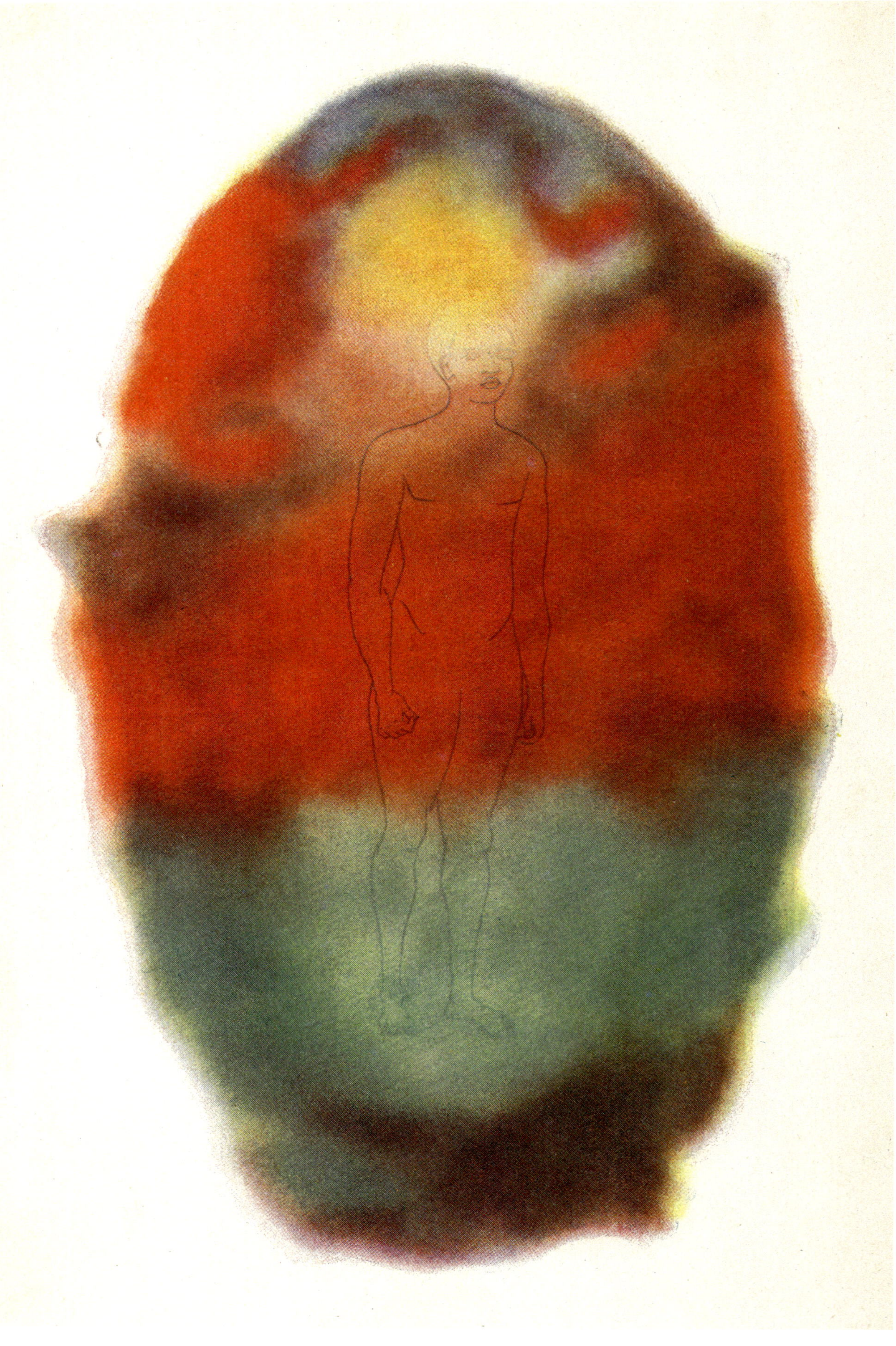

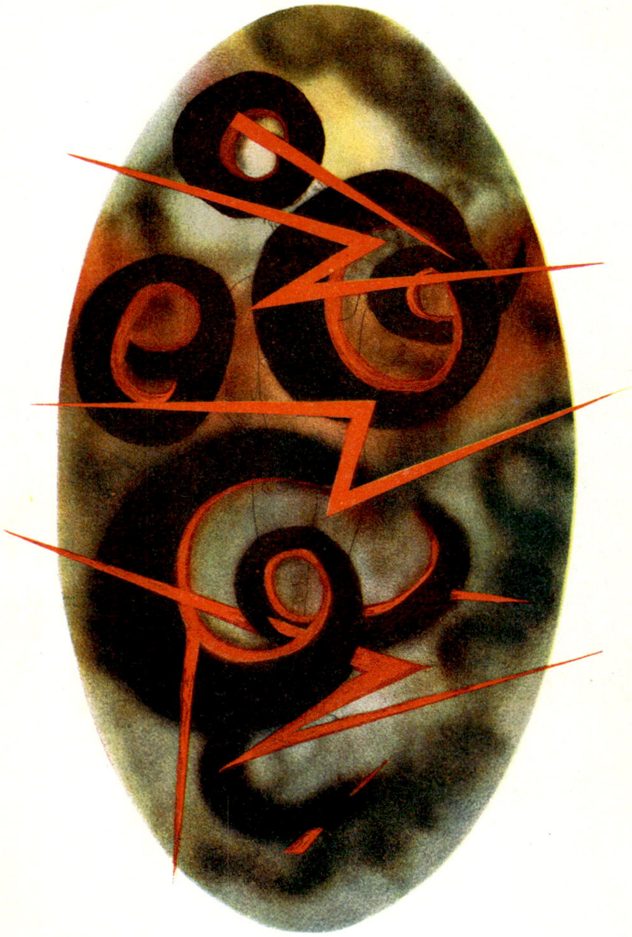

XIII

XIV

als Umriss einer männlichen Gestalt in ein Oval gestellter Körper geht möglicherweise auf antike Skulpturen oder Leonardo da Vincis vitruvianischen Menschen (um 1490) zurück. Dieses mit wechselnden Farbtönen gefüllte Oval ist die Aura, es wird oft von geometrischen Formen überlagert, die auf Zerrissenheit, Chaos oder negative Gefühle hindeuten. Während diese meist abstrakten Kompositionen mit ihrer ausgeprägten Farbsymbolik optisch faszinieren, müssen sie heute gesellschaftlich als problematisch gelten, denn drei Bilder zeigen eine Gestalt, die „der Wilde" genannt wird. Dahinter verbirgt sich eine tiefer stehende Entwicklungsstufe oder, wie es wörtlich heißt, „ein verhältnismäßig unentwickelter Gedankenkörper". Einer modernen Sichtweise würden die rassistischen Untertöne dieser Terminologie nicht verborgen bleiben, die wir auch aus der Darstellung von schwarzen Körpern mit bestimmten übertriebenen Merkmalen und aus der Sprache kennen, mit der sie beschrieben werden.

L'Homme visible et invisible

L'Homme visible et invisible ne porte certes pas explicitement sur la couleur mais s'appuie fortement sur les conceptions chromatiques, et notamment le symbolisme, pour illustrer ses « Exemples de différents types d'hommes tels qu'ils peuvent être observés par un clairvoyant exercé ». Le frontispice (p. 649) présente un tableau de 25 couleurs, qui symbolisent chacune une émotion ou une disposition humaine et se retrouvent dans les auras humaines décrites et illustrées plus loin dans l'ouvrage. Les couleurs ne sont pas nommées, et les valeurs qui leur sont assignées dans le tableau témoignent des concepts théosophiques de la couleur spirituelle défendus par l'auteur. Ainsi, un carré jaune pâle y signifie un « intellect supérieur », le brun ponctué de rouge indique la « jalousie »

XVII

XVIII

et le bleu profond de la rangée du haut correspond à un « pur sentiment religieux ». Charles Leadbeater explique : « Pour être à même d'entreprendre une étude intelligente de ces divers corps dans leur détail, nous devrons au préalable nous familiariser avec la signification générale des teintes variées qu'ils présentent (on en trouvera l'indication dans notre frontispice). La combinaison de ces couleurs principales rend possible une variété presque infinie de teintes secondaires. » Les trois planches suivantes illustrent le concept théosophique des « plans de la Nature », liés aux différents états de conscience ou d'existence, et dont certains sont désignés par des mots dérivés du sanskrit et de la tradition bouddhiste. Les illustrations les plus marquantes de l'ouvrage sont cependant les 22 planches montrant les corps astraux entourés d'auras colorées. Elles ont été réalisées par le comte Maurice Prozor, théosophe, et reproduites par une autre initiée, Gertrude Spink. Le corps est toujours figuré par la silhouette d'un homme, peut-être inspirée de sculptures classiques ou bien de par *L'Homme de Vitruve* de Léonard de Vinci (vers 1490) et entourée de la même manière d'une forme arrondie. L'aura est représentée par un périmètre ovale empli de couleurs variées, parfois agrémentées de formes géométriques indiquant une perturbation, le chaos ou des émotions négatives. Ces compositions principalement abstraites, renforcées par leur symbolisme chromatique, restent visuellement fascinantes. Cependant, elles sont aussi problématiques : trois d'entre elles sont légendées « Le sauvage », autrement dit un stade inférieur d'évolution ou un « corps mental fort pauvre et sous-développé ». Un point de vue moderne repère forcément ici un sous-entendu raciste, ainsi que dans certaines représentations caricaturales de corps noirs et dans les termes qui les décrivent.

XIX

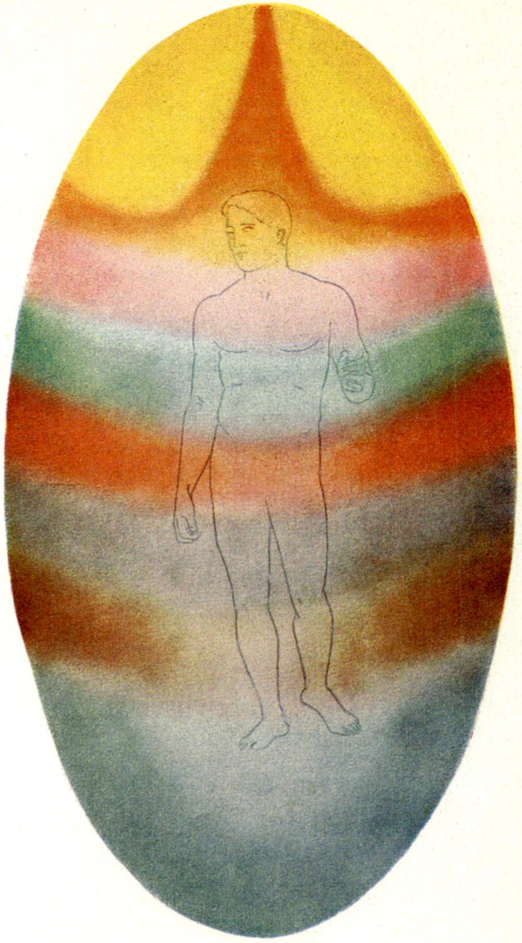

XX

Hombre visible e invisible

Este libro no es en rigor una obra sobre el color. Sin embargo, su contenido se basa en gran medida en los conceptos de color y, en particular, en el simbolismo del color. Su frontispicio (pág. 649) muestra una tabla de 25 colores, cada uno de los cuales simboliza un temperamento o emoción humanos. Estos se relacionan con las auras humanas que se describen e ilustran a continuación, y los valores asignados a cada color sin nombre de la tabla brindan una visión directa de los conceptos teosóficos del color espiritual defendidos por el autor. Un cuadrado de color amarillo claro significa «el más alto intelecto»; el marrón con rayas rojas, simboliza los «celos», y un azul saturado en la fila superior se corresponde con el «puro sentimiento religioso». En el texto, Charles Leadbeater explicó que «antes de que podamos estudiar inteligentemente los detalles de estos cuerpos [astrales], debemos familiarizarnos con el significado general de los tonos de color que hay en ellos, tal como se indica en nuestro frontispicio. Se comprenderá que la variedad de sus combinaciones es casi infinita».

Más adelante, tres láminas ilustran el concepto teosófico de los «planos de la naturaleza», que se relacionan con diferentes estados de conciencia o ser, algunos de los cuales se nombran con términos derivados del sánscrito y del budismo. Sin embargo, las ilustraciones más llamativas son las 22 láminas que muestran cuerpos astrales rodeados de auras de colores. Las imágenes originales son obra del conde y teósofo Maurice Prozor, que Gertrude Spink, otra iniciada, se encargó de copiar para su reproducción. Los cuerpos siempre están representados por la silueta de un hombre, posiblemente basada en el *Hombre de Vitruvio* de Leonardo da Vinci (c. 1490); al igual que esa imagen, siempre

Photochromogravure, Lyons & London

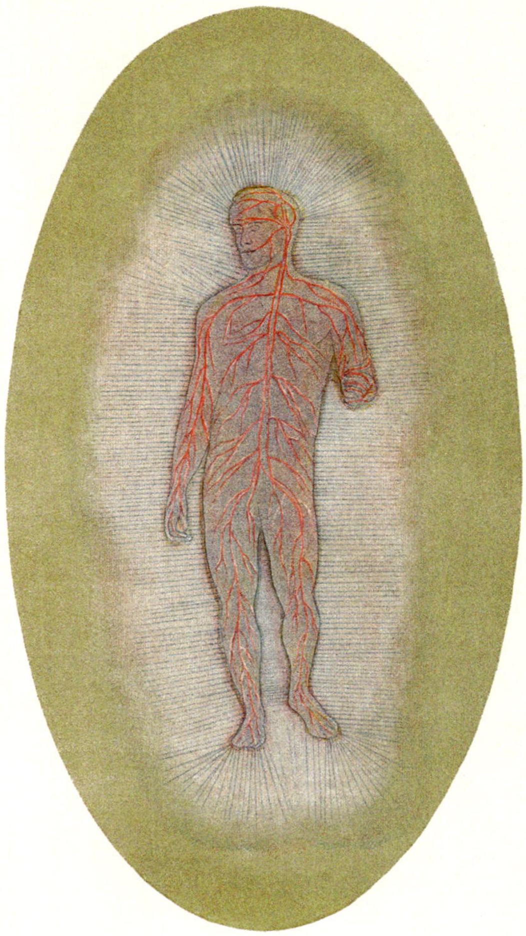

XXIV

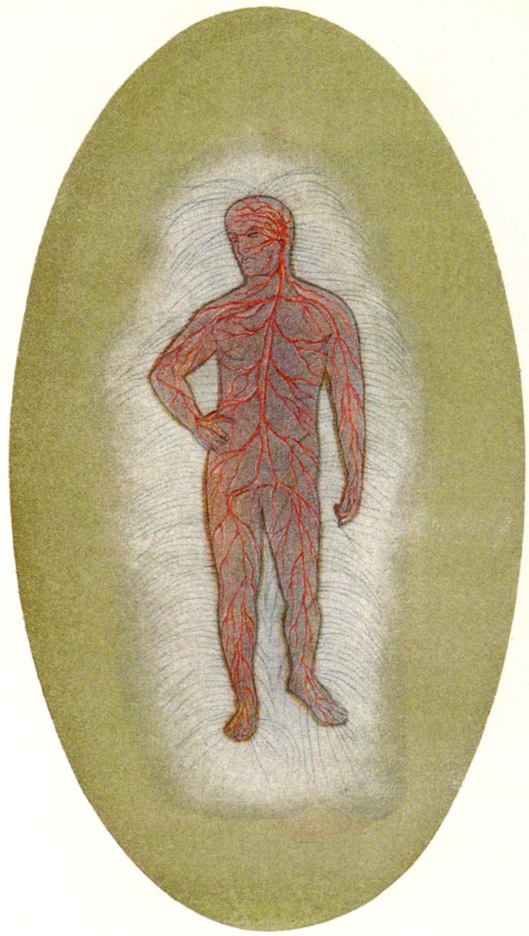

XXV

aparecen dentro de un perímetro redondeado. Este último es el aura, que se representa como una forma ovoide llena de colores de tonos diferentes sobre la que, a menudo, se superponen formas geométricas que indican alteración, caos o emociones negativas. Si bien estas composiciones, en su mayoría abstractas y con un pronunciado simbolismo del color, son visualmente fascinantes, también son socialmente problemáticas, ya que tres de las imágenes ilustran una figura a la que se hace referencia como «el salvaje», que representa una etapa inferior de evolución o un «cuerpo-mente pobre y subdesarrollado». Una perspectiva moderna reconocería los matices racistas de esa terminología, así como en las representaciones de cuerpos negros con ciertos rasgos exagerados y en el lenguaje empleado para describirlos.

Annie Besant (1847–1933),
Charles Webster Leadbeater

THOUGHT-FORMS: A RECORD OF CLAIRVOYANT INVESTIGATION

51 illustrations across 26 plates, 21 x 13.2 cm | 8 ¼ x 5 ¼ in., London, 1905
Heidelberg, Universitätsbibliothek

Annie Besant was a formidable educator, socialist, political activist and campaigner for women's rights, who rose quickly through the ranks of the Theosophical Society. She first met Charles Leadbeater in 1894, and they became lifelong friends. This book on how ideas and thoughts present themselves physically and visually was their greatest collaboration.

The first plate, "Key to the Meanings of Colours", was recycled from Leadbeater's *Man Visible and Invisible* (1902) with the same colour symbolism in place. With *Thought-forms* the authors intended to carry the "general subject of the aura" further and to do so they based the illustration of their images on three general principles, of which colour formed the first: "1. Quality of thought determines colour. 2. Nature of thought determines form. 3. Definiteness of thought determines clearness of outline." This was then conceptualised further by identifying three classes of thought-forms, namely thinkers or human figures, material objects, and those which represented a state of mind, corresponding to the "astral and mental" planes. Besant and Leadbeater only regarded this third group as being worthy of transforming into images, and the 58 illustrations that appear in the book are based on artwork by various friends of theirs who are thanked in the foreword for the hard task of painting "in earth's dull colours the forms clothed in the living light of other worlds".

The last three thought-forms are markedly different from the others in that they represent music instead of an individual's thoughts, and depict a Mendelssohn piano piece (p. 686), a choral work by Gounod (p. 687) and an orchestral excerpt by Wagner (p. 672). In contrast to all the other images these three each feature a representational picture of a church with a tall tower, from which the musical forms emerge like colourful clouds. Mendelssohn's music produces irregular and broken lines of crimson, yellow and blue emanating from and engulfing the church, while Gounod's rising chorus floats several hundred feet above the church tower, in a mushroom-cloud of polychrome vapour. The most spectacular image relates to Wagner's music, which takes the form of a billowing mountain-range of colour hovering high above the church which is dwarfed beneath. It is a bombastic finish to this extraordinary book and a great example of the theosophists' interest in synaesthetic experiences.

1. High Spirituality.	1. Devotion mixed with Affection.	1. Devotion to a Noble Ideal.	1. Pure Religious Feeling.	1. Selfish Religious Feeling.
2. Religious Feeling, tinged with Fear.	2. Highest Intellect.	2. Strong Intellect.	2. Low type of Intellect.	2. Pride.
3. Sympathy.	3. Love for Humanity.	3. Unselfish Affection.	3. Selfish Affection.	3 Pure Affection.
4. Adaptability.	4. Jealousy.	4. Deceit.	4. Fear.	4. Depression.
5. Selfishness.	5 Avarice.	5. Anger.	5. Sensuality.	5. Malice.

KEY TO THE MEANINGS OF COLOURS.

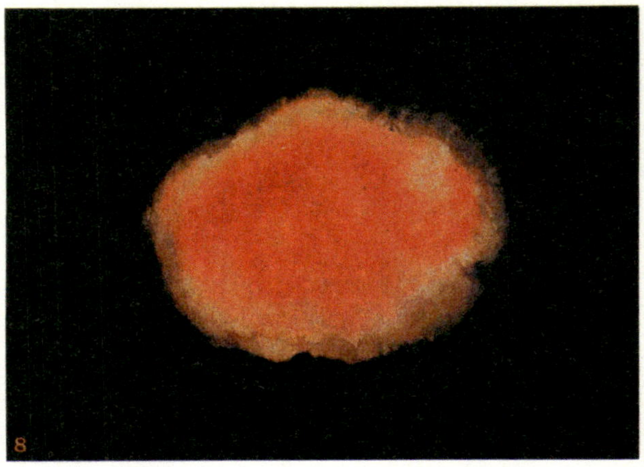

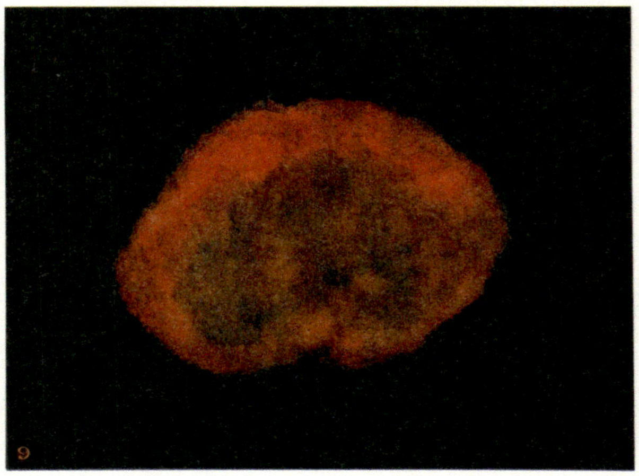

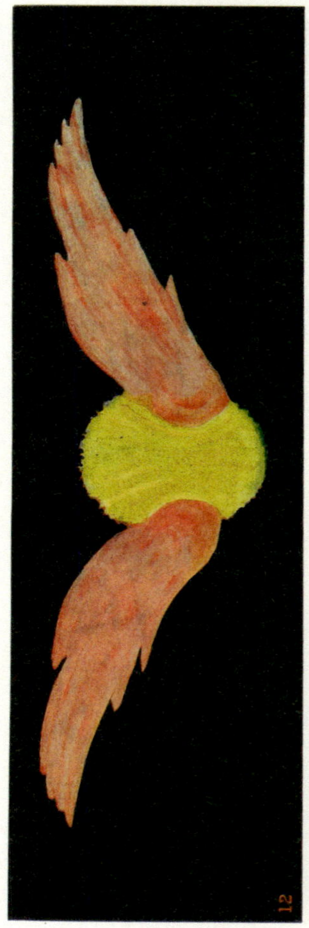

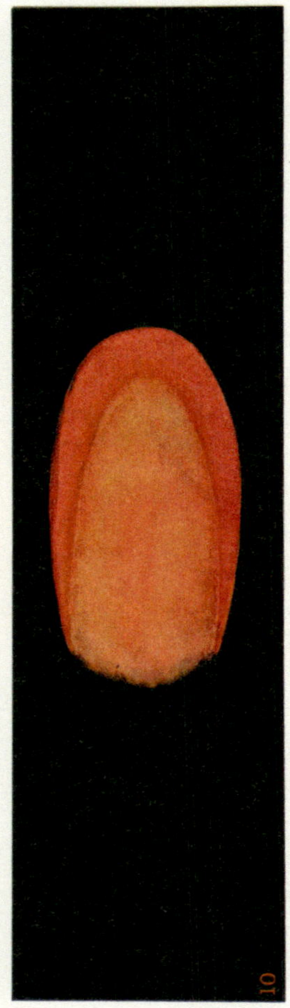

Gedankenformen: Ein Protokoll hellseherischer Erkundung

Die beeindruckende Pädagogin, Sozialistin, politische Aktivistin und Frauenrechtlerin Annie Besant arbeitete sich in der Theosophischen Gesellschaft schnell nach oben. 1894 lernte sie Charles Leadbeater kennen, mit dem sie ein Leben lang befreundet blieb. Dieses Buch über die physischen und visuellen Erscheinungsformen von Ideen und Gedanken war ihre wichtigste gemeinsame Arbeit.

Die erste Farbtafel, „Schlüssel zum Verständnisse der Farbenbedeutung", übernahmen sie mitsamt der Farbsymbolik aus Leadbeaters *Man Visible and Invisible* (1902). Mit *Thought-forms* („Gedankenformen") wollten die Autoren das zuvor „nur ganz allgemein" behandelte Thema der Aura weiterentwickeln und richteten ihre Abbildungen entsprechend nach drei allgemeinen Grundsätzen aus, deren erster die Farbe betraf: „1. Die *Beschaffenheit* des Gedankens bestimmt seine Farbe. 2. Die *Natur* des Gedankens bestimmt seine Form. 3. Die *Bestimmtheit* des Gedankens ist die *Ursache* der *Schärfe* seiner *Umrisse*." Im nächsten Schritt legten sie drei Klassen von Gedankenformen fest: Bilder des Denkers oder anderer menschlicher Gestalten, Bilder von materiellen Gegenständen und schließlich Gedanken, die einen Gemütszustand verkörpern und damit der astralen und mentalen Naturebene zuzuordnen sind. Nur diese dritte Gruppe hielten Besant und Leadbeater für würdig, nutzbringend in Bilder umgewandelt zu werden. Die 58 Illustrationen ihres Buches beruhen auf den Kunstwerken dreier Freundinnen und Freunde, denen im Vorwort für den mühevollen Versuch gedankt wird, „die in das lebendige Licht höherer Welten gehüllten Formen mit den trüben irdischen Farben zu malen".

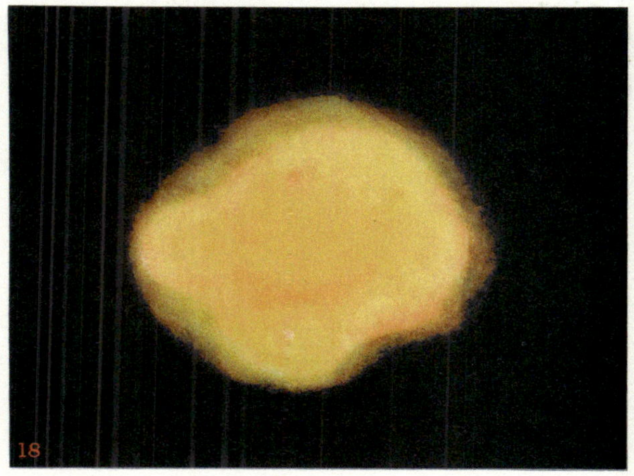

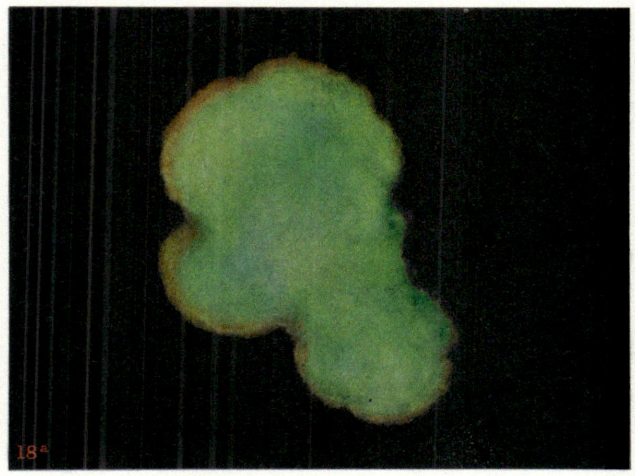

Die letzten drei Gedankenformen unterscheiden sich deutlich von allen übrigen, indem sie anstelle der Gedanken einer Person Musik repräsentieren: ein Klavierstück von Mendelssohn (S. 686), ein Chorwerk von Gounod (S. 687), und einen Orchesterauszug von Wagner (S. 672). Anders als alle übrigen Illustrationen zeigen diese drei das gegenständliche Bild einer Kirche mit Vierungsturm, aus der wie farbige Wolken die musikalischen Formen empordringen. Die Musik Mendelssohns erzeugt unregelmäßige, durchbrochene Linien in Karminrot, Gelb und Blau, die vom Turm ausgehend die Kirche einhüllen, während Gounods aufstrebender Chor als polychromer Rauchpilz einige Hundert Meter über dem Kirchturm steht. Die spektakulärste Abbildung bezieht sich auf Wagners Werk, das in Gestalt einer wogenden Bergkette hoch über der Kirche schwebt und sie zwergenhaft erscheinen lässt. Dieses bombastische Finale eines außergewöhnlichen Buches steht beispielhaft für das Interesse der Theosophen an synästhetischen Erfahrungen.

Formes-pensées, registre de la recherche clairvoyante

Remarquable pédagogue, socialiste, militante des droits des femmes, Annie Besant est vite devenue une figure de proue de la Société théosophique. Quand elle rencontre Charles Leadbeater en 1894, c'est le début d'une longue amitié. Cet ouvrage consacré à la façon dont les idées et les pensées se présentent physiquement et visuellement est leur plus belle collaboration.

La première planche, « Note pour la signification des couleurs », reprise de l'ouvrage de Leadbeater, *Man Visible and Invisible* (1902), utilise le même symbolisme chromatique. Avec ces *Formes-pensées*, les auteurs tentent d'approfondir le « sujet général de l'aura » en fondant

17

15

16

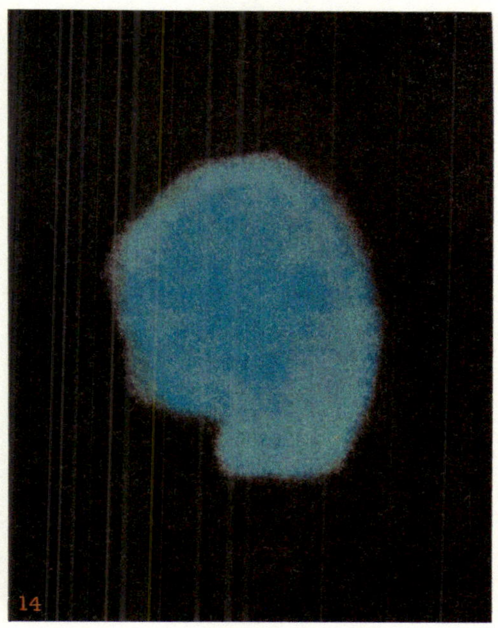
14

leurs illustrations sur trois principes généraux, à commencer par la couleur : « 1. La qualité des pensées détermine la couleur. 2. La nature des pensées détermine la forme. 3. La précision des pensées détermine la netteté des contours. » La conceptualisation va plus loin et identifie trois catégories de formes-pensées, à savoir les penseurs ou figures humaines, les objets matériels et ceux représentant un état d'esprit, qui correspondent aux plans « astral ou mental ». Aux yeux de Besant et Leadbeater, seul ce troisième groupe mérite d'être rendu par des images. Les 58 illustrations qui figurent dans le livre s'inspirent d'œuvres de plusieurs amis, remerciés dans l'introduction pour la « tâche difficile » de « rendre au moyen des sombres couleurs terrestres les formes revêtues par la lumière vivante des mondes de l'au-delà. »

Les trois dernières formes-pensées diffèrent clairement des autres puisqu'elles représentent non plus des pensées isolées mais de la musique, soit une pièce pour piano de Mendelssohn (p. 686), une œuvre chorale de Gounod (p. 687) et une œuvre pour orchestre de Wagner (p. 672). On y reconnaît la même église avec son haut clocher, d'où émergent les formes visuelles correspondant à la musique. La musique de Mendelssohn produit des lignes brisées et irrégulières de rouge cramoisi, jaune et bleu qui émanent de l'église et l'enveloppent ; le chœur de Gounod, en s'élevant, forme un nuage-champignon de vapeur polychrome qui flotte à plusieurs dizaines de mètres au-dessus du clocher. L'image la plus spectaculaire est celle générée par la musique de Wagner : une sorte de chaîne montagneuse multicolore semble s'envoler et planer au-dessus de l'église, rendue minuscule. Un finale grandiose pour ce livre extraordinaire et un splendide exemple de l'intérêt des théosophes pour les expériences synesthésiques.

23
22

27

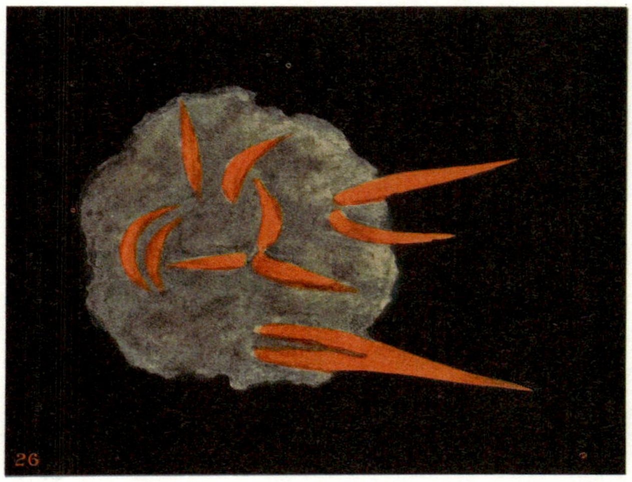

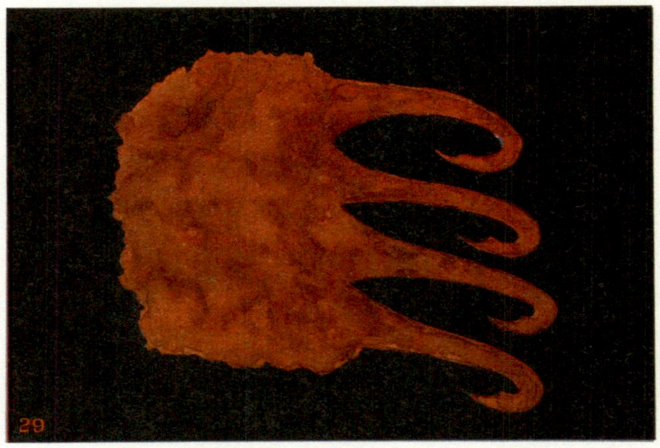

Formas de pensamiento. Un conjunto de investigaciones esclarecedoras

Annie Besant fue una extraordinaria educadora, socialista, activista política y defensora de los derechos de la mujer que ascendió rápidamente en las filas de la Sociedad Teosófica. Conoció a Charles Leadbeater en 1894 y se hicieron amigos para toda la vida. Este libro sobre la presentación física y visual de las ideas y los pensamientos fue su colaboración más importante. La primera lámina, «Clave de los significados de los colores», ya aparecía en *Man Visible and Invisible* de Leadbeater (1902) ilustrando el mismo simbolismo de color. Con *Thought-forms*, los autores pretendían llevar más allá el «tema general del aura», y basaron la ilustración de sus imágenes en tres principios generales, el primero de los cuales giraba alrededor del color: «1) la calidad del pensamiento determina el color; 2) la naturaleza del pensamiento determina la forma, y 3) la definición del pensamiento determina la claridad del contorno». Esto se conceptualizó aún más al identificar tres clases de «formas de pensamiento», a saber: pensadores o figuras humanas, objetos materiales y aquellas que representan un estado mental correspondiente a los planos «astral o mental». Besant y Leadbeater consideraron que solo este tercer grupo era digno de transformarse en imágenes, y las 58 ilustraciones que aparecen en el libro se basan en obras de varios amigos suyos a quienes se les agradece en el prólogo la ardua tarea de pintar «en los aburridos colores del mundo terrenal las formas envueltas en la luz viva de otros mundos».

Las últimas tres formas de pensamiento se distinguen marcadamente de las demás en que representan música en lugar de los pensamientos de un individuo. Son la imagen de una pieza para piano de Mendelssohn (pág. 686),

una obra de música coral de Gounod (pág. 687) y un extracto orquestal de Wagner (pág. 672). En contraste con el resto de las imágenes, cada una de estas ofrece una imagen figurativa de una iglesia con una torre alta de la que emergen formas musicales como nubes de colores. La música de Mendelssohn produce líneas irregulares y quebradas de color carmesí, amarillo y azul que emanan de la iglesia y la envuelven, mientras que el coro ascendente de Gounod flota a decenas de metros por encima de la torre en una nube de vapor policromado con forma de hongo. La imagen más espectacular se relaciona con la música de Wagner, que adquiere la forma de una ondulante cadena montañosa de color que se cierne sobre la iglesia empequeñecida a sus pies. Es un final grandilocuente para este extraordinario libro y un gran ejemplo del interés de los teósofos por las experiencias sinestésicas.

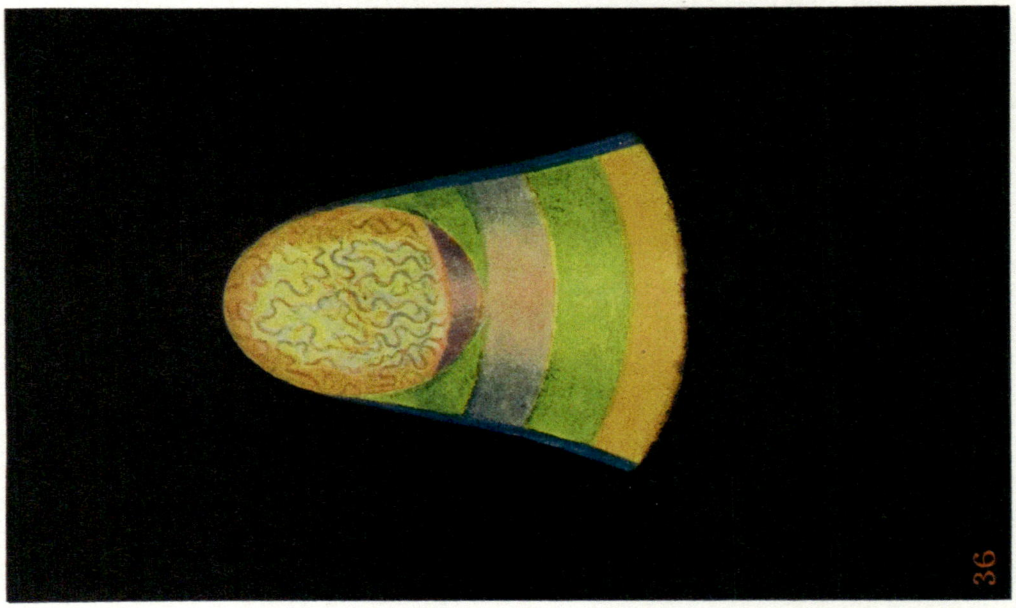
36

35

37

39

46
45
44
47

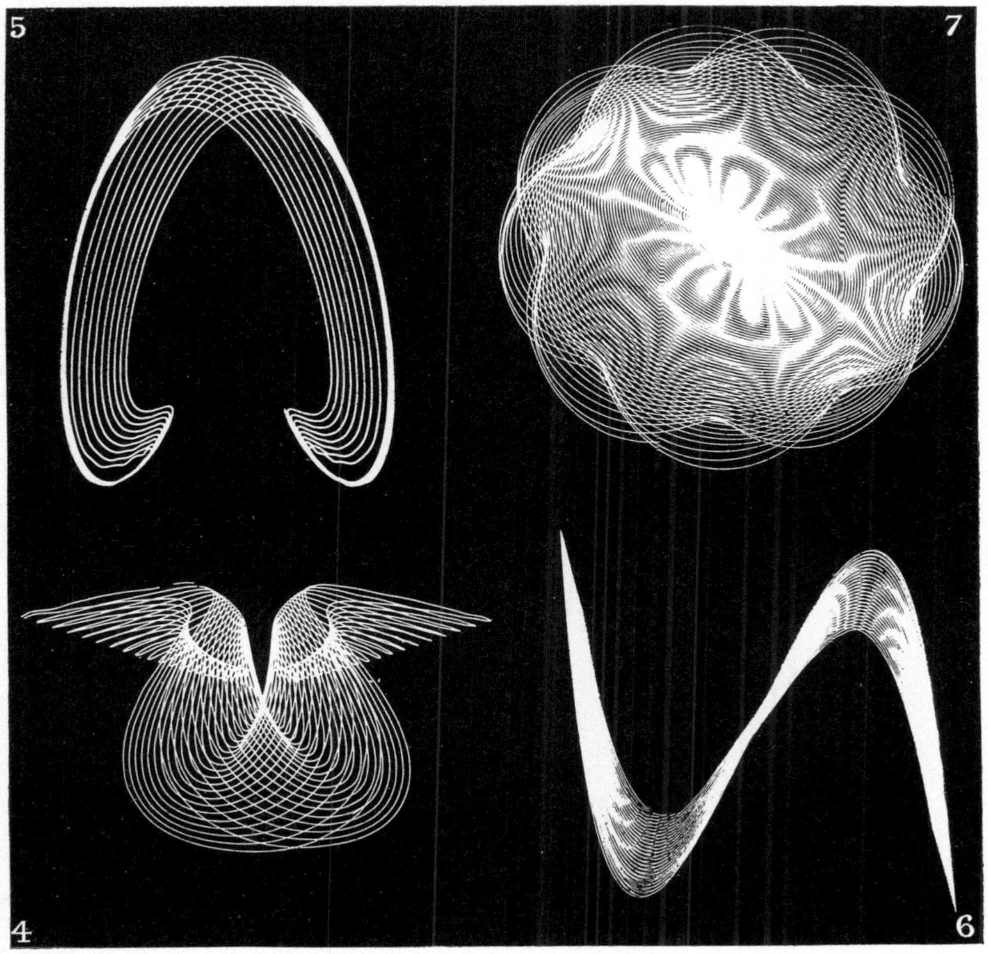
5
7
4
6

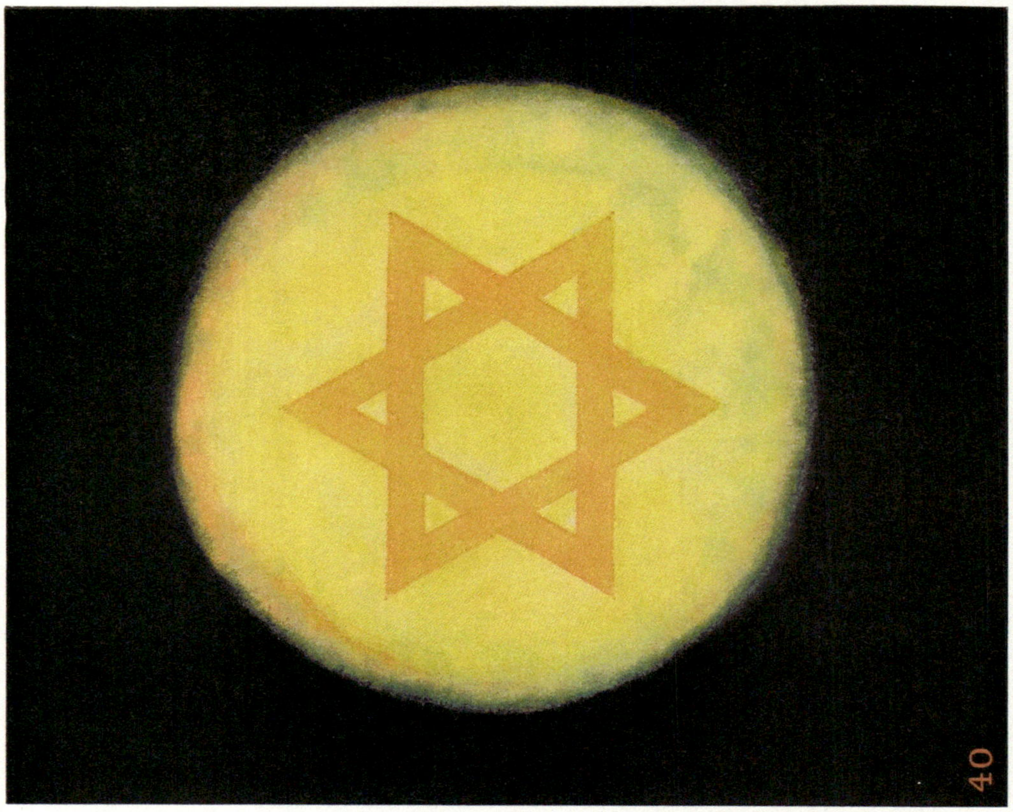
40

41

43

42

48

50

49

51

53

52

54

Alexander Wallace Rimington (1854–1918)

COLOUR-MUSIC: THE ART OF MOBILE COLOUR

10 plates, 20 x 14 cm | 7 ⅞ x 5 ½ in., London, 1912
Sussex, collection of the author

In June 1895 the painter Alexander Wallace Rimington gave a talk at St. James's Hall in Piccadilly, central London, in which he proposed a new form of art: colour music. So far, he claimed, there had been no pure art that dealt with colour alone, and he was convinced that he had found a way to unlock colour's expressive potential. Rimington announced to the audience that he had recently taken out a patent on a "colour organ", a device that functioned so that when any note was played on the keyboard it would project corresponding coloured rays of light. He likened the keyboard of an organ to a painter's palette and talked of bold visions involving synaesthetic colour-music compositions before giving a practical demonstration of his colour organ, using music by Wagner and Chopin.

Rimington was not the first person to have built an instrument that could play colour as in the early 18th century the French Jesuit and mathematician Louis-Bertrand Castel designed and built an ocular harpsichord that could play light through pieces of coloured glass (p. 449). He followed this later by designing an organ that would play sounds and make coloured strips of paper appear at the same time.

Of course, Rimington had the advantage of living in the age of electrification, and while he was aware that the mechanism of his device was complicated and sensitive, by means of electricity he was able to shine a powerful ray of light through two large prisms contained inside it. The prisms split the light into the colours of the spectrum with the help of a series of diaphragms, which could be isolated, combined and controlled using the keyboard and pedals, and then projected on to a large screen.

He spent many years perfecting his invention and poured all his research work and excitement into this book. The cover illustration shows a mountainous landscape across which float colourful lines of musical notation, while the frontispiece, entitled "Nature's Colour Scale", depicts the natural visible spectrum in the form of a rainbow. Both images were based on Rimington's own artwork. The book also includes several black-and-white photographs showing the design and mechanism of his colour organ, as well as many elegant coloured diagrams that illustrate the analogy between musical and chromatic scales, chords, melodies and harmonies.

NATURE'S COLOUR SCALE.

Frontispiece.

Chromatic scale in Music and Colour.
Shewing correspondence of intervals when C = lowest spectrum red.

Farbenmusik. Die Kunst der beweglichen Farbe

Im Juni 1895 hielt der Maler Alexander Wallace Rimington in der St. James's Hall an der Piccadilly im Zentrum Londons einen Vortrag, in dem er für eine neue Kunstform warb: die Farbenmusik. Bis dahin, so Rimington, habe es keine reine Kunst gegeben, die sich allein mit Farbe beschäftigte. Nun aber war er überzeugt, eine Methode gefunden zu haben, um das Ausdruckspotenzial von Farben zu erschließen. Rimington verkündete dem Publikum, er habe er sich kürzlich eine „Farbenorgel" patentieren lassen, einen Apparat, der beim Anschlag einer Note auf der Tastatur entsprechende farbige Lichtstrahlen auswarf. Er verglich das Manual einer Orgel mit einer Malpalette und sprach in kühnen Visionen von synästhetischen Farbenmusikstücken, bevor er mit Kompositionen von Wagner und Chopin eine praktische Vorführung seiner Farbenorgel gab.

Rimington war nicht der erste Erbauer eines Instruments, das Farbsequenzen spielen konnte. Im frühen 18. Jahrhundert entwarf und konstruierte der französische Jesuitenpater und Mathematiker Louis-Bertrand Castel ein „Augencembalo", das Licht durch farbiges Glas werfen konnte (S. 449). Später ließ er eine Orgel folgen, bei der zu jedem gespielten Ton ein farbiger Papierstreifen zum Vorschein kam. Natürlich hatte Rimington den Vorteil, im Zeitalter der Elektrifizierung zu leben. In dem Bewusstsein, dass der Mechanismus seines Instruments kompliziert und empfindlich war, lenkte er mit elektrischem Strom einen starken Lichtstrahl durch zwei große Prismen in dessen Inneres. Die Prismen spalteten das Licht mithilfe einer Reihe von Blenden in die Spektralfarben auf, die sich unter Einsatz von Tastatur und Pedalen isolieren, kombinieren und steuern und sodann auf eine große Leinwand projizieren ließen.

Über viele Jahre war der Künstler damit beschäftigt, seine Erfindung zu perfektionieren, und ließ seine gesamte Forschungsarbeit und Begeisterung in dieses Buch einfließen. Die Einbandillustration zeigt eine Gebirgslandschaft, über die bunte Notenbänder hinwegschweben, während im Frontispiz mit dem Titel „Die Farbskala der Natur" das natürliche sichtbare Spektrum in Form eines Regenbogens aufscheint. Beide Bilder basierten auf Rimingtons eigenen Werken. Neben mehreren Schwarz-Weiß-Fotografien von der Farbenorgel des Künstlers und ihren Mechanismen enthält das Buch zudem zahlreiche elegante Farbdiagramme, in denen die Analogie zwischen Ton- und Farbenleitern sowie musikalischen und chromatischen Akkorden, Melodien und Harmonien veranschaulicht wird.

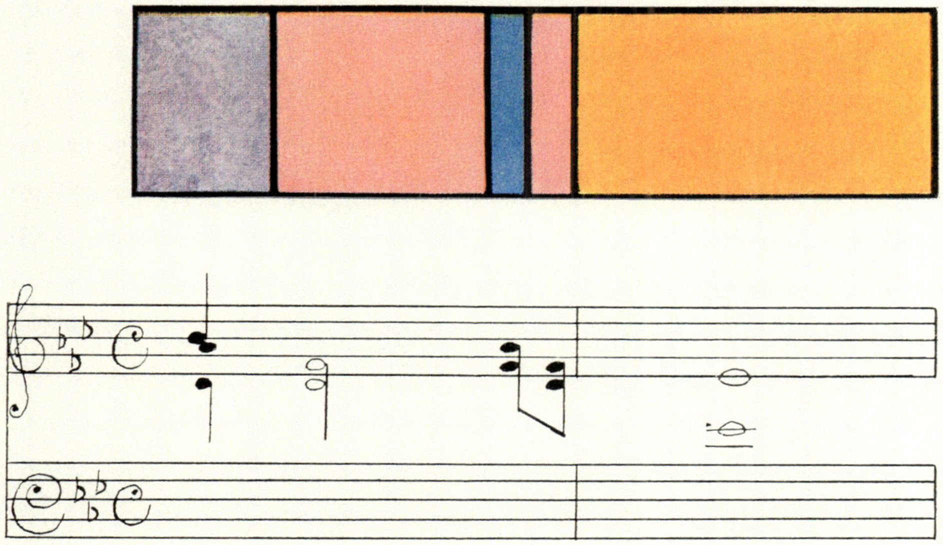

Diagram to illustrate introduction of the element of time into colour effects—the duration of the colour chords upon the screen corresponding to the musical notation.

Illustrating a colour phrase, in which the fourth note is gradually increased in strength by the swell pedal of the colour organ.

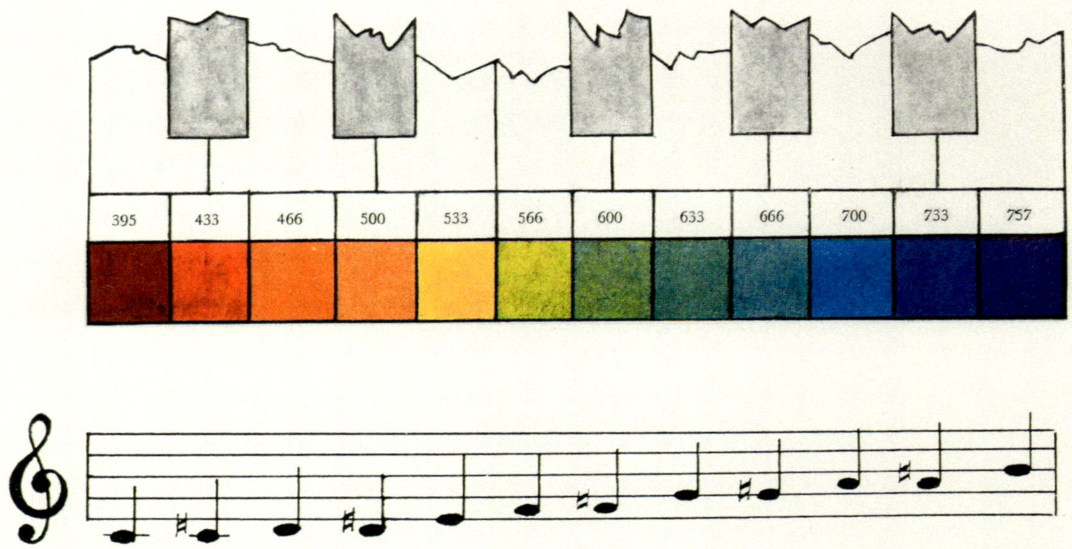

To shew normal division of colour scale upon keyboard of colour organ, colour musical methods of execution are employed. The figures in the spaces above the colours give the approximate frequencies of aether vibration in millions of millions per second. The colours cannot be accurately given in pigments, and of course do not correspond more than roughly to those produced by the instrument.

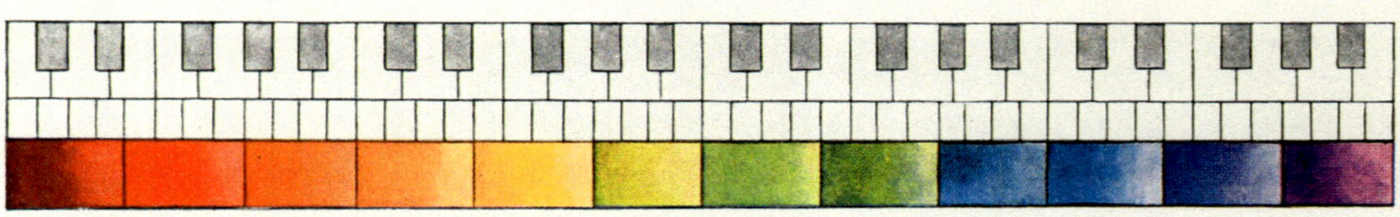

To shew division of colour scale when the spectrum is extended over the whole length of the key-board of the colour organ by spectrum stop.

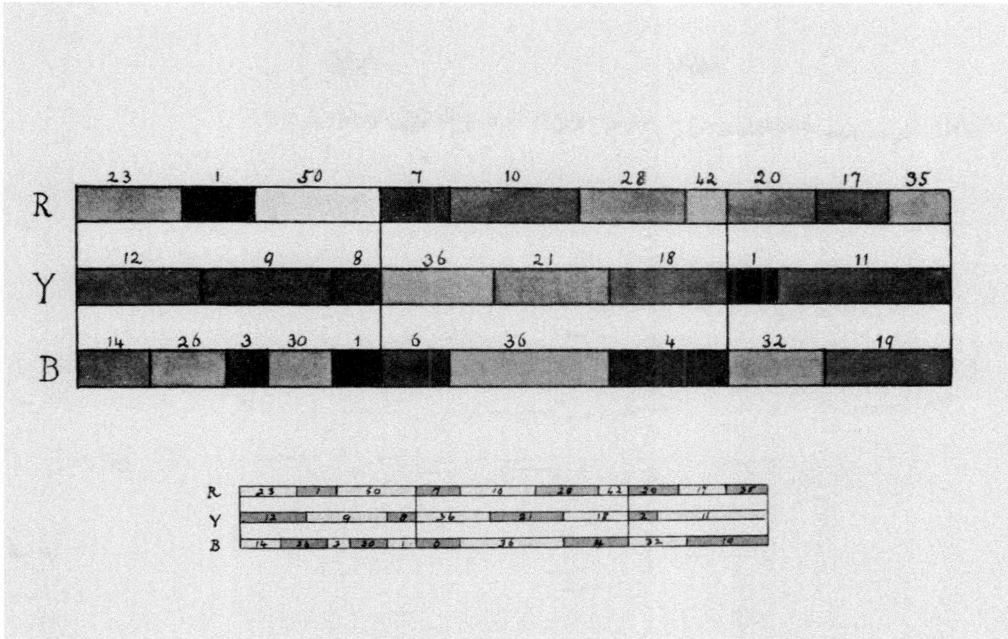

System of Notation for Three-Colour Instrument.

The figures give the required position of the lever for each colour upon its scale, the tint within the space below it indicating approximately the strength of the colour. The length of the space gives duration of the note. Three bars of different time are given.

The lower illustration shows a smaller size of the musical staff in which the depth of the colour is not indicated.

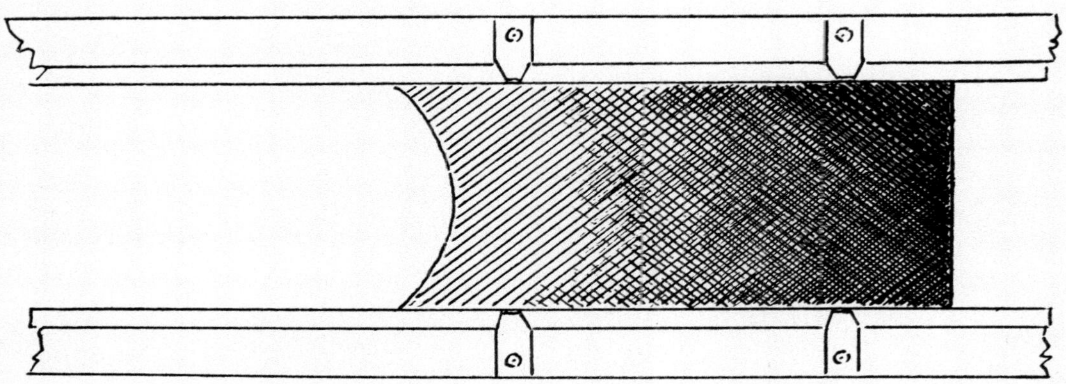

To show the construction of the diaphragms for giving *piano* and *forte* effects. The diaphragms consist of transparent mica crossed by innumerable lines which break up the light more at one end than the other.

To illustrate inharmonious contrast of blue and rose-red, rendered less unpleasant by intermediate colour.

Couleur-musique : l'art de la couleur mobile

En juin 1895, le peintre Alexander Wallace Rimington donne une causerie au St. James's Hall à Piccadilly, au centre de Londres, où il propose une nouvelle forme d'art : la musique en couleurs. De son point de vue, aucun art véritable n'a jusqu'à présent traité de la couleur seule, et il est persuadé d'avoir trouvé une façon de libérer le plein potentiel expressif de celle-ci. Rimington annonce au public qu'il a fait breveter un « orgue de couleurs » : à chaque note jouée sur le clavier, des rais de lumière de la teinte correspondante sont projetés. Il compare l'orgue à la palette du peintre, relate des visions remarquables de compositions synesthésiques mélangeant couleurs et musique, puis fait la démonstration de son dispositif en jouant des partitions de Wagner et de Chopin.

Rimington n'est pas le premier à construire un instrument qui joue des couleurs : au début du XVIIIe siècle, le mathématicien jésuite français Louis-Bertrand Castel a conçu et construit un clavecin oculaire, capable de faire passer la lumière à travers des morceaux de verre coloré (p. 449). Plus tard, il conçoit un orgue qui produit des sons et fait apparaître des bandes de papier coloré en même temps.

Rimington a bien sûr l'avantage de vivre à l'époque de l'électrification. Il sait que le mécanisme de son appareil est fragile et compliqué, mais l'électricité lui permet de produire un puissant rayon lumineux qui passe à travers deux prismes placés à l'intérieur. Les prismes font jaillir les couleurs du spectre à l'aide d'une série de diaphragmes, qui peuvent être isolés, combinés et contrôlés au moyen du clavier et des pédales de l'orgue, et projetés sur un grand écran.

L'artiste travaille d'arrache-pied pendant des années pour perfectionner son invention, et son ouvrage « Couleur-musique : l'art de la couleur mobile » est le fruit de toutes ces recherches passionnées. L'illustration de couverture montre un paysage montagneux sous lequel figure une portée musicale multicolore. Sur celle du frontispice, intitulée « Gamme de couleurs de la nature », un arc-en-ciel déploie le spectre visible naturel. Les deux images sont tirées d'œuvres de Rimington. L'ouvrage compte aussi quelques photographies en noir et blanc présentant le fonctionnement de l'orgue de couleurs, ainsi que d'élégants graphiques en couleurs illustrant l'analogie entre les gammes musicale et chromatique, les accords, les mélodies et les harmonies.

Example of a simple colour phrase in correspondence with musical notation.

NOTE.—It must be understood that the colours are merely diagramatic, and give little idea of their purity as actually seen upon the screen.

Color-música: el arte del color en movimiento

En junio de 1895, el pintor Alexander Wallace Rimington dio una charla en St. James's Hall en Piccadilly, en el centro de Londres, en la que propuso una nueva forma de arte: la música en color. Según afirmó, hasta ese momento no había existido un arte puro que se ocupara únicamente del color, y estaba convencido de que había encontrado una forma de desbloquear su potencial expresivo. Rimington anunció a la audiencia que recientemente había obtenido una patente sobre un «órgano de color», un instrumento de teclado que proyectaba rayos de luz del color correspondiente a la nota que se tocaba. Comparó el teclado de un órgano con la paleta de un pintor, y habló de atrevidas composiciones sinestésicas de música en color antes de hacer una demostración práctica de su órgano con música de Wagner y Chopin.

Rimington no fue la primera persona que construyó un instrumento capaz de producir colores. A principios del siglo XVIII, el jesuita y matemático francés Louis-Bertrand Castel diseñó y construyó un clavicémbalo ocular que emitía luz a través de piezas de vidrio coloreado (pág. 449). Más tarde, diseñó un órgano capaz de producir sonidos y hacer que aparecieran tiras de papeles de colores al mismo tiempo.

Por supuesto, Rimington tenía la ventaja de vivir en la era de la electrificación, y aunque sabía que el mecanismo de su dispositivo era complicado y sensible, gracias a la electricidad consiguió proyectar un potente rayo de luz a través de dos grandes prismas que había en su interior. Los prismas dividen la luz en los colores del espectro con la ayuda de una serie de diafragmas, que pueden aislarse, combinarse y controlarse mediante el teclado y los pedales, y luego proyectarse en una pantalla grande.

Durante muchos años, el artista trabajó en perfeccionar su invento y volcó en este libro todas sus investigaciones y su entusiasmo. La ilustración de la portada muestra un paisaje montañoso sobre el que flotan coloridas líneas de notación musical; el frontispicio, titulado «Escala de colores de la naturaleza», representa el espectro visible natural en forma de arcoíris. Ambas imágenes se basaron en el propio arte de Rimington. El libro también incluye varias fotografías en blanco y negro que muestran el diseño y el mecanismo de su órgano de color, así como muchos diagramas cromáticos elegantes que ilustran la analogía entre escalas musicales y cromáticas, acordes, melodías y armonías.

Finetta Bruce (1866–1932)

THE MYSTICISM OF COLOUR

1 plate, book: 18.3 x 11.8 cm | 7 ¼ x 4 ⅝ in.; chart: 37 x 11.6 cm | 14 ⅝ x 4 ⅝ in, London, 1912
London, Royal College of Art, Colour Reference Library

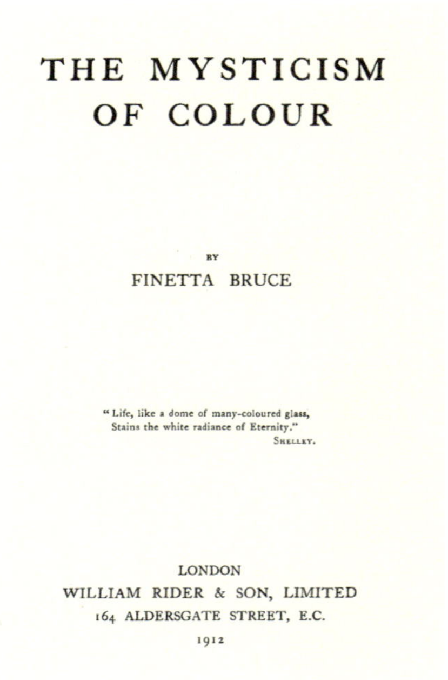
THE MYSTICISM
OF COLOUR

BY
FINETTA BRUCE

"Life, like a dome of many-coloured glass,
Stains the white radiance of Eternity."
SHELLEY.

LONDON
WILLIAM RIDER & SON, LIMITED
164 ALDERSGATE STREET, E.C.
1912

Before *The Mysticism of Colour* was published, Finetta Bruce, a devout Christian, had already written a small travel book about Kashmir. She would seem to have made a number of journeys to India in the company of her husband Charles, a mountaineer who took part in several early British expeditions to the Himalayas, which would likely have given her an insight into Eastern religion and mysticism.

This rather compact book is a curious and unstructured anthology consisting of soul-searching poetry, biblical storytelling, advice on spiritual practices and faux-scientific essays, held together by the theme of colour symbolism. It has no great intellectual value but features various popular themes in colour literature from the wider circle of spiritualist writers. The "invisible world of meaning" is discussed at length, as are human auras, and in a chapter on "Cosmic Colour" the development of the human race is divided into seven distinct phases, which Bruce saw as being analogous to Newton's prismatic spectrum. What is perhaps most interesting about her odd little book is that she inadvertently offered ideas about colour perception and theory that have some philosophical bearing. As a brief example, in the first chapter she noted that, "We think in colour first, then the thought leads to speaking and finally to acting in colour".

The only illustration, a fold-out plate with a long vertical colour scale at the beginning of the book, was intended as a practical guide to the meditation exercises explained in the chapter "The Melody of Colour". The prismatic scale in the diagram represents a dualistic concept of darkness and light, discord and harmony, death and life, while similar pairs of negative and positive "colour words", such as weakness/strength, flank the scale. Bruce explained that the negative qualities were only included to create an awareness of discord, in order to avoid it, and the reader was instead encouraged to focus twice a day on some of the positive "notes" and follow breathing exercises to find harmony. The use of musical terminology in relation to colour was typical of spiritualist teachings at this time.

Die Mystik der Farbe

Bevor *The Mysticism of Colour* erschien, hatte die gläubige Christin Finetta Bruce bereits einen kleinen Reiseführer über Kaschmir geschrieben. Wie es scheint, hatte sie mit ihrem Ehemann Charles, einem Bergsteiger und Teilnehmer an mehreren britischen Expeditionen in den Himalaya, einige Reisen nach Indien unternommen, die ihr vermutlich die östliche Religion und Mystik näherbrachten.

Dieses recht kompakte Buch, eine ebenso eigentümliche wie unstrukturierte Anthologie, besteht aus selbstanalytischer Dichtung, Bibelgeschichten, Ratschlägen zur spirituellen Praxis und unechten wissenschaftlichen Aufsätzen, deren gemeinsame Klammer die Farbsymbolik bildet. Ohne besonderen intellektuellen Wert geht der Text auf verschiedene populäre Themen der Farbliteratur aus dem erweiterten Kreis spiritistischer Autoren ein. Ausführlich behandelt werden die „unsichtbare Welt der Bedeutung" und menschliche Auren, ehe das letzte Kapitel über „kosmische Farbe" die Entwicklung der Menschheit in sieben unterschiedliche Phasen einteilt, die dem prismatischen Spektrum Newtons zu entsprechen scheinen. Das vielleicht Interessanteste an diesem seltsamen kleinen Buch ist, dass Bruce ungewollt Ideen zu Farbwahrnehmung und Farbtheorie mit philosophischer Tragweite äußert. Im ersten Kapitel stellt sie beispielsweise fest: „Wir denken zuerst in Farbe, bevor der Gedanke zum Sprechen und schließlich zum Handeln in Farbe führt."

Die einzige Illustration des Werks, eine Ausklapptafel mit einer langen, senkrechten Farbskala am Buchanfang, war als praktischer Leitfaden für die Meditationsübungen im Kapitel „Die Melodie der Farbe" gedacht. Das darin abgebildete prismatische Spektrum steht für ein dualistisches Konzept von Dunkelheit und Licht, Zwietracht und Harmonie, Tod und Leben. Vergleichbare Paarungen von negativen und positiven „Farbworten", wie etwa Schwäche/Stärke, flankieren die Skala. Bruce' Erläuterung zufolge sollten die aufgeführten negativen Eigenschaften lediglich ein Bewusstsein für Disharmonie schaffen, um diese vermeiden zu können. Stattdessen war die Leserschaft aufgefordert, sich zweimal täglich auf einige der positiven „Noten" zu konzentrieren und Atemübungen zu befolgen, um zur Harmonie zu finden. Die Verwendung musikalischer Begrifflichkeiten in Bezug auf Farbe war typisch für die spiritistischen Lehren der damaligen Zeit.

Mysticisme de la couleur

Avant la publication de *Mysticism of Colour*, Finetta Bruce, chrétienne fervente, a déjà écrit un petit guide de voyage sur le Cachemire. Elle semble avoir fait plusieurs voyages en Inde en compagnie de son mari Charles, un alpiniste ayant participé à plusieurs expéditions britanniques dans l'Himalaya, qui lui ont probablement permis de découvrir les religions et le mysticisme orientaux.

Assez dense, l'ouvrage propose une curieuse anthologie, sans structure précise, de poésie introspective, de récits bibliques, d'avertissements sur les pratiques spirituelles et les essais pseudo-scientifiques, le tout sous la bannière du symbolisme chromatique. Sans grande valeur intellectuelle, le livre met en avant plusieurs thèmes fréquents dans la littérature sur la couleur issue des cercles d'auteurs spiritualistes. Le « monde invisible du sens » est longuement analysé, ainsi que les auras humaines. Le dernier chapitre sur la « Couleur cosmique » détaille les sept phases du développement de la race humaine, qui seraient analogues au spectre du prisme de Newton. Peut-être par inadvertance, les idées sur la perception et la théorie de la couleur de cet étrange opuscule ne sont pas dénuées de portée philosophique. Ainsi l'autrice note-t-elle dans le premier chapitre : « Nous pensons d'abord en couleurs, puis la pensée mène à la parole, et enfin à l'acte en couleurs. »

L'unique illustration, une planche à déplier au début du livre figurant une longue gamme colorée verticale, sert de guide pratique pour les exercices de méditation expliqués dans le chapitre « La mélodie de la couleur ». L'échelle prismatique représente une conception dualiste de l'obscurité et de la lumière, de la discorde et de l'harmonie, de la mort et de la vie. Des paires antagonistes de « mots de couleurs » négatifs et positifs, par exemple « faiblesse/force », encadrent l'échelle. Bruce explique que les qualités négatives ne sont là que pour susciter la prise de conscience de la discorde et ainsi l'éviter. Le lecteur est plutôt encouragé à se concentrer, deux fois par jour, sur des « notes » positives et à suivre les exercices de respiration pour trouver l'harmonie. L'emploi de la terminologie musicale en lien avec la couleur est caractéristique des enseignements spiritualistes de cette époque.

El misticismo del color

Antes de que se publicara *The Mysticism of Colour*, Finetta Bruce, una cristiana devota, ya había escrito un pequeño libro de viajes sobre Cachemira. Al parecer, realizó varios viajes a la India en compañía de su esposo Charles, un montañero que participó en varias de las primeras expediciones británicas al Himalaya, lo que probablemente le proporcionó una idea de la religión y el misticismo orientales.

Este libro bastante compacto es una antología curiosa y desestructurada compuesta de poesía introspectiva, narraciones bíblicas, consejos sobre prácticas espirituales y falsos ensayos científicos unidos por el tema del simbolismo del color. No tiene un gran valor intelectual, pero presenta varios temas populares en los trabajos sobre el color del círculo más amplio de escritores espiritualistas. El «mundo invisible del significado» se analiza extensamente, al igual que las auras humanas, y en el capítulo final sobre «color cósmico», el desarrollo de la raza humana se divide en siete fases distintas, aparentemente análogas al espectro prismático de Newton. Lo que quizás sea más interesante de su extraño librito es que, sin darse cuenta, ofreció ideas sobre la percepción y la teoría del color que tienen cierta influencia filosófica. Un breve ejemplo lo encontramos en el primer capítulo, donde señaló que «primero pensamos en color, y luego el pensamiento nos lleva a hablar y finalmente a actuar en color».

La única ilustración, una lámina desplegable con una larga escala vertical de colores que aparece al comienzo del libro, pretendía ser una guía práctica para los ejercicios de meditación explicados en el capítulo «La melodía del color». La escala prismática del diagrama representa un concepto dualista de oscuridad y luz, discordia y armonía, muerte y vida, al tiempo que parejas similares de «palabras de color» negativas y positivas, como debilidad/fuerza, la flanquean. Bruce explicó que las cualidades negativas solo se incluyeron para crear una conciencia de discordia a fin de evitarla, y en su lugar se animó al lector a concentrarse dos veces al día en algunas de las «notas» positivas y seguir ejercicios de respiración para encontrar la armonía. El uso de la terminología musical en relación con el color era típico de las enseñanzas espiritualistas de la época.

Beatrice Irwin (1877–1956)

THE NEW SCIENCE OF COLOR

1 plate, 20 x 13 cm | 7 7/8 x 5 1/8 in., San Francisco, 1915
Sussex, collection of the author

Beatrice Irwin pursued a career as an actress before she began writing about colour. Her work was very much influenced by theosophy, spiritualism, occultism and the Bahá'í faith with which she later identified, but in less mystical directions she was also interested in artificial lighting and the possibility that light and colour could be used for healing and calming.

Irwin's frst book, *The Pagan Trinity* (1912) was a work of experimental poetry divided into "Plastic Poems", "Colour Poems" and "Tone Poems", some of which she performed in popular stage shows, often dancing in Oriental costume.

The New Science of Color was published three years later, and included an innovative colour diagram, accompanied by her own classification of colours, based on the primaries blue, yellow and red. In the text Irwin explained that colour falls into three natural divisions, physical, mental and spiritual, each being subdivided into sedative, recuperative and stimulant colours, which resulted in a complex system of subdivisions and subtleties of tints and textures. Being aware of the limits of colour representation in print she added that "to do justice to spiritual colours, they would have to be imbued with a tingling phosphorescent quality, which no medium I know of could give", and urged her readers to imagine instead the crystalline, shimmering, transparent "mental colours".

Irwin's colour diagram is a steep-sided triangle that presents the physical, mental and spiritual colours set inside a golden circle. The circle itself represents the *Ether*, the violet region at the bottom of the triangle represents *Space* and a small white rhombic form at the top of the violet region and in the middle of the triangle represents the *Head of Man*, with the *Spiritual Eye* at its centre. It is a somewhat bewildering colour diagram and is not easy to read, being partly limited by the small size of the printing, but it nevertheless gives a vivid taste of Irwin's creative thinking about colour. Her work is now largely forgotten, although it was more influential during her lifetime, and her books were read by, amongst others, the two Australian artists Roy de Maistre and Grace Cossington Smith, and were studied by Georgia O'Keeffe.

In this Chart the Golden Circle represents Ether; the Violet space, Earth; the White space, the Head of Man; 7a, b and c corresponding respectively to his Right, his Spiritual and his left Eye; the Spiritual Eye being situated in the center of the Forehead. 1, 2 and 3 represent respectively the Physical, Mental and Spiritual Systems with their Subdivisions of Sedative, Recuperative and Stimulant Colors.

The Three Color Systems with Their Subdivisions

1: The Physical

Sedative
- Lead Gray
- Prune
- Terra Cotta
- Moss Green

Recuperative
- Golden Brown
- Turquoise

Stimulant
- Vermilion

2: The Mental

Sedative
- Olive Green

Recuperative
- Rose Madder
- Fawn
- Royal Blue
- Emerald Green

Stimulant
- Violet
- Chrome

3: The Spiritual

Sedative
- Moonlight Blue

Recuperative
- Orange
- Flame Rose

Stimulant
- Eau de Nil
- Mauve
- Citron
- Azure Blue

Die neue Farbwissenschaft

Beatrice Irwin war Schauspielerin, bevor sie über Farbe zu schreiben begann. Theosophie, Spiritismus, Okkultismus und der bahaistische Glaube, mit dem sie sich später identifizierte, zählten zu den wichtigsten Einflüssen auf ihre Arbeit. Weniger mystisch inspiriert war ihr Interesse an künstlicher Beleuchtung und an der Möglichkeit, Licht und Farbe als Heil- und Beruhigungsmittel einzusetzen.

Irwins experimenteller Gedichtband *The Pagan Trinity* (1912) war in „Plastische Gedichte", „Farbgedichte" und „Tongedichte" unterteilt. Einige dieser lyrischen Werke führte die Autorin in populären Bühnenshows auf und tanzte dabei häufig in orientalischen Kostümen.

The New Science of Color erschien drei Jahre später und enthielt ein innovatives Farbdiagramm, dessen begleitende Farbklassifikation auf den drei Primärfarben Blau, Gelb und Rot beruhte. Im Text erklärte Irwin, Farbe gliedere sich in drei natürliche Kategorien: das Körperliche, das Geistige und das Spirituelle, die ihrerseits in beruhigende, stärkende und anregende Farben untergliedert seien. Daraus ergab sich ein komplexes System von Unterkategorien und Nuancen in Farbtönen und Texturen. Weil sie sich der Grenzen des Farbdrucks bewusst war, fügte Irwin hinzu: „Um den spirituellen Farben gerecht zu werden, müssten sie von einer prickelnden phosphoreszierenden Eigenschaft durchtränkt sein, die kein mir bekanntes Medium verleihen könnte." Ihre Leser drängte sie, sich stattdessen die kristallenen, schimmernden, transparenten „geistigen Farben" vorzustellen.

Irwins Farbdiagramm besteht aus einem Dreieck mit steil abfallenden Seiten, das die körperlichen, geistigen und spirituellen Farben in einem goldenen Kreis (Orange gedruckt) präsentiert. Der Kreis selbst stellt den „Äther" dar, das violette Dreieck die „Erde" und die weiße Rautenform knapp unterhalb der Bildmitte den „Kopf des Menschen", in dem Buchstaben und Zahlen das „geistige Auge" repräsentieren. Das etwas verwirrende farbige Diagramm ist auch aufgrund der geringen Druckgröße nicht einfach zu lesen. Gleichwohl vermittelt es eine anschauliche Kostprobe von der Kreativität, mit der seine Urheberin über Farbe nachdachte. War Irwins Werk zu ihren Lebzeiten nicht ohne Einfluss, so ist es heute weitgehend vergessen. Ihre Bücher wurden unter anderem von den australischen Künstlern Roy de Maistre und Grace Cossington Smith gelesen und auch von Georgia O'Keeffe studiert.

La nouvelle science de la couleur

Après une carrière d'actrice, Beatrice Irwin commence à écrire au sujet de la couleur. Ses travaux sont très influencés par la théosophie, le spiritualisme, l'occultisme et la foi Bahá'í qu'elle adoptera plus tard. D'une façon moins mystique, elle s'intéresse aussi aux lumières artificielles et à la possibilité d'utiliser la lumière et la couleur pour apaiser et soigner.

Son livre de poésie expérimentale *The Pagan Trinity* (1912) est composé des « Poèmes plastiques », « Poèmes colorés » et « Poèmes tonaux », qu'elle donne parfois dans des spectacles populaires, en dansant en costume oriental.

The New Science of Color paraît trois ans plus tard. Irwin y propose un tableau chromatique novateur et sa propre classification des couleurs, basée sur les primaires bleu, jaune et rouge. Elle explique que la couleur se divise en trois catégories naturelles – physique, mentale et spirituelle – et que chacune se subdivise en couleurs sédatives, récupératives et stimulantes. L'ensemble forme un système complexe de subdivisions et de subtilités de teintes et de textures. Consciente des limites de la représentation de la couleur imprimée, elle ajoute : « Pour faire justice aux couleurs spirituelles, elles devraient être imprégnées d'une phosphorescence vibratoire, qu'aucun médium que je connaisse ne peut leur donner. » Elle invite donc ses lecteurs à imaginer plutôt des « couleurs mentales » à la transparence cristalline et scintillante.

Le tableau chromatique d'Irwin est un triangle très aigu qui présente les couleurs physiques, mentales et spirituelles, à l'intérieur d'un disque d'or (imprimé en orange) représentant l'*Éther*. Le triangle violet représente la *Terre*, et un petit losange blanc, légèrement décentré, symbolise la *Tête de l'homme* et comprend l'*Œil spirituel*. Un tableau déroutant et malaisé à décoder, notamment parce que l'impression est petite, mais qui néanmoins donne un aperçu frappant de la créativité d'Irwin. Tombée dans l'oubli depuis, son œuvre a eu une certaine influence de son vivant. Ses livres, par exemple, ont été lus par les deux peintres australiens Roy de Maistre et Grace Cossington Smith, et étudiés par Georgia O'Keeffe.

La nueva ciencia del color

Beatrice Irwin intentó labrarse una carrera como actriz antes de comenzar a escribir sobre el color. Su trabajo estuvo muy influenciado por la teosofía, el espiritualismo, el ocultismo y el bahaísmo, religión que más tarde profesó. En un sentido menos místico, también se interesó en la iluminación artificial y la posibilidad de que la luz y el color pudieran usarse como curas y calmantes.

The Pagan Trinity (1912) de Irwin es un libro de poesía experimental que se divide en «Poemas de plástico», «Poemas de color» y «Poemas de tono», algunos de los cuales interpretó en espectáculos populares, a menudo bailando con trajes orientales.

The New Science of Color se publicó tres años después. Incluía un innovador diagrama cromático acompañado de su propia clasificación de colores, basada en los primarios azul, amarillo y rojo. En el texto, Irwin explica que existen tres divisiones naturales del color, la física, la mental y la espiritual, que a su vez se subdividen en colores sedantes, recuperadores y estimulantes, de lo que se deriva un complejo sistema de nuevas subdivisiones y sutilezas respecto a tonos y texturas. Consciente de los límites de la representación del color en la impresión, añadió que «para hacer justicia a los colores espirituales, estos tendrían que estar imbuidos de una cualidad fosforescente palpitante que ningún medio que yo conozca puede dar», e instó a sus lectores a imaginar en su lugar «colores mentales» cristalinos, resplandecientes y transparentes.

El diagrama cromático de Irwin es un triángulo isósceles que muestra los colores físicos, mentales y espirituales dentro de un círculo dorado (impreso en naranja). El círculo en sí representa el *éter*, el triángulo violeta la *tierra*, y un pequeño rombo blanco en la parte superior de la región violeta representa la *cabeza del hombre* y acoge el *ojo espiritual*. Es un diagrama cromático un tanto desconcertante y difícil de interpretar, en parte por las limitaciones que impone el pequeño tamaño de la lámina; sin embargo, ofrece una muestra vívida del pensamiento creativo de Irwin sobre el color. Su trabajo ahora está en gran parte olvidado, aunque tuvo influencia mientras vivió. Los artistas australianos Roy de Maistre y Grace Cossington Smith, entre otros, leyeron sus libros, y Georgia O'Keeffe los estudió.

Hilma af Klint (1862–1944)

BLUMEN, MOOSE, FLECHTEN

Flowers, Mosses and Lichen

26 illustrated pages, 20.5 x 16.5 cm | 8 1/8 x 6 1/2 in., 1927
Stockholm, The Hilma af Klint Foundation

Best known today for her monumental paintings of geometric patterns in intense colours, Hilma af Klint has been hailed as one of the first artists who fully embraced abstraction, but her early work was representational and included landscapes and flower studies.

Blumen, Moose, Flechten is one of many notebooks, sketchbooks and albums af Klint compiled during her lifetime in the course of methodically documenting her creative process. In size it forms a dramatic contrast with her large-scale paintings, but its iconography is remarkably similar to what can be seen in her canvases. The notebook is an observational list of 146 specimens of flowers, mosses, lichen and a few insects, and while it is not specifically about colour it seems to have carried particular meaning for af Klint. It was put together between 1919 and 1920, most likely in the artist's studio in her native Sweden, although most of the text is in German rather than Swedish.

In 1920 af Klint joined Rudolf Steiner's Anthroposophical Society and made several visits in the years that followed to its headquarters, the Goetheanum in Dornach, Switzerland, where she studied Goethe, attended lectures and tried to engage Steiner in conversation about her art. In 1927, two years after his death, she copied out this notebook page by page and donated the original to the Steiner Archive in Dornach. Given its thematic and spiritual content she may have had that intention all along, for although the illustrations are based on observation and display a clear sense for taxonomy, this is not an ordinary botanical sketchbook. Af Klint lifted each flower, moss and lichen into a higher sphere of meaning, by applying her own visual and chromatic language. Each specimen is represented by a combination of geometric shapes, often comprising squares, circles, crosses and triangles, some of which are filled with luminous and contrasting colours that denote willpower, devotion, self-contempt, longing and several other human emotions. Certain diagrams are simple, but many are highly complex, with overlapping forms and featuring arrows, spirals or spot patterns. This is af Klint's spiritual universe in miniature, and quite possibly a homage to the natural philosophy of both Goethe and Steiner.

17.6.1919. Potentilla Tormentilla Serie I a, n:o 5 19.6.1919.

Richt. linien:

Unschuld

18.6.1919. Viburnum Opulus Serie I a n:o 6

Richt. linien:

Ungehorsam

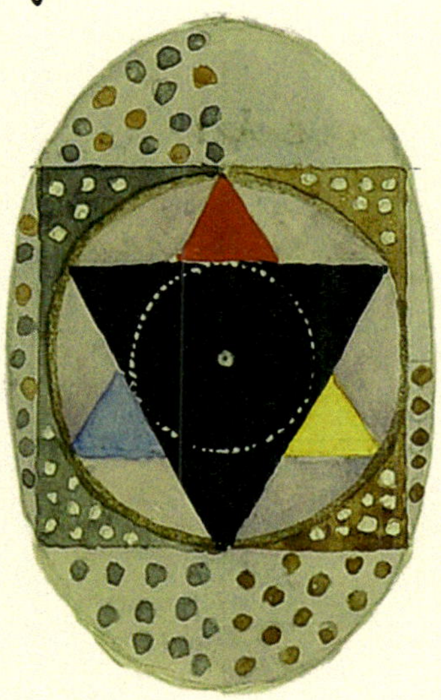

18

30.5.1919. Vaccinium Myrtillus

Richt. linien:

mitgefühl für überanstrengte Darmkanäle.

Sehnsucht nach Mässigung der febrilen Wirksamkeit der Gedärme.

31.5.1919. Pyrus communis

Richt. linien:

Gib mir Aufkläung über meine astralische Schwäche.

Hilf mir, die Niere bei der Menschheit zu verbessern.

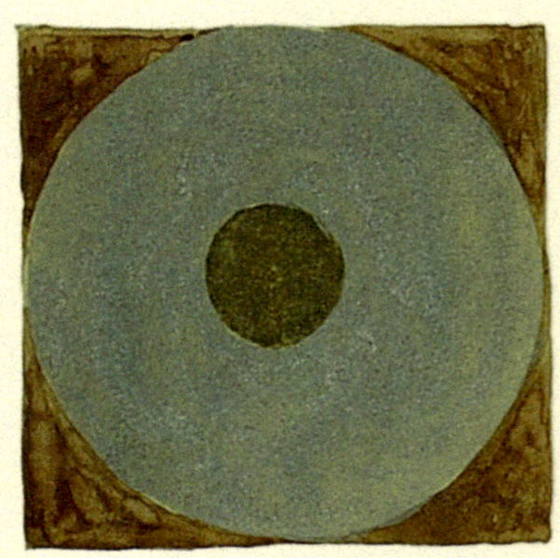

Blumen, Moose, Flechten

Die heute hauptsächlich für ihre Monumentalgemälde von geometrischen Mustern in kräftigen Farben bekannte Hilma af Klint wurde als eine der Ersten gefeiert, die sich in der bildenden Kunst vollständig der Abstraktion widmeten. Dabei war ihr Frühwerk noch gegenständlich und umfasste Landschaften und Blumenstudien.

Blumen, Moose, Flechten ist eines von zahlreichen Notizbüchern, Skizzenbüchern und Alben, die af Klint im Rahmen der methodischen Dokumentation ihres Schaffensprozesses zu Lebzeiten anlegte. In seinen Ausmaßen bildet es einen starken Kontrast zu den großformatigen Leinwänden der Künstlerin, seine Bildsprache hingegen ist dem Inhalt ihrer Gemälde auffallend ähnlich. Das Notizbuch enthält eine auf Beobachtungen gegründete Liste von 146 Blumen, Moosen, Flechten und einigen Insekten, und auch wenn es nicht ausdrücklich von Farbe handelt, scheint es für af Klint doch von besonderer Bedeutung gewesen zu sein. Es entstand zwischen 1919 und 1920 höchstwahrscheinlich im Atelier der Künstlerin in ihrer schwedischen Heimat. Der Text ist überwiegend nicht auf Schwedisch, sondern auf Deutsch verfasst.

1920 schloss sich af Klint der Anthroposophischen Gesellschaft Rudolf Steiners an und besuchte in den Folgejahren mehrmals die Zentrale der Vereinigung, das Goetheanum im schweizerischen Dornach. Dort studierte sie Goethe, besuchte Vorträge und versuchte mit Steiner über ihre Kunst ins Gespräch zu kommen. 1927, zwei Jahre nach dessen Tod, kopierte sie das Notizbuch Seite für Seite und schenkte das Original dem Steiner-Archiv in Dornach. In Anbetracht seines thematischen und spirituellen Inhalts hatte sie dies womöglich von Anfang an vor, denn obwohl die Illustrationen auf Beobachtung beruhen und ein eindeutiges Gespür für Taxonomie erkennen lassen, liegt hier kein gewöhnliches botanisches Skizzenbuch vor. Af Klint hebt jede Blume, jedes Moos und jede Flechte mit der ihr eigenen visuellen, emotionalen und chromatischen Sprache auf eine höhere Bedeutungsebene. Jedes Studienobjekt wird von einer Kombination aus geometrischen Formen dargestellt, die häufig Quadrate, Kreise, Kreuze und Dreiecke umfassen. Bisweilen sind sie mit leuchtenden und kontrastierenden Farben ausgefüllt, die Willenskraft, Hingabe, Selbstverachtung, Sehnsucht und weitere menschliche Gefühle kennzeichnen. Manche Diagramme sind einfach gehalten, viele andere dagegen wirken mit ihren überlappenden Formen, mit Pfeilen, Spiralen oder Punktmustern überaus komplex. Dies ist af Klints spirituelles Universum im Miniaturformat und sehr wahrscheinlich eine Hommage an die Naturphilosophie Goethes und Steiners.

Fleurs, mousses et lichens

Célèbre pour ses tableaux monumentaux aux motifs géométriques, Hilma af Klint est saluée comme l'une des premières artistes ayant pleinement embrassé l'abstraction, même si ses premières œuvres sont figuratives et comprennent des paysages et des études de fleurs.

Blumen, Moose, Flechten est l'un des nombreux cahiers de notes, carnets de croquis et albums dans lesquels af Klint a méticuleusement compilé la trace de son processus créatif tout au long de sa vie. Malgré un format à l'opposé de ses tableaux de grandes dimensions, on y retrouve l'iconographie présente dans ses toiles. Ce carnet contient une liste de 146 spécimens de fleurs, mousses et lichens et de quelques insectes. S'il n'est pas spécifiquement consacré à la couleur, il semble avoir eu un sens particulier pour af Klint. Il a été conçu entre 1919 et 1920, probablement dans l'atelier de l'artiste en Suède, son pays natal. Le texte est principalement en allemand.

En 1920, af Klint rejoint la Société anthroposophique de Rudolf Steiner et, dans les années suivantes, séjourne à plusieurs reprises au siège de la société, au Goetheanum de Dornach, en Suisse. Elle y étudie Goethe, suit des cours et cherche à discuter de sa peinture avec Steiner. En 1927, deux ans après la mort de Steiner, elle copie chaque page du carnet et fait don de l'original à la Rudolf Steiner Archiv à Dornach. Étant donné la thématique et le contenu spirituel, peut-être avait-elle eu cette intention depuis le début. Ses illustrations se fondent sur l'observation et montrent un grand sens de la taxonomie, et pourtant ce n'est pas un carnet botanique ordinaire : af Klint y donne à chaque végétal un haut degré de signification en appliquant son propre langage visuel, émotionnel et chromatique. Chaque spécimen est représenté par une combinaison de formes géométriques, souvent un carré, un cercle, une croix ou un triangle. Certains sont remplis de couleurs lumineuses et contrastées exprimant la volonté, le dévouement, le mépris de soi, le désir et d'autres émotions humaines. Les plus complexes superposent des formes et des motifs (flèches, spirales, points). Af Klint y représente son univers spirituel en miniature et, ce faisant, rend sûrement hommage à la philosophie naturelle de Goethe comme à celle de Steiner.

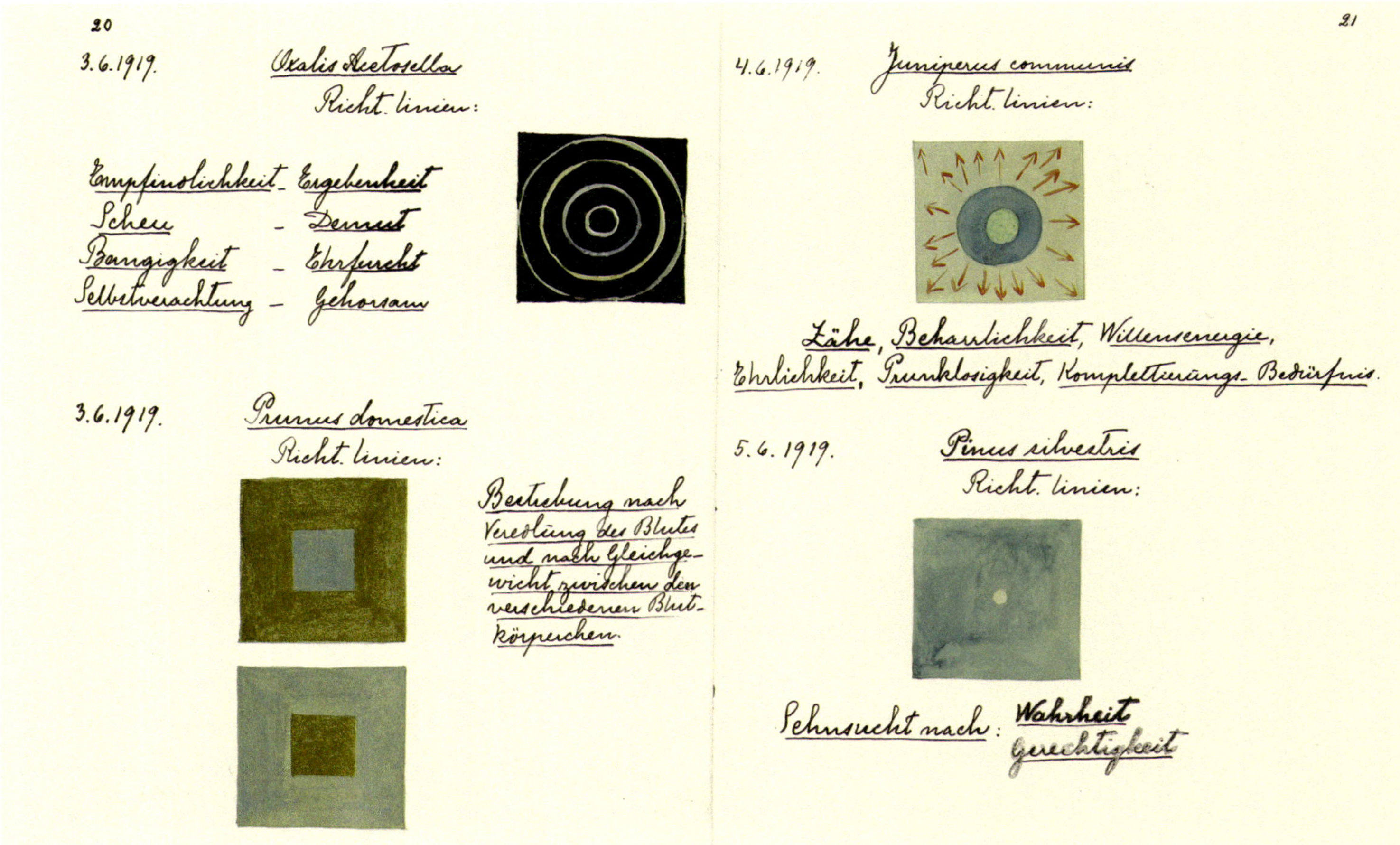

Flores, musgos y líquenes

Hilma af Klint es conocida hoy en día por sus pinturas monumentales de patrones geométricos de colores intensos, y está considerada una de las primeras artistas que abrazó por completo la abstracción. Sin embargo, sus primeros trabajos fueron figurativos, y entre ellos se incluyen paisajes y estudios de flores.

Blumen, Moose, Flechten (Flores, musgos y líquenes) es uno de los muchos cuadernos de notas, cuadernos de bocetos y álbumes que Af Klint compiló a lo largo de su vida para documentar metódicamente su proceso creativo. Su tamaño contrasta de forma dramática con sus pinturas de gran formato, pero su iconografía es notablemente similar a la que puede verse en sus lienzos. El cuaderno es una lista de observación de 146 especímenes de flores, musgos, líquenes y algunos insectos, y aunque no trata específicamente sobre el color, al parecer tuvo un significado particular para Af Klint. Lo elaboró entre 1919 y 1920, muy probablemente en su estudio en su Suecia natal. La mayor parte del texto está en alemán en lugar de sueco.

En 1920, Af Klint se unió a la Sociedad Antroposófica de Rudolf Steiner. En los años siguientes, realizó varias visitas a su sede, el Goetheanum en Dornach (Suiza), donde estudió a Goethe, asistió a conferencias y trató de entablar conversaciones con Steiner sobre su arte. En 1927, dos años después de su muerte, copió el cuaderno página por página y donó el original al Archivo Steiner en Dornach. Dadas la temática y espiritualidad de su contenido, es posible que tuviera esa intención desde el principio, ya que si bien las ilustraciones se basan en la observación y muestran un claro sentido de la taxonomía, este no es un cuaderno de bocetos botánico como cualquier otro, ya que Af Klint aplicó su propio lenguaje visual, emocional y cromático a cada flor, musgo y liquen que representó, y los elevó a una esfera superior de significado. Cada espécimen aparece representado por medio de una combinación de formas geométricas, que a menudo comprenden cuadrados, círculos, cruces y triángulos que pueden estar llenos de colores luminosos y contrastados denotando fuerza de voluntad, devoción, desprecio por uno mismo, añoranza y varias otras emociones humanas. Ciertos diagramas son simples, pero muchos son muy complejos, incluyen formas superpuestas y muestran flechas, espirales o patrones de puntos. Este es el universo espiritual en miniatura de Af Klint, y muy posiblemente se trata de un homenaje a la filosofía natural tanto de Goethe como de Steiner.

24
10.6.1919.
Serie I a n:2
Convallaria majalis
Richt. linien:
Schweigen
Unschuld w
Stärke m
11.6.1919.
Geum rivale
Serie I a n:2
Richt. linien:
Ergebenheit
wird erworben
durch:
Takt,
Treffsicherheit.
Demut
Treffsicherheit.
25
11.6.1919.
Polygala vulgaris
Serie I a n:2
Richt. linien:
Demut
Vorsicht
Treffsicherheit
Takt
Treffsicherheit
12.6.1919.
Serie I a n:3
Aesculus hippocastanum
(stammt von Tibet)
Richtlinien:
Sehnsucht nach Licht.

26
13.6.1919.
Paris quadrifolia
Serie I a n:4
Richt. linien:
Sehnsucht nach Glückseligkeit
14.6.1919
Lonicera xylosteum
Serie I a n:4
Richt. linien:
Erstreben zum Gleichgewicht
Serie I a n:4 Equisetum arvense, s. Seite 8
27
16.6.1919.
Sorbus scandica
Serie I a n:5
Richt. linien:
Despotismus
Eifer führt Schlaffheit herbei.
Kraft kann Schwäche herbeiführen.
17.6.1919.
Serie I a n:5
Veronica Chamaedrys
Richt. linien:
Kraft. Überführung

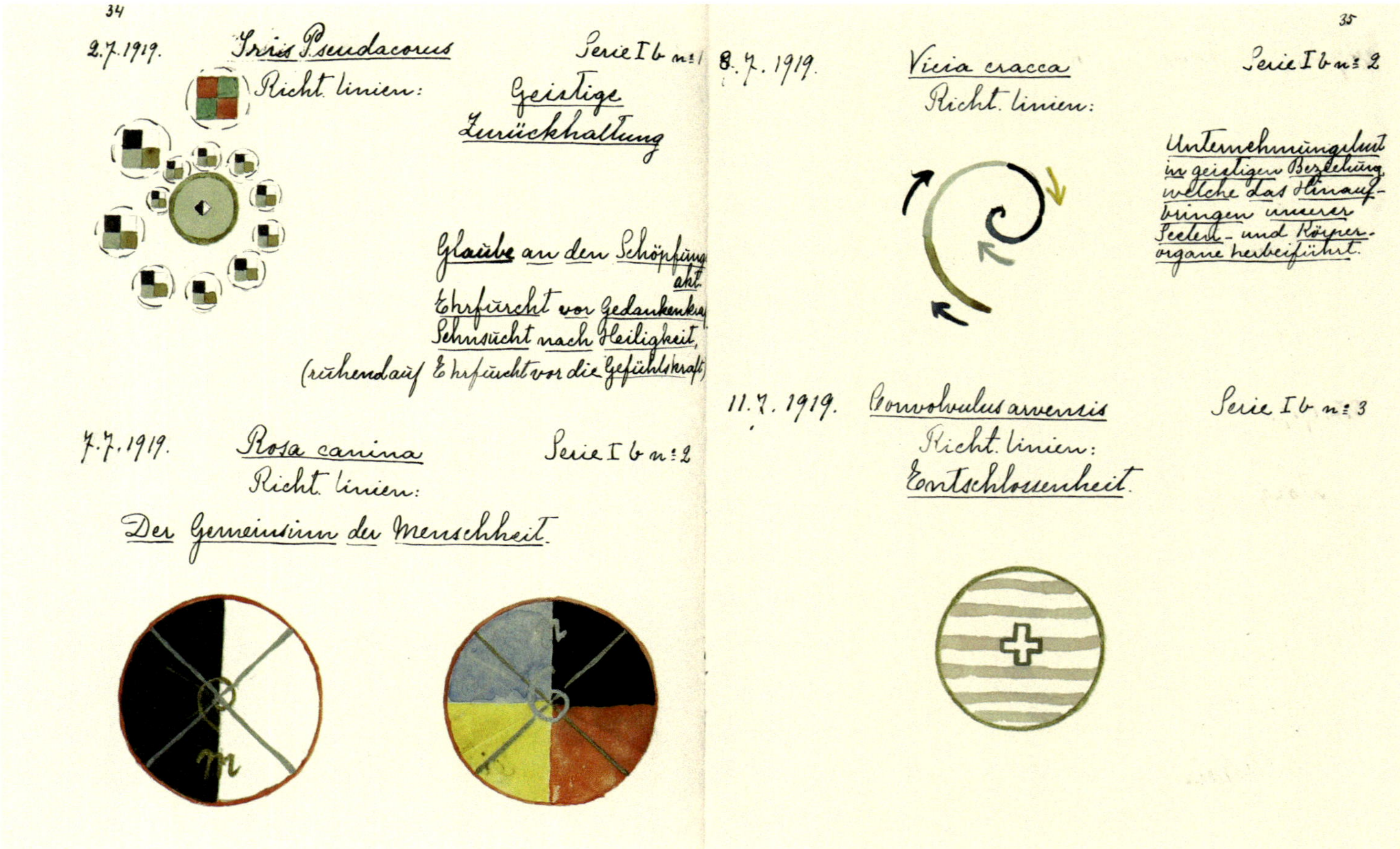
34
2.7.1919.
Iris Pseudacorus
Serie I b n:1
Richt. linien:
Geistige Zurückhaltung
Glaube an den Schöpfungsakt
Sehnsucht nach Heiligkeit,
7.7.1919.
Rosa canina
Serie I b n:2
Richt. linien:
Der Gemeinsinn der Menschheit.
35
8.7.1919.
Vicia cracca
Serie I b n:2
Richt. linien:
Unternehmungslust in geistigen Beziehung, welche das Hinaufbringen unserer Seelen- und Körperorgane herbeiführt.
11.7.1919.
Convolvulus arvensis
Serie I b n:3
Richt. linien:
Entschlossenheit.

36
24.7.1919.
Monotropa Hypopitys
Serie I b n:3
Richt. linien:
Einseitigkeit
25.7.1919.
Papaver Rhaeas
Serie I b n:4
Richt. linien:
Entsagung des eigenen Ichs für zukünftige Geschlechter durch
Gebetslaut und Gebetslicht.
37
29.7.1919.
Tilia vulgaris
Serie I b n:5
Richt. linien:
Kraft-verbreitung
Fortsetzung
Kraft-Überführung

44

3.9.1919.

Serie I c n:o 3

Helianthus annuus

Richt. linien:

Die Liebe ist das Grösste von Allem.

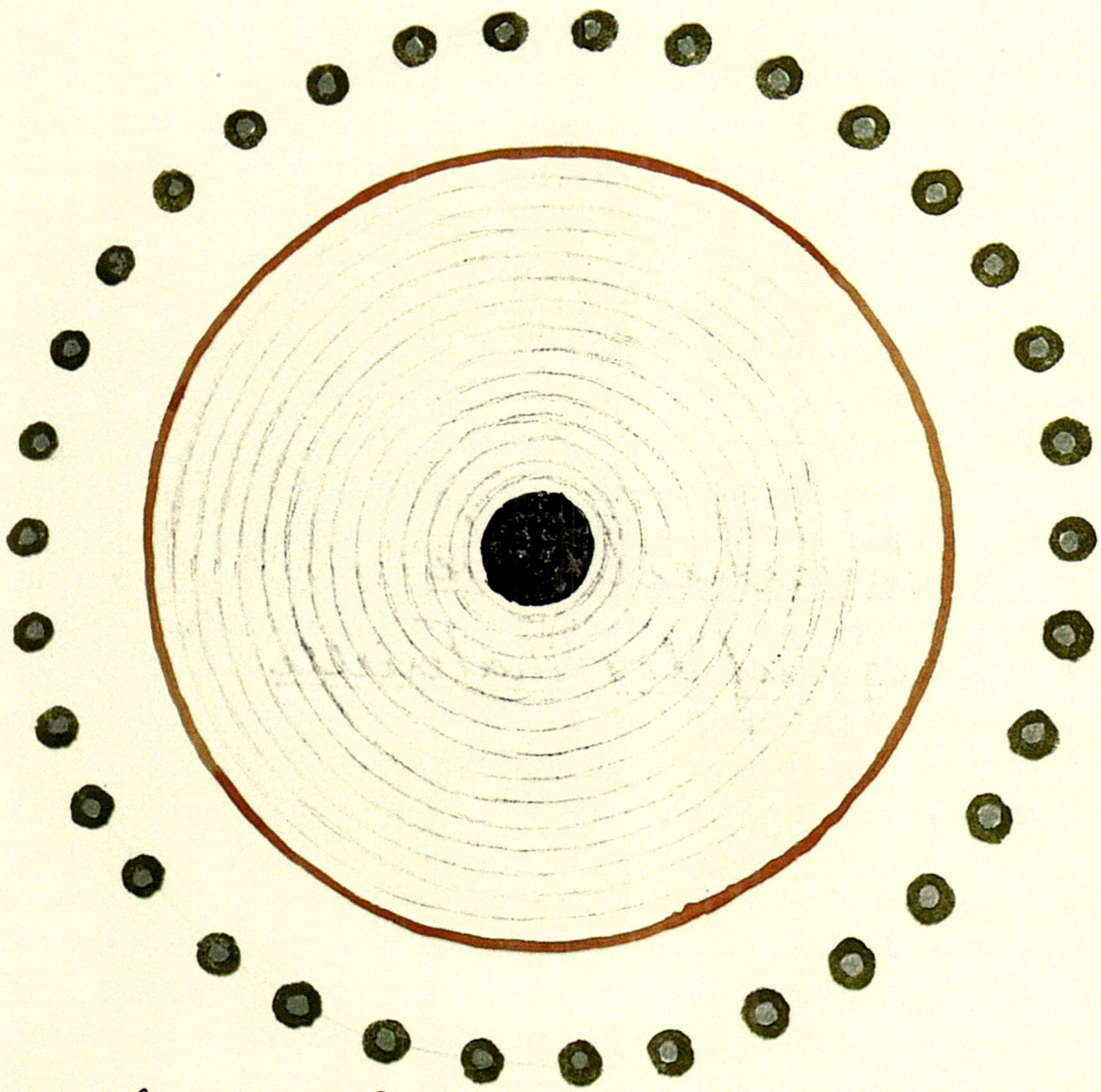

Von der Liebe erscheint immer Kraft um die Gottvergessenheit zu überwinden

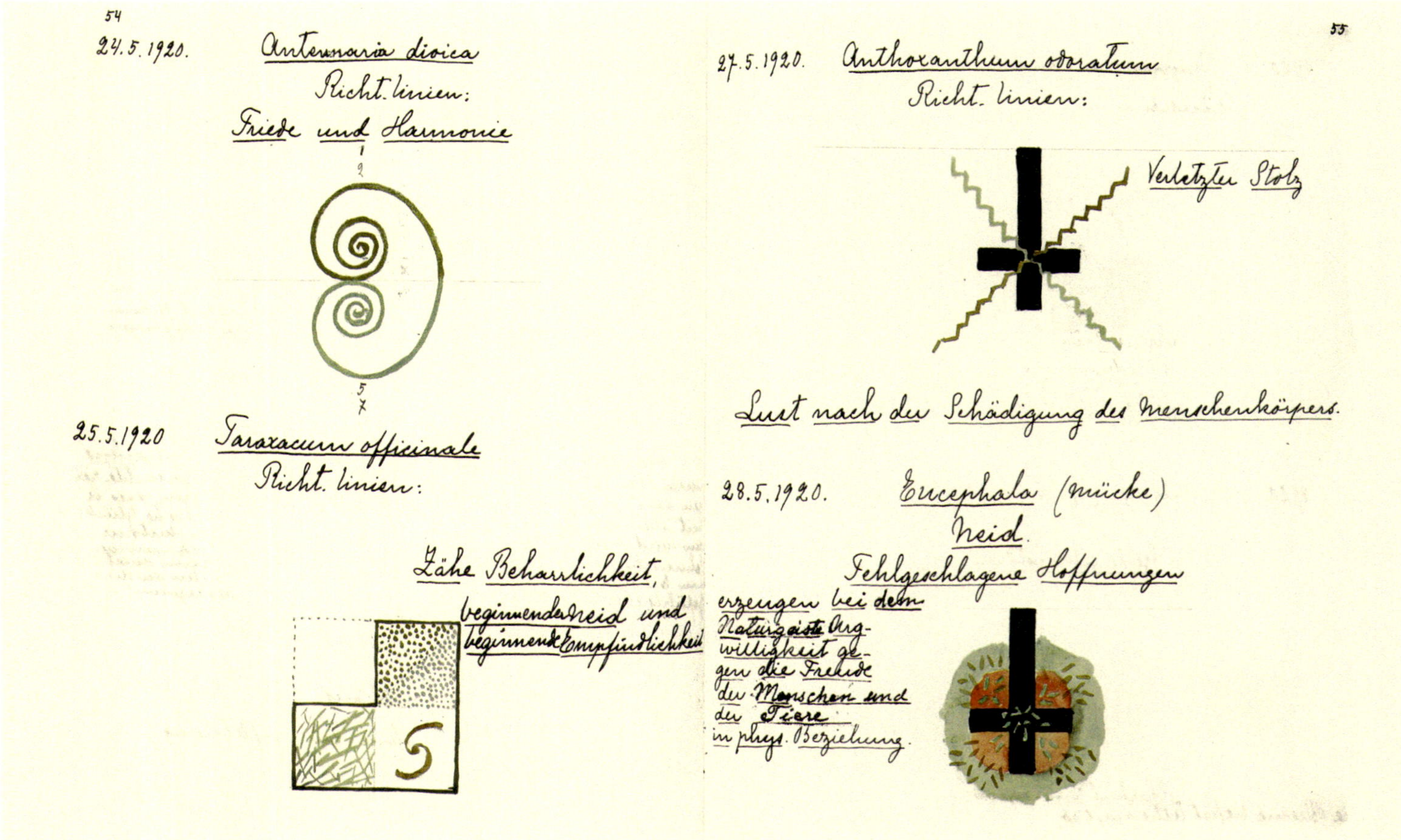
54
24.5.1920.
Antennaria dioica
Richt. linien:
Friede und Harmonie
25.5.1920
Taraxacum officinale
Richt. linien:
Zähe Beharrlichkeit,
beginnender Neid und
beginnende Empfindlichkeit
55
27.5.1920.
Anthoxanthum odoratum
Richt. linien:
Verletzter Stolz
Lust nach der Schädigung des Menschenkörpers.
28.5.1920.
Encephala (mücke)
Neid.
Fehlgeschlagene Hoffnungen
erzeugen bei dem Naturgeiste Argwilligkeit gegen die Freude der Menschen und der Tiere in phys. Beziehung.

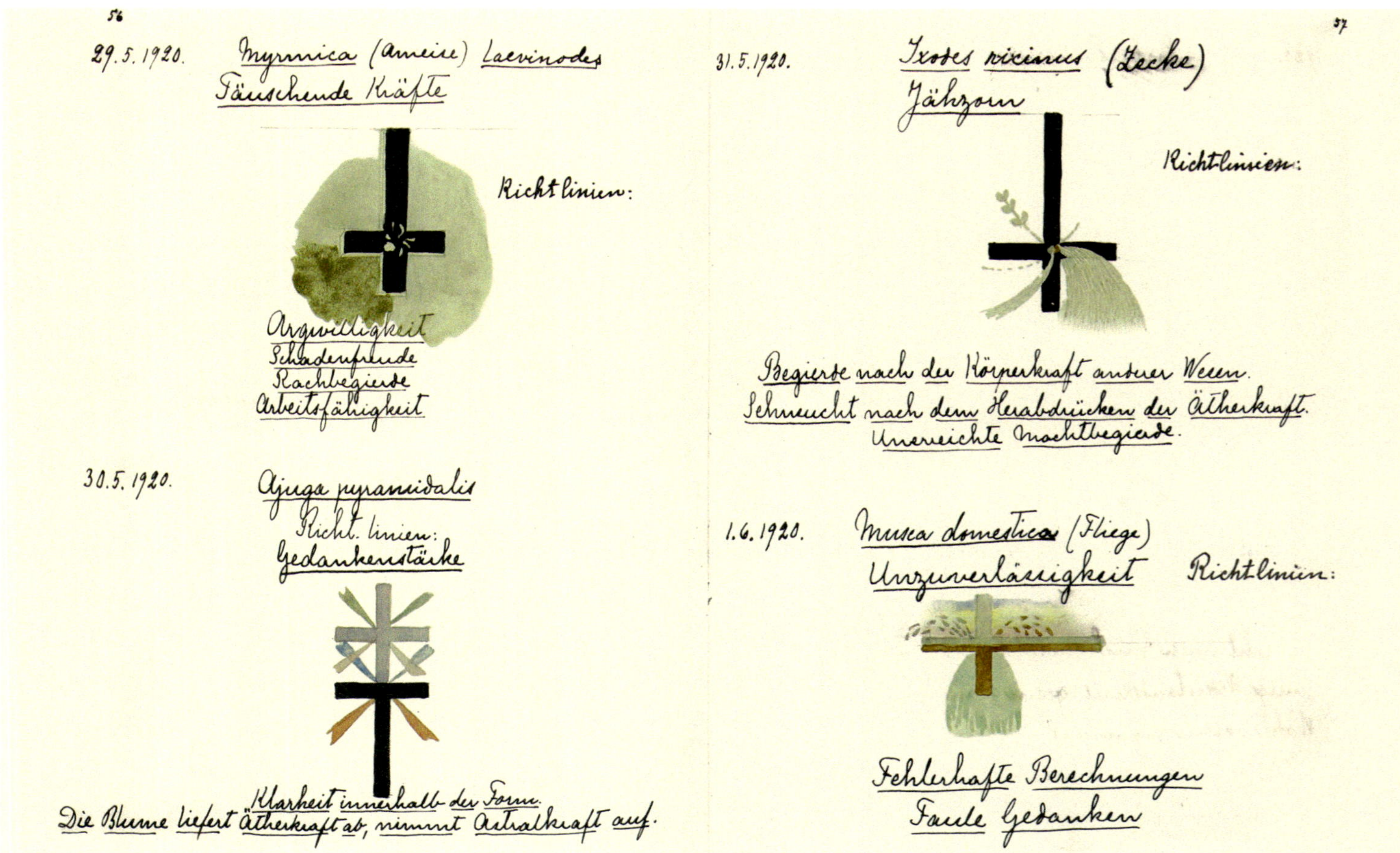
56
29.5.1920.
Myrmica (ameise) Laevinodes
Täuschende Kräfte
Richtlinien:
Argwilligkeit
Schadenfreude
Rachbegierde
Arbeitsfähigkeit
30.5.1920.
Ajuga pyramidalis
Richt. linien:
Gedankenstärke
Klarheit innerhalb der Form.
Die Blume liefert Ätherkraft ab, nimmt Astralkraft auf.
57
31.5.1920.
Ixodes ricinus (Zecke)
Jähzorn
Richtlinien:
Begierde nach der Körperkraft anderer Wesen.
Sehnsucht nach dem Herabdrücken der Ätherkraft.
Unerreichte Machtbegierde.
1.6.1920.
Musca domestica (Fliege)
Unzuverlässigkeit
Richtlinien:
Fehlerhafte Berechnungen
Faule Gedanken

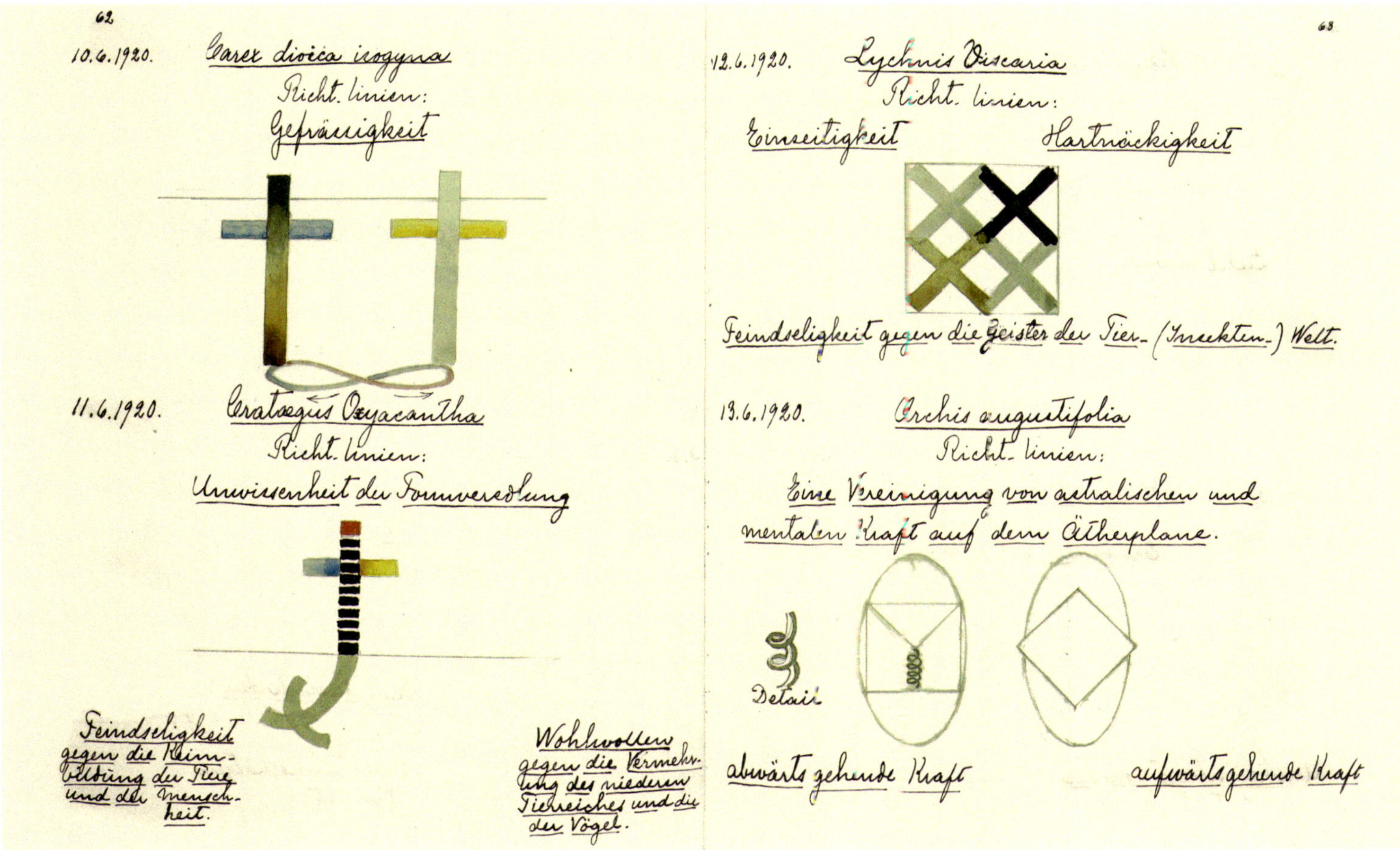
62

10.6.1920. Carex dioica isogyna
Richt. linien:
Gefrässigkeit

11.6.1920. Crataegus Oxyacantha
Richt. linien:
Unwissenheit der Formveredlung

Feindseligkeit gegen die Keimbelebung der Tiere und der Menschheit.

Wohlwollen gegen die Vermehrung des niederen Tierreiches und die der Vögel.

63

12.6.1920. Lychnis Viscaria
Richt. linien:
Einseitigkeit Hartnäckigkeit

Feindseligkeit gegen die Geister der Tier- (Insekten-) Welt.

13.6.1920. Orchis angustifolia
Richt. linien:
Eine Vereinigung von astralischen und mentalen Kraft auf dem Ätherplane.

Detail

abwärts gehende Kraft aufwärtsgehende Kraft

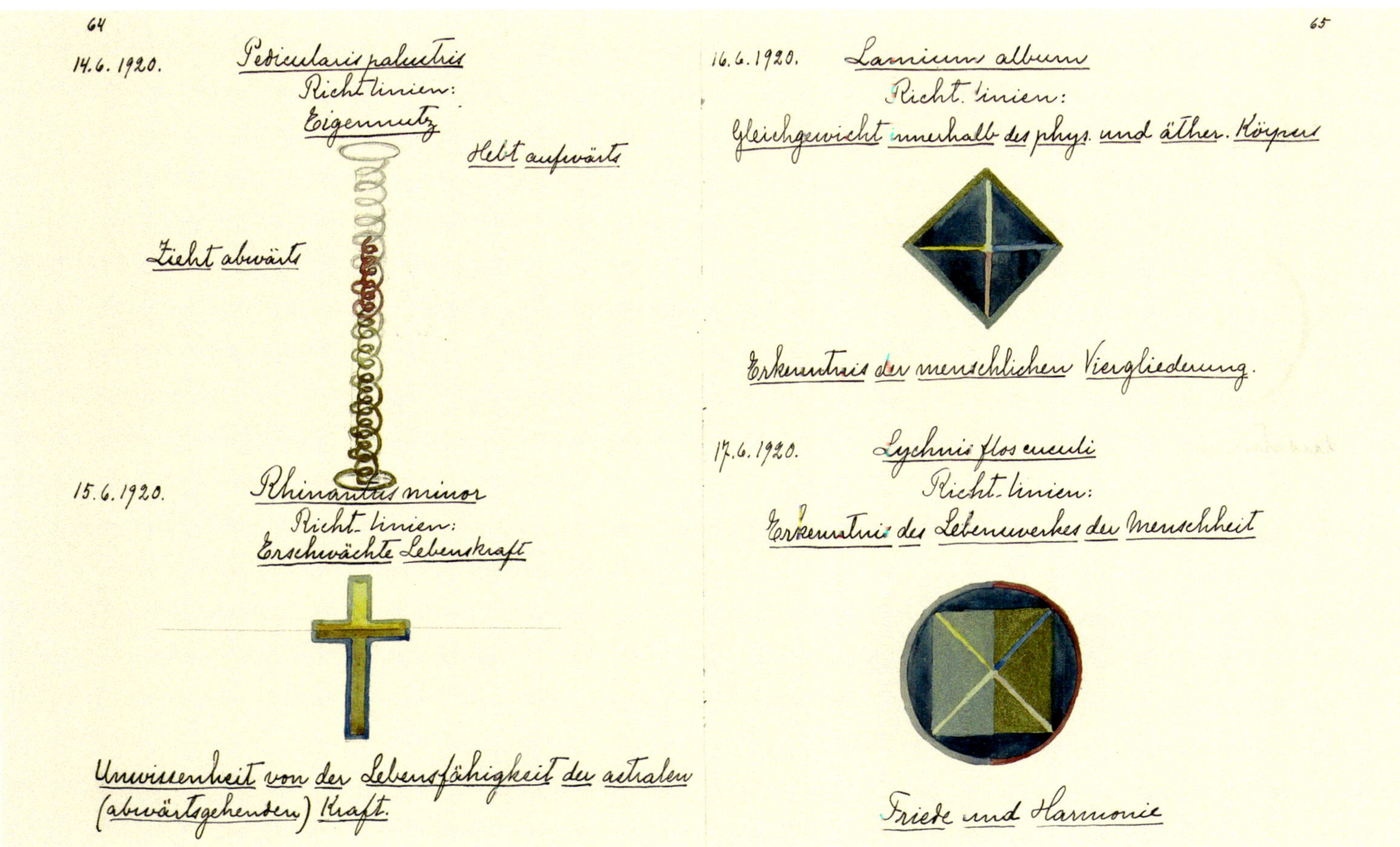
64

14.6.1920. Pedicularis palustris
Richt. linien:
Eigennutz

Hebt aufwärts

Zieht abwärts

15.6.1920. Rhinanthus minor
Richt. linien:
Erschwächte Lebenskraft

Unwissenheit von der Lebensfähigkeit der astralen (abwärtsgehenden) Kraft.

65

16.6.1920. Lamium album
Richt. linien:
Gleichgewicht innerhalb des phys. und äther. Körpers

Erkenntnis der menschlichen Viergliederung.

17.6.1920. Lychnis flos cuculi
Richt. linien:
Erkenntnis des Lebenswerkes der Menschheit

Friede und Harmonie

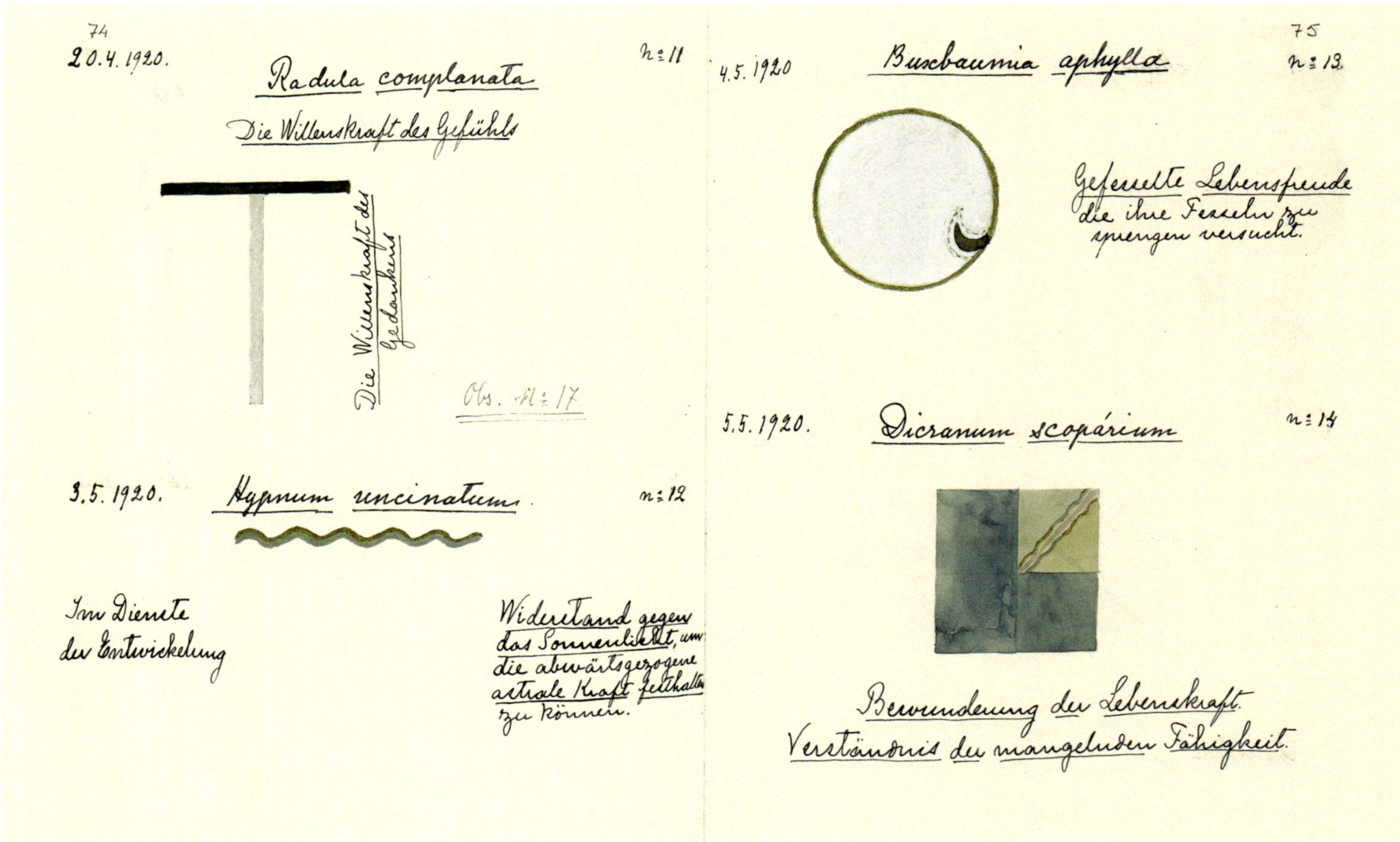
74
20.4.1920.
n:11
Radula complanata
Die Willenskraft des Gefühls
Die Willenskraft des Gedankens
Obs. N:17
3.5.1920.
Hypnum uncinatum.
n:12
Im Dienste der Entwickelung
Widerstand gegen das Sonnenlicht, um die abwärtsgezogene astrale Kraft festhalten zu können.
75
4.5.1920
Buxbaumia aphylla
n:13
Gefesselte Lebensfreude die ihre Fesseln zu sprengen versucht.
5.5.1920.
Dicranum scoparium
n:14
Bewunderung der Lebenskraft.
Verständnis der mangelnden Fähigkeit.

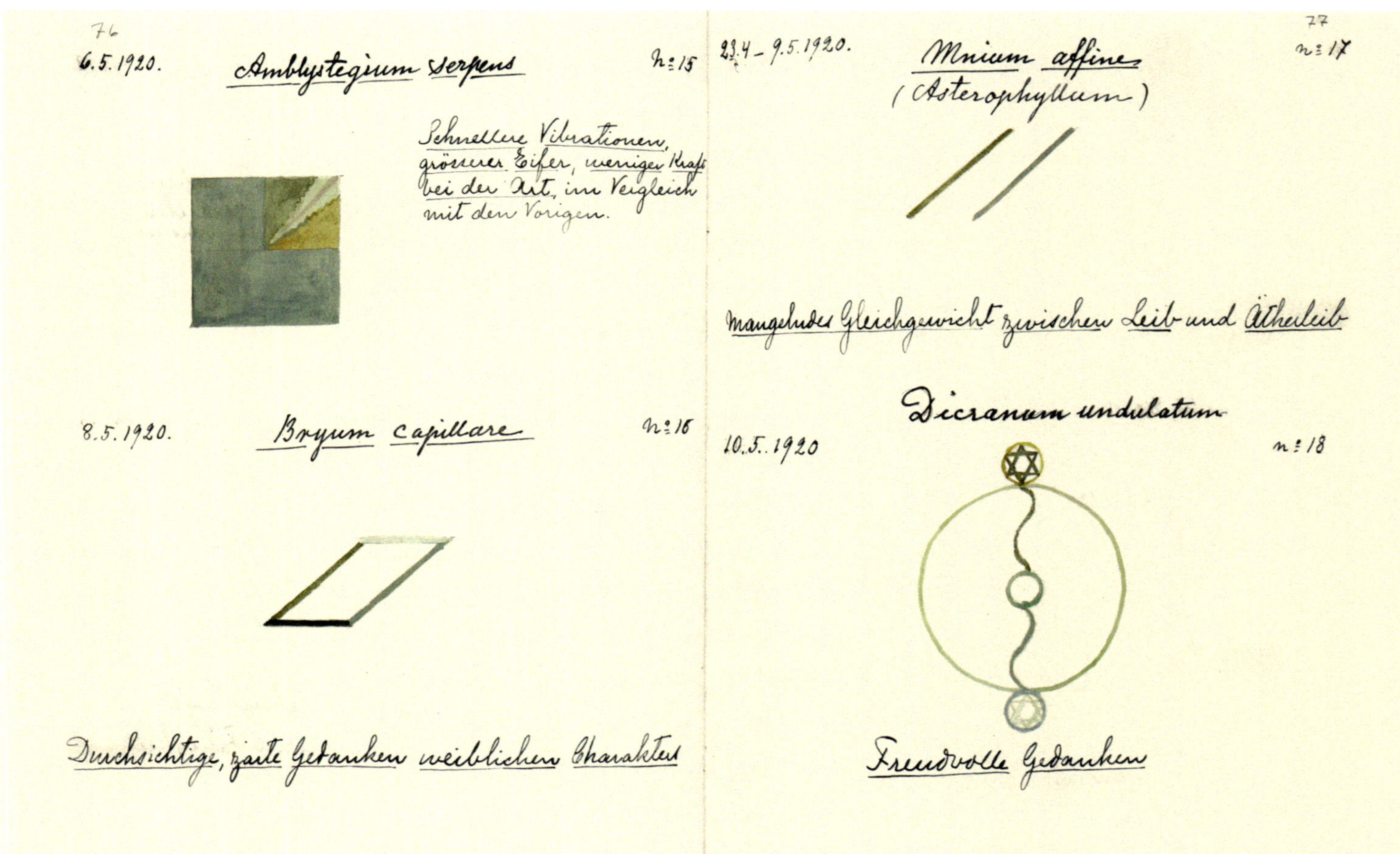
76
6.5.1920.
Amblystegium serpens
n:15
Schnellere Vibrationen, grösserer Eifer, weniger Kraft bei der Art, im Vergleich mit den Vorigen.
8.5.1920.
Bryum capillare
n:16
Durchsichtige, zarte Gedanken weiblichen Charakters
77
23.4 – 9.5.1920.
Mnium affine
(Asterophyllum)
n:17
mangelndes Gleichgewicht zwischen Leib und Ätherleib
Dicranum undulatum
10.5.1920
n:18
Freudvolle Gedanken

80

26.5.1920. Hyphomyceten? n: 23

(Schimmelpilze)

Gefährliche Gedanken

Verschüttete Lebenskraft

7.6.1920. Puccínia gráminis n: 24

auf der Berberis

Rachbegierde

Geiz Neid

Rudolf Steiner (1861–1925)

DAS WESEN DER FARBEN

The Spirit of Colours
1 plate, 30 x 21 cm | 11 ¾ x 8 ¼ in., Dornach, 1942
Sussex, collection of the author

The Austrian teacher and esoteric spiritualist Rudolf Steiner was a devotee of Goethe and an occasional critic of his work. In the 1890s he co-edited the Joseph Kürschner edition of Goethe's works, contributing a substantial introduction and commentary to his *Zur Farbenlehre* (pp. 236–249). Later in the same decade he became actively involved with the Theosophical Society, and when the German part broke away in 1912 Steiner and others formed a new group, the Anthroposophical Society. Their base was established in Dornach, in Switzerland, and Steiner himself designed the Goetheanum building where many of the Society's activities took place.

Steiner never published any of his colour theory, despite lecturing extensively on moral, spiritual and material aspects of colour. He once said he would consider it one of his most gratifying achievements if one day he had the time and means to write a great work on colour theory in the Goethean spirit, while taking into account the various modern advances in science. Consequently, credit must be given to a number of women for ensuring that his work on colour was recorded, published and illustrated.

Steiner's three most unified lectures on colour were presented at the Goetheanum in May 1921, possibly at the suggestion of the artist Maria Strakosch-Giesler (1877–1970). He was aware at this date of his declining health, and gave his wife Marie the responsibility of dealing with his estate, including the transcription of his lecture notes. The lectures on colour from 1921 were published in 1929 (and reprinted in 1942) with the title *Das Wesen der Farben*, with a foreword by Marie Steiner, an introduction by Strakosch-Giesler, and a colour plate with 15 illustrations by the artist Hilde Boos-Hamburger (1887–1969). Her simple images succinctly capture Steiner's colour concepts, such as the distinction between, and the effects of the so-called "image colours" (*Bildfarben*) green, peach-blossom, white and black, and the "lustre colours" (*Glanzfarben*) blue, red and yellow. Boos-Hamburger, who had carried out much of the painting work on the cupolas of the Goetheanum, published her own treatise on the practical value of Steiner's colour concepts in 1942, with further illustrations inspired by his work (pp. 56–57).

1
2
3
6
11
10
5
9
12
Glanz
Bild
Glanz
Bild I
Glanz III
Glanz IV
7
8
Bild II
14
13
15

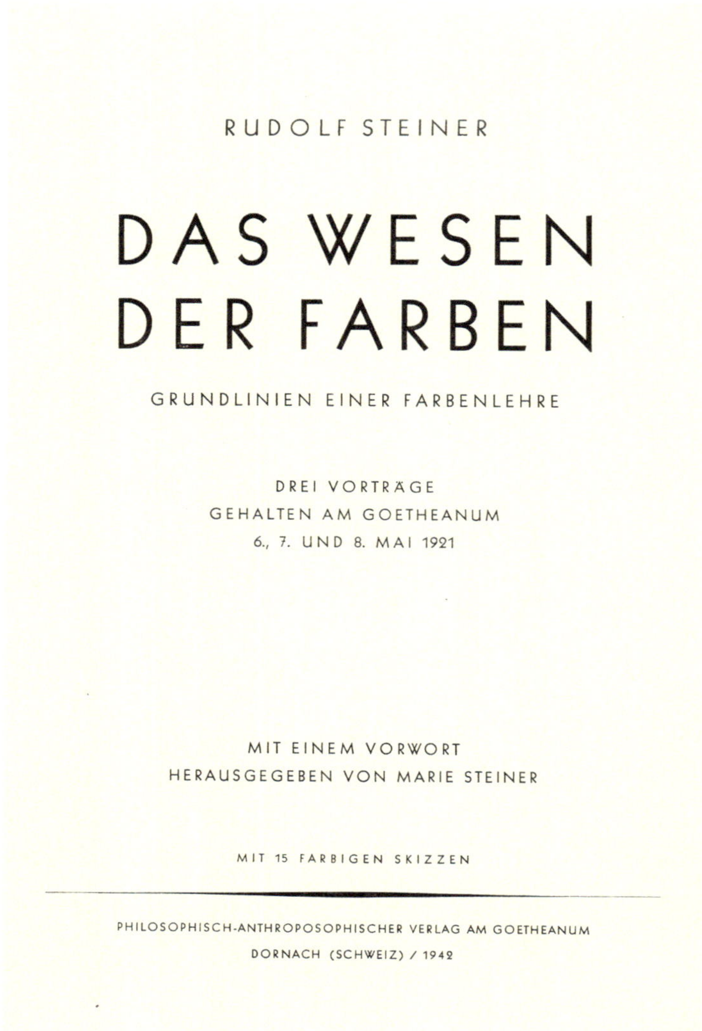

RUDOLF STEINER

DAS WESEN DER FARBEN

GRUNDLINIEN EINER FARBENLEHRE

DREI VORTRÄGE
GEHALTEN AM GOETHEANUM
6., 7. UND 8. MAI 1921

MIT EINEM VORWORT
HERAUSGEGEBEN VON MARIE STEINER

MIT 15 FARBIGEN SKIZZEN

PHILOSOPHISCH-ANTHROPOSOPHISCHER VERLAG AM GOETHEANUM
DORNACH (SCHWEIZ) / 1942

Das Wesen der Farben

Der österreichische Pädagoge und spirituelle Esoteriker Rudolf Steiner war ein Anhänger Goethes und gelegentlicher Kritiker seines Werks. In den 1890er-Jahren wirkte er unter der Leitung von Joseph Kürschner an der Herausgabe der Werke Goethes mit und steuerte zu dessen *Zur Farbenlehre* (S. 236–249) eine bedeutende Einleitung samt Kommentar bei. Gegen Ende des Jahrzehnts engagierte er sich aktiv in der Theosophischen Gesellschaft. Nach der Abspaltung der deutschen Sektion 1912 gründeten Steiner und andere eine neue Vereinigung, die Anthroposophische Gesellschaft. Für ihren Sitz im schweizerischen Dornach entwarf Steiner persönlich das Goetheanum genannte Gebäude, in dem zahlreiche Aktivitäten der Gesellschaft stattfanden.

Steiner hielt zwar immer wieder Vorträge über die moralischen, spirituellen und materiellen Aspekte von Farbe, zu einer Veröffentlichung seiner Farbtheorie kam es jedoch nie. Wie er einmal anmerkte, sähe er es als eine seiner erfreulichsten Errungenschaften an, eines Tages die Zeit und die Mittel zu haben, um unter Berücksichtigung der modernen Fortschritte der Wissenschaft ein großes farbtheoretisches Werk im Geiste Goethes zu verfassen. In diesem Sinne ist es einer Reihe von Frauen anzurechnen, dass seine Arbeiten über Farbe aufgezeichnet, publiziert und bebildert wurden.

Seine drei einheitlichsten Vorträge über Farbe hielt Steiner, möglicherweise auf Anregung der Künstlerin Maria Strakosch-Giesler (1877–1970), im Mai 1921 im Goetheanum. Zu diesem Zeitpunkt wusste er um seine nachlassende Gesundheit und übertrug seiner Ehefrau Marie die Verantwortung für seinen Nachlass einschließlich der Niederschrift seiner Vorträge. Die Vorträge über Farbe aus dem Jahr 1921 wurden 1929 unter dem Titel *Das Wesen der Farben* veröffentlicht (und 1942 nachgedruckt) – mit einem Vorwort von Marie Steiner, einer Einleitung von Strakosch-Giesler und einer 15 Illustrationen umfassenden Farbtafel aus der Hand der Künstlerin Hilde Boos-Hamburger (1887–1969). Ihre einfachen Bilder fassen Steiners Farbvorstellungen prägnant zusammen, etwa die Wirkung der „Bildfarben" Grün, „Pfirsichblüt", Weiß und Schwarz und der „Glanzfarben" Gelb, Blau und Rot sowie der Unterscheidung zwischen beiden Farbkategorien. Boos-Hamburger, die einen Großteil der Kuppeln des Goetheanums ausgemalt hatte, veröffentlichte 1942 ihre eigene Abhandlung über den praktischen Wert der Steiner'schen Farbbegriffe und fügte dem Buch weitere von seinem Werk inspirierte Abbildungen hinzu (S. 56–57).

Nature des couleurs

L'enseignant et spiritualiste ésotérique autrichien Rudolf Steiner est un adepte de Goethe, dont il critique parfois les travaux. Dans les années 1890, il coédite les œuvres de Goethe avec Joseph Kürschner et apporte une introduction et un commentaire volumineux au *Zur Farbenlehre* (p. 236–249). Quelques années plus tard, il devient très actif au sein de la Société théosophique. Quand la section allemande fait scission en 1912, Steiner et d'autres forment un nouveau groupe, la Société anthroposophique. Ils s'établissent à Dornach, en Suisse, et Steiner conçoit le bâtiment du Goetheanum, siège de la plupart des activités.

Steiner donne d'innombrables conférences sur les aspects moraux, spirituels et matériels de la couleur. S'il ne publie pas sa propre théorie, il déclare que sa réussite la plus gratifiante serait un jour d'avoir le temps et les moyens d'écrire un ouvrage important sur la théorie de la couleur, dans l'esprit de Goethe, mais en tenant compte des avancées de la science moderne. Il faut donc mettre au crédit de plusieurs femmes d'avoir recueilli, publié et illustré le travail de Steiner sur la couleur.

Ses trois principales conférences sur le sujet sont présentées au Goetheanum en mai 1921, peut-être sur proposition de l'artiste Maria Strakosch-Giesler (1877–1970). Steiner, dont la santé décline, donne à son épouse Marie la responsabilité de gérer son patrimoine, dont la transcription de ses notes de conférences. Celles de 1921 portant sur la couleur sont publiées en 1929 (et reparaissent en 1942) sous le titre *Das Wesen der Farben* (*Nature des couleurs*), avec un avant-propos de Marie Steiner, une introduction de Strakosch-Giesler et une planche en couleurs de 15 illustrations de la peintre Hilde Boos-Hamburger (1887–1969). Les images rendent de façon simple les concepts de Steiner comme, par exemple, la distinction entre les « couleurs-images » (*Bildfarben*), vert, fleur de pêcher, blanc et noir, et les « couleurs-éclats » (*Glanzfarben*), bleu, rouge et jaune, et leurs effets respectifs. Boos-Hamburger, qui avait réalisé la plupart des fresques ornant les coupoles du Goetheanum, publiera son propre traité sur les usages pratiques des conceptions chromatiques de Steiner en 1942, avec de nouvelles illustrations inspirées par l'œuvre de celui-ci (p. 56–57).

El espíritu de los colores

El maestro austriaco y espiritualista esotérico Rudolf Steiner fue un devoto de Goethe y crítico ocasional de su obra. En la década de 1890 coeditó la edición de Joseph Kürschner de las obras de Goethe, a la que contribuyó con una importante introducción y comentario a su *Zur Farbenlehre* (págs. 236–249). Más adelante, en la misma década, se involucró activamente con la Sociedad Teosófica, y cuando la parte alemana se separó en 1912, Steiner y otros formaron un nuevo grupo, la Sociedad Antroposófica. Establecieron su sede en Dornach (Suiza), y el propio Steiner diseñó el edificio del Goetheanum, donde la sociedad celebró muchas actividades.

Steiner nunca publicó nada de su teoría del color, a pesar de dar numerosas conferencias sobre sus aspectos morales, espirituales y materiales. En cierta ocasión afirmó que escribir un gran trabajo sobre la teoría del color en la línea de Goethe, tomando en consideración los avances científicos modernos, sería uno de sus logros más gratificantes. En consecuencia, se debe reconocer la tarea de las mujeres que se encargaron de que su trabajo sobre el color se registrara, publicara e ilustrara.

En mayo de 1921, Steiner impartió en el Goetheanum sus tres conferencias sobre el color más relacionadas entre sí, posiblemente por sugerencia de la artista Maria Strakosch-Giesler (1877–1970). En esa fecha, era consciente del deterioro de su salud, y le trasladó a su esposa Marie la responsabilidad de hacerse cargo de su obra, incluida la transcripción de los textos de sus conferencias. Las conferencias sobre el color de 1921 se publicaron en 1929 (y se reimprimieron en 1942) con el título *Das Wesen der Farben* (El espíritu de los colores) acompañadas de un prólogo de Marie Steiner, una introducción de Strakosch-Giesler y una lámina en color con 15 ilustraciones obra de la artista Hilde Boos-Hamburger (1887–1969). Sus sencillas imágenes capturan de forma sucinta los conceptos de color de Steiner, como la distinción entre los llamados «colores de imagen» (*Bildfarben:* verde, flor de melocotón, blanco y negro) y los efectos de los «colores brillantes» (*Glanzfarben:* azul, rojo y amarillo). Boos-Hamburger, quien había realizado gran parte de las pinturas de las cúpulas del Goetheanum, publicó su propio tratado sobre el valor práctico de los conceptos de color de Steiner en 1942, con más ilustraciones inspiradas en su trabajo (págs. 56–57).

Maria Schindler (unknown), Eleanor C. Merry (1873–1956)

PURE COLOUR

23 plates, 22 x 13.5 cm | 8 ⅝ x 5 ¼ in., London, 1946
Sussex, collection of the author

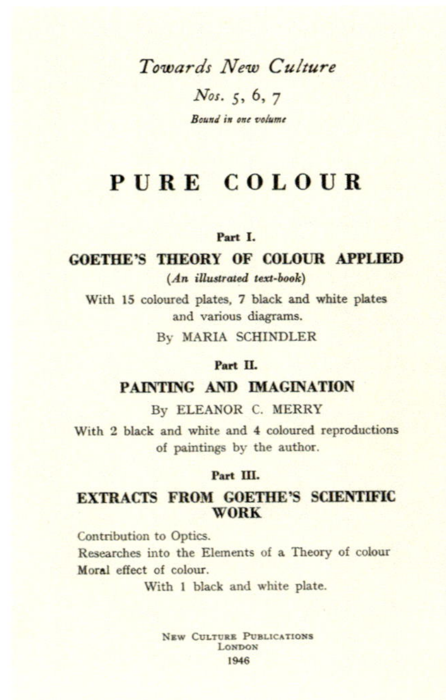
Towards New Culture
Nos. 5, 6, 7
Bound in one volume

PURE COLOUR

Part I.
GOETHE'S THEORY OF COLOUR APPLIED
(*An illustrated text-book*)
With 15 coloured plates, 7 black and white plates and various diagrams.
By MARIA SCHINDLER

Part II.
PAINTING AND IMAGINATION
By ELEANOR C. MERRY
With 2 black and white and 4 coloured reproductions of paintings by the author.

Part III.
EXTRACTS FROM GOETHE'S SCIENTIFIC WORK
Contribution to Optics.
Researches into the Elements of a Theory of colour
Moral effect of colour.
With 1 black and white plate.

NEW CULTURE PUBLICATIONS
LONDON
1946

This book is a remarkable collaboration between two women in London immediately after the Second World War, both of whom were students of Rudolf Steiner's spiritual science and had a keen interest in European folklore, mythology, art and colour in particular. The English-born Eleanor Merry had studied in Vienna in the 1920s, where she met Steiner. Together with Maria Schindler, whose biographical data have so far not come to light, she directed the New School of Painting in North London in the 1940s. Both women were prolific authors who wrote a number of books on spiritual science and European folklore, and *Pure Colour* was their first known publication.

The book comprises three parts which examine the nature, power and impact of colour, using Goethe's colour theory as a principal theme. Part I, by Schindler, is an illustrated essay on how this theory can be applied to painting, which guides the reader through the basics of Goethe's *Zur Farbenlehre*, reinterpreting his colour circles and suggesting a series of painting exercises. Merry wrote Part II, "Painting and Imagination", which discusses intellectual and emotional approaches to colour painting, again using Goethe as a guideline. Part III consists of three extracts from Goethe's writings on colour in English, translated by Merry, which include the first published English translation of "Contributions to Optics" (*Beyträge zur Optik*, 1791/92).

Pure Colour includes a selection of black-and-white plates that were intended to be looked at through a three-sided prism, recreating some of Goethe's own colour experiments. Some copies of the book also included instructions on how to make a water prism, as a further experiment that could be easily conducted by readers. The colour plates, based on pastel drawings by Schindler and watercolours by Merry, provide visual examples of the painting exercises suggested in the text. They have a strong spiritual feel and are surprisingly vivid and luminous, not least when the poor printing materials and paper available in the aftermath of the war are taken into consideration. A revised edition of Schindler's part of the book was reprinted in 1964, on better paper and with even more luminous colour plates.

FRONTISPIECE

Exercise in prismatic colours

Reine Farbe

Dieses Buch, das unmittelbar nach dem Zweiten Weltkrieg in London entstand, ist das bemerkenswerte Gemeinschaftsprojekt zweier Frauen, die beide Studentinnen Rudolf Steiners anthroposophischer Lehren waren und sich brennend für die Gebiete der europäischen Folklore, der Mythologie, der Kunst und besonders für das der Farben interessierten. Die gebürtige Engländerin Eleanor Merry studierte in den 1920er-Jahren in Wien, wo sie Steiner kennenlernte. Gemeinsam mit Maria Schindler, deren biografische Daten bis heute im Verborgenen liegen, leitete sie in den 1940er-Jahren die New School of Painting im Norden Londons. Beide Frauen waren äußerst produktive Autorinnen und schrieben zahlreiche Bücher über die Geisteswissenschaft und europäisches Volkstum. Das Werk *Pure Colour* war ihre erste bekannt gewordene Publikation.

Das aus drei Teilen bestehende Buch untersucht das Wesen, die Kraft und die Wirkung von Farbe und stützt sich dabei als Hauptthema auf die Farbtheorie Goethes. Der von Schindler verfasste Teil I ist ein illustrierter Aufsatz über die Anwendbarkeit dieser Theorie auf die Malerei. Er führt die Leserschaft durch die Grundlagen von Goethes *Zur Farbenlehre*, interpretiert seine Farbkreise neu und macht Vorschläge für eine Reihe von Malübungen. Merry schrieb den zweiten Teil, der unter der Überschrift „Malerei und Vorstellungskraft" intellektuelle und gefühlsbetonte Zugänge zur Farbmalerei behandelt, abermals mit Goethe als Richtschnur. Teil III versammelt drei von Merry ins Englische übersetzte Auszüge aus Goethes Schriften über Farbe, darunter die erste jemals erschienene englische Übersetzung von *Beyträge zur Optik* (1791/92).

Pure Colour enthält eine Auswahl schwarz-weißer

Bildtafeln, die durch ein dreiseitiges Prisma zu betrachten waren, um einige der Farbexperimente Goethes nachzuvollziehen. Einigen Buchexemplaren war überdies eine Anleitung zum Bau eines Wasserprismas beigelegt, um den Lesern die Durchführung dieser und anderer Experimente zu ermöglichen. Die Farbtafeln, die auf Pastellzeichnungen von Schindler und Aquarellen von Merry basieren, zeigen Bildbeispiele für die im Text vorgeschlagenen Malübungen. Sie vermitteln eine überzeugende spirituelle Stimmung und wirken überraschend lebendig und strahlend – erst recht, wenn man die minderwertigen Druckmaterialien und verfügbaren Papiere nach dem Krieg berücksichtigt. Eine durchgesehene Auflage des von Schindler verantworteten Buchabschnitts erschien 1964 auf besserem Papier und mit noch leuchtenderen Farbtafeln.

Couleur pure

Cet ouvrage est le fruit d'une remarquable collaboration entre deux femmes, dans le Londres de l'immédiat après-guerre. Toutes deux étudient la science spirituelle de Rudolf Steiner et se passionnent pour les traditions populaires, la mythologie et la peinture, notamment la couleur, dans la culture européenne. Dans les années 1920, Eleanor Merry, née en Angleterre, a étudié à Vienne, où elle a rencontré Steiner. Dans les années 1940, avec Maria Schindler, dont la vie reste à ce jour un mystère, Merry dirige la New School of Painting dans le nord de Londres. Les deux femmes, autrices prolifiques, font paraître plusieurs ouvrages sur le spiritualisme et le folklore européen. *Pure Colour* est leur première publication connue.

L'ouvrage contient trois parties qui étudient la nature, la puissance et l'impact de la couleur en se fondant sur la théorie de

PLATE VIII

Figure 1

Figure 2

Figure 3

Figure 4

Figure 5

Figure 6

Figure 7

PLATE IX

Naturalistic colour circle

PLATE X

Exercise in blue and violet
(Water-colour)

PLATE XI

Exercise in red and yellow
(Water-colour)

PLATE XII

Sunset. Arctic Region. Norway. (Pastel)

PLATE XIV

Towards morning. Arctic Region (Pastel)

la couleur de Goethe. La première partie, signée Schindler, est un essai illustré sur la façon dont cette théorie peut s'appliquer à la peinture : le lecteur y découvre les principes du *Zur Farbenlehre* de Goethe, avec une réinterprétation des cercles chromatiques, et peut s'adonner à une série d'exercices picturaux. Dans la deuxième partie, « Peinture et imagination », Merry analyse les approches intellectuelle et émotionnelle des couleurs en peinture, toujours avec Goethe comme fil d'Ariane. La troisième partie propose trois extraits des écrits de Goethe sur la couleur, traduits en anglais par Merry, dont la toute première traduction dans cette langue des « Contributions à l'optique » (*Beyträge zur Optik*, 1791/92).

Pure Colour contient également une sélection de planches en noir et blanc à observer à travers un prisme à trois facettes afin de recréer certaines expériences de Goethe. Certains exemplaires du livre contiennent des instructions pour fabriquer un prisme à eau permettant d'effectuer d'autres expériences. Les planches en couleurs, reproductions de dessins au pastel de Schindler et des aquarelles de Merry, sont autant d'exemples des exercices picturaux suggérés dans le texte. Elles dégagent une profonde spiritualité et sont étonnamment vives et lumineuses au regard de la piètre qualité du matériel d'impression et des pénuries de papier de l'après-guerre. Une édition révisée de la partie de Schindler verra le jour en 1964, sur un meilleur papier et avec des planches encore plus éclatantes.

Color puro

Este libro es fruto de la singular colaboración de dos mujeres en Londres inmediatamente después de la Segunda Guerra Mundial. Ambas estudiaban la ciencia espiritual de Rudolf Steiner y sentían un gran interés por el folclore europeo, la mitología, el arte y en especial

Plate XV

Exercise on the relation of colours to grey (Water-colour)

Plate XVI

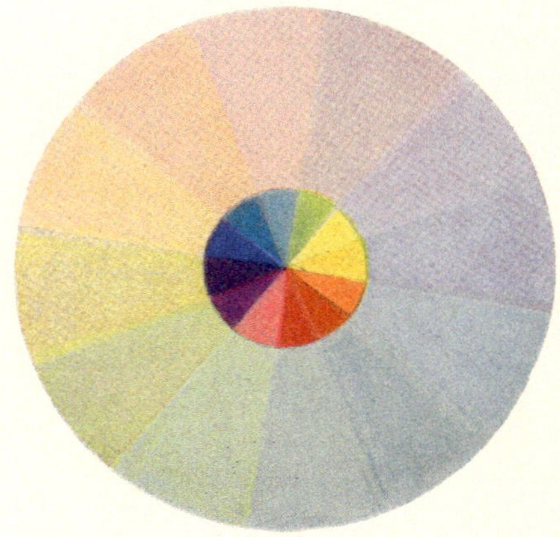

Physiological colour circle. In the centre prismatic colours and adjoining each one, the after-image

el color. Eleanor Merry había nacido en Inglaterra y había estudiado música y arte en Viena al final de su adolescencia. En 1922, asistió a una conferencia sobre espiritualismo en Oxford a la que también asistió Steiner, y allí se conocieron. A ese primer encuentro siguieron visitas a Dornach y nuevos intercambios con Steiner. Junto con Maria Schindler, cuyos datos biográficos todavía no han salido a la luz, Merry dirigió la New School of Painting en el norte de Londres en la década de 1940. Ambas mujeres fueron autoras prolíficas que escribieron libros sobre ciencia espiritual y folclore europeo. *Pure Colour* fue su primera publicación de la que se tiene constancia.

El libro consta de tres partes que examinan la naturaleza, el poder y el impacto del color a partir de la teoría de Goethe. La primera parte, de Schindler, es un ensayo ilustrado sobre cómo se puede aplicar esa teoría a la pintura. Guía al lector por los conceptos básicos de *Zur Farbenlehre* de Goethe, reinterpreta sus círculos de color y sugiere una serie de ejercicios de pintura. Merry escribió la segunda parte, «Pintura e imaginación», donde analiza los enfoques intelectuales y emocionales de la pintura en color, de nuevo con Goethe como guía. La tercera parte consta de tres extractos de los escritos de Goethe sobre el color traducidos por Merry al inglés. Entre estos se incluye la primera traducción a ese idioma publicada de *Beyträge zur Optik* (Contribuciones a la óptica, 1791/1792).

Pure Colour cuenta con una selección de láminas en blanco y negro, diseñadas para ser observadas a través de un prisma de tres lados, que recrea algunos de los experimentos del propio Goethe. Algunas copias del libro incluían instrucciones sobre cómo hacer un prisma de agua para permitir que los lectores realizaran

PLATE XVII

Exercise with blue and its physiological after-image. An Island. (Pastel)

PLATE XVIII.

Blue Circle for Testing the Physiological Colour (Complementary Colour)

estos y otros experimentos. Las láminas en color, basadas en dibujos al pastel de Schindler y acuarelas de Merry, ofrecen ejemplos visuales de los ejercicios de pintura sugeridos en el texto. Desprenden un fuerte sentimiento espiritual y son sorprendentemente vívidas y luminosas, sobre todo cuando se tienen en cuenta la baja calidad de los materiales de impresión y del papel disponible durante la posguerra. En 1964 se reimprimió una edición revisada de la parte del libro de Schindler en mejor papel y con láminas en color aún más luminosas.

Plate XIX

Exercise with complimentary colours, Green and red Seraphim.
(Water-colour)

PLATE XX

Balanced colour circle
(Pastel)

PLATE XXI

Exercise illustrating balanced colour circle.
Blue (Water-colour)

PLATE XXII

Exercise in Yellow. Illustrating the balanced colour circle
(Water-colour)

Plate XXIII

MADONNA AND ANGELS.

第一圖

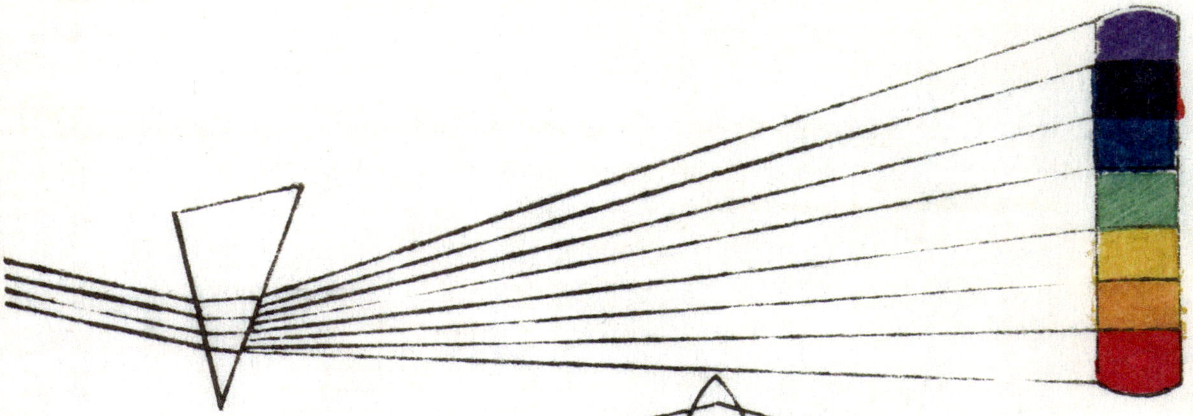

第二圖

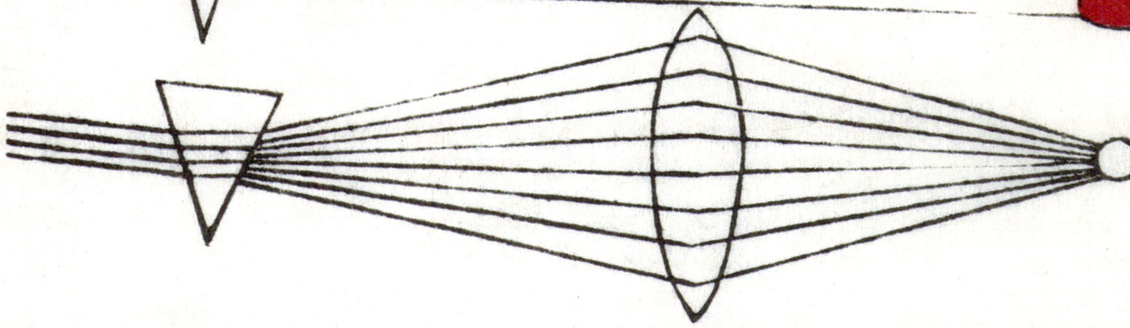

Chapter 8

Looking Beyond: EASTERN COLOUR CONCEPTS

1876–1938

Masanori Iehara,
Kan'ichiro Shiozu (dates unknown)

GAKKO HITSUYO IROZU MONDO

A Book of Questions and Answers about Colour for Use in Schools

2 plates, 21 x 12.5 cm | 8 ¼ x 4 ⅞ in., Tokyo, 1876
Berkeley, University of California, C.V. Starr East Asian Library

The influence of Japanese aesthetics on Western culture in the latter part of the 19th century cannot be overestimated. Soon after Japan opened up to trade with the rest of the world in the 1850s, Japanese motifs became ubiquitous in painting and design, as well as literature and fashion, while *Japonisme* and Aestheticism developed as exciting new artistic styles and movements that reflect the fascination in Europe and the United States with this previously inaccessible culture. Concurrently, a growing interest about Western culture developed among the Japanese, and this filtered down into ideas about colour theory and colour teaching.

Gakko hitsuyo irozu mondo is a small text-book on colour for schools, and seems to have been the first such that was inspired by Western models. The 22 folded sheets of printed text are illustrated with two hand-coloured plates of colour diagrams, and additional small colour squares within the running text. Conceptually the graphic design of the plate with the colour chart is based on a system that corresponds to the seven Newtonian colours, with the three primaries yellow, red and blue being given special status (top right). The flower-shaped colour wheel in the second plate is clearly an adaptation of George Field's "Scale of Chromatic Equivalents", a colour compass that described colour mixture and contrasts and which had been designed by Field in England in the 1810s. It was first published in an uncoloured version in 1835 as the frontispiece to *Chromatography* (pp. 270–273), and a coloured version subsequently appeared in other books by Field from 1841. Above the much-simplified version of Field's diagram in this text-book are small images of Newton's prismatic experiments relating to the splitting of white light into the visible spectrum of colours. The presence of these ghosts of diagrams by Field and Newton in a Japanese school primer from the 1870s raises intriguing questions. How did they make their journey around the globe? Which versions did the authors see, and were they able to read the accompanying English text? And how did they fit existing Japanese colour concepts and linguistic terms into an earlier European colour system? It is, in any case, a wonderful example of global cross-cultural exchange in the 19th century.

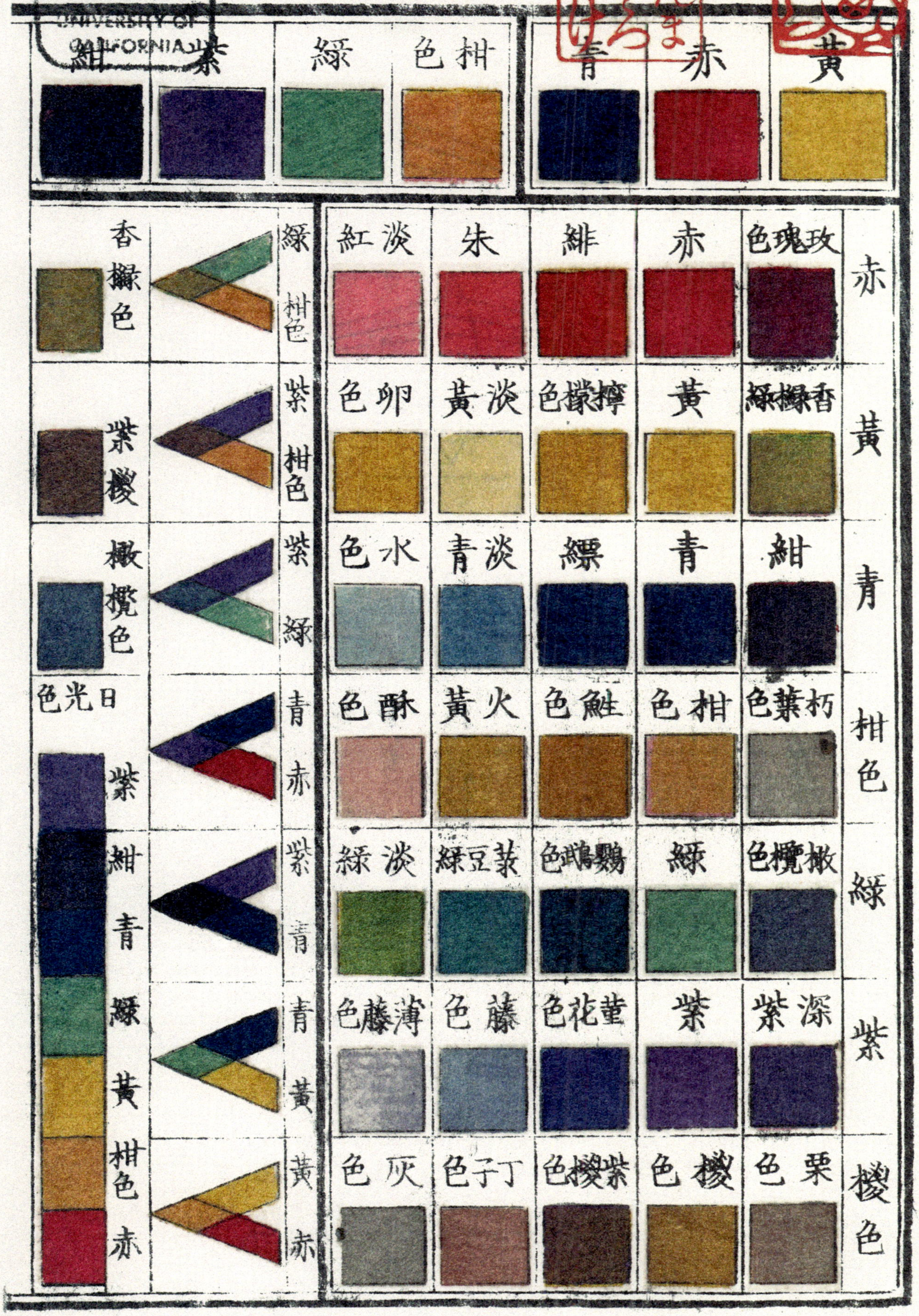
黄
赤
青
柑色
緑
紫
紺
赤
玫瑰色
赤
緋
朱
淡紅
黄
香櫞緑
黄
檸檬色
淡黄
卵色
青
紺
青
縹
淡青
水色
柑色
朽葉色
柑色
鮭色
火黄
酥色
緑
橄欖色
緑
鸚鵡色
菉豆緑
淡緑
紫
深紫
紫
菫花色
藤色
薄藤色
樺色
栗色
樺色
紫樺色
丁子色
灰色
緑
柑色
香櫞色
紫
柑色
紫樺
紫
緑
橄欖色
青
赤
紫
青
紺
青
黄
緑
黄
赤
柑色
日光色
紫
紺
青
緑
黄
柑色
赤

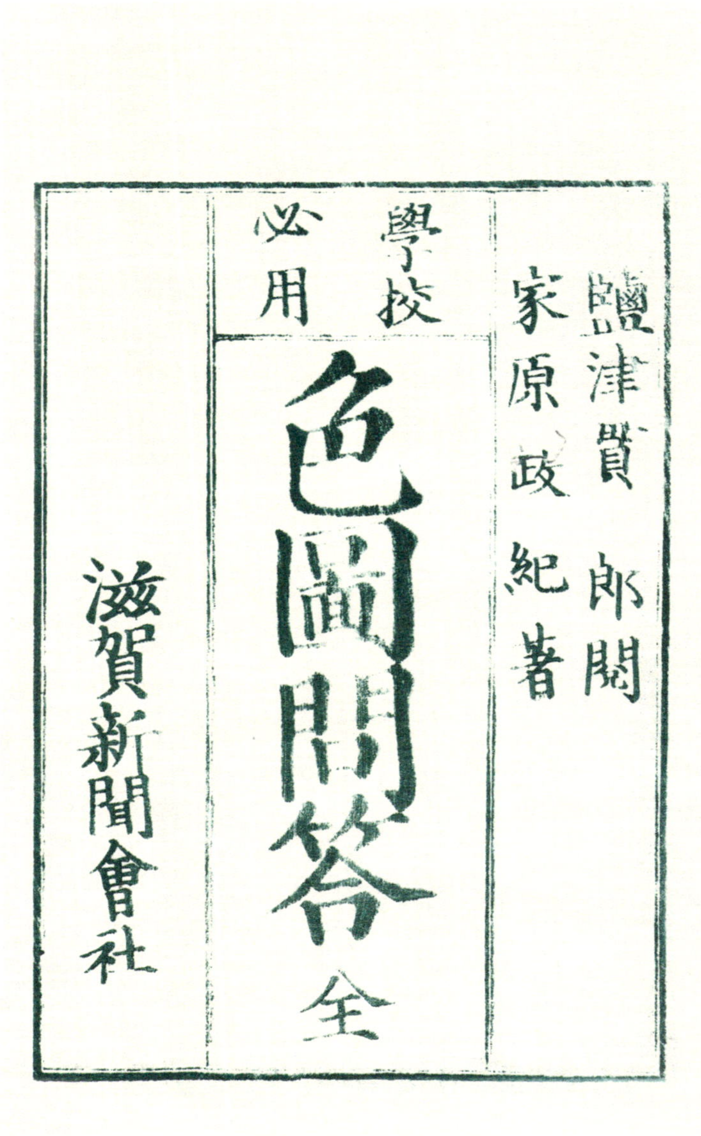

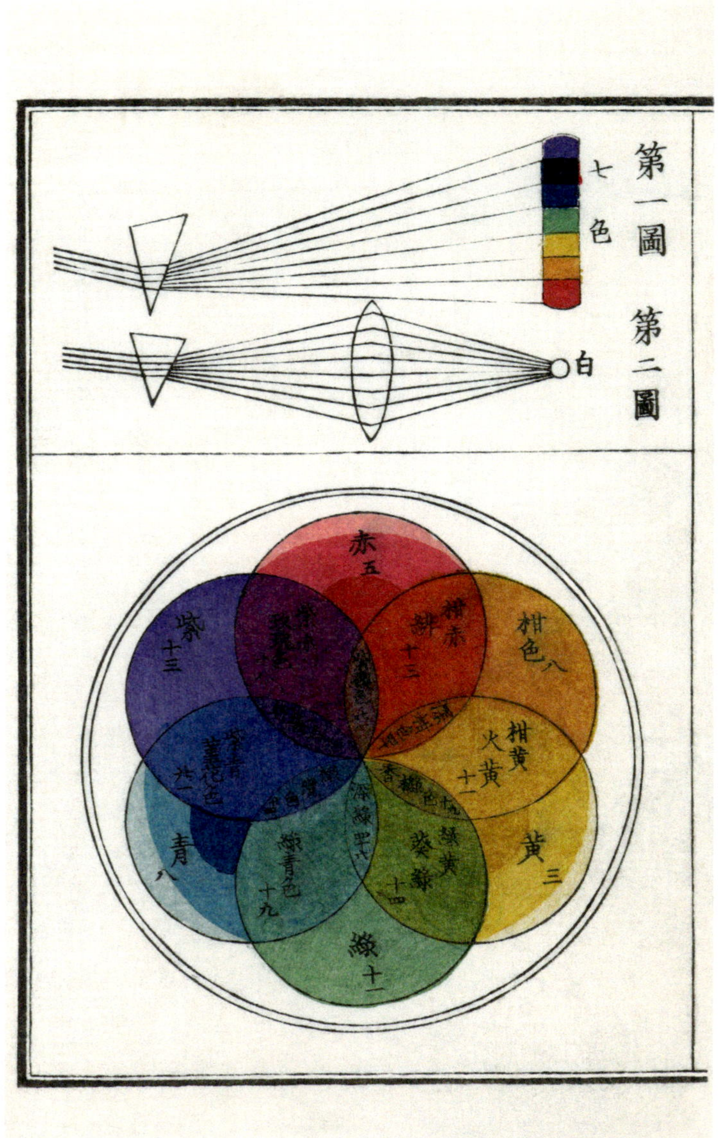

Ein Buch der Fragen und Antworten über Farbe für den Schulgebrauch

Der Einfluss der japanischen Ästhetik auf die westliche Kultur im späten 19. Jahrhundert ist nicht zu unterschätzen. Kurz nachdem sich Japan in den 1850er-Jahren dem Welthandel geöffnet hatte, waren japanische Motive in Malerei und Gestaltung, aber auch in Literatur und Mode allgegenwärtig. Mit dem Japonismus und dem Ästhetizismus entwickelten sich aufregende neue Kunststile und -strömungen, in denen sich die Begeisterung Europas und Amerikas für diese zuvor unzugängliche Kultur widerspiegelte. Gleichzeitig wuchs in Japan das Interesse an der westlichen Kultur, was sich unter anderem in Gedanken zur Farbtheorie und zum Farbunterricht niederschlug.

Gakko hitsuyo irozu mondo ist ein kleines Farblehrbuch für Schulen und scheint das erste seiner Art gewesen zu sein, das von westlichen Vorbildern angeregt war. Die 22 gefalteten und bedruckten Doppelbögen sind mit Farbdiagrammen auf zwei handkolorierten Tafeln und kleinen Farbquadraten im laufenden Text bebildert. Die grafische Gestaltung der Farbtabelle beruht auf einem System, das den sieben Newton'schen Farben entspricht, wobei den drei Grundfarben Gelb, Rot und Blau eine Sonderstellung eingeräumt wird (oben rechts). Bei dem blütenförmigen Farbkreis auf der zweiten Bildtafel handelt es sich eindeutig um eine Bearbeitung der „Chromatischen Äquivalente" von George Field. Field hatte seinen Farbkompass mit Beschreibungen von Farbmischungen und Farbkontrasten in den 1810er-Jahren in England entworfen. 1835 wurde er als nicht koloriertes Schaubild im Frontispiz zu *Chromatography* (S. 270–273) zum ersten Mal abgedruckt, ab 1841 erschien er in anderen Büchern Fields auch in einer kolorierten Fassung. Oberhalb der stark vereinfachten Version des Field'schen Diagramms in diesem Lehrwerk finden sich kleinere Abbildungen der prismatischen Experimente Newtons zur Aufspaltung des weißen Lichts in die Farben des sichtbaren Spektrums. Die Darstellung dieser rudimentären Diagramme nach Field und Newton in einer japanischen Schulfibel aus den 1870er-Jahren wirft interessante Fragen auf. Wie gelangten sie auf die andere Seite der Welt? Welche Fassungen haben die Autoren gesehen, und konnten sie den englischen Begleittext lesen? Wie ordneten sie bestehende japanische Farbenlehren und sprachliche Begriffe in ein älteres europäisches Farbsystem ein? In jedem Fall ist ihr Buch ein wunderbares Beispiel für den weltweiten kulturübergreifenden Austausch im 19. Jahrhundert.

Livre de questions et réponses sur la couleur à l'usage des écoles

L'influence de l'esthétique japonaise sur la culture occidentale dans la dernière partie du XIXe siècle est énorme. Le Japon se rouvre au commerce avec le reste du monde dans les années 1850 et, très vite, les motifs japonais deviennent omniprésents dans la peinture et les arts graphiques, dans la littérature et la mode. L'essor du japonisme et de l'esthétisme, nouveaux styles et mouvements artistiques, témoigne alors de la fascination en Europe et aux États-Unis pour cette culture si longtemps inaccessible. Parallèlement, l'intérêt croissant que suscite la culture occidentale auprès des Japonais se diffuse dans les théories chromatiques et les enseignements qu'ils élaborent.

Ce petit « Livre de questions et réponses sur la couleur à l'usage des écoles » semble être le premier manuel à s'inspirer des modèles occidentaux. Imprimé sur 22 feuillets pliés, le texte s'accompagne de deux planches de tableaux chromatiques coloriés à la main et de petits carrés de couleur dans le corps du texte. En termes conceptuels, le graphisme du tableau chromatique se fonde sur un système correspondant aux sept couleurs newtoniennes : les trois primaires jaune, rouge et bleu ont une position à part (en haut à droite). Le cercle chromatique en forme de fleur de la deuxième planche est une adaptation évidente des « Équivalents chromatiques » de George Field, boussole qui décrit les mélanges et les contrastes de couleurs, conçue en Angleterre dans les années 1810. D'abord publiée dans sa version achromatique en 1835 sur le frontispice de *Chromatography* (p. 270–273), elle paraît en couleurs dans d'autres ouvrages de Field à partir de 1841. Dans le manuel japonais, au-dessus de cette version très simplifiée du tableau de Field, des petites illustrations figurent les expériences du prisme de Newton montrant que les couleurs du spectre visible proviennent de la dispersion de la lumière blanche. La présence de tels échos aux systèmes de Field et Newton dans un livre d'écolier japonais des années 1870 est assez intrigante. Comment ces représentations ont-elles fait le tour du globe ? Quelles versions les auteurs en ont-ils vues, et étaient-ils en mesure de lire les textes d'accompagnement en anglais ? Comment ont-ils allié les conceptions chromatiques et termes japonais existants avec un système chromatique européen plus ancien ? Quoi qu'il en soit, c'est un merveilleux exemple d'échange interculturel mondial au XIXe siècle

Libro de preguntas y respuestas sobre el color para uso en escuelas

La influencia de la estética japonesa en la cultura occidental a finales del siglo XIX no se puede subestimar. Poco después de que el país se abriera al comercio con el resto del mundo en la década de 1850, los motivos japoneses se hicieron omnipresentes en la pintura y el diseño, así como en la literatura y la moda, y el japonismo y el esteticismo se desarrollaron como nuevos y emocionantes estilos y movimientos artísticos que reflejan la fascinación en Europa y Estados Unidos por una cultura antes inaccesible. Al mismo tiempo, se desarrolló entre los japoneses un creciente interés por la cultura occidental, y eso se filtró a la teoría y la enseñanza del color.

Gakko hitsuyo irozu mondo es un pequeño libro de texto dirigido a la enseñanza del color en las escuelas; al parecer, fue el primero inspirado en modelos occidentales. Las 22 hojas plegadas de texto impreso se ilustran con dos láminas coloreadas a mano con diagramas cromáticos y pequeños cuadrados de color adicionales dentro del texto continuo. En lo conceptual, el diseño de la lámina con la carta de colores se corresponde con los siete colores newtonianos, y da un estatus especial a los tres primarios: amarillo, rojo y azul (ubicándolos arriba a la derecha). La rueda de colores con forma de flor de la segunda lámina es claramente una adaptación de la escala de «equivalentes cromáticos» de George Field, una brújula que describe la mezcla de colores y los contrastes que Field diseñó en Inglaterra en la década de 1810. Esta se publicó por primera vez en 1835 en una versión sin colorear como el frontispicio de *Chromatography* (págs. 270–273), y a partir de 1841 apareció una versión en color en otros libros de Field. Encima de la versión muy simplificada del diagrama de Field que se presenta en este libro de texto hay pequeñas imágenes de los experimentos prismáticos de Newton relacionados con la división de la luz blanca en el espectro visible de colores. La presencia de estas imitaciones de los diagramas de Field y Newton en un manual escolar japonés de la década de 1870 plantea preguntas intrigantes: ¿Cómo viajaron por el mundo? ¿Qué versiones vieron los autores japoneses? ¿Pudieron leer el texto en inglés que acompañaba a los diagramas? ¿Cómo encajaron los conceptos de color y los términos lingüísticos japoneses en un sistema de color europeo? En cualquier caso, se trata de un maravilloso ejemplo de intercambio intercultural global en el siglo XIX.

Sanzō Wada (1883–1967)

HAISHOKU SŌKAN

Colour Schemes

34 plates, 19.5 x 13 cm | 7 ⅝ x 5 ⅛ in., Tokyo, 1933/34
San Marino, California, The Huntington Library, Art Museum, and Botanical Gardens

Sanzō Wada collected colours in the same way as a lepidopterist seeks out butterflies. He became an artist and illustrator when still in his teenage years, and later studied Western painting at the Tokyo School of Fine Arts, with the patronage of the painter Kuroda Seiki (1866–1924). Sanzō travelled to France in 1909, sponsored by the Ministry of Education, and stayed in Europe for more than five years before returning to Japan in 1915 by way of an extended detour through India, Java and Burma. By the early 1920s he had become a highly respected figure in the Japanese art world.

Wada developed a passion for colour early in his career and collected tens of thousands of colour samples in many different materials. While he was in Europe, he familiarised himself with the canon of Western colour literature, including the works of Munsell, Ostwald, Ridgway and most likely Chevreul. Being acutely aware of the lack of colour standardisation in his home country he began working on a system of nomenclature, and quickly became Japan's leading colour theorist. In 1927 he founded the Japan Standard Color Association, which is still in operation today and now known as the Japan Color Research Institute.

Wada's first published colour nomenclature appeared in 1931, as *Shikimei sōkan*, which took the form of a booklet accompanied by 160 colour samples mounted on accordion-folded cards. He continued to expand this system over the years, and between 1933 and 1934 he assembled *Haishoku sōkan*, which was intended as a comprehensive listing and a dictionary of colours. The 40-page booklet was issued with a set of cards in six volumes, showing 348 colour combinations based on 159 colours, each being numbered and named in Japanese and English. The 176 printed accordion-cards presented mounted samples of two-, three- and four-colour combinations. This collection was followed by *Haishoku sōkan B*, issued in 12 monthly instalments between 1934 and 1935, which included combinations of up to seven different colours. As with his previous works of nomenclature, readers had the option to cut out the printed colour samples so as to create or recreate their own combinations. Wada published many more books of colour standards, nomenclature and other works on Japanese and Western design and colour theory, including *The Story of Color* in 1952 and the *Munsell Renotation Color Book* in 1963, both of which were directly informed by Munsell's colour system.

多色配合の例（一）

(45)

はだいろ
肌色
Seashell Pink

かなりやいろ
金絲雀色
Lemon Yellow

たうしよく
橙色
Orange

くろいろ
黑色
Black

(46)

（一三一）

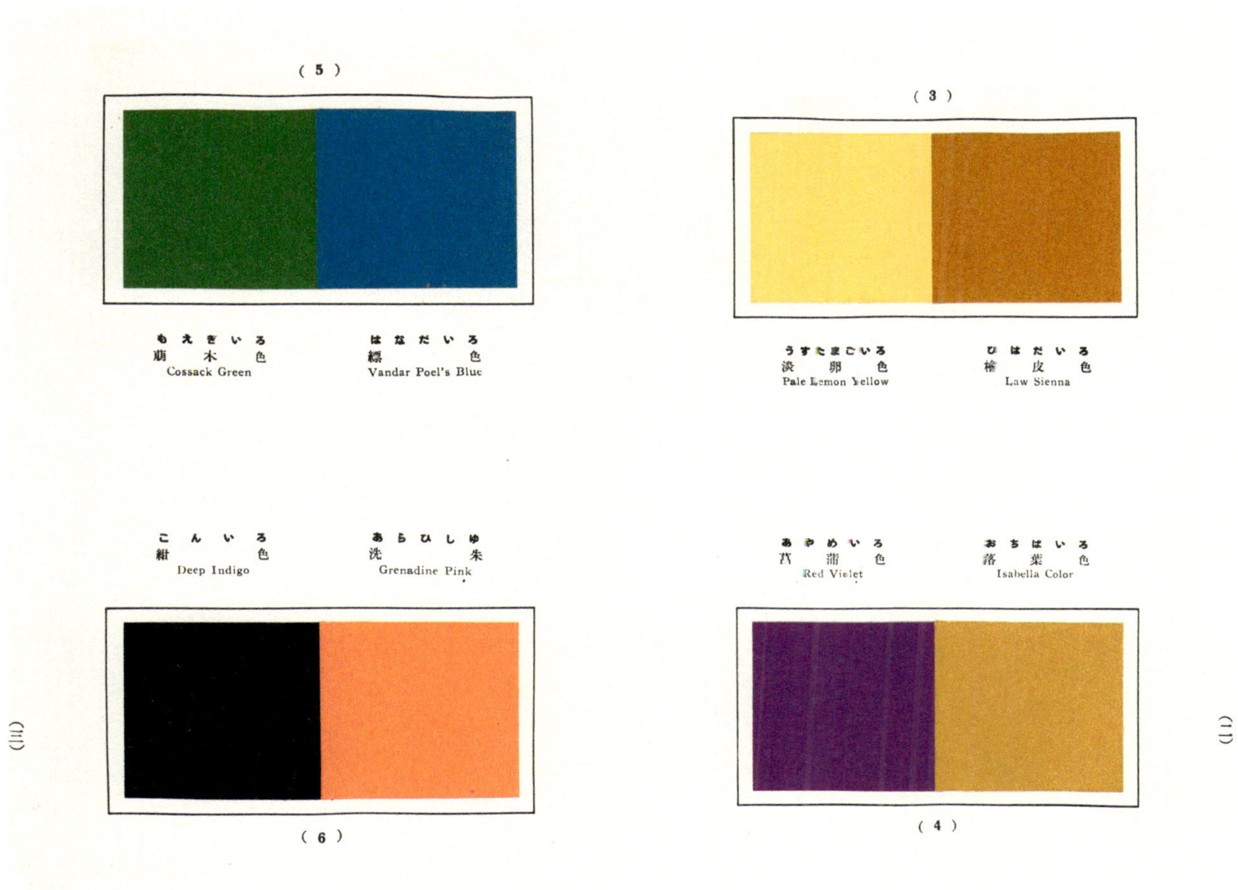

Farbzusammenstellungen

Sanzō Wada sammelte Farben wie ein Lepidopterologe Schmetterlinge. Bereits im Jugendalter wurde er Künstler und Illustrator und studierte später mit Unterstützung des Malers Kuroda Seiki (1866–1924) Malerei an der Kunstakademie Tokio. Vom japanischen Bildungsministerium gefördert, reiste Wada 1909 nach Frankreich und kehrte nach mehr als fünf Jahren in Europa und einem ausgedehnten Umweg über Indien, Java und Burma erst 1915 nach Japan zurück. Anfang der 1920er-Jahre war er in der japanischen Kunstwelt zu einer hoch angesehenen Persönlichkeit aufgestiegen.

Schon in den Anfangstagen seiner Karriere entwickelte Wada eine Leidenschaft für Farbe und sammelte Zehntausende von Farbmustern in vielen verschiedenen Materialien. Während seiner Zeit in Europa machte er sich mit dem Kanon der westlichen Farbliteratur vertraut, las Werke von Munsell, Ostwald, Ridgway und höchstwahrscheinlich auch von Chevreul. Weil er sich der fehlenden Farbstandards in seinem Heimatland nur allzu bewusst war, begann er an einem Nomenklatursystem zu arbeiten und wurde schnell zum führenden Farbtheoretiker Japans. 1927 gründete er die japanische Gesellschaft für Standardfarben, die heute als japanisches Farbforschungsinstitut bekannt und noch immer aktiv ist.

Wada erste Farbnomenklatur, *Shikimei sōkan*, erschien 1931 als Büchlein mit 160 Farbmustern, die auf Karten in Leporellofalz montiert waren. Über die Jahre entwickelte er sein System weiter und stellte zwischen 1933 und 1934 *Haishoku sōkan* zusammen, das als umfassende Auflistung und Farbenzyklopädie gedacht war. Das vierzigseitige Büchlein wurde mit einem Kartensatz in sechs Bänden herausgegeben, der anhand von 159 Farben insgesamt 348 nummerierte und auf Englisch und Japanisch bezeichnete Farbkombinationen präsentierte. Die 176 zu einem Leporello gefalteten und bedruckten Karten zeigten Kombinationen aus jeweils zwei, drei oder vier aufgeklebten Farbmustern. Auf diese Sammlung folgte *Haishoku sōkan B*. Das zwischen 1934 und 1935 in zwölf Lieferungen publizierte Werk enthielt Kombinationen von

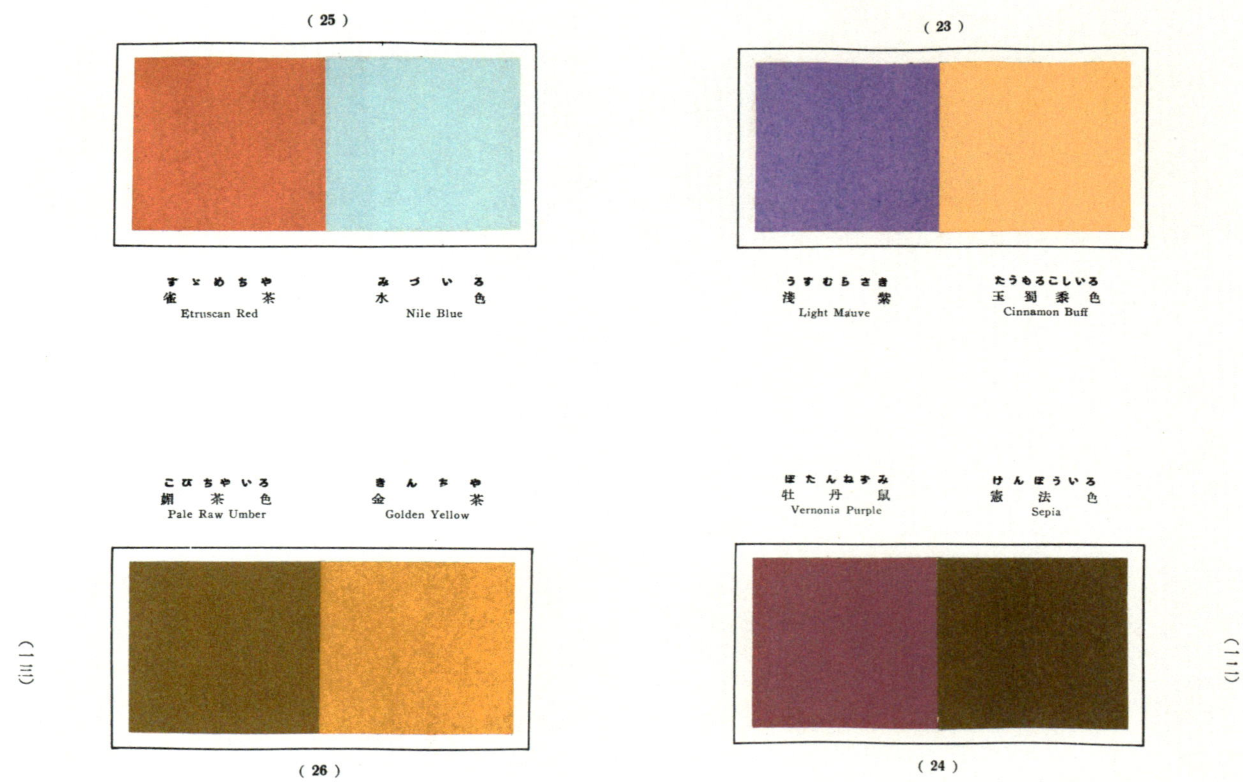

bis zu sieben verschiedenen Farben. Wie bei Wadas früheren Nomenklaturen konnten die Leserinnen und Leser diese gedruckten Farbmuster ausschneiden, um ihre eigenen Farbkombinationen zu erstellen oder wiederherzustellen. Von Wada erschienen viele weitere Bücher mit Farbstandards und Nomenklaturen, aber auch andere Schriften über Design und Farbtheorie nach japanischer und westlicher Prägung, darunter 1952 *The Story of Color* und 1963 das *Munsell Renotation Color Book*. Beide waren unmittelbar von Munsells Farbsystem inspiriert.

Combinaisons des couleurs

Sanzō Wada rassemble les couleurs comme un lépidoptériste collectionne les papillons. Devenu peintre et illustrateur dès l'adolescence, il étudie ensuite la peinture occidentale à l'École des beaux-arts de Tokyo auprès de son mentor, le peintre Kuroda Seiki (1866–1924). Avec le soutien du ministère japonais de l'Éducation, Wada part pour la France en 1909 et passera plus de cinq ans en Europe. Il rentre au Japon en 1915 en faisant de larges détours par l'Inde, Java et la Birmanie. Au début des années 1920, il est une figure très respectée dans les arts japonais.

Passionné dès sa jeunesse par la couleur, Wada collecte des dizaines de milliers d'échantillons de couleurs de différents matériaux. En Europe, il se familiarise avec les canons établis par la littérature occidentale sur le sujet, notamment à travers Munsell, Ostwald, Ridgway et très probablement Chevreul. Cherchant à pallier le manque de normes chromatiques dans son pays natal, il s'attelle à la création d'une nomenclature et devient rapidement le principal théoricien de la couleur de son pays. En 1927, il fonde la Japan Standard Color Association, toujours active désormais sous le nom de Japan Color Research Institute.

La première nomenclature proposée par Wada, *Shikimei sōkan*, paraît en 1931. C'est un opuscule illustré de 160 échantillons de couleurs collés sur des pages cartonnées pliées en accordéon. De 1933 à 1934, l'auteur complète ce système jusqu'à réunir ses *Haishoku sōkan* (« Combinaisons des couleurs »), qu'il conçoit comme un catalogue exhaustif et un dictionnaire

(43)

はしたいろ
半色
Aconite Violet

にくいろ
肉色
Corinthian Pink

うすはなだ
浅縹
Olympic Blue

おいたけいろ
老竹色
Light Porcelain Green

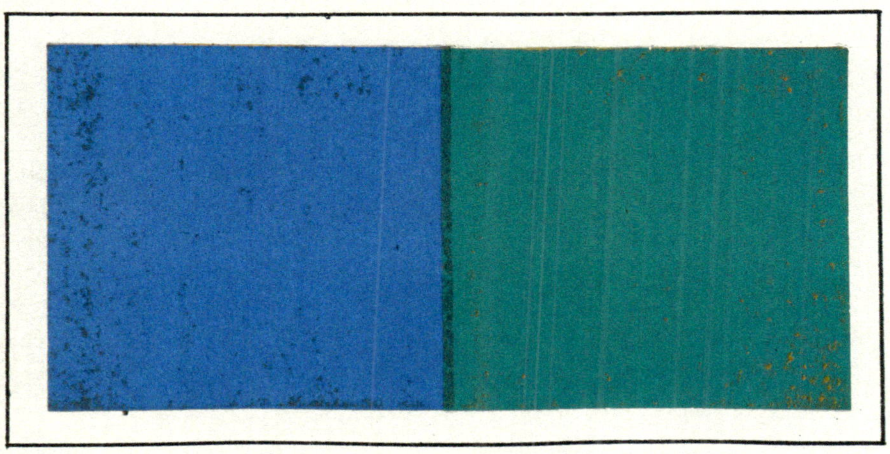

(44)

(一一一一)

(35)

べにいろ
紅色
Carmine Red

うめねず
梅鼠
Light Brown Drab

きはだいろ
黄蘗色
Sulphine Yellow

びやくろく
白緑
Turquoise Green

(36)

(一八)

(37)

あやめいろ
菖蒲色
Red Violet

かきいろ
柿色
Brick Red

ときはいろ
常磐色
Diamine Green

ぐんじやういろ
群青色
Deep Lyons Blue

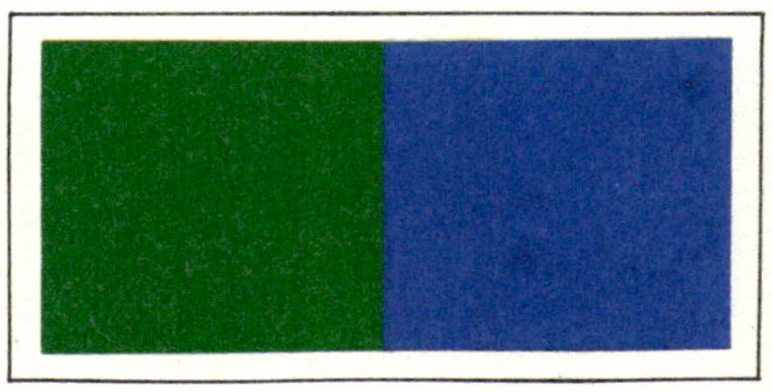

(38)

(一九)

(71)

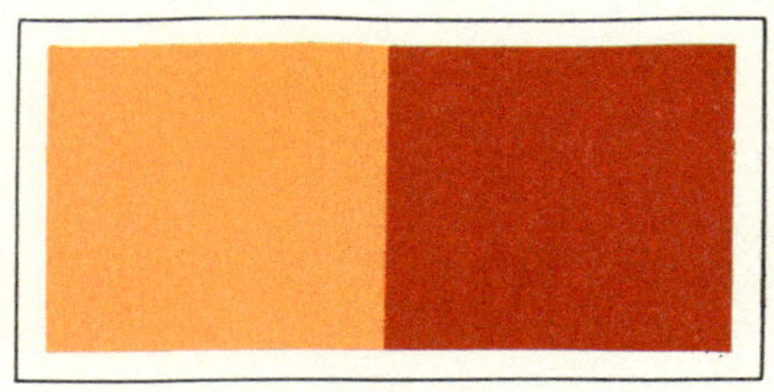

ふきいろ
款冬色
Ochraceous Salmon

べにかばいろ
紅樺色
Pompeian Red

かめのぞき
瓶覗
Pale King's Blue

むしくりいろ
蒸栗色
Sulphur Yellow

(72)

(三六)

(73)

まつばいろ
松葉色
Rainette Green

こびちやいろ
媚茶色
Pale Raw Umber

なんどねずみ
納戸鼠
Green Blue

びやくろく
白緑
Turquoise Green

(74)

(三七)

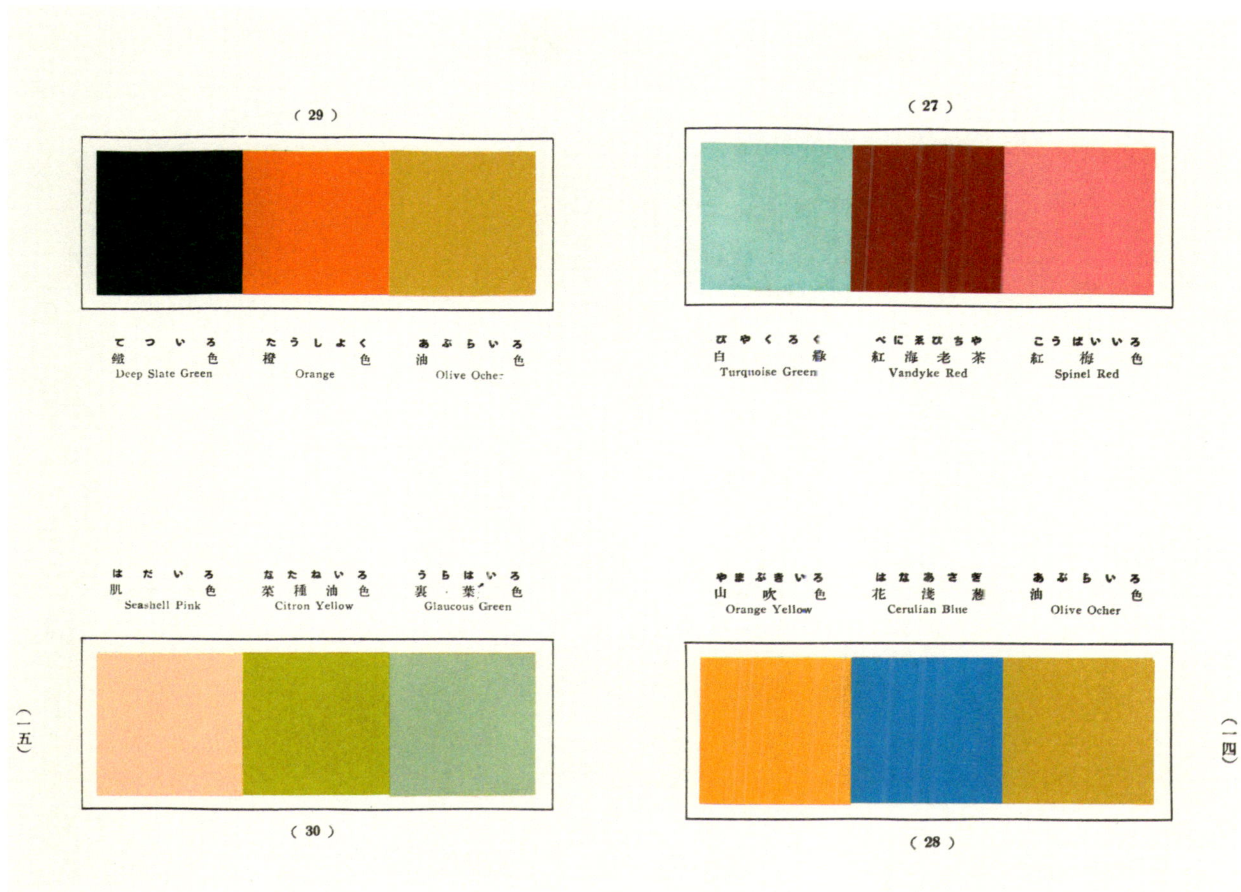

des couleurs. Le livre de 40 pages est édité en six volumes de pages cartonnées, présentant au total 348 combinations chromatiques à partir de 159 teintes, chacune étant numérotée et nommée en japonais et en anglais. Les échantillons collés sur 176 pages en accordéon sont constitués de combinaisons de deux, trois ou quatre couleurs. Ce recueil est suivi de « Combinaisons des couleurs B » *(Haishoku sōkan B)*, qui présente des combinaisons de deux à sept couleurs et paraît par livraisons mensuelles de 1934 à 1935. Comme dans les précédentes nomenclatures, les lecteurs ont la possibilité de découper les échantillons de couleurs imprimés afin de créer ou recréer leurs propres combinaisons. Wada publiera de nombreux autres ouvrages de standardisation chromatique. Parmi ses autres travaux sur la théorie de la couleur et le graphisme au Japon et en Occident, on retiendra *The Story of Color* en 1951 et *Munsell Renotation Color Book* en 1963, tous deux établis directement à la lumière du système chromatique de Munsell.

Esquema de colores

Sanzō Wada coleccionaba colores de la misma manera que un lepidopterólogo busca mariposas. Se convirtió en artista e ilustrador cuando todavía era un adolescente, y estudió pintura occidental en la Escuela de Bellas Artes de Tokio con el mecenazgo del pintor Kuroda Seiki (1866–1924). Wada viajó a Francia en 1909 con el apoyo del Ministerio de Educación de Japón, y permaneció en Europa durante más de cinco años antes de regresar a su país en 1915 tras dar un largo rodeo que lo llevó por India, Java y Birmania. A principios de la década de 1920 se había convertido en una figura muy respetada en el mundo del arte japonés.

Wada se apasionó por el color al principio de su carrera y reunió decenas de miles de muestras de color en muchos materiales diferentes. Durante el tiempo que estuvo en Europa se familiarizó con el canon occidental de los estudios sobre el color, incluidos los trabajos de Munsell, Ostwald, Ridgway y muy probablemente Chevreul. Consciente de la falta de estandarización del color en su país, comenzó a trabajar en

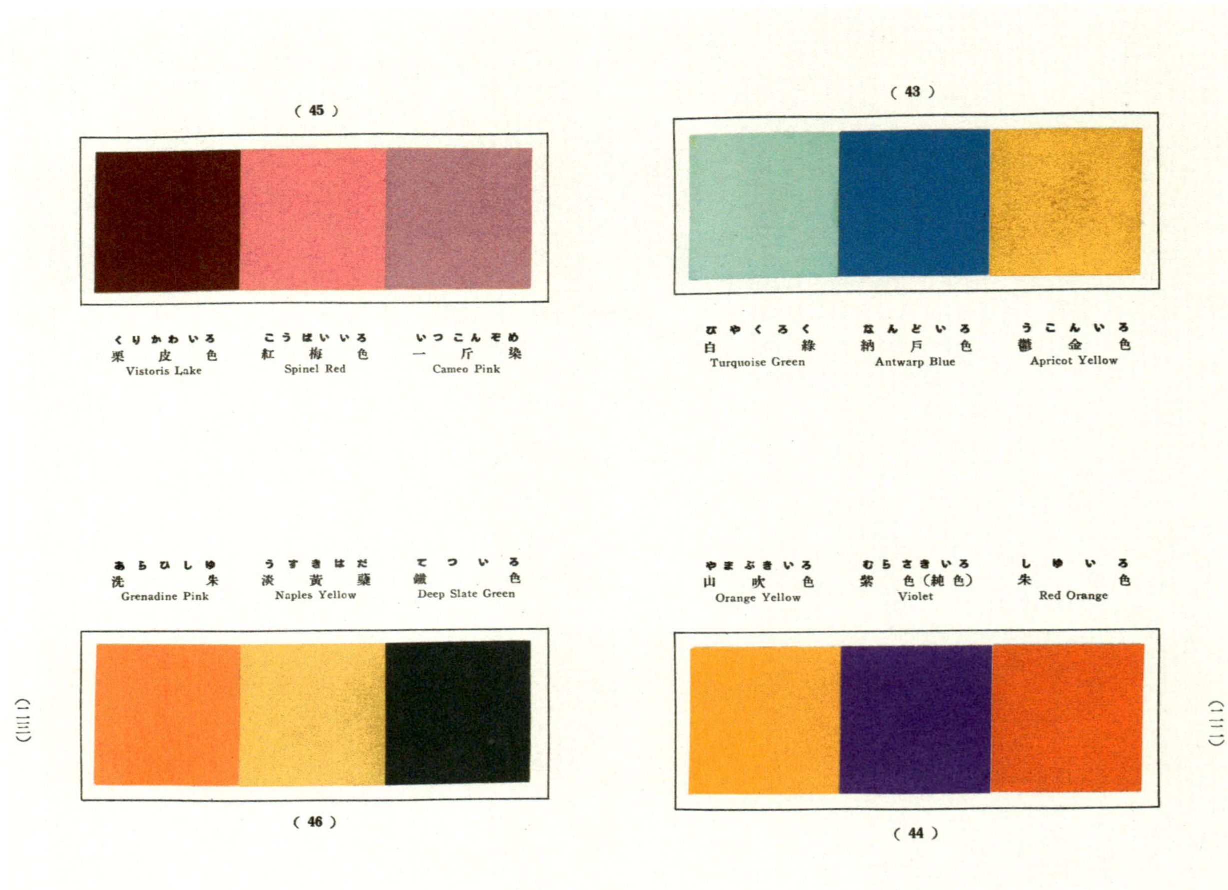

un sistema de nomenclatura y rápidamente se convirtió en el principal teórico del color de Japón. En 1927 fundó la Asociación de Estandarización del Color de Japón, que a día de hoy sigue en funcionamiento y se conoce como Instituto de Investigación del Color de Japón.

La primera nomenclatura de color de Wada publicada apareció en 1931 con el título *Shikimei sōkan*. Se trata de un folleto acompañado de un acordeón de 160 tarjetas con muestras de color. Wada amplió este sistema a lo largo de los años, y entre 1933 y 1934 compiló su *Haishoku sōkan*, que pretendía ser una lista completa y un diccionario de colores. Este cuaderno de 40 páginas se publicó acompañado de un conjunto de tarjetas en seis volúmenes. Reúne 348 combinaciones basadas en 159 colores, cada una numerada y nombrada en japonés e inglés. Las 176 tarjetas impresas del acordeón presentan muestras de combinaciones de dos, tres y cuatro colores. A esta colección le siguió *Haishoku sōkan B*, publicada entre 1934 y 1935 en 12 entregas de periodicidad mensual, que incluía combinaciones de hasta siete colores diferentes.

Al igual que en sus trabajos de nomenclatura anteriores, los lectores tenían la opción de recortar las muestras de color impresas para crear o recrear sus propias combinaciones. Wada publicó muchos más libros sobre estándares de color, nomenclatura y otros trabajos sobre diseño japonés y occidental y teoría del color, como *The Story of Color* en 1952 y *Munsell Renotation Color Book* en 1963, ambos basados directamente en el sistema de color de Munsell.

(53)

かなりやいろ	あかのしろつるばみ	ひやくろく
金絲雀色	赤白橡	白緑
Lemon Yellow	Madder Brown	Turquoise Green

こきいろ	うすいろ	にくいろ
濃色（裝束の）	薄色	肉色
Taupe Brown	Grayish Lavender	Corinthian Pink

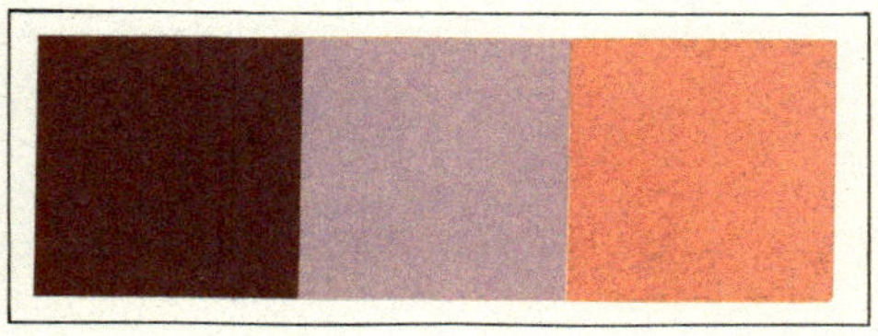

(54)

(二七)

(51)

かうじいろ	うらはいろ	えびちやいろ
柑子色	裏葉色	海老茶色
Capucin Yellow	Glaucous Green	Pale Burnt Lake

なんどいろ	あやめいろ	たいしやいろ
納戸色	菖蒲色	代赭色
Antwarp Blue	Red Violet	Cinnamon Rufous

(52)

(二六)

(69)

みづあさぎ	かなりやいろ	せいさいちや
水淺葱	金絲雀色	千齋茶
Venice Green	Lemon Yellow	Deep Slate Olive

くろいろ	かばいろ	しらちや
黑色	蒲色	白茶
Black	English Red	Ivory Buff

(70)

(三五)

(67)

うすいろ	かついろ	はしたいろ
薄色	活色，勝色	半色
Grayish Lavender	Helvetia Blue	Aconite Violet

せいじいろ	まつばいろ	そらいろ
青磁色	松葉色	空色
Cobalt Green	Rainette Green	Salvia Blue

(68)

(三四)

(93)

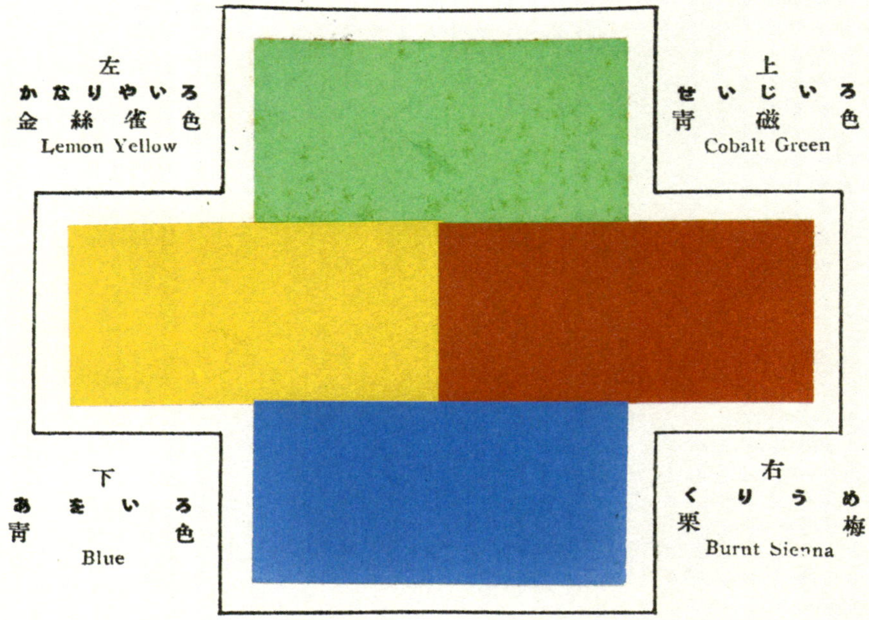
左
かなりやいろ
金絲雀色
Lemon Yellow
上
せいじいろ
青磁色
Cobalt Green
下
あをいろ
青色
Blue
右
くりうめ
栗梅
Burnt Sienna

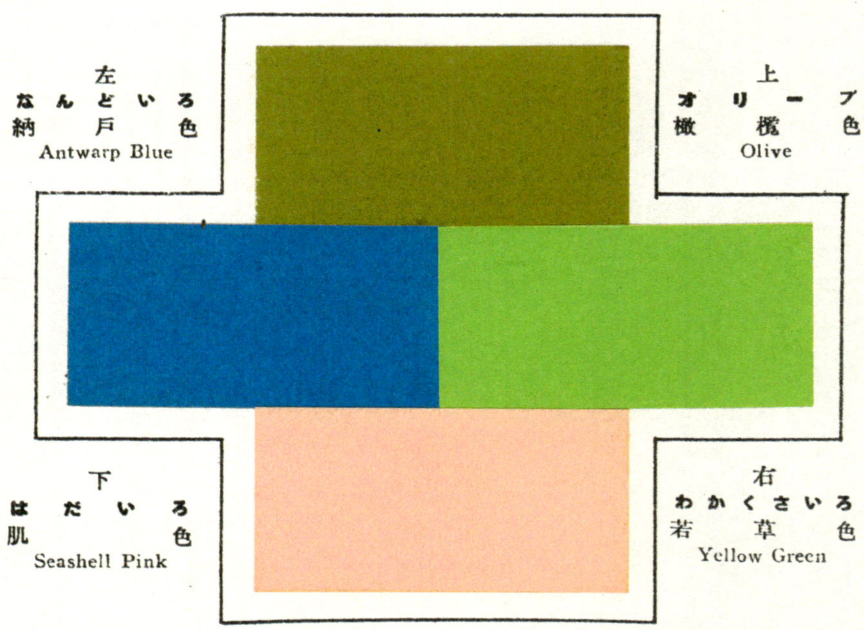
左
なんどいろ
納戸色
Antwarp Blue
上
オリーブ
橄欖色
Olive
下
はだいろ
肌色
Seashell Pink
右
わかくさいろ
若草色
Yellow Green

(94)

（四十七）

(67)

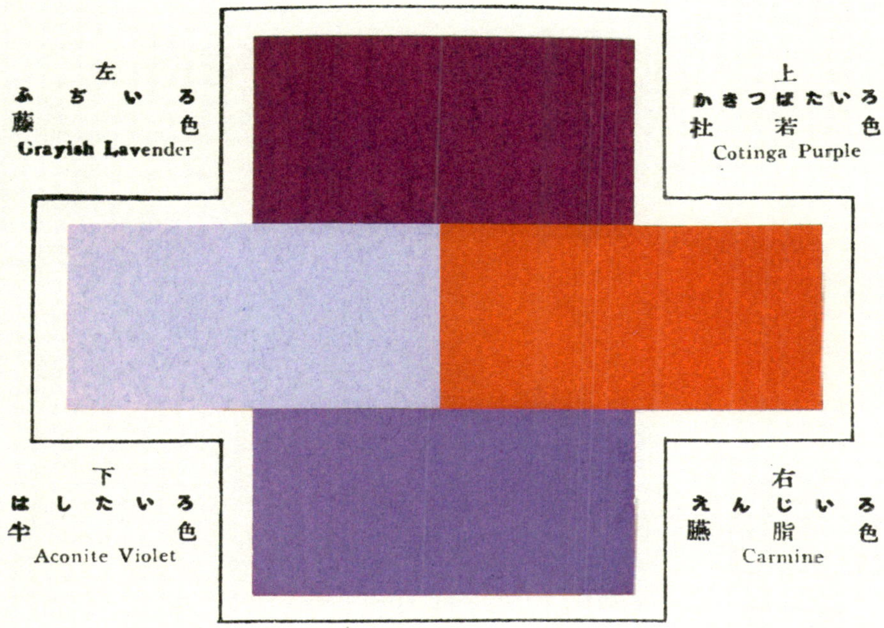
左
ふちいろ
藤色
Grayish Lavender
上
かきつばたいろ
杜若色
Cotinga Purple
下
はしたいろ
半色
Aconite Violet
右
えんじいろ
臙脂色
Carmine

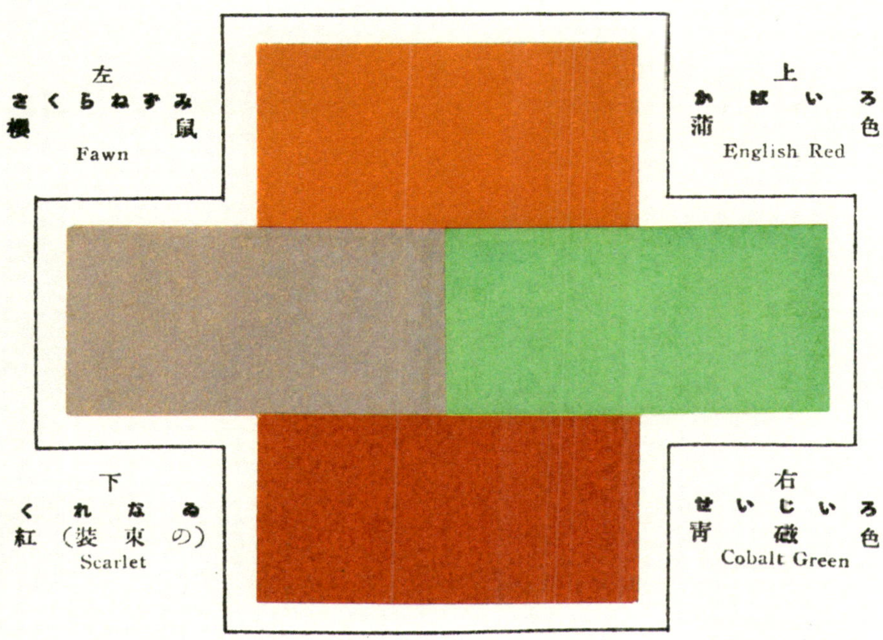
左
さくらねずみ
桜鼠
Fawn
上
かばいろ
蒲色
English Red
下
くれなゐ
紅（装束の）
Scarlet
右
せいじいろ
青磁色
Cobalt Green

(68)

（三十四）

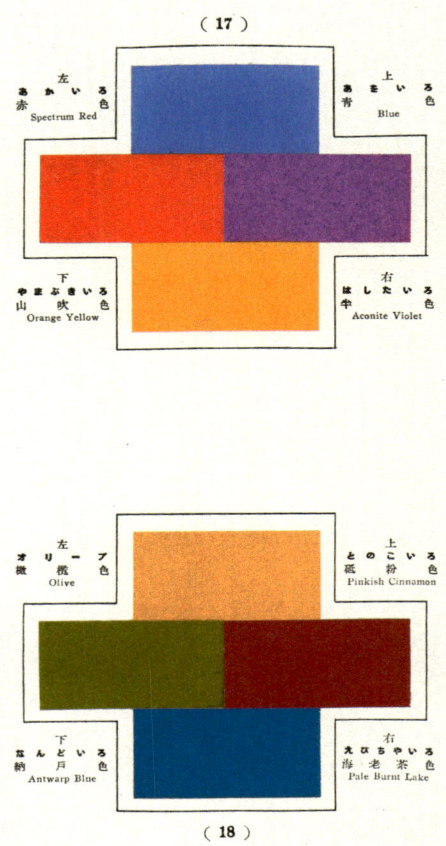
(17)
Spectrum Red
Blue
Orange Yellow
Aconite Violet
(15)
Black
Calamine Blue
Law Sienna
Pyrite Yellow
Olive
Pinkish Cinnamon
Antwarp Blue
Pale Burnt Lake
(18)
Orange
Black
Dull Viridian Green
Vinaceous Cinnamon
(16)

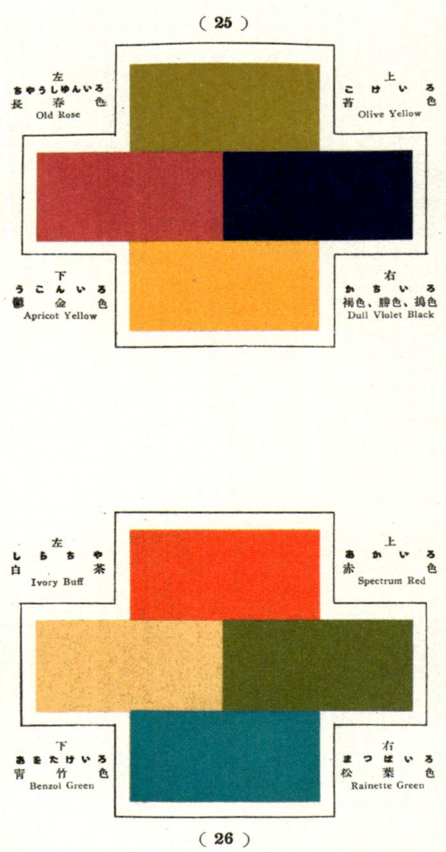
(25)
Old Rose
Olive Yellow
Apricot Yellow
Dull Violet Black
(23)
Slate Color
Pinkish Cinnamon
Turquoise Green
Burnt Sienna
Ivory Buff
Spectrum Red
Benzol Green
Rainette Green
(26)
Cerulian Blue
Corinthian Pink
Dark Greenish Glaucous
Red Orange
(24)

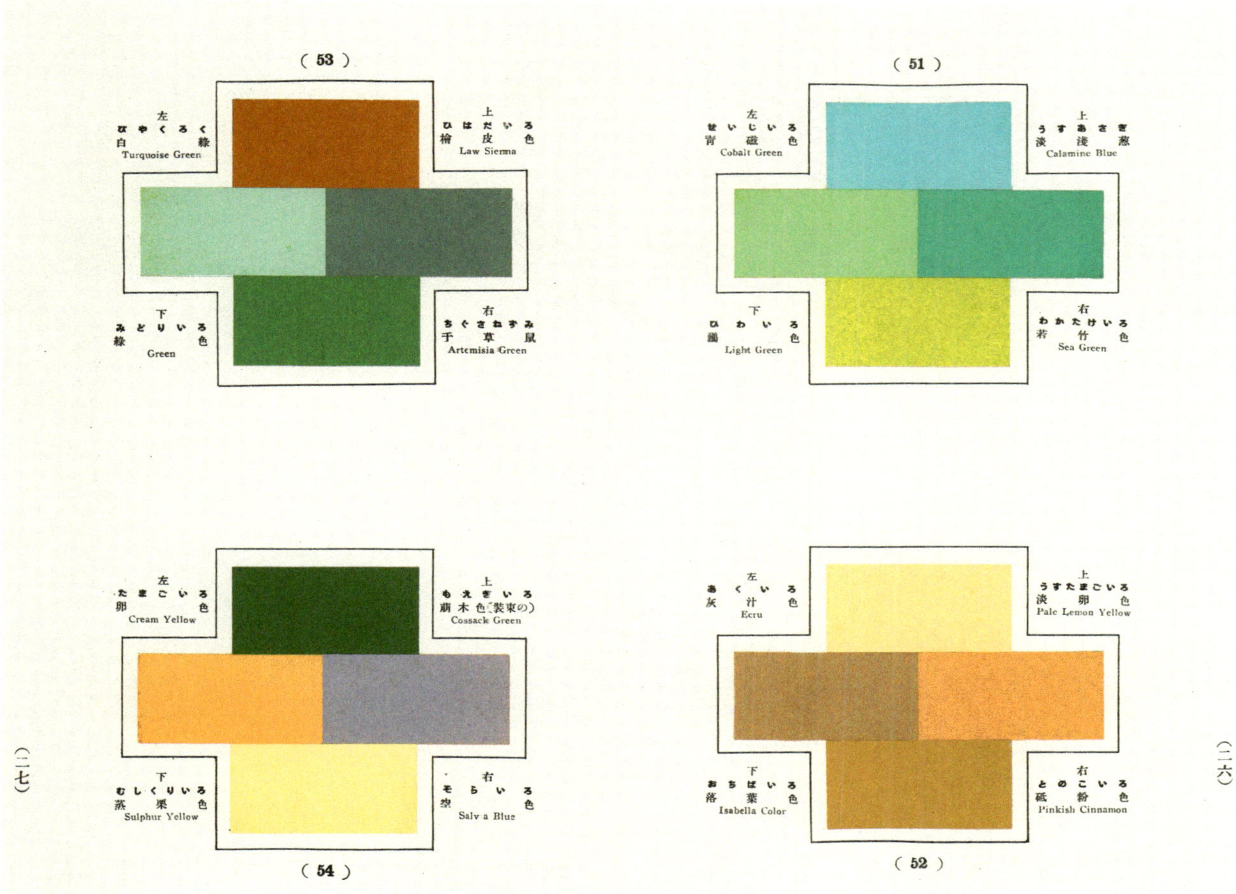
(53)
左
Turquoise Green
上
Law Sierma
下
Green
右
Artemisia Green
(51)
左
Cobalt Green
上
Calamine Blue
下
Light Green
右
Sea Green
左
Cream Yellow
上
Cossack Green
下
Sulphur Yellow
右
Salv a Blue
(54)
左
Ecru
上
Pale Lemon Yellow
下
Isabella Color
右
Pinkish Cinnamon
(52)

(61′)
左
Ivory Buff
上
Spectrum Red
下
Rainette Green
右
Aconite Violet
(59)
左
Vinaceous Cinnamon
上
Oil Green
下
Indian Lake
右
Antwarp Blue
左
Ecru
上
Cream Yellow
下
Nile Blue
右
Ancwarp Blue
(62)
左
Cream Yellow
上
Calamine Blue
下
Turquoise Green
右
Grenadine Pink
(60)

(三十三)
(65)
Apricot Yellow
Pinkish Cinnamon
Citron Yellow
Turquoise Green
Nile Blue
Dull Viridian Green
Lemon Yellow
Benzol Green
(66)

(三十二)
(63)
Peach Red
Naples Yellow
Deep Slate Olive
Neutral Gray
Cream Yellow
Benzo Green
Hay's Russet
Dark Citrine
(64)

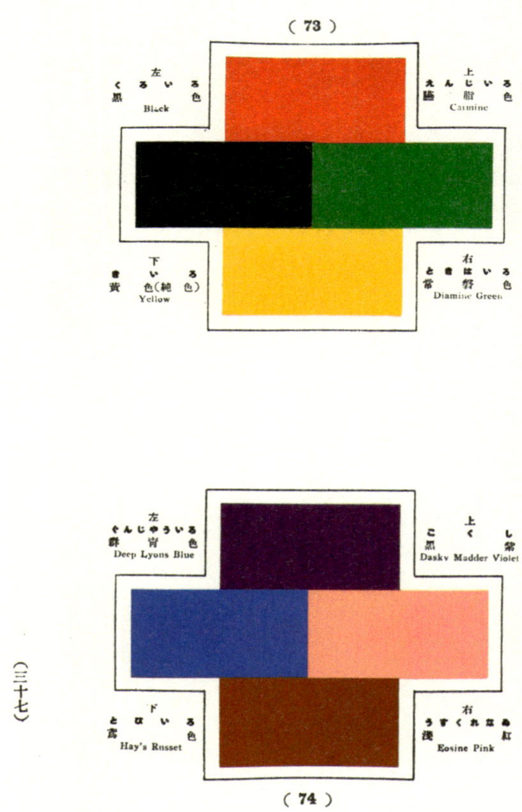
(三十七)
(73)
Black
Carmine
Yellow
Diamine Green
Deep Lyons Blue
Dusky Madder Violet
Hay's Russet
Eosine Pink
(74)

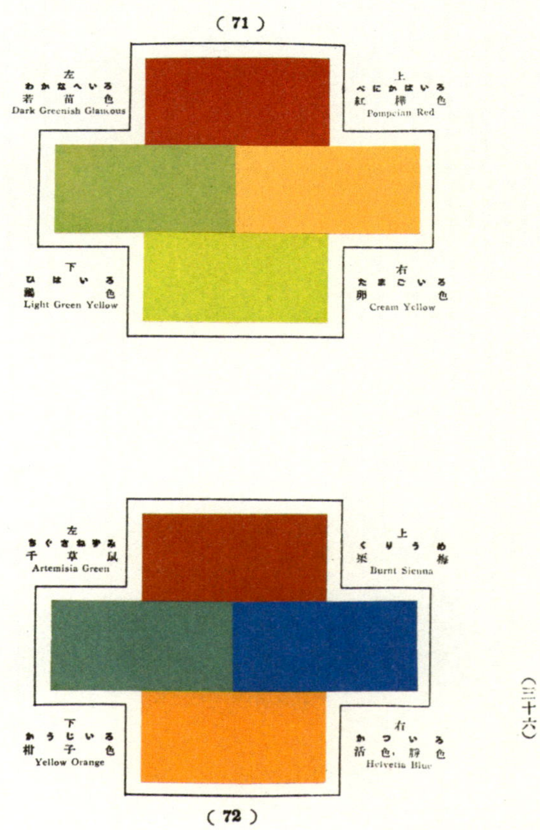
(三十六)
(71)
Dark Greenish Glaucous
Pompeian Red
Light Green Yellow
Cream Yellow
Artemisia Green
Burnt Sienna
Yellow Orange
Helvetia Blue
(72)

多色配合の例（二）

S. Alekseev, P. A. Shevarev (dates unknown),
Boris Mikhailovich Teplov (1896–1965)

SVETOVEDENIE DLI A ARKHITEKTOROV

Colour in Architecture

12 plates, 23 x 16 cm | 9 x 6 ¼ in., Moscow, Leningrad, 1938
Montreal, Canadian Centre for Architecture

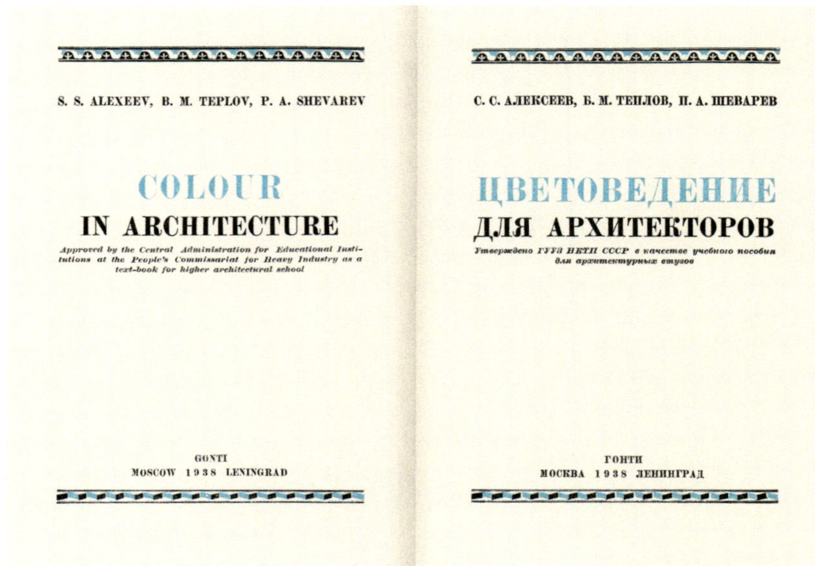

The pioneering Russian avant-garde artists of the early 20th century developed new concepts of abstraction and minimalism which were taken up not only in the visual arts but also in architecture. Colour theory played a major role in this new and radical attitude, and in this context the artist Wassily Kandinsky (1866–1944) was one of the most significant multi-cultural figures, having expressed philosophical ideas about colour, spiritualism and abstraction in both his book *Concerning the Spiritual in Art* (1911) and in his art itself. Experimental Modernist designs were duly adopted in architecture in Russia and elsewhere, often with bold colour schemes applied to monumental structures and using modern building materials. There seem, however, to have been relatively few Russian publications that concentrated on the use of colour in architecture.

The work shown here was produced by a trio of authors and was one of the first major books on the subject in Russian. It was published in an edition of 6,000 copies, with an additional title-page in English, perhaps as an attempt to stimulate interest with English-language publishers. It was intended as a text-book for students of architecture in higher education and is divided into two sections. The first, written by Teplov (a psychologist) and Shevarev, sets out the scientific basics of colour, colour mixing and colour vision. The second part was the work of Alekseev, who is sometimes cited as the main contributor, and deals more specifically with colour schemes and lighting in architecture, and how light and colour interact. The 12 lithographic plates, most of them in colour, are a combination of the ornamental and the abstract. The ornamental plates present historical examples derived from Pompeiian interiors, while the abstract plates illustrate technical and other particular advice on colour mixtures, combinations and the distribution of colour in interiors. Some of the geometric patterns are reminiscent of Emily Noyes Vanderpoel's grid systems in *Color Problems* (1902, pp. 562–583), although a direct influence is unlikely. Aside from its intrinsic aesthetic value, the book is also a good example of the similarities that are sometimes seen in different attempts to visualise the technical and compositional aspects of colour use, as well as the increased awareness of the psychological effects of colour in interiors.

Рис. 48. Помпея. Фрагмент стенной росписи.

Рис. 46.

Рис. 47.

Рис. 50.

Рис. 51.

Рис. 53.

Рис. 54.

Рис. 55.

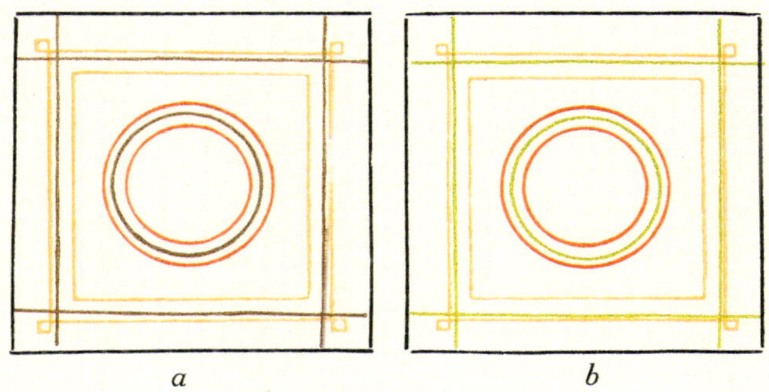

Рис. 56.

Рис. 57.

Рис. 63.

Farbe in der Architektur

Die zukunftsweisende russische Künstleravantgarde des frühen 20. Jahrhunderts entwickelte neue Konzepte von Abstraktion und Minimalismus, die nicht nur in der bildenden Kunst, sondern auch in der Architektur aufgegriffen wurden. In dieser neuen und radikalen Haltung spielte die Farbtheorie eine bedeutende Rolle. Der in Russland aufgewachsene Künstler Wassily Kandinsky (1866–1944) gehörte dabei zu den wichtigsten interkulturellen Figuren, nachdem er seine philosophischen Vorstellungen über Farbe, Spiritualität und Abstraktion sowohl in seinem Buch *Über das Geistige in der Kunst* (1911) als auch in seinen Kunstwerken zum Ausdruck gebracht hatte. In Russland und anderswo fand sich der experimentelle Stil der Moderne erwartungsgemäß auch in der Architektur wieder, oft begleitet von kühnen Farbkonzepten, die mit modernen Baumaterialien auf monumentale Bauwerke angewandt wurden. Anscheinend gab es jedoch nur recht wenige russische Publikationen, die sich auf den Einsatz von Farbe in der Baukunst konzentrierten.

Der hier gezeigte Band ist das Werk eines Autorentrios und zählte zu den ersten bedeutenden Büchern in russischer Sprache, die dem Thema gewidmet waren. Es erschien in einer Auflage von sechstausend Exemplaren. Eine zusätzliche Titelseite auf Englisch sollte womöglich das Interesse von englischsprachigen Verlegern wecken. Das Buch war als Lehrbuch für das Architekturstudium vorgesehen und ist in zwei Abschnitte gegliedert. Der erste, von Teplow (einem Psychologen) und Schewarew verfasste Abschnitt legt die wissenschaftlichen Grundlagen von Farbe, Farbmischung und Farbensehen dar. Der zweite Teil stammt von Alexejew, der gelegentlich als Hauptautor zitiert wird, und beschäftigt sich speziell mit Farbkonzepten und Beleuchtung in der Architektur und mit der Frage, wie Licht und Farbe zusammenwirken. Die zwölf überwiegend farblithografischen Tafeln zeigen eine Mischung aus ornamentalen und abstrakten

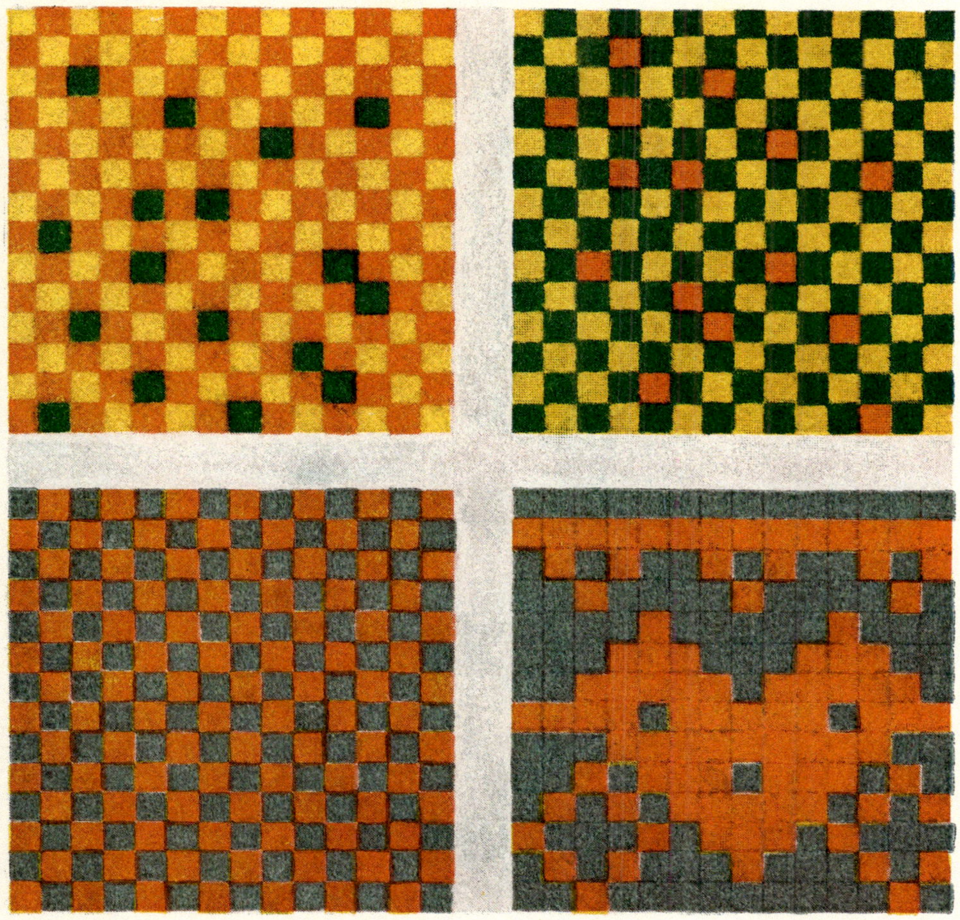

Motiven. Während die dargestellten Ornamente von historischen Beispielen aus pompejischen Interieurs herrühren, veranschaulichen die abstrakten Tafeln technische und sonstige spezifische Hinweise zu Farbmischungen, Farbkombinationen und zur Verteilung von Farbe in Innenräumen. Einige geometrische Muster erinnern an die Rastersysteme in Emily Noyes Vanderpoels *Color Problems* (1902, S. 562–583), wenngleich ein direkter Einfluss unwahrscheinlich ist. Abgesehen von dem ihm eigenen ästhetischen Wert ist das Buch auch ein gutes Beispiel für die Ähnlichkeiten, die sich bisweilen in unterschiedlichen Versuchen zeigen, die technischen und kompositorischen Aspekte des Farbgebrauchs zu visualisieren. Darüber hinaus führt es beispielhaft das gestiegene Bewusstsein für die psychologischen Effekte von Farbe in der Innenarchitektur vor Augen.

La couleur en architecture

Les artistes de l'avant-garde russe du début du XXe siècle élaborent de nouveaux concepts abstraits et minimalistes, repris non seulement dans les arts visuels mais aussi en architecture. La théorie de la couleur joue un rôle majeur dans la radicalité de leur approche. Dans ce contexte, le peintre Wassily Kandinsky (1866–1944) est l'une des fig-ures multiculturelles les plus marquantes. Il a exprimé son analyse philosophique de la couleur, du spiritualisme et de l'abstraction dans son livre *Du spirituel dans l'art* (1911) et dans ses œuvres. Les architectes de Russie et d'ailleurs s'emparent volontiers du design moderniste expérimental, souvent avec des combinaisons de couleurs audacieuses qu'ils appliquent à des structures monumentales et en employant des matériaux de construction nouveaux. Cependant, il semble y avoir eu relativement peu d'ouvrages russes consacrés à l'usage de la couleur en architecture.

La publication de « La couleur en architecture », signée par un trio d'auteurs, est donc pionnière en Russie. Tiré à 6 000 exemplaires, le livre contient une page de titre supplémentaire en anglais, peut-être dans la perspective de susciter l'intérêt d'éditeurs anglophones. Destiné aux étudiants en architecture, il est divisé en deux sections. Rédigée par le psychologue Teplov et par Shevarev, la première pose les bases scientifiques de la nature et de la vision de la couleur, et des mélanges chromatiques. La deuxième partie est due à Alekseev, parfois considéré comme l'auteur principal, et traite plus spécifiquement des combinaisons de couleurs, de l'éclairage en architecture et des interactions entre lumière et couleur. La plupart des 12 planches lithographiées sont en couleurs. Certaines, ornementales, présentent des exemples historiques inspirés des intérieurs de Pompéi. D'autres, abstraites, illustrent des conseils techniques, entre autres, pour mélanger et combiner les teintes et les répartir dans les intérieurs. Certains motifs géométriques font écho aux grilles de *Color Problems* (1902, p. 562–583) d'Emily Noyes Vanderpoel, même si leur influence directe est peu probable. Hormis sa valeur esthétique intrinsèque, l'ouvrage est aussi un bon exemple des similarités parfois observables entre les différentes tentatives de représentation des techniques et usages en termes de composition chromatique, ainsi que de la prise en compte croissante des effets psychologiques de la couleur dans les espaces intérieurs.

El color en la arquitectura

Los artistas rusos de vanguardia de principios del siglo XX desarrollaron nuevos conceptos de abstracción y minimalismo que se incorporaron no solo a las artes visuales, sino también a la arquitectura. La teoría del color desempeñó un papel importante en esta actitud nueva y radical. En ese contexto, el artista Vasili Kandinsky (1866–1944), una de las figuras multiculturales más relevantes, expresó ideas filosóficas sobre el color, el espiritualismo y la abstracción

Рис. 64.

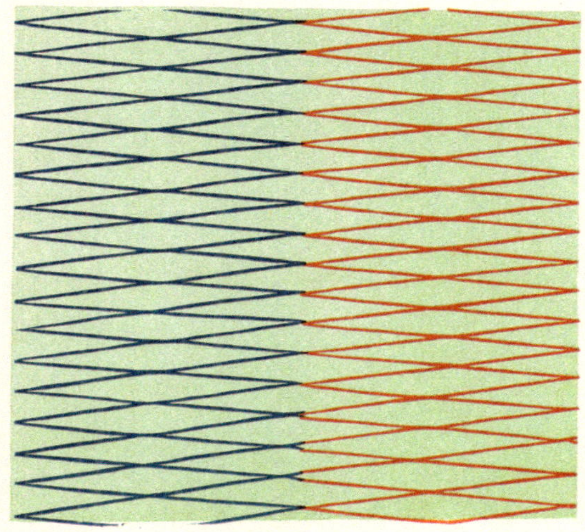

Рис. 69.

en su libro *De lo espiritual en el arte* (1911), así como en su obra pictórica. Los diseños modernistas experimentales se adoptaron en la arquitectura en Rusia y en otros lugares, a menudo con esquemas de colores llamativos aplicados a estructuras monumentales y el uso de nuevos materiales de construcción. Sin embargo, parece que hubo relativamente pocas publicaciones rusas centradas en el empleo del color en la arquitectura.

El trabajo que aquí se muestra es obra de un trío de autores y es uno de los primeros libros importantes sobre el tema en ruso. Se publicó en una edición de 6000 copias, con una portada adicional en inglés, quizás en un intento de despertar el interés de los editores de habla inglesa. Se pensó como un libro de texto de estudios superiores de arquitectura y está dividido en dos secciones. La primera, escrita por Teplov (un psicólogo) y Shevarev, establece los fundamentos científicos del color, de la mezcla de colores y de la visión del color. La segunda fue obra de Alekseev, a quien a veces se cita como el principal contribuyente, y aborda más específicamente los esquemas de color, la iluminación en la arquitectura y la interacción de la luz y el color. Las 12 láminas litográficas, la mayoría en color, son una combinación de lo ornamental y lo abstracto. Las láminas ornamentales presentan ejemplos históricos derivados de los interiores pompeyanos; las láminas abstractas ilustran consejos técnicos y otros particulares sobre mezclas de colores, combinaciones de colores y la distribución del color en interiores. Algunos de los patrones geométricos recuerdan los sistemas de cuadrícula de Emily Noyes Vanderpoel en *Color Problems* (1902, págs. 562–583), aunque es poco probable que haya una influencia directa. Aparte de su valor estético intrínseco, el libro también es un buen ejemplo de las similitudes que en ocasiones se observan en los diferentes intentos de visualizar los aspectos técnicos y compositivos del uso del color, así como de la mayor conciencia de los efectos psicológicos del color en los interiores.

Рис. 58. Фрагмент орнамента. Помпейская роспись.

Рис. 59. Фрагмент орнамента. Помпейская роспись (черный фон заменен на белый).

Gliederungslehre
homophone
Farbformteilung
polyphone
Farbformteilung

Chapter 9

Interaction and Abstraction: BAUHAUS AND BEYOND

1919–1963

Josef Matthias Hauer (1883–1959)

12-TEILIGER FARB-KLANG-KREIS

12-part Colour-Sound Circle
Ink and pencil drawing on paper, 34 x 21 cm | 13 3/8 x 8 1/4 in., 1919
Vienna, Museum Moderner Kunst Stiftung Ludwig

The Viennese composer Josef Matthias Hauer was a pioneer in the development of 12-tone music in the early 20th century. After overcoming serious illness in his twenties he began experimenting with atonal, rhythmic music, thereby celebrating his "spiritual rebirth". As discussed previously in the chapter on the "Sound of Colour", some degree of belief in spiritualism was widely held amongst writers, artists and performers from the time of the later 19th century onwards, and there was a long history of relating music to colour. In Hauer's view, music should not be a process of self-expression but rather an exercise in self-less contemplation, thus reflecting the universal order of the cosmos. This was in some respects an interpretation of the Romantic notion of placing the individual into a universal context, but it resulted in thoroughly modern, non-traditional musical compositions and collaborations.

Hauer had a brief friendship with Johannes Itten, who was running a private art school in Vienna between 1916 and 1919. Both men were intrigued by the correlations between colour, sound and form. Hauer was deeply impressed by Itten's art, and engaged in an extended correspondence with him beginning in 1919 when Itten left Vienna to go and teach at the Bauhaus in Weimar. Their discussions inspired Hauer to rewrite his essay of 1918, *Über die Klangfarbe* (On tone colour), and re-publish it in 1920 as *Vom Wesen des Musikalischen* (On the essence of music).

A further consequence of this creatively charged encounter was the colour-tone circle shown here that Hauer drew, divided into 12 equal parts and in which the warm colours were to represent musical fifths (*Quinten*) and the cold colours fourths (*Quarten*). The coloured segments were cut from coloured paper and pasted on to the sheet, with the outer tonal circle being drawn in pencil. Hauer sent his diagram to Itten, perhaps with the idea that he might be able to run a teaching module on colour and music at the Bauhaus, but nothing came of it and their friendship soon faltered. Itten presented his own colour circle shortly afterwards, also based on 12 parts and musical analogies.

Die Intervalle der zwölfstufigen Temperatur

[illegible] · chromatisch angeordnet:

physisch

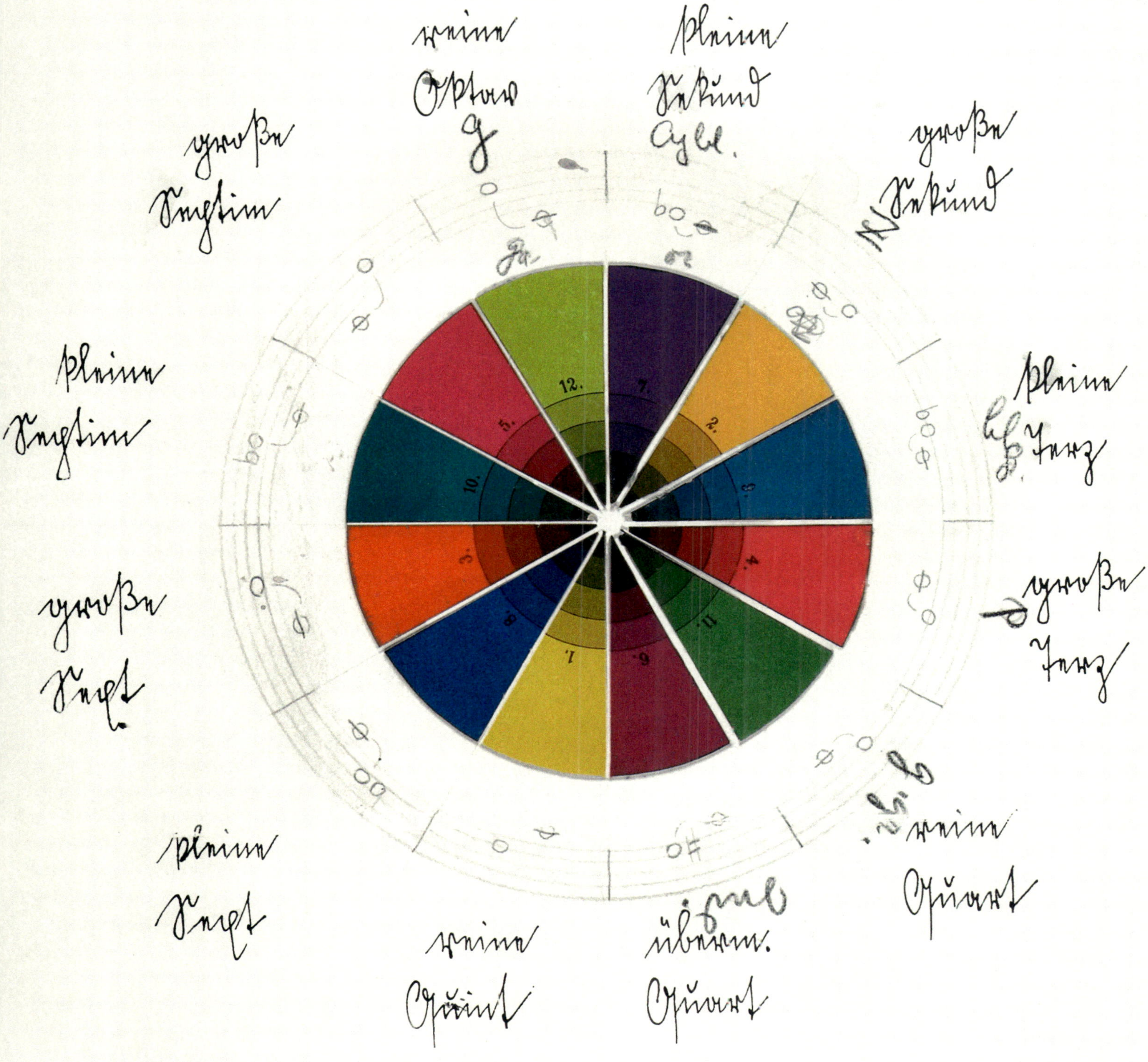

12-teiliger Farb-Klang-Kreis

Der Wiener Komponist Josef Matthias Hauer gehörte im frühen 20. Jahrhundert zu den Pionieren der Zwölftonmusik. Nachdem er in seinen Zwanzigerjahren eine ernsthafte Erkrankung überlebt hatte, begann er mit atonaler, rhythmischer Musik zu experimentieren, um seine „geistige Wiedergeburt" zu feiern. Wie bereits im Kapitel „Der Klang der Farbe" erwähnt, war der Glaube an das Spirituelle unter Schriftstellern, Künstlern, Schauspielern und Musikern seit dem späteren 19. Jahrhundert weit verbreitet. Hinzu kam eine lange Geschichte der Verbindung zwischen Musik und Farbe. Aus Hauers Sicht sollte Musik nicht die eigene Persönlichkeit ausdrücken, sondern eine Übung in selbstloser Betrachtung sein und so die universelle Ordnung des Kosmos widerspiegeln. In mancherlei Hinsicht war dies eine Interpretation der romantischen Vorstellung vom Individuum, das in einen weltumfassenden Kontext gestellt wird. Bei Hauer entstanden daraus durch und durch moderne, nichttraditionelle musikalische Kompositionen und Kooperationen.

Für kurze Zeit war Hauer mit Johannes Itten befreundet, der von 1916 bis 1919 in Wien eine private Kunstschule betrieb. Beide waren fasziniert von den Entsprechungen zwischen Farbe, Klang und Form. Hauer war zudem tief beeindruckt von Ittens Kunstschaffen und pflegte einen regen Briefwechsel mit ihm, nachdem dieser Wien 1919 verlassen hatte, um am Bauhaus in Weimar zu unterrichten. Ihre Diskussionen inspirierten Hauer, seinen 1918 verfassten Aufsatz *Über die Klangfarbe* umzuschreiben und 1920 unter dem Titel *Vom Wesen des Musikalischen* neu zu veröffentlichen.

Eine weitere Folge ihrer kreativ aufgeladenen Begegnung war der von Hauer entworfene, in zwölf gleich große Segmente unterteilte Farb-Klang-Kreis, der hier zu sehen ist. Darin standen die warmen Farben für Quinten und die kalten Farben für Quarten. Die farbigen Segmente wurden aus Buntpapier ausgeschnitten und auf das Blatt geklebt, der darumgelegte Notenkreis mit Bleistift zu Papier gebracht. Hauer schickte sein Diagramm womöglich mit der Idee an Itten, dass er am Bauhaus einen Kurs über Farbe und Musik abhalten könnte, doch daraus wurde nichts, und schon bald verlief ihre Freundschaft im Sand. Itten stellte kurze Zeit später seinen eigenen Farbkreis vor, der ebenfalls auf zwölf Teilen und musikalischen Analogien beruhte.

Cercle chromatique tonal en douze segments

Le compositeur viennois Josef Matthias Hauer est un pionnier du développement de la musique dodécaphonique au début du XXe siècle. Guéri d'une grave maladie vers l'âge de 20 ans, il fait des expériences de musique rythmique atonale, célébrant par là sa « renaissance spirituelle ». Comme évoqué dans le chapitre consacré au « Son de la couleur », les croyances dans le spiritisme sont largement répandues depuis la fin du siècle précédent chez les écrivains, les peintres et les artistes de la scène, et les liens entre musique et couleur sont déjà amplement étudiés. Du point de vue d'Hauer, la musique n'a pas vocation à être une expression de soi, mais plutôt un exercice de contemplation altruiste et un reflet de l'ordre universel du cosmos. À certains égards, c'est une interprétation de la notion romantique qui considère l'individu dans un contexte universel, mais qui donne lieu à des compositions et des collaborations musicales en profonde rupture avec la tradition.

Hauer vit une brève amitié avec Johannes Itten, qui dirige une école d'art privée à Vienne entre 1916 et 1919. Tous deux sont fascinés par les corrélations entre couleur, son et forme. Hauer, profondément impressionné par la peinture d'Itten, entame une longue correspondance avec celui-ci en 1919, lorsque Itten quitte Vienne pour aller enseigner au Bauhaus, à Weimar. Leurs échanges mèneront Hauer à réécrire son essai de 1918, *Über die Klangfarbe* (« Sur le timbre »), et à le republier en 1920 sous le titre *Vom Wesen des Musikalischen* (« De l'essence du fait musical »).

Autre production découlant de cette rencontre féconde : le cercle chromatique tonal d'Hauer, divisé en 12 parties égales, qui est présenté ici. Les couleurs chaudes y représentent les quintes musicales (*Quinten*), les couleurs froides, les quartes (*Quarten*). Les segments sont découpés dans du papier de couleur et collés sur la feuille, et le cercle tonal extérieur est dessiné au crayon. Hauer a fait parvenir son tableau à Itten, peut-être dans la perspective que celui-ci mette au point un module pédagogique sur la couleur et la musique au Bauhaus, mais en vain, et leur amitié s'est étiolée. Peu de temps après, Itten présentera son propre cercle chromatique, également en 12 sections avec des analogies musicales.

Círculo de sonido y color de 12 partes

El compositor vienés Josef Matthias Hauer estuvo a la vanguardia del desarrollo de la música dodecafónica a principios del siglo XX. Tras superar una grave enfermedad a los 20 años, celebró su «renacimiento espiritual» experimentando con la música atonal y rítmica. Tal como se ha señalado en el capítulo «El sonido del color», escritores, artistas e intérpretes profesaron en diversos grados el espiritualismo desde finales del siglo XIX en adelante, y la relación de la música con el color tuvo una larga historia. En opinión de Hauer, la música no debía ser un proceso de autoexpresión, sino más bien un ejercicio de contemplación desinteresada que reflejara el orden universal del cosmos. En algunos aspectos, eso era una interpretación del principio romántico de colocar al individuo en un contexto universal, aunque su resultado fueron colaboraciones y composiciones musicales completamente modernas y no tradicionales.

Hauer mantuvo una breve amistad con Johannes Itten, quien dirigió una escuela de arte privada en Viena entre 1916 y 1919. Ambos estaban interesados en las correlaciones entre color, sonido y forma. Hauer quedó profundamente impresionado por el arte de Itten y mantuvo una extensa correspondencia con él a partir de 1919, cuando Itten dejó Viena para enseñar en la escuela de la Bauhaus en Weimar. Sus discusiones animaron a Hauer a reescribir su ensayo de 1918, *Über die Klangfarbe* (Sobre el tono de los colores), y volver a publicarlo en 1920 como *Vom Wesen des Musikalischen* (Sobre la esencia de la música).

Otra consecuencia de este encuentro cargado de creatividad fue el círculo de tonos de color de Hauer que aquí se muestra. Se divide en 12 partes iguales; los colores cálidos representan quintas musicales (*Quinten*) y los fríos cuartas (*Quarten*). Los segmentos de colores son recortes de papeles de colores pegados en la hoja, y el círculo tonal exterior está dibujado con lápiz. Hauer envió su diagrama a Itten, tal vez con la idea de que impartiera un módulo de enseñanza sobre el color y la música en la Bauhaus, pero aquello quedó en nada y pronto se distanciaron. Itten presentó poco después su propio círculo cromático, también basado en 12 partes y analogías musicales.

Paul Klee (1879–1940)

BILDNERISCHE FORM- UND GESTALTUNGSLEHRE

Pictorial Doctrine on Form and Creation

21 illustrated pages, cover: 21 x 17.6 cm (8 ¼ x 6 ⅞ in.),
single sheets of varying sizes,
Weimar, 1921–1931
Bern, Zentrum Paul Klee

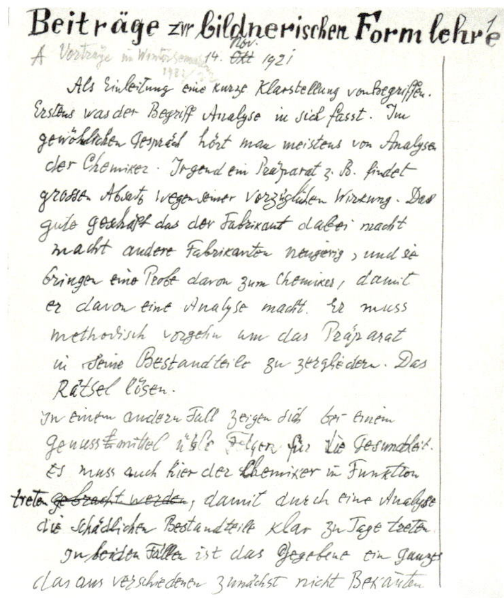

Beiträge zur bildnerischen Formlehre 1

A Vorträge im Wintersemester 14. ~~Okt~~ Nov. 1921

Als Einleitung eine kurze Klarstellung von Begriffen. Erstens was der Begriff Analyse in sich fasst. Im gewöhnlichen Gespräch hört man meistens von Analysen der Chemiker. Irgend ein Präparat z. B. findet grossen Absatz wegen seiner vorzüglichen Wirkung. Das gute geschäft das der Fabrikant dabei macht macht andere Fabrikanten neugierig, und sie bringen eine Probe davon zum Chemiker, damit er davon eine Analyse macht. Er muss methodisch vorgehn um das Präparat in seine Bestandteile zu zergliedern. Das Rätsel lösen.

In einem andern Fall zeigen sich bei einem Genussmittel üble Folgen für die Gesundheit. Es muss auch hier der Chemiker in Funktion treten ~~gebracht werden~~, damit durch eine Analyse die schädlichen Bestandteile klar zu Tage treten.

In beiden Fällen ist das Gegebene ein Ganzes das aus verschiedenen zunächst nicht Bekannten

In the autumn of 1920, Paul Klee was invited by telegram to join the recently founded Bauhaus in Weimar as a teaching "Master". By the following spring Klee had moved to Weimar where he taught at the Bauhaus for the next 10 years, at first giving classes on bookbinding and glass painting but eventually moving on to *Gestaltungslehre* (design doctrine), which also covered colour. Klee was passionate about colour and its potential as an expressive and formal tool, and had been greatly influenced by the work of Cézanne, Van Gogh and Robert and Sonia Delaunay. He was also briefly associated with the avant-garde group Der Blaue Reiter, which had been formed in 1911 by a number of artists including Kandinsky, while a trip he made to North Africa in 1914 further heightened his sense of colour. During Klee's time at the Bauhaus he created some of his best-known abstract works, and most of these are thought to have benefited by the opportunity he had there to develop his didactic colour theory.

Klee was not a trained teacher and as such prepared for each of his lessons in great detail, over the years producing thousands of pages of notes and sketches. His collected notes and lectures from the Bauhaus, the *Paul Klee Notebooks*, reveal a methodical yet playful mind, focused yet intuitive, and provide a fascinating insight into his creative and didactic processes and his love of colour. Klee may have planned to publish them in their entirety, but during his lifetime they only appeared in condensed form as a 50-page booklet in 1925 in the Bauhausbücher series, with the title *Pädagogisches Skizzenbuch* (Pedagogical sketchbook). Klee emigrated to Switzerland in 1933, fleeing the Nazi regime, and had to leave his papers behind. Miraculously, they survived. They were sent to him in a large trunk and are now kept in the Zentrum Paul Klee in Bern where they are referred to as his *Bildnerische Form- und Gestaltungslehre*. After Klee's death some of his papers were published in book form, first in the 1950s in a heavily criticised edition by Jürg Spiller, and later as a facsimile and transcription edited by Jürgen Glaesemer. In 2012 the Zentrum Paul Klee digitised all 3,900 pages of the notebooks and made them available online, together with transcriptions and annotations, making this vital body of 20th-century art and colour theory freely available.

In derselben Weise könnte (kann) ich nun die blaue und die gelbe Farbreichweite betrachten

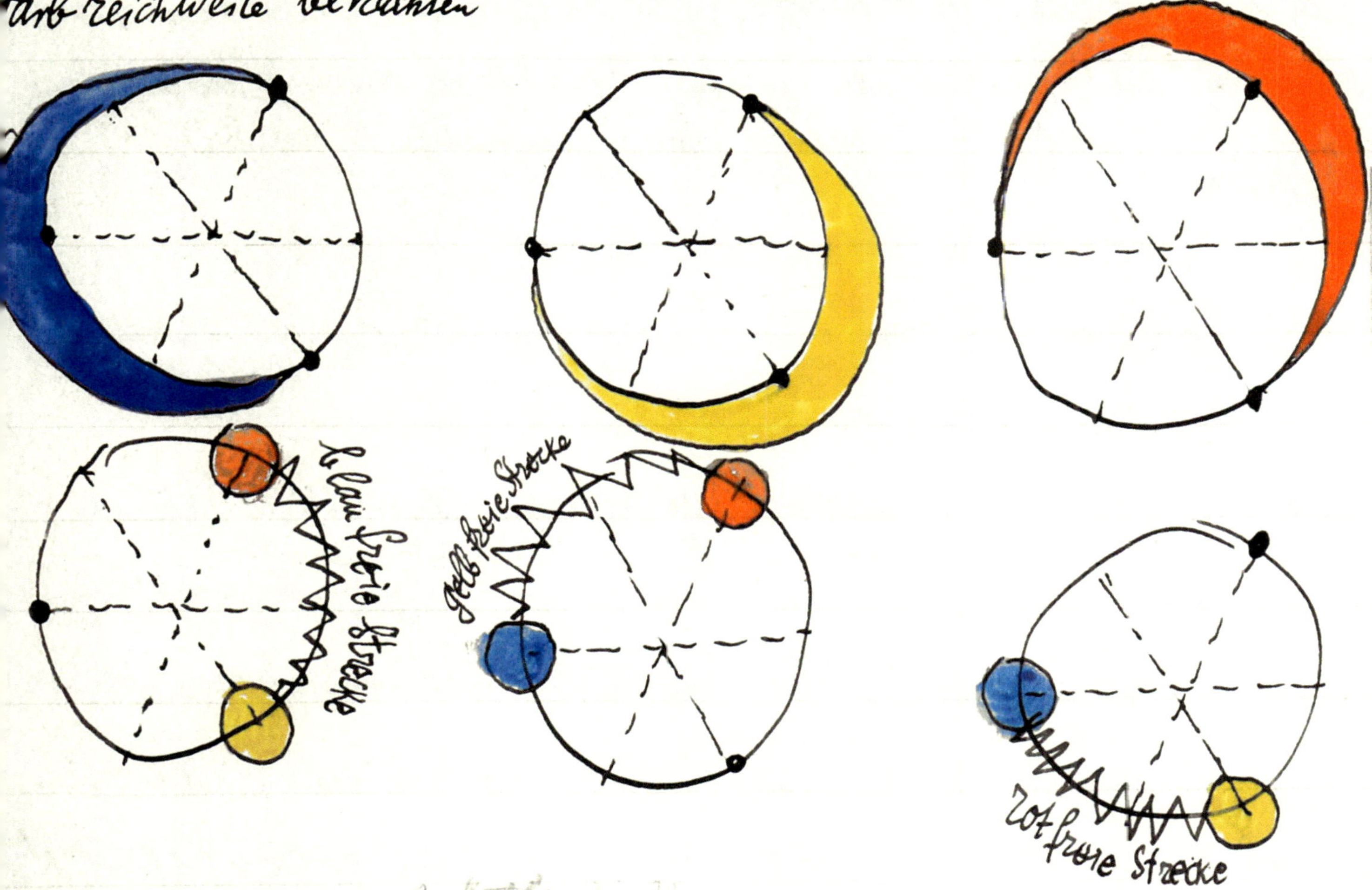

fig. 5

Ich will mich aber etwas (kürzer) fassen und aus der Anschauung der Skizzen einfach herauslesen:

Sowohl Blau, als Gelb und Rot haben auf dem Kreisumfang eine Reichweite von zwei Dritteln. Das letzte Drittel aber bleibt jeweils frei, blaufrei, Gelbfrei oder rotfrei. Und zwar liegt das blaufreie Drittel zwischen den beiden Gipfelpunkten Gelb und Rot, das gelbfreie Drittel zwischen den beiden Gipfelpunkten Blau und Rot und das rotfreie Drittel zwischen dem blauen und dem gelben Gipfel.

Es bleibt also ~~aber~~ jeder Gipfel, jeder Culminationspunkt auf einen Moment hin frei von den Farbeinfluss der beiden Nachbargipfel. Und so kann ich also jetzt (nicht nur) sagen (Rot ist nicht Grün, sondern auch) Rot ist nicht Blau und nicht Gelb, wenn es auch

176

bläulich und gelblich sein kann. In gleicher Weise kann Blau sich nach Rot und nach Gelb hin erstrecken, aber niemals die Gipfelpunkte dieser beiden Nachbarn erreichen. Und Gelb wird nach Blau und nach Rot hin tendieren können, aber niemals Blau und Rot sein können.

fig 6

Dies die Illustration zu diesen ebenso simplen als wichtigen Sätzen, (man könnte die die ~~Totalität kette~~ Kette der Totalität nennen.)

Jede Farbe beginnt aus ~~dem~~ ihrem Nichts, das ist der Nachbargipfel, erst ganz leise und steigert sich zu ihrem Gipfel um von da an wieder langsam in ihr Nichts zu verklingen, das ist der andere Nachbargipfel. Ob ich diesem Crescendo und diminuendo nun die naturalistische Form gebe, oder die exacte bleibt sich gleich

fig 7

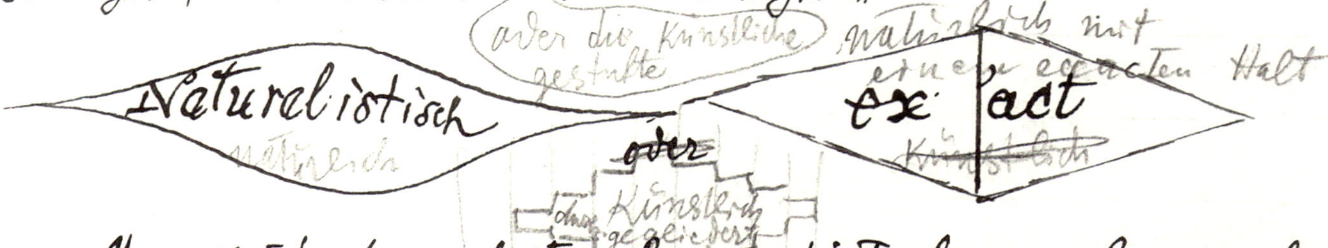

Nun kommt aber noch etwas hinzu: die Farben ~~ver~~ klingen auf dem Kreis nicht einstimmig, wie nach dieser Kette es scheinen könnte, sondern in einer Art von Dreistimmigkeit.

fig 8

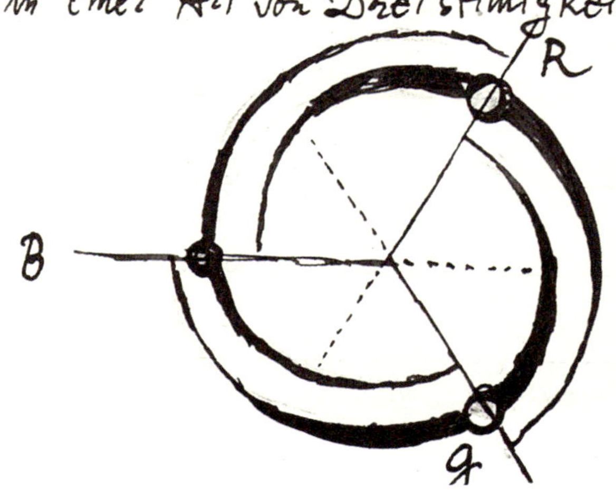

Diese geeinte Darstellung lässt die Dreistimmige Bewegung wohl erkennen und leicht in ihrem Verlaufe verfolgen. Kanonartig setzen die

177

Stimmen hintereinander ein. Bei jedem der drei Hauptpunkte kulminiert eine Stime, setzt eine andere Stime leise ein und ver=klingt eine dritte Stimme.

~~Und~~ Diese neue Figur könnte man den Kanon der Totalität nennen. <unten: was jetzt komt>

Und jetzt möchte ich analog dem letzten Mal zur Arbeitung für praktische Versuche und zur Messung übergehn. Zu diesem Zweck muss ~~möchte~~ ~~muss~~ ich die Perpherie wieder abwickeln.

In dieser Abwicklung nimt unser Kanon nun die folgende Gestalt an, ~~die~~ in der ja auch die Notierung ~~eines~~ musikalischen Kanons erscheint.

fig 9

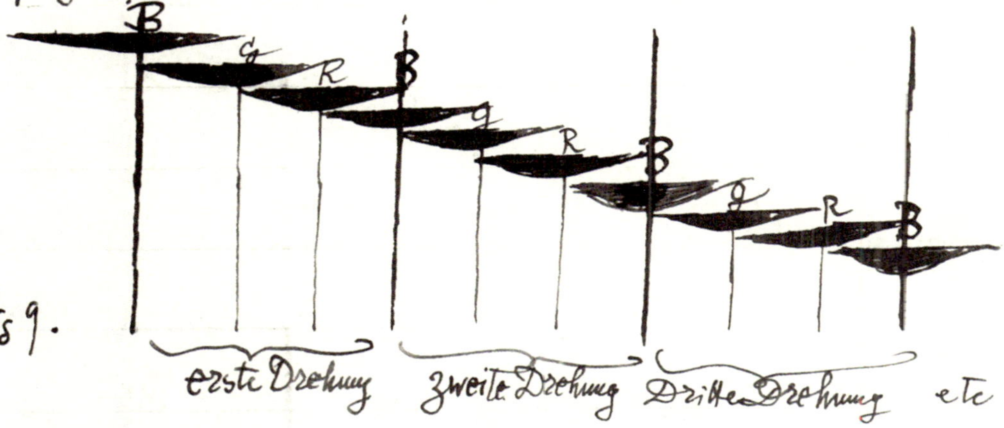

fig 9.

Die Hauptstriche stehn an der Stelle welche das Charakteristikum des Kreisens bedeutet, nämlich den Eintritt der Wiederkehr oder der Wiederholung'.

<Anmerkung: Beim Abpendeln der Farbpaare war das anders gewesen, wir mussten, um wieder zum Ausgangspunkt zu gelangen, den selben Weg zurücklegen. Schriftlich etwa so: , also im Zick-Zack

Jetzt aber kreisen wir taktweise voran. Schriftlich etwa so

 als Kreisschraubenbe=wegung

Nur nicht einstimig, sondern mehrstimig.>

Was jetzt komt wird Sie sofort an meine Veranschaulichung der

178

(Schwarz-weissen)
~~rot~~-grünen Beziehungen erinnern, nur dass es sich für diesmal erstens um Blau Gelb handelt. Dann werde ich Gelb Rot darstellen und dann Rot-Blau, um ~~also~~ (in dieser Weise) wieder zum Ausgangspunkt zu gelangen. Und zwar diesmal nur fünfgliedrig. (Arithmetisch)

(fig. 10)

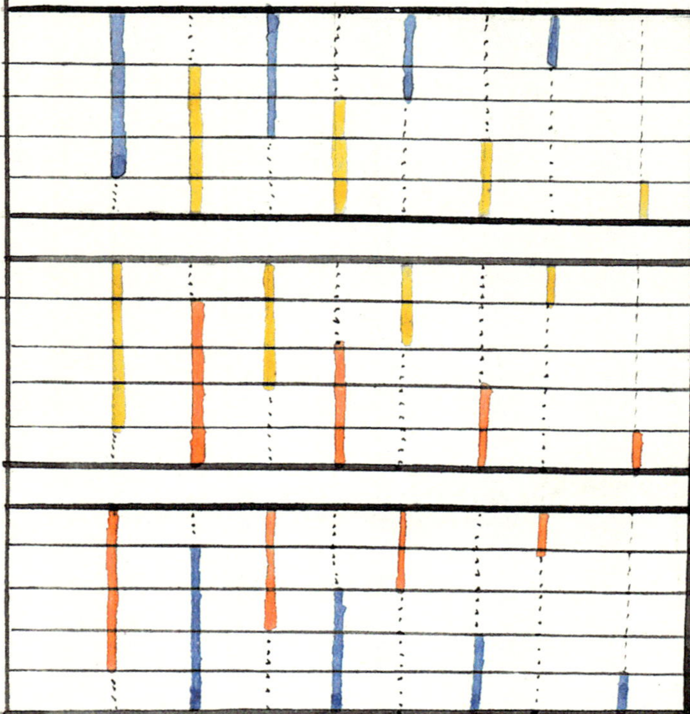

4 Blau + 0 Gelb	Blau	
3 " + 1 "	blaugrün	oder grünblau
2 " + 2 "	grün	
1 " + 3 "	grüngelb	od. gelbgrün
0 " + 4 "	Gelb	
4 Gelb + 0 Rot	Gelb	
3 " + 1 "	gelborange	od orange gelb
2 " + 2 "	orange	
1 " + 3 "	orangerot	od. rotorange
0 " + 4 "	Rot	
4 Rot + 0 Blau	Rot	
3 " + 1 "	rotviolett	od. viol. rot
2 " + 2 "	violett	
1 " + 3 "	violettblau	od. blauviolett
0 " + 4 "	Blau	

fig. 10

Dieser (arithmetischen) Tabelle entspricht der einzig befriedigende praktische Weg, die peripherale Farbbewegung darzustellen. Denn wenn die Tatsache des Anwachsens, Kulminierens und Abnehmens unberücksichtigt bleibt, erreicht man, (im Vergleich zu den Hauptfarben zu dunkle Mischungen) ~~zumal beim Aquarell wo der weisse Untergrund stark mitspricht~~ zu helle Hauptfarben und zu dunkle Mischungen.

~~Also~~ Links der Plan ~~für die~~ Operation, in der Mitte die Berechnung des ~~direkten~~ unmittelbaren Gehaltes, rechts die (mittelbare) Charakterisierung der Mischungen, die Effekte der Operation, der indirekte Gehalt.

Demnach ist grün der indirekte (od. mittelbare) Gehalt von Blau und Gelb zu gleichen Teilen, und analog verhalten sich Orange und violett wie Wirkungen: zu ihren Ursachen Gelb Rot bezw. Rot Blau. Wir sind also wohl berechtigt, den rechts erscheinenden Farben verschiedenen Rang beizumessen. ~~Prima Secundäre~~

Die Geometrische ~~Anschauung~~ Darstellung des ganzen Geschehens wird uns dies mit noch knapperer Deutlichkeit zeigen.

			Rang
4 Blau + 0 Gelb	=	Blau	I
3 " + 1 "	=	blaugrün	III
2 " + 2 "	=	grün	II
1 " + 3 "	=	grüngelb	III
0 " + 4 "	=	Gelb	I
1 Rot + 3 "	=	gelborange	
2 " + 2 "	=	Orange	II
3 " + 1 "	=	orangerot	
4 " + 0 "	=	Rot	I
3 " + 1 Blau	=	rotviolett	
2 " + 2 "	=	violett	II
1 " + 3 "	=	violettblau	
0 " + 4 "	=	Blau	I

fig. 11

Jetzt springt der secundäre Charakter der drei Mischungen direct ins Auge. Ihre Einordnung in die primäre Blau = Gelb = und Rot bewegung kann klarer nicht zum Ausdruck kommen. Die Ursächlichkeit der drei Primären

180.

ist deutlich veranschaulicht, ebenso wirkt ~~die~~ Abhängigkeit der drei Secundären entsprechend dem Verhältnis von Ursache und Wirkung.

Und jetzt beginnt jener Kanon über seine Notierung hinaus zu erklingen

fig 12

Dies ist) ~~Ich~~ jene Zeichnung die ich ~~Kanons~~ der farbigen Totalität nannte

Er kreist dreiteilig, wobei die Gliederung bestimmt wird durch die drei Gipfelpunkte der Primären. An diesen Gipfelpunkten ereignet sich ausserdem noch das Einsetzen und Verklingen der beiden andern hier nicht kulminierenden Primaeren. ~~Dazwischen ersche~~ Zwischen den drei Kulminationen aber erscheinen da, wo sich die beiden Stimmen, die eben kulminierende und die neu einsetzende sich zunehmend ~~und~~ noch abnehmend begegnen, (wo sie gleichwertig sind) die Secundären, ~~eine nach dem andern~~ in jedem Abschnitt wieder eine andere Secundäre.

Die drei Kulminationspunkte der Primaeren kann ich nun um die Inferiorität der Secundären in der allereinfachsten Weise darzustellen ohne ~~auf~~ dem Kreis festhalten und ~~zu~~ zu einer andern Form verbinden.

Wenn das reine Rot auf seinem Gipfel weder Blau noch Gelb enthalten soll, weder bläulich kühl noch gelblich warm sein soll, so kann das im Sinne der natürlich kreisenden Bewegung, welche von einer zu- und abnehmenden Übergänglichkeit genährt wird, nur an einer einzigen kurzen Stelle wahr sein. Ebenso verhält es

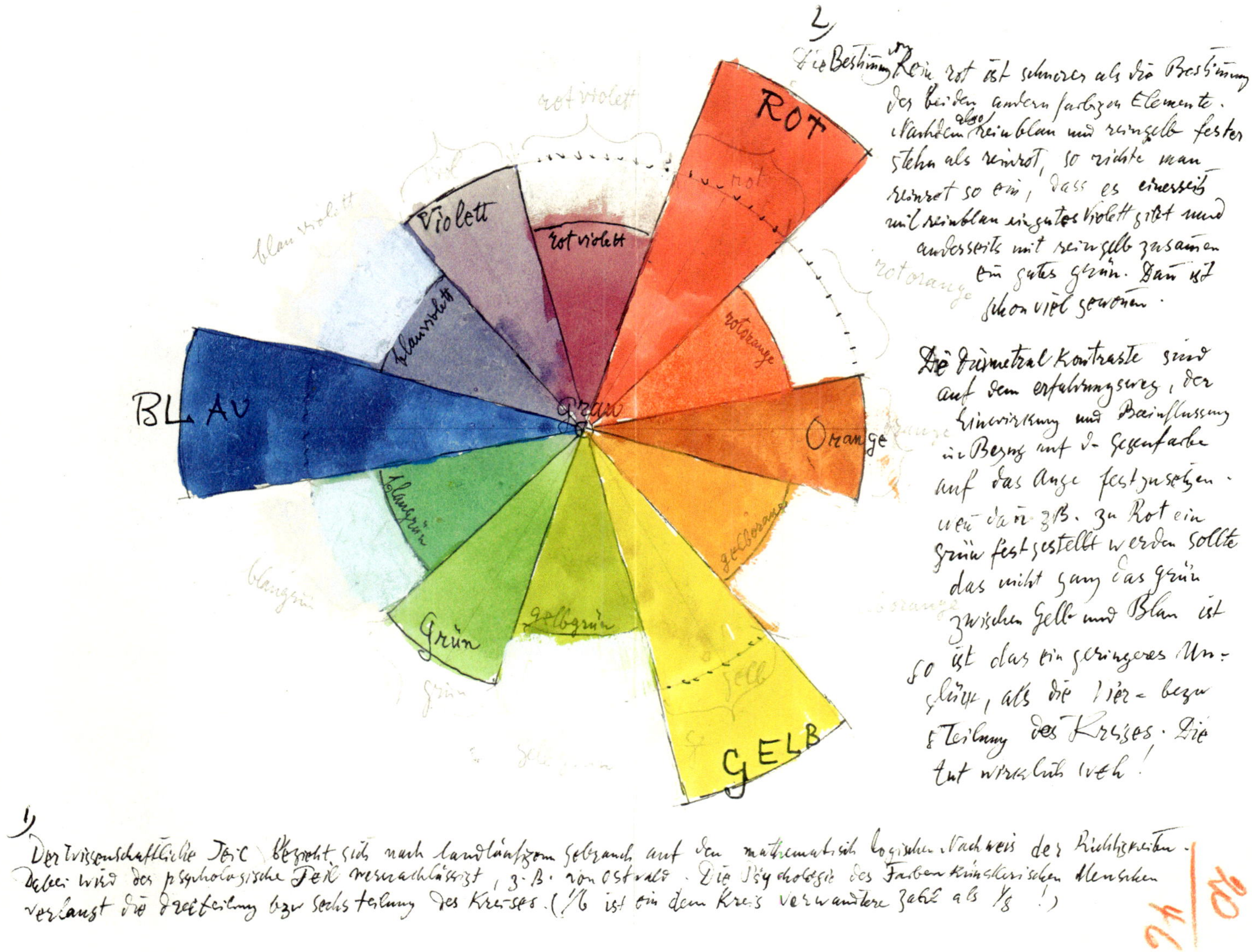

Bildnerische Form- und Gestaltungslehre

Im Herbst 1920 wurde Paul Klee telegrafisch eingeladen, sich dem kürzlich gegründeten Bauhaus in Weimar als „Meister" anzuschließen. Bevor das nächste Frühjahr anbrach, war Klee nach Weimar umgezogen, wo er für die nächsten zehn Jahre am Bauhaus unterrichtete. Nach anfänglichen Kursen in Buchbinderei und Glasmalerei wechselte er schließlich zur Gestaltungslehre, die auch den Bereich der Farbe abdeckte. Maßgeblich beeinflusst von Cézanne und van Gogh, aber auch von den Werken Robert und Sonia Delaunays, interessierte sich Klee brennend für Farbe und ihr Potenzial als Mittel von Ausdruck und Form. Für kurze Zeit war er zudem eng mit der avantgardistischen Künstlergruppe Der Blaue Reiter verbunden, die Wassily Kandinsky und weitere Gleichgesinnte 1911 gegründet hatten. Auch eine 1914 unternommene Reise nach Nordafrika verstärkte seinen Sinn für Farbe. Während seiner Zeit in Weimar und Dessau schuf Klee einige seiner berühmtesten abstrakten Gemälde. Ein Großteil dieser Werke soll davon profitiert haben, dass ihm am Bauhaus die Gelegenheit geboten wurde, seine didaktische Farbtheorie zu entwickeln.

Klee war kein gelernter Pädagoge und bereitete daher jede seiner Unterrichtsstunden akribisch vor. Über die Jahre fertigte er Tausende von Seiten mit Notizen und Skizzen an. Seine gesammelten Aufzeichnungen und Vorträge aus der Bauhauszeit offenbaren einen methodischen, aber spielerischen Geist, fokussiert und doch intuitiv, und gewähren faszinierende Einblicke in die kreative und didaktische Arbeitsweise des Künstlers und seine Liebe zur Farbe. Womöglich hatte Klee geplant, die Notizen in ihrer Gesamtheit zu veröffentlichen, doch zu seinen Lebzeiten erschien

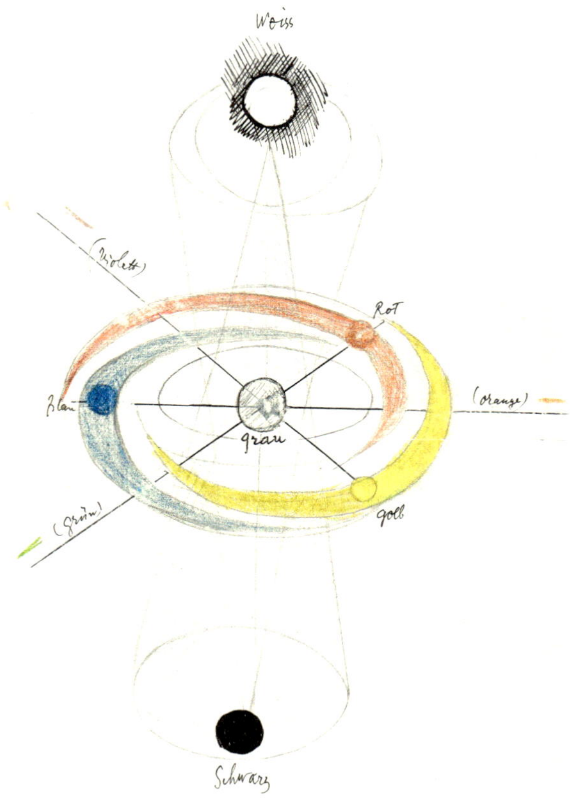

1925 in der Reihe der Bauhausbücher lediglich ein fünfzigseitiges Büchlein mit dem Titel *Pädagogisches Skizzenbuch*, das seine Lehren in komprimierter Form zusammenfasste. Auf der Flucht vor dem NS-Regime emigrierte Klee 1933 in die Schweiz und musste seine Papiere zurücklassen. Wie durch ein Wunder blieben sie erhalten und erreichten ihn in einer großen Kiste. Heute werden sie im Zentrum Paul Klee in Bern verwahrt, wo sie unter der Bezeichnung *Bildnerische Form- und Gestaltungslehre* archiviert sind. Nach Klees Tod wurden einige seiner Papiere in Buchform publiziert, zunächst in den 1950er-Jahren in einer stark kritisierten Ausgabe von Jürg Spiller und später als faksimilierte Ausgabe mit Transkription, herausgegeben von Jürgen Glaesemer. 2012 digitalisierte das Zentrum Paul Klee alle 3.900 Seiten der Notizbücher, stellte sie mitsamt Transkriptionen und Anmerkungen online und machte so dieses wesentliche Konvolut der Kunst- und Farbtheorie des 20. Jahrhunderts frei zugänglich.

Théorie de la mise en forme picturale

À l'automne 1920, Paul Klee reçoit un télégramme l'invitant à rejoindre le Bauhaus, tout récemment fondé à Weimar, comme « maître professeur ». Dès le printemps suivant, Klee y entame une décennie d'enseignement, d'abord avec des cours de reliure et de peinture sur verre, puis il s'oriente peu à peu vers la *Gestaltungslehre* (théorie des formes picturales), qui comprend aussi la couleur. Très influencé par les œuvres de Cézanne, de Van Gogh et de Robert et Sonia Delaunay, il se passionne pour la couleur et le potentiel formel et expressif qu'elle recèle. Klee participe brièvement au groupe d'avant-garde Der Blaue Reiter (Le Cavalier bleu), formé en 1911 par plusieurs artistes dont Kandinsky. Par ailleurs, un voyage en Afrique du Nord, en 1914, a beaucoup influé sur sa

perception de la couleur. Pendant qu'il enseigne au Bauhaus, Klee crée certaines de ses plus célèbres toiles abstraites, pour la plupart considérées comme le fruit de l'élaboration de sa théorie chromatique dans ce cadre didactique.

Klee, qui débute dans l'enseignement, prépare ses cours dans les moindres détails et produit ainsi, au fil des années, des milliers de pages de notes et de croquis. Le recueil de ses notes et cours du Bauhaus, publié en français sous le titre *Paul Klee, cours du Bauhaus*, révèle un esprit méthodique et précis, mais néanmoins espiègle et intuitif, et constitue une découverte fascinante de sa démarche créative et pédagogique et de son amour de la couleur. Si Klee prévoyait peut-être de publier l'intégralité de ces notes, elles n'ont paru de son vivant que dans un opuscule de 50 pages, en 1925, dans la collection Bauhausbücher, sous le titre *Pädagogisches Skizzenbuch* (« Carnet de croquis pédagogiques »).

En 1933, Klee émigre en Suisse pour fuir le régime nazi. Il doit abandonner ses textes et notes qui, miraculeusement, survivront et lui seront envoyés plus tard dans une grande malle. Ils sont désormais conservés au Centre Paul-Klee à Berne sous le nom donné par l'artiste : *Bildnerische Form- und Gestaltungslehre* (Théorie de la mise en forme picturale). Après la mort de Klee, certains de ses documents sont publiés pour la première fois dans les années 1950 à l'occasion d'une édition très controversée de Jürg Spiller, puis en fac-similé et dans une transcription établie par Jürgen Glaesemer. En 2012, le Centre Paul-Klee numérise les 3 900 pages des carnets qu'il publie en ligne, ainsi que des transcriptions et annotations, mettant ainsi gratuitement à disposition ce corpus exceptionnel de la peinture et de la théorie de la couleur du XXe siècle.

Anordnung
Spiegelung
60
68
a rot
b grün
c gelb
d violett
e blau
f orange
g schwarz
h grau
i weiss
Anordnung
Spiegelung

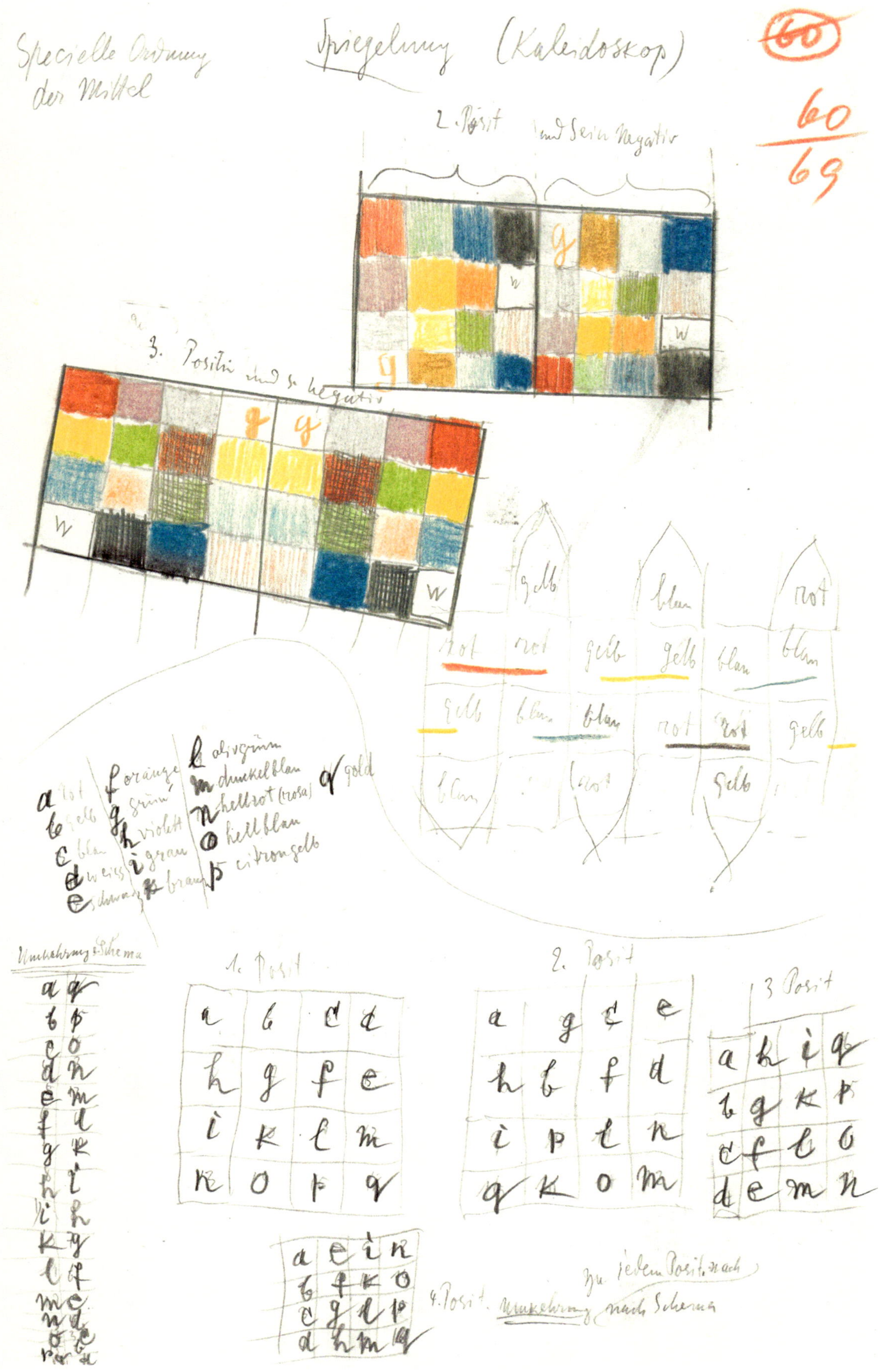
Specielle Ordnung der Mittel
Spiegelung (Kaleidoskop)
60
60
69
2. Posit und sein Negativ
3. Posit und s. Negativ
gelb
blau
rot
a rot
b gelb
c blau
d weiss
e schwarz
f orange
g grün
h violett
i grau
k braun
l olivgrün
m dunkelblau
n hellrot (rosa)
o hellblau
p citrongelb
q gold
Umkehrungs-Schema
1. Posit
2. Posit
3 Posit
4. Posit. Umkehrung
zu jedem Posit nach Schema

Escritos sobre la teoria de la forma y del diseño

En el otoño de 1920, Paul Klee recibió un telegrama de invitación a unirse a la recién fundada Bauhaus en Weimar para impartir clases en calidad de «maestro». En la primavera siguiente, ya se había mudado a Weimar, donde enseñó durante 10 años, al principio como profesor de encuadernación y pintura en vidrio, y más adelante de *Gestaltungslehre* (doctrina del diseño), que también cubría el color. Klee era un apasionado del color y de su potencial como herramienta expresiva y formal, y había estado muy influenciado por la obra de Cézanne, Van Gogh y Robert y Sonia Delaunay. También estuvo brevemente asociado con el grupo de vanguardia Der Blaue Reiter, formado en 1911 por varios artistas, entre ellos Kandinsky, a lo que hay que sumar un viaje que hizo al norte de África en 1914, que aumentó aún más su sentido del color. Durante el tiempo que Klee estuvo en la Bauhaus, realizó algunas de sus obras abstractas más conocidas; se cree que la mayoría de ellas se beneficiaron de la oportunidad que tuvo allí para desarrollar su teoría didáctica del color.

Klee, que no tenía formación como maestro, preparó con gran detalle cada una de sus lecciones, y produjo miles de páginas de apuntes y bocetos a lo largo de los años. Sus notas y conferencias de la Bauhaus, recopiladas en *Schriften zur Form und Gestaltungslehre* (Escritos sobre la teoría de la forma y del diseño), revelan una mente metódica pero lúdica, centrada pero intuitiva, y brindan una visión fascinante de sus procesos creativos y didácticos y de su amor por el color. Es posible que Klee planeara publicarlas en su totalidad, pero durante su vida solo aparecieron en forma condensada en un breve cuaderno de 50 páginas de la serie *Bauhausbücher* con el título *Pädagogisches Skizzenbuch*

63
Innere Umkehrung
(Complementär)
60
72

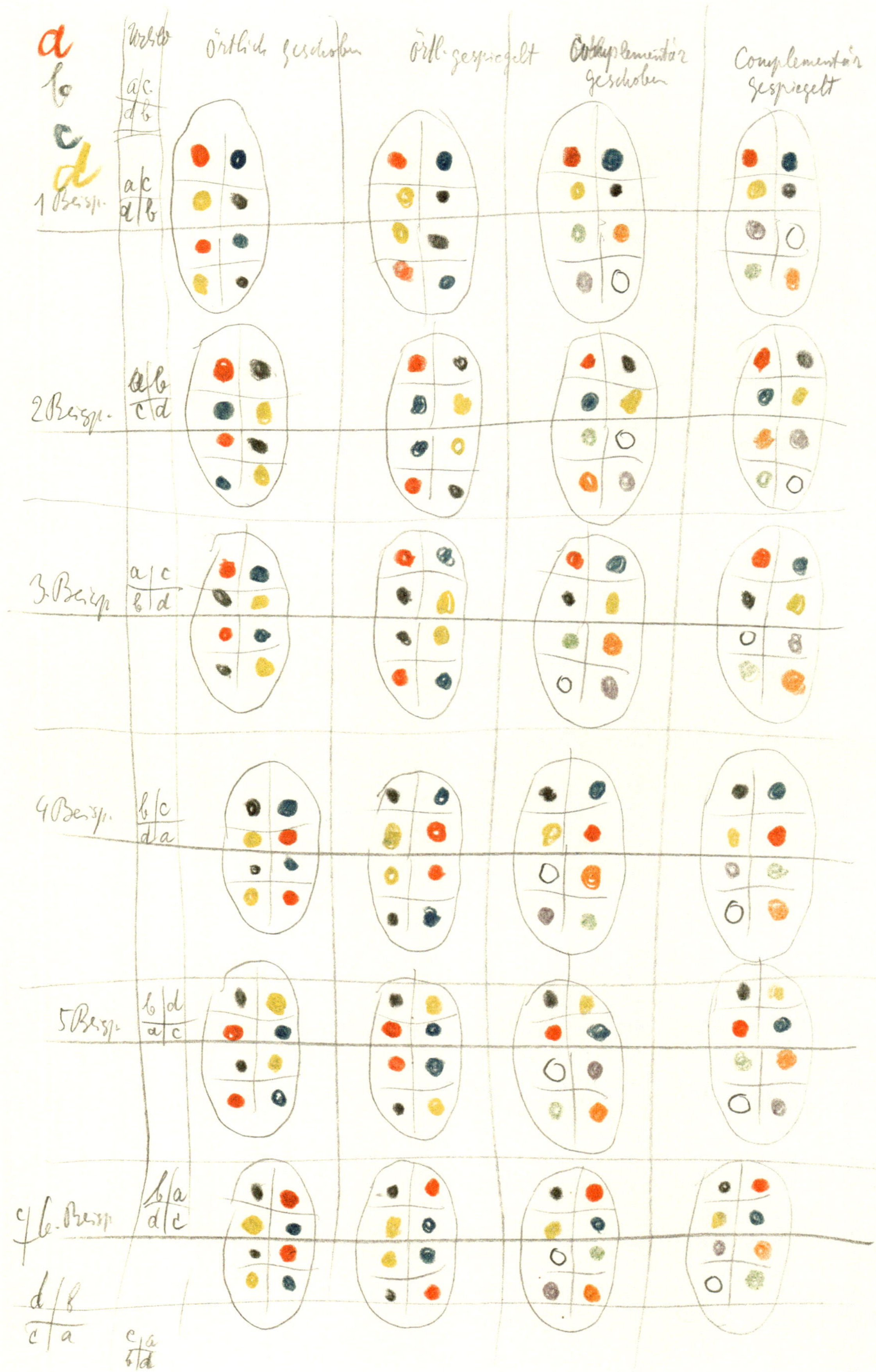
a
b
c
d
Urbild
örtlich geschoben
örtl. gespiegelt
Complementär geschoben
Complementär gespiegelt
1 Beisp.
2 Beisp.
3. Beisp.
4 Beisp.
5 Beisp.
6. Beisp.

(Cuaderno de bocetos pedagógicos, 1925). Klee emigró a Suiza en 1933 huyendo del régimen nazi y tuvo que dejar atrás sus documentos. De forma milagrosa, estos sobrevivieron y se los enviaron en un gran baúl. Ahora se conservan en el Zentrum Paul Klee de Berna, donde se los conoce como *Bildnerische Form- und Gestaltungslehre* (Doctrina pictórica sobre la forma y la creación). Tras la muerte de Klee, algunos de sus artículos se publicaron en forma de libro, primero en la década de 1950 en una edición muy criticada de Jürg Spiller, y luego como facsímil y transcripción editado por Jürgen Glaesemer. En 2012, el Zentrum Paul Klee digitalizó las 3900 páginas de los cuadernos y las puso a disposición del público en internet, junto con transcripciones y anotaciones. Gracias a eso, cualquiera puede consultar de forma gratuita esta obra fundamental del arte y de la teoría del color del siglo XX.

6
434
1
2
3
4
5
6
7
8
9
10
11
12
13

6
431

Arbeitsgemeinschaft der Vier

DER WEG ZUR FARBE

The Path to Colour

25 plates, 24.5 x 16.5 cm | 9 ⅝ x 6 ½ in., Hamburg, 1927

Sussex, collection of the author

This little-known book on colour emerged from the wider cultural context of the Bauhaus and European Modernism, and is a typical example of the unflinchingly modern spirit of interwar book design and typography, along with the new attitudes to working with colour in a professional context which then prevailed. *Der Weg zur Farbe* was issued by Verlag Fachblatt der Maler, which also published a monthly trade magazine on various aspects of craftsmanship in interior decoration, typography and related areas of applied art. The magazine appeared under various titles between 1925 and 1943, and featured articles by and about progressive artists, authors and designers, naturally including the Bauhaus, and usually illustrated with colour offset lithographic plates.

The work shown here appears to have been a special issue, written by a working team (*Arbeitsgemeinschaft*) of four authors, who are listed by surname only (Grünberg, Isenberg, Heinemann and Sternberg) but referred to as trade teachers. Their intention was to produce a comprehensive work on several aspects of colour, for those with a serious and professional interest in the subject. The first part provides an overview of colour theory and concepts, beginning with Newton's work and concluding with a note on the relationship between music and colour. Part two discusses colour order and measurement, and the laws of colour harmonies, and also outlines the use of the book's 24 colour plates with which readers were encouraged to experiment, since these printed sheets were detachable and presented each of the 24 colours in varying grades of admixture of white and black. An additional plate shows a colourless, neutral greyscale. The sheets were also provided with cut-out windows that enabled different colour combinations to be created by overlaying them. This section is followed by a text on the basics of colour perception and the psychological effects of individual colours (with nods to Goethe), while the final part of the book is concerned with a practical and philosophical discussion of the principles of colour harmony. The plates themselves, with the printed colour sheets, appear at the back of the book together with detailed tables listing the exact proportions of each tint. *Der Weg zur Farbe* is a boldly and handsomely designed work that combines Modernist aesthetics with an awareness of colour psychology.

Weiß - Papierton - $11\frac{90}{10}$ Farbton 25

$12\frac{60}{40}$

$13\frac{25}{75}$

$14\frac{10}{90}$

$15\frac{2}{98}$

Neutrales Grau

Farbton 1
7 60/20
4 25/20
8 25/60
2 10/20
1 4/20
5 10/60
9 10/85
3 4/60
6 4/85
10 4/95
Erstes Gelb
Gesetzl. gesch.

Farbton 2
7 60/20
4 25/20
2 10/20
8 25/60
1 4/20
5 10/60
9 10/85
3 4/60
6 4/85
10 2/96
Zweites Gelb

Farbton 3
7 60/20
4 25/20
8 25/60
2 10/20
1 4/20
5 10/60
9 10/85
3 4/60
6 4/85
10 3/96
Drittes Gelb

Farbton 4
7 60/20
4 25/20
8 25/60
2 10/20
1 4/20
5 10/60
9 10/85
3 4/60
6 3,5/85
10 2,5/96
Erstes Orange

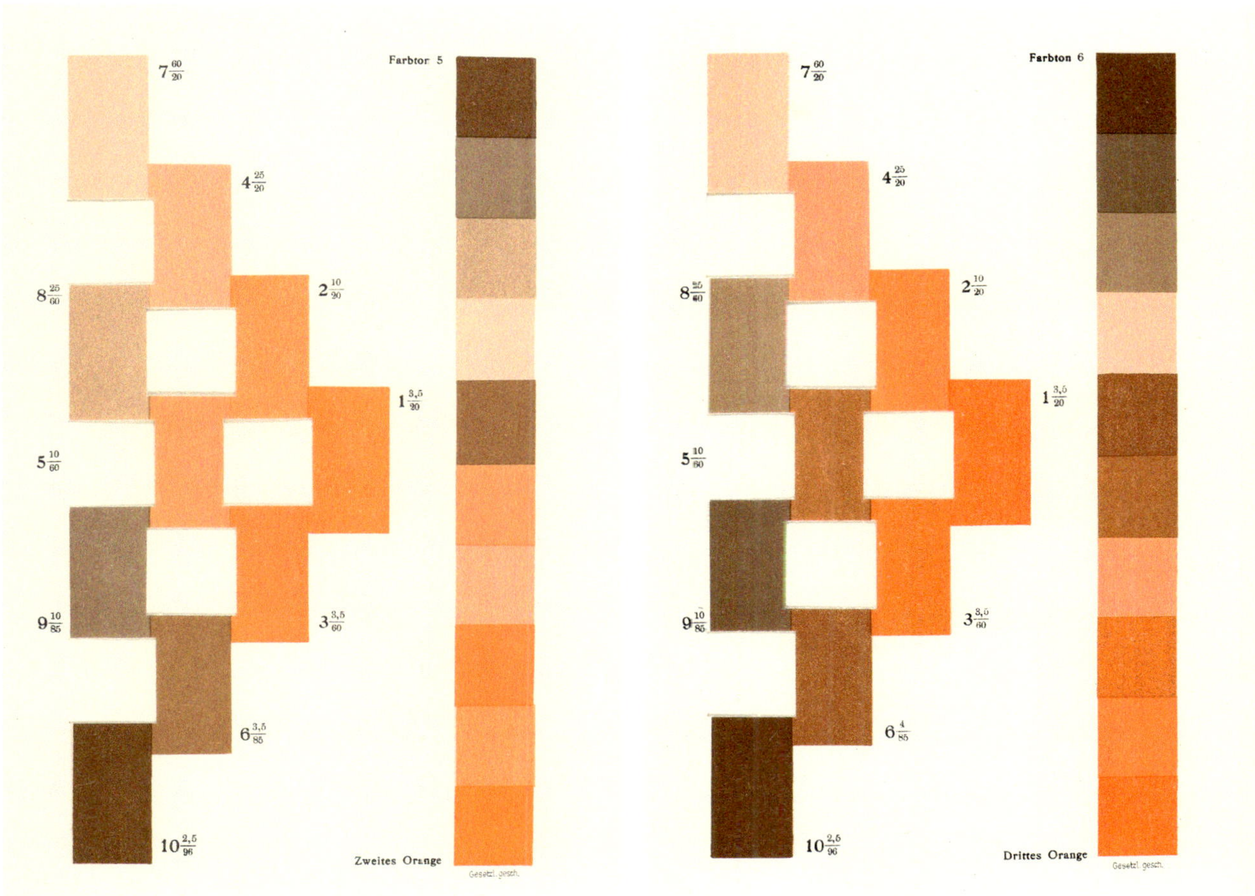

Der Weg zur Farbe

Dieses wenig bekannte Buch über Farbe entstand im erweiterten kulturellen Kontext des Bauhauses und der europäischen Moderne und ist ein typisches Beispiel nicht nur für den unbeirrbar modernen Geist der Buchgestaltung und Typografie zwischen den Weltkriegen, sondern auch für die neuen, damals vorherrschenden Einstellungen zur Arbeit mit Farbe in beruflichen Zusammenhängen. *Der Weg zur Farbe* erschien im Verlag Fachblatt der Maler, der auch eine monatliche Fachzeitschrift zu verschiedenen handwerklichen Aspekten der Raumgestaltung, Schriftenmalerei und verwandten Gebieten der angewandten Kunst herausgab. Die von 1925 bis 1943 unter verschiedenen Titeln publizierte Zeitschrift enthielt Artikel von progressiven Künstlern, Autoren und Gestaltern, zu denen natürlich auch das Bauhaus gehörte, berichtete zugleich über sie und war in der Regel mit farbigen Offsetlithografien bebildert.

Der hier gezeigte Band scheint eine Sonderausgabe gewesen zu sein, die von einer vierköpfigen Arbeitsgemeinschaft verfasst wurde. Ihre nur beim Nachnamen genannten Mitglieder (Grünberg, Isenberg, Heinemann und Sternberg) firmierten im Buch als Gewerbelehrer. Sie hatten die Absicht, für Menschen mit einem ernsthaften beruflichen Interesse am Thema ein umfassendes Werk über verschiedene Aspekte von Farbe zu erstellen. Der erste Teil vermittelt einen Überblick über Farbtheorien und -systeme, der bei Newton beginnt und mit einer Anmerkung zum Verhältnis von Farbe und Musik endet. Teil zwei behandelt neben dem Ordnen und Messen von Farben auch die Gesetze von Farbharmonien und erläutert die Handhabung der 24 herausnehmbaren Farbtafeln des Buches, die den Leser, durch die Darstellung der Farben mit variierenden Beimischungen von Weiß und Schwarz, zum Experimentieren anregen sollten. Eine weitere Tafel zeigt eine farblose, neutrale Grauskala. Die Tafeln waren nicht nur herausnehmbar; in die Bögen hineingeschnittene Fenster ermöglichten zudem neue Farbkombinationen, wenn man sie übereinanderlegte. Im dritten Teil folgt ein Text über die Grundlagen der Farbwahrnehmung und die

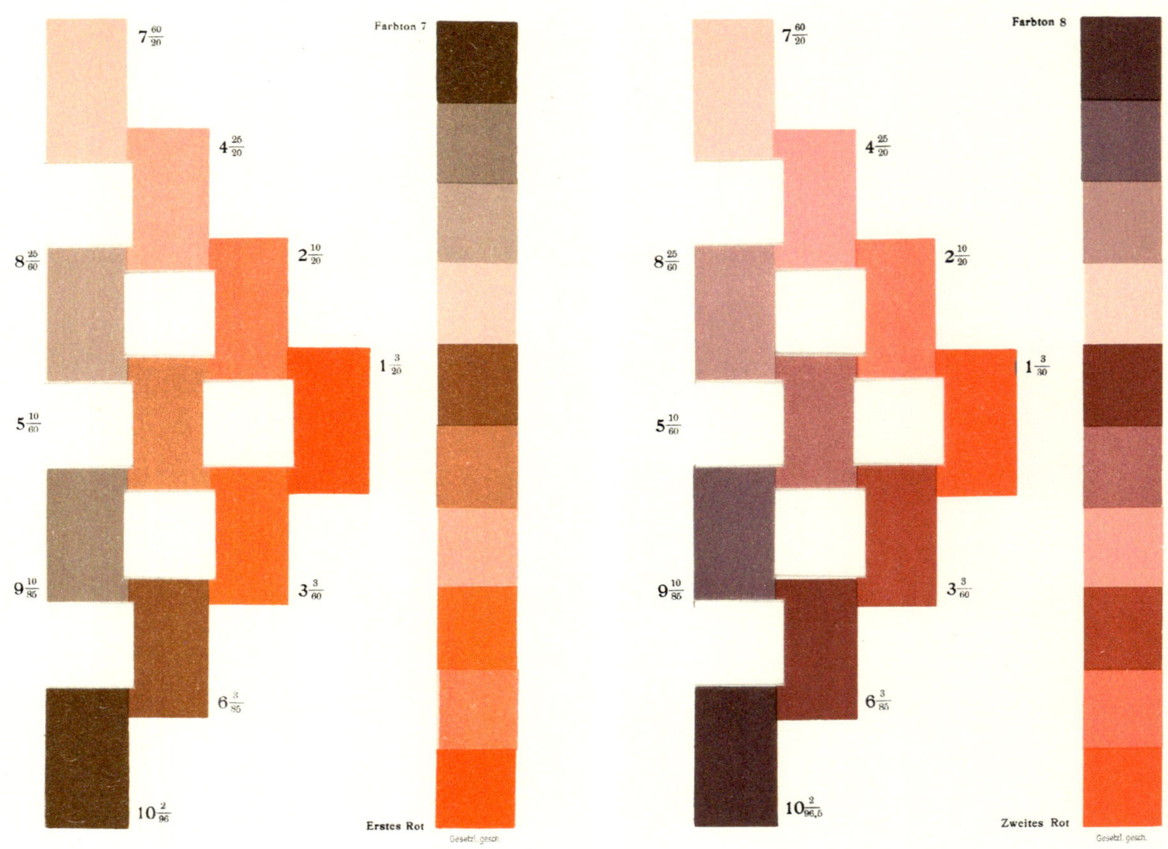

psychologische Wirkung einzelner Farben (in Anspielung auf Goethe), während der letzte Teil des Buches einer praktischen und philosophischen Erörterung von Grundprinzipien der Farbharmonie gewidmet ist. Die Farbtafeln selbst erscheinen am Buchende zusammen mit ausführlichen Tabellen, in denen die genauen Mischungsverhältnisse jedes Farbtons aufgelistet sind. *Der Weg zur Farbe* ist ein mutig und ansprechend gestaltetes Werk, das die Ästhetik der Moderne mit einem Bewusstsein für Farbpsychologie kombiniert.

La voie vers la couleur

Cet ouvrage méconnu sur la couleur paraît dans le contexte élargi du Bauhaus et du modernisme européen. Il incarne l'esprit résolument moderne qui préside à l'édition et à la typographie de l'entre-deux-guerres, ainsi que la nouvelle approche professionnelle du travail chromatique à cette époque. *Der Weg zur Farbe* (« La voie vers la couleur ») paraît aux éditions Fachblatt der Maler, qui publient également une revue professionnelle mensuelle consacrée à divers aspects du savoir-faire en décoration d'intérieur, en typographie et en arts appliqués. Le magazine, qui paraît sous différents titres entre 1925 et 1943, propose des articles par et au sujet de peintres, auteurs et designers les plus progressistes, dont évidemment les membres du Bauhaus. Ces textes sont généralement assortis de planches lithographiées imprimées en offset.

Le travail collectif présenté ici, qui semble avoir fait l'objet d'un numéro spécial, est signé par un « Groupe de travail de quatre » (*Arbeitsgemeinschaft der Vier*), mentionnés seulement par leurs noms de famille (Grünberg, Isenberg, Heinemann et Sternberg), mais présentés comme des gens de métier qui enseignent. Leur intention est de fournir un ouvrage exhaustif sur divers aspects de la couleur à quiconque s'y intéresse sérieusement et professionnellement. La première partie présente un récapitulatif des théories et conceptions chromatiques, depuis les travaux de Newton jusqu'aux relations entre musique et couleur. La deuxième partie analyse l'ordre et la mesure des couleurs et les lois des harmonies chromatiques. C'est

Farbton 9
Drittes Rot
Farbton 10
Erstes Violett
Farbton 11
Zweites Violett
Farbton 12
Drittes Violett

Farbton 13
7 50/80
4 25/40
8 25/60
2 10/40
1 3,5/40
5 10/60
9 10/85
3 3/60
6 3,5/85
10 3/95
Erstes Blau

Farbton 14
7 60/20
4 25/30
8 25/60
2 10/40
1 3,5/55
5 10/60
9 10/85
3 3,5/70
6 3,5/85
10 2,5/96
Zweites Blau
Gesetzl. gesch.

Farbton 15
7 60/20
4 25/30
8 25/60
2 10/40
1 3,5/60
5 10/60
9 10/85
3 3,5/70
6 3,5/85
10 3/95
Drittes Blau

Farbton 16
7 60/20
4 25/30
8 25/60
2 10/40
1 3,5/60
9 10/85
3 3,5/70
6 3,5/85
10 3/95
Erstes Blaugrün

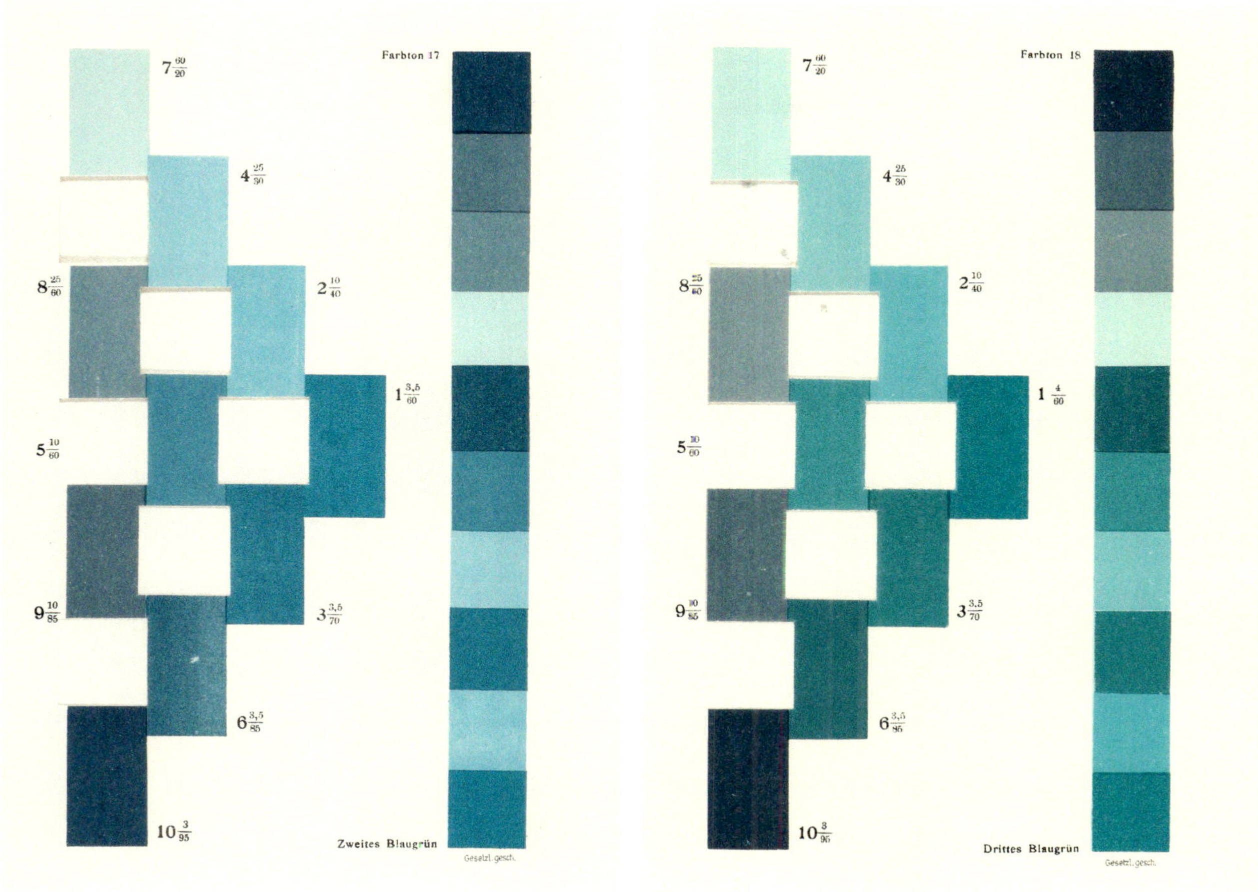

aussi un mode d'emploi des 24 planches en couleurs du livre, avec lesquels les lecteurs sont encouragés à faire des expériences : les feuilles imprimées sont détachables et présentent chacune des 24 couleurs selon divers degrés d'adjonction de blanc ou de noir. Une planche supplémentaire présente des nuances de gris neutre. Les feuilles sont également accompagnées de fenêtres évidées permettant de créer, par superposition, différentes combinaisons de couleurs. Cette section est suivie d'un texte sur les fondamentaux de la perception de la couleur et sur les effets psychologiques des couleurs prises séparément (avec des renvois à Goethe), tandis que la dernière partie de l'ouvrage est consacrée à une analyse pratique et philosophique des principes de l'harmonie chromatique. Les planches, ainsi que les feuilles détachables imprimées en couleurs, figurent à la fin du volume avec des tableaux détaillés listant les proportions exactes de chaque teinte. *Der Weg zur Farbe* est un ouvrage à la belle conception audacieuse qui combine esthétique moderniste et conscience de la psychologie de la couleur.

El camino hacia el color

Este libro poco conocido sobre el color surgió del contexto cultural más amplio de la Bauhaus y del modernismo europeo, y es un ejemplo típico del inquebrantable espíritu moderno del diseño de libros y de la tipografía de entreguerras, así como de las nuevas actitudes hacia el trabajo con el color en el contexto profesional que entonces prevalecía. *Der Weg zur Farbe* (El camino hacia el color) fue publicado por Verlag Fachblatt der Maler, que también publicó una revista comercial mensual sobre diversos aspectos de la artesanía en la decoración de interiores, la tipografía y las áreas relacionadas de las artes aplicadas. La revista, que apareció con varios títulos entre 1925 y 1943, ofrecía artículos de y sobre artistas, creadores y diseñadores de vanguardia, incluida naturalmente la Bauhaus, y por lo general estaba ilustrada con láminas en color impresas mediante litografía *offset*.

El trabajo que aquí se muestra parece haber sido un número especial escrito por un equipo de trabajo (*Arbeitsgemeinschaft*) de cuatro autores, de los que solo se

citan los apellidos (Grünberg, Isenberg, Heinemann y Sternberg), pero a los que se hace referencia como maestros del oficio. Su objetivo era producir un trabajo completo sobre varios aspectos del color para aquellos con un interés serio y profesional en el tema. La primera parte ofrece una descripción general de la teoría del color y de los conceptos de color, comenzando con el trabajo de Newton y terminando con una nota sobre la relación entre la música y el color. La segunda parte analiza el orden y la medida de los colores y las leyes de las armonías de los colores, y también describe el uso de las 24 láminas de colores del libro con las que se anima a los lectores a experimentar, ya que estas eran extraíbles y presentaban cada uno de los 24 colores en diferentes grados de mezcla de blanco y negro. Una lámina adicional muestra una escala de grises neutra. Las láminas también cuentan con ventanas recortadas que permiten realizar diferentes combinaciones mediante su superposición. A esta sección le sigue un texto sobre los conceptos básicos de la percepción del color y los efectos psicológicos de los colores individuales (con guiños a Goethe), mientras que la parte final se dedica a una discusión práctica y filosófica de los principios de la armonía de los colores. Las láminas se incluyen al final del libro junto con tablas detalladas que enumeran las proporciones exactas de cada tono. *Der Weg zur Farbe* es una obra de diseño audaz y elegante que combina la estética modernista con la conciencia de la psicología del color.

Farbton 21
Drittes Grün

Farbton 22
Erstes Gelbgrün

Farbton 23
Zweites Gelbgrün

Farbton 24
Drittes Gelbgrün

Johannes Itten (1888–1967)

KUNST DER FARBE

Subjektives Erleben und objektives Erkennen als Wege zur Kunst

The Art of Colour

25 illustrations, including cover, 28 x 30 cm | 11 x 11 ¾ in., Ravensburg, 1961
Göttingen, Niedersächsische Staats- und Universitätsbibliothek

Three decades after the Bauhaus closed down under pressure from the Nazis, two fundamental works on colour were published by two of the school's most distinctive former members within the space of two years. One was Josef Albers's *Interaction of Color* (pp. 824–837), and the other was this ambitious work by his former teacher Johannes Itten. It was issued simultaneously in Germany and the United States (with the title *The Art of Color*), and within 10 years it had been translated into French, Serbo-Croatian, Italian and Japanese. The book's sub-title, "the subjective experience and objective rationale of color", reflects both Itten's interest in psychoanalysis and his desire to provide a reliable and instructive colour system for general use in art and design. It was illustrated with 174 photographic tipped-in plates, produced by the well-respected design company Graphische Anstalt E. Wartelsteiner, and printed in a generous, oblong format. Most of the plates show colour diagrams and related images, including Itten's 12-part colour circle and his colour star, while 28 plates feature reproductions of paintings, including examples by old and modern masters. This is a book not just about the art of colour, but about the colour of art, and in that it differs markedly from Albers's *Interaction of Color*.

Although Itten was an early, key member of the Bauhaus and was given almost complete freedom by the school's founder Walter Gropius, he didn't stay there for long. Following arguments with Gropius about teaching methods he left in 1923 and opened his own art school in Berlin in 1926. *Kunst der Farbe* would seem to be the culmination and summary of his life's work on colour, although it has been argued that a large part of Itten's overall concept is simply a reworking of the colour theory put forward by his teacher Adolf Hölzel. Alongside Carry van Biema and Oskar Schlemmer (1888–1943), Itten was part of Hölzel's circle at the Stuttgart Academy in the 1910s, and it is certainly the case that some aspects of this and Itten's other books resemble approaches in Hölzel's methodology, for example, in the colour contrast analysis of Old Master paintings, although Itten himself acknowledged this influence from his teacher. In like manner, Hölzel had explained that his own colour theory had been largely informed by Goethe, who in his *Zur Farbenlehre* provided an early bibliography of colour literature and also collaborated with Philipp Otto Runge, implicitly adding himself to the roll call of historic(al) colour concepts. Moreover, Itten was also not the only one to have feasted on Hölzel's unpublished theories, as has been noted previously with regard to Van Biema's *Farben und Formen als lebendige Kräfte* (pp. 618–633).

Kunst der Farbe

Dreißig Jahre nach der von den Nationalsozialisten erzwungenen Schließung des Bauhauses veröffentlichten zwei seiner profiliertesten Mitglieder innerhalb von zwei Jahren zwei Grundlagenwerke über Farbe. Das eine war *Interaction of Color* von Josef Albers (S. 824–837), das andere dieses ehrgeizige Werk seines früheren Lehrers Johannes Itten. Es erschien zeitgleich in Deutschland und den USA (dort unter dem Titel *The Art of Color*) und wurde binnen zehn Jahren ins Französische, Serbokroatische, Italienische und Japanische übersetzt. Der Untertitel des Buches, „Subjektives Erleben und objektives Erkennen als Wege zur Kunst", spiegelt sowohl Ittens Interesse an der Psychoanalyse als auch seinen Wunsch wider, ein verlässliches didaktisches Farbsystem für den allgemeinen Gebrauch in Kunst und Design vorzulegen. Das großzügige Querformat war mit 174 eingeklebten fotografischen Tafeln bebildert, die von der angesehenen Graphischen Anstalt E. Wartelsteiner separat gedruckt wurden. Während die meisten Tafeln Farbdiagramme und ähnliche Motive zeigen, darunter Ittens zwölfteiligen Farbkreis und seinen Farbstern, sind auf 28 Tafeln Reproduktionen von Gemälden sowohl Alter als auch moderner Meister zu sehen. Dieses Buch handelt nicht nur von der Kunst der Farbe, sondern auch von der Farbe der Kunst und unterscheidet sich in diesem Punkt erheblich von Albers' *Interaction of Color*.

Obwohl Itten zu den zentralen Mitgliedern des frühen Bauhauses zählte und dessen Gründer, Walter Gropius, ihm nahezu vollkommen freie Hand ließ, blieb er nicht lange in Weimar. Nach Auseinandersetzungen mit Gropius über die Lehrmethoden verließ er 1923 das Bauhaus und gründete 1926 seine eigene Kunstschule in Berlin. *Kunst der Farbe* scheint die Kulmination und Zusammenfassung seines Lebenswerks über Farbe zu sein, auch wenn argumentiert wurde, dass ein Großteil des Itten'schen

2

3

4

19

Gesamtkonzepts lediglich eine Überarbeitung der von seinem Lehrer Adolf Hölzel entwickelten Farbenlehre darstellt. Neben Carry van Biema und Oskar Schlemmer (1888–1943) gehörte Itten in den 1910er-Jahren zu Hölzels Umkreis an der Stuttgarter Kunstakademie. Einige Aspekte des hier vorgestellten und weiterer seiner Bücher ähneln daher mit Sicherheit den Ansätzen in der Methodik Hölzels, etwa in der Farbkontrastanalyse von Gemälden alter Meister; allerdings war dies ein Einfluss seines Lehrers, den Itten selbst einräumte. In ähnlicher Weise hatte Hölzel erklärt, seine eigene Farbtheorie sei weitgehend von Goethe geprägt gewesen, der seinem Buch *Zur Farbenlehre* eine frühe Bibliografie der Farbliteratur beigefügt, außerdem mit Philipp Otto Runge zusammengearbeitet und seinen Namen damit implizit selbst in die Liste der historischen und historisch gewachsenen Farbenlehren eingeschrieben hatte. Obendrein war Itten nicht der einzige, der von Hölzels unveröffentlichten Theorien profitierte, wie bereits im Hinblick auf van Biemas *Farben und Formen als lebendige Kräfte* (S. 618–633) angemerkt wurde.

L'Art de la couleur

Trente ans après la fermeture du Bauhaus sous la pression nazie, deux figures majeures de l'école publient deux œuvres fondamentales sur la couleur : Josef Albers propose l'*Interaction of Color* (p. 824–837) tandis que l'ex-professeur de celui-ci, Johannes Itten, fait paraître l'ambitieux *L'Art de la couleur*. Publié simultanément en Allemagne et aux États-Unis (*The Art of Color*), l'ouvrage est traduit, en l'espace de dix ans, en français, en italien, en serbo-croate et en japonais. Son sous-titre, « L'expérience subjective et la logique objective de la couleur », reflète à la fois l'intérêt d'Itten pour la psychanalyse et son désir de proposer un système chromatique fiable et instructif pour tous les usages en peinture et en design. Imprimé sur un grand format oblong, l'ouvrage comprend 174 planches photographiques collées sur pages individuelles réalisées par le Graphische Anstalt E. Wartelsteiner, un atelier graphique très renommé. La plupart des illustrations sont des tableaux chromatiques et d'autres images corrélées, dont un cercle et une étoile des couleurs en 12 parties, en plus de 28 reproductions de tableaux de maîtres anciens et modernes. L'ouvrage traite donc non seulement de l'art de la couleur, mais aussi de la couleur de l'art, ce qui le distingue nettement de l'*Interaction of Color* d'Albers.

Itten a beau avoir été un membre éminent du Bauhaus

59 · 60

61 · 62

SATAN

90

91

92

93

94

95

où il bénéficiait d'une liberté quasi totale, il n'y reste pourtant pas longtemps. Suite à des désaccords avec Walter Gropius, le fondateur, à propos des méthodes pédagogiques, il en part en 1923 et ouvre sa propre école d'art à Berlin, en 1926. *Kunst der Farbe* peut être vu comme le point culminant et le résumé de l'œuvre d'une vie consacrée à la couleur, même si d'aucuns estiment que la conception générale d'Itten est un simple remaniement de la théorie chromatique proposée par son professeur Adolf Hölzel. En compagnie de Carry van Biema et Oskar Schlemmer (1888–1943), Itten fait effectivement partie du cercle d'Hölzel à l'Académie des beaux-arts de Stuttgart dans les années 1910 et certains éléments de son travail, dans cet ouvrage et d'autres, s'apparentent à la méthodologie d'Hölzel. C'est par exemple le cas de l'analyse du contraste des couleurs dans la peinture classique, même si Itten lui-même a reconnu l'influence de son professeur. De la même manière, Hölzel a expliqué que sa propre théorie chromatique se fondait largement sur le *Traité des couleurs* de Goethe, lequel, déjà, fournissait un début de bibliographie sur le sujet et collaborait avec Philipp Otto Runge, s'inscrivant ainsi implicitement dans la lignée historique des théoriciens de la couleur. En outre, Itten n'est certainement pas le seul à avoir tiré parti des théories non publiées d'Hölzel, comme on a déjà pu le remarquer à propos de van Biema et son *Farben und Formen als lebendige Kräfte* (p. 618–633).

108

109

111

111 · 112 · 113

El arte del color

Tres décadas después de que la Bauhaus cerrara bajo la presión de los nazis, dos de los antiguos miembros más destacados de la escuela publicaron dos obras fundamentales sobre el color en el transcurso de dos años. Una fue *Interaction of Color* de Josef Albers (págs. 824–837) y la otra este ambicioso trabajo de su antiguo maestro Johannes Itten. Se publicó simultáneamente en Alemania y Estados Unidos (con el título *The Art of Color*), y en el transcurso de 10 años se tradujo al francés, al serbocroata, al italiano y al japonés. El subtítulo del libro, «la experiencia subjetiva y la justificación objetiva del color», refleja tanto el interés de Itten por el psicoanálisis como su deseo de proporcionar un sistema de color fiable e instructivo para uso general en el arte y el diseño. Está ilustrado con 174 láminas fotográficas insertadas, producidas por la respetada empresa de diseño Graphische Anstalt E. Wartelsteiner, e impreso en un generoso formato rectangular. La mayoría de las láminas muestran diagramas cromáticos e imágenes relacionadas, incluido el círculo de color de 12 partes de Itten y su estrella de color, al tiempo que 28 láminas presentan reproducciones de pinturas de maestros antiguos y modernos. Este es un libro no solo sobre el arte del color, también sobre el color del arte, y en eso difiere mucho de *Interaction of Color* de Albers.

Aunque Itten fue uno de los primeros miembros clave de la Bauhaus y Walter Gropius, el fundador de la escuela, le dio una libertad casi total, no permaneció allí mucho tiempo. Tras discutir con Gropius sobre los métodos de enseñanza, se fue en 1923 y abrió su propia escuela de arte en Berlín en 1926. Aunque *Kunst der Farbe* parece ser la culminación y el resumen del trabajo de su vida sobre el color, se ha dicho que gran parte del concepto general de Itten es simplemente una reelaboración de la teoría del color propuesta por su maestro Adolf Hölzel. Junto con Carry van Biema y Oskar Schlemmer (1888–1943), Itten formó parte del círculo de Hölzel en la Academia de Stuttgart en la década de 1910, y no hay duda de que algunos aspectos de este y otros libros de Itten parecen acercamientos a la metodología de Hölzel, por ejemplo, en el análisis del contraste de los colores en las pinturas de los maestros antiguos, aunque el propio Itten reconoció esa influencia. De la misma manera, Hölzel había explicado que su teoría del color estaba muy en deuda con Goethe, quien en su *Zur Farbenlehre* ya proporcionó una primera bibliografía de textos sobre el color y también colaboró con Philipp Otto Runge, una forma implícita de incluir su trabajo en la lista de conceptos de color históricos. Además, Itten tampoco fue el único que se valió de las teorías inéditas de Hölzel, como se ha señalado anteriormente al respecto de *Farben und Formen als lebendige Kräfte* de Van Biema (págs. 618–633).

124 · 125

126

130 · 131

132 · 133

134 · 135

123

136
138

137
139

140

141

143

144

142

145

Josef Albers (1888–1976)

INTERACTION OF COLOR

16 loose plates, 33 x 25.3 cm / 13 x 10 in., New Haven, Connecticut, 1963
Göttingen, Niedersächsische Staats- und Universitätsbibliothek

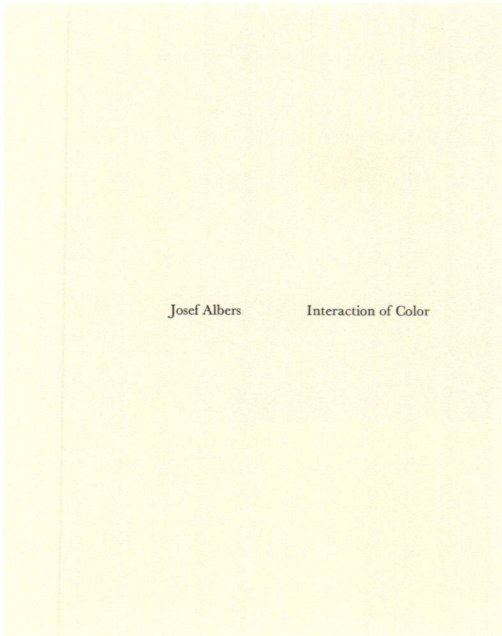

Josef Albers's engagement with colour can be divided into three phases, which demonstrate a clear development from one to the next: firstly, his involvement with the Bauhaus in the 1920s and 1930s, then his *Homage to the Square* series of paintings from 1950 onwards and lastly the publication of *Interaction of Color* in 1963. Albers was originally a student at the Bauhaus under Johannes Itten in the early 1920s, and later became a teacher there, delivering the preliminary course in conjunction with László Moholy-Nagy (1895–1946) before eventually teaching on his own. He completely restructured the course, although colour played a surprisingly small part in it. However, his own art from this period, much of it involving geometric glass designs, foreshadows his interest in precise outlines and the phenomenology of overlaid transparent colour.

After the Bauhaus closed down in 1933, Albers and his wife Anni emigrated to America, where he taught at the progressive Black Mountain College in Asheville, North Carolina, before joining Yale University where he taught design. Travels to Mexico further sharpened Albers's concepts of colour and abstract art, and in 1950 he embarked on his long series of 'hard-edge paintings', *Homage to the Square*, in which he experimented with a strict geometric pattern of three or four overlapping squares, positioned towards the bottom of the composition. He created these in hundreds of different colour combinations, first by using a palette knife and then with oil paints on board. Albers later began exploring the possibilities of silkscreen printing and soon became an advocate of the technique as an art form, choosing it for *Interaction of Color*, a mainly visual text-book in which he wanted to "place practice before theory" and show "what happens between colors". It was first published by Yale University Press in a limited edition with 150 silkscreen-printed plates of superior quality, showing Albers's distinctive geometric shapes and diagrams that were reminiscent of the paper cut-outs he used in teaching. It was republished as a more affordable pocket-format paperback in 1971 and has never been out of print since. In 2009 Yale reproduced the original silkscreen edition in a lavish new edition of this popular and elegant book on 20th-century colour.

Wechselwirkung der Farbe

Josef Albers' Beschäftigung mit Farbe lässt sich in drei Phasen unterteilen, die eine eindeutige Entwicklung aufweisen: Auf seine Zeit am Bauhaus in den 1920er- und 1930er-Jahren folgte ab 1950 die Gemäldeserie *Homage to the Square* und zuletzt *Interaction of Color*. In den 1920er-Jahren war Albers ursprünglich als Schüler von Johannes Itten ans Bauhaus gekommen, wurde dort anschließend Lehrer und unterrichtete gemeinsam mit László Moholy-Nagy (1895–1946) den Vorkurs, bevor er schließlich in Eigenregie Klassen übernahm. Obwohl er den Kurs vollkommen umstrukturierte, spielte Farbe darin eine erstaunlich geringe Rolle. Doch Albers' eigene Kunst aus dieser Periode, darunter zahlreiche geometrische Glasarbeiten, nimmt bereits sein Interesse an präzisen Konturen und der Phänomenologie übereinandergelegter transparenter Farben vorweg.

Nach der Schließung des Bauhauses 1933 emigrierten Albers und seine Frau Anni in die USA, wo Albers unweit von Asheville, North Carolina, am progressiven Black Mountain College unterrichtete, bevor er als Dozent für Gestaltung an die Yale University wechselte. Auf Reisen nach Mexiko konnte er seine Vorstellungen von Farbe und abstrakter Kunst weiter schärfen. 1950 schließlich nahm er die Arbeit an seiner nahezu unendlichen Serie von Hard-Edge-Gemälden auf: In *Homage to the Square* experimentierte er mit einem streng geometrischen Muster aus drei oder vier ineinandergeschachtelten Quadraten, die er am unteren Rand der Komposition ausrichtete. Albers schuf diese Bilder in Hunderten von unterschiedlichen Farbkombinationen, zunächst mit einem Palettenmesser, dann mit Ölfarben auf Holz. Später begann er die Möglichkeiten des Siebdrucks auszuloten, wurde bald zum Verfechter dieses Verfahrens als Kunstform und wählte es auch für *Interaction of Color*. Sein überwiegend aus Abbildungen aufgebautes Lehrbuch sollte „die Praxis vor die Theorie" stellen und zeigen, „was zwischen den Farben geschieht". Es erschien zuerst 1963 bei der Yale University Press in einer limitierten Auflage mit 150 Siebdrucktafeln von überragender Qualität. Die unverwechselbaren geometrischen Formen und Diagramme darin erinnerten an die Scherenschnitte aus Papier, die Albers im Unterricht verwendete. 1971 erschien *Interaction of Color* im erschwinglicheren Taschenbuchformat und wird seither immer wieder neu aufgelegt. 2009 brachte der Verlag die ursprüngliche Siebdruckausgabe in einer aufwendigen Neuauflage dieses populären und

eleganten Buches über Farbe im 20. Jahrhundert heraus.

L'Interaction des couleurs

Les travaux de Josef Albers sur la couleur suivent trois phases qui témoignent clairement de son évolution : tout d'abord, son implication au Bauhaus dans les années 1920 et 1930, puis sa série de tableaux *Homage to the Square* à partir de 1950 et, pour finir, la publication de *Interaction of Color* en 1963. Albers commence au Bauhaus comme élève de Johannes Itten, au début des années 1920, et y devient plus tard enseignant chargé du cours préparatoire en tandem avec László Moholy-Nagy (1895–1946). Une fois responsable de son propre cours, il restructure entièrement celui-ci et, étonnamment, la couleur n'y joue qu'un rôle limité. Cependant, les œuvres qu'il réalise alors, notamment des motifs géométriques sur verre, annoncent son intérêt pour les contours précis et la phénoménologie de la superposition des couleurs par transparence.

Après la fermeture du Bauhaus en 1933, Albers émigre aux États-Unis avec son épouse Anni. Il enseigne à l'université libre expérimentale du Black Mountain College à Asheville (Caroline du Nord) avant de rejoindre l'Université Yale pour y enseigner le *design*. Plusieurs voyages au Mexique aiguisent les conceptions d'Albers sur la couleur et l'art abstrait et, en 1950, il se lance dans sa longue série de peinture *hard edge* (« à bords durs »), *Homage to the Square*. Dans cette expérience strictement géométrique, il trace trois ou quatre carrés enchâssés les uns dans les autres, positionnés vers le bas de la composition. Il décline le même motif en des centaines de combinaisons chromatiques, d'abord au couteau à palette puis à la peinture à l'huile sur Isorel. Albers s'essaye plus tard à la sérigraphie et devient vite un ardent défenseur de cette technique comme forme artistique à part entière. C'est elle qu'il choisit pour *Interaction of Color*, un manuel principalement visuel dans lequel il veut « placer la pratique avant la théorie » et montrer « ce qui se produit entre les couleurs ». L'ouvrage, paru d'abord chez Yale University Press dans une édition limitée contenant 150 planches sérigraphiées de qualité supérieure, montre les formes et tableaux géométriques caractéristiques d'Albers, rappelant les papiers découpés qu'il utilisait dans ses cours. Republié en poche en 1971, il n'a cessé d'être réédité depuis. En 2009, Yale propose un nouveau tirage somptueux de l'édition sérigraphiée originale de ce célèbre et élégant ouvrage sur la couleur du XXe siècle.

Interacción del color

El trabajo de Josef Albers con el color se puede dividir en tres fases, que muestran un claro desarrollo entre una y otra: la primera, su participación en la Bauhaus en las décadas de 1920 y 1930; la segunda, su serie de pinturas *Homage to the Square* a partir de 1950; la tercera, la publicación de *Interaction of Color* en 1963. A principios de la década de 1920, Albers estudió en la Bauhaus con Johannes Itten, y más tarde se convirtió en profesor de la escuela e impartió el curso preliminar junto con László Moholy-Nagy (1895-1946) antes de dedicarse a la enseñanza de forma independiente. Reestructuró el curso por completo, aunque el color desempeñó un papel sorprendentemente pequeño en él. Sin embargo, su arte de ese período, en gran parte relacionado con diseños geométricos de vidrio, presagió su interés por los contornos precisos y los fenómenos asociados a la superposición de colores transparentes.

Tras el cierre de la Bauhaus en 1933, Albers y su esposa Anni emigraron a Estados Unidos, donde enseñó en el Black Mountain College, una escuela experimental en Asheville (Carolina del Norte), antes de unirse a la Universidad de Yale, donde enseñó diseño. Los viajes a México lo ayudaron a dar una forma aún más definida a sus conceptos de color y su arte abstracto, y en 1950 se embarcó en su larga serie de «pinturas de borde duro» *Homage to the Square*, en la que experimentó con un patrón geométrico estricto de tres o cuatro cuadrados superpuestos colocados en la parte inferior de la composición. Creó así cientos de combinaciones de colores diferentes, primero usando una espátula y luego con pinturas al óleo sobre tabla. Más tarde, Albers comenzó a explorar las posibilidades de la serigrafía y pronto se convirtió en un defensor de esa técnica como forma de arte. La eligió para *Interaction of Color*, un libro de texto principalmente visual en el que quería «colocar la práctica por delante de la teoría» y mostrar «lo que sucede entre los colores».
La Yale University Press lo publicó por primera vez en una edición limitada con 150 láminas serigrafiadas de calidad superior que muestran las formas geométricas distintivas de Albers y los diagramas, que recuerdan los recortes de papel que usaba para enseñar. Se volvió a publicar como un libro de bolsillo más asequible en 1971; desde entonces, no ha dejado de reimprimirse. En 2009, Yale reprodujo la edición serigrafiada original en una lujosa nueva edición de este popular y elegante libro sobre el color del siglo XX.

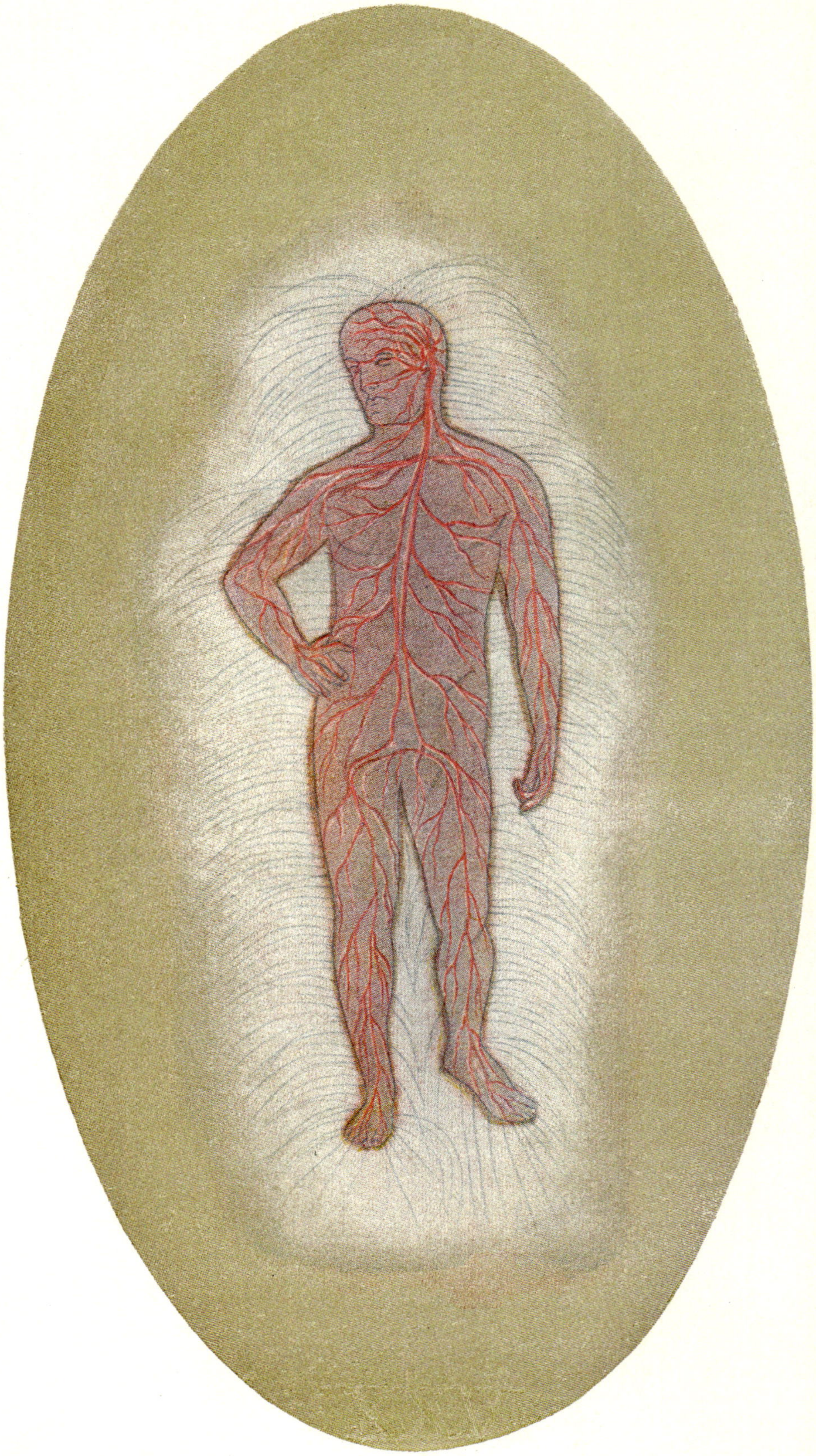

APPENDIX

Editorial Notes

Remarks on the Editions and Plates
As a general rule, these volumes have sourced and reproduced first editions of the chosen works. Where a later edition of the book is more lavishly illustrated or rendered in a superior quality, however, this has then been shown at the expense of a first edition. These individual exceptions to the rule are discussed in further detail in the accompanying chapter texts.
The specifications indicating the number of pages or plates featured refer to the quantity reproduced in this edition, rather than the total included in the original work.

Technical Terms
Achromatic colour: Achromatic colours have no hue and can be described as colourless. They consist of the so-called neutral greys, whites and blacks, and they are effectively mixtures of just white and black. They are different from monochromatic colours or colour schemes, which consist of a single hue, mixed only with white, grey or black.

Additive (immaterial) colour mixture: Mixtures of light of different wavelengths (or colours) that create secondary, lighter tones. The three primaries of coloured light are red, blue and green. Combining all additive colours results in white light.

Subtractive (material) colour mixture: Mixtures of physical colours, such as raw pigments or paints, that result in an absorption or subtraction of light, and a darkening of the colours. The three primaries of subtractive colour are usually taken to be cyan (blue), magenta (red) and yellow.

Trichromatic colour vision: A theory of colour vision based on three types of colour receptors in the retina of humans and certain animals, making visible the colours red, green and blue, and their mixtures.

Visible spectrum: The range of colour visible to the human eye, from red to violet, via orange, yellow, green, blue and indigo.

Hinweise zu Auflagen und Tafeln
In der Regel wurden für die ausgewählten Einträge in diesen Bänden Erstauflagen herangezogen und reproduziert. Ist eine spätere Auflage eines Buches aufwendiger illustriert oder von höherer Qualität, wird sie zulasten der Erstauflage vorgestellt. Diese individuellen Ausnahmen werden in den begleitenden Kapiteltexten näher erörtert.
Die Zahlenangaben zu Seiten oder Tafeln der einzelnen Einträge beziehen sich auf die in diesem Buch reproduzierte Auswahl und nicht auf den Gesamtumfang des jeweiligen Originalwerks.

Fachterminologie
Achromatische Farbe: Achromatische Farben besitzen keinen Farbton und werden daher auch unbunte Farben genannt. Ihre Eigenschaften beziehen sich aus sogenannten neutralen Grau-, Weiß- und Schwarztönen, und faktisch bestehen sie aus Weiß und Schwarz. Im Gegensatz dazu basieren monochromatische Farben oder Farbkonzepte auf einem einzelnen Farbton, der ausschließlich mit Weiß, Grau oder Schwarz gemischt wird.

Additive (immaterielle) Farbmischung: Mischungen aus Licht unterschiedlicher Wellenlängen (oder Farben), um sekundäre, hellere Farbtöne zu erzeugen. Die drei Primärfarben des farbigen Lichts sind Rot, Blau und Grün. Alle additiven Farben in Kombination ergeben weißes Licht.

Subtraktive (stoffliche) Farbmischung: Mischungen von stofflichen Farben, wie rohen Pigmenten oder Malfarben, die zu einer Absorption oder Subtraktion von Licht führen und dunklere Farbtöne erzeugen. Als die drei subtraktiven Primärfarben gelten üblicherweise Cyan (Blau), Magenta (Rot) und Gelb.

Dreifarbensehen: Eine Theorie des Farbensehens, die auf drei Arten von Farbrezeptoren in der Netzhaut des Menschen und bestimmter Tiere beruht; die Rezeptoren machen die Farben Rot, Grün und Blau und ihre Mischungen sichtbar.

Sichtbares Spektrum: Die Bandbreite der Farben, die für das menschliche Auge sichtbar sind, reicht von Rot über Orange, Gelb, Grün, Blau und Indigo bis Violett.

Remarques sur les éditions et les planches
De façon générale, les illustrations de ce livre sont tirées des éditions originales des ouvrages présentés. Toutefois, lorsqu'une édition ultérieure est plus richement illustrée ou bénéficie d'un rendu de qualité supérieure, celle-ci a été préférée à une première édition. Ces exceptions à la règle sont détaillées plus avant dans les textes des chapitres.
Lorsqu'un nombre de pages ou de planches est spécifié dans une entrée, il renvoie à la quantité reproduite dans le présent livre, et non au total contenu dans l'ouvrage d'origine.

Termes techniques
Couleur achromatique : une couleur achromatique ne possède pas de ton et peut être qualifiée d'incolore. Elle est constituée de gris, blancs et noirs neutres, et n'est effectivement qu'un mélange de blanc et de noir. La couleur achromatique diffère en cela d'une couleur ou d'un coloris monochrome, c'est-à-dire un ton unique mélangé exclusivement avec du blanc, du gris ou du noir.

Spectre visible : la gamme des couleurs visibles par l'œil humain, du rouge au violet, en passant par l'orange, le jaune, le vert, le bleu et l'indigo.

Synthèse additive (immatérielle) des couleurs : mélange de lumières de différentes longueurs d'onde (ou couleurs) pour créer des tons secondaires, plus clairs. Les trois couleurs primaires des lumières colorées sont le rouge, le bleu et le vert. L'addition de ces couleurs donne la lumière blanche.

Synthèse soustractive (matérielle) des couleurs : mélange de couleurs physiques, telles que des peintures ou pigments purs, qui produit une absorption ou soustraction de lumière, et un obscurcissement des couleurs. Les trois couleurs primaires de la synthèse soustractive sont le cyan (bleu), le magenta (rouge) et le jaune.

Vision trichromatique des couleurs : théorie expliquant la vision des couleurs par la présence de trois types de photorécepteurs sur la rétine des humains et de certains animaux, qui permettent la vision du rouge, du vert et du bleu, et de leurs mélanges.

Acerca de las ediciones y las ilustraciones
Como regla general, en este volumen se reproducen las primeras ediciones de los libros seleccionados. Sin embargo, cuando una edición posterior cuenta con más ilustraciones, o con ilustraciones de mayor calidad, se ha optado por esta a expensas de la primera. Estas excepciones individuales se analizan con más detalle en cada capítulo.
El número de páginas o láminas que se indican en cada entrada se refiere a la cantidad de reproducciones que se muestran en esta edición, no a las presentes en la obra original.

Terminología técnica
Color acromático: Los colores acromáticos no tienen matices y pueden describirse como incoloros. Se corresponden con los llamados grises neutros, blancos y negros, y en realidad son mezclas de blanco y negro. Se diferencian de los colores monocromáticos o de los esquemas de color, que consisten en un solo tono mezclado únicamente con blanco, gris o negro.

Espectro visible: Gama de colores visibles para el ojo humano. Va del rojo al violeta, pasando por el naranja, el amarillo, el verde, el azul y el índigo.

Mezcla de colores aditivos (inmateriales): Mezclas de luces de diferentes longitudes de onda (o colores) para crear tonos secundarios y más claros. Los tres colores primarios de la luz son el rojo, el azul y el verde. La combinación de todos los colores aditivos combinados da como resultado una luz blanca.

Mezcla de colores sustractivos (materiales): Mezclas de colores físicos, como pigmentos o pinturas, que dan como resultado la absorción o sustracción de luz y el oscurecimiento de los colores. El cian (azul), el magenta (rojo) y el amarillo suelen considerarse los tres colores primarios del color sustractivo.

Visión tricromática del color: Teoría de la visión del color basada en tres tipos de receptores de color en la retina de los humanos y de ciertos animales que hacen visibles los colores rojo, verde y azul, y sus mezclas.

Selected Bibliography

Ball, Philip. 2000. *Bright Earth: Art and the Invention of Color.* Chicago: University of Chicago Press.

Batchelor, David. 2000. *Chromophobia*. London: Reaktion.

Batchelor, David. 2014. *The Luminous and the Grey*. London: Reaktion.

Batchelor, David (ed.). 2018. *Colour. Documents of Contemporary Art*. London: Whitechapel Gallery and Cambridge, Mass: The MIT Press.

Baty, Patrick. 2017. *The Anatomy of Colour.* London: Thames & Hudson.

Baty, Patrick (ed.). 2021. *Nature's Palette: A Colour Reference System from the Natural World.* London: Thames & Hudson; Princeton, N.J.: Princeton University Press.

Berlin, Brent and Paul Kay. 1969. *Basic Color Terms: Their Universality and Evolution*. Berkeley and Los Angeles: University of California Press.

Bezold, Wilhelm von with with Edward C. Pickering. 1876. *The Theory of Color in Its Relation to Art and Art-Industry*. Boston: L. Prang.

Biggam, Carole P. and Kirsten Wolf (eds.). 2021. *A Cultural History of Color.* Volumes 1–6. London: Bloomsbury Publishing.

Birch, Thomas. 1756. *The History of the Royal Society of London for Improving of Natural Knowledge, from Its First Rise [...] Supplement to the Philosophical Transactions.* Vol. 4. London: printed for A. Millar in the Strand.

Burris-Meyer, Elizabeth. 1935. *Color and Design in the Decorative Arts.* New York: Prentice-Hall.

Feisner, Edith Anderson. 2006. *Colour: How to Use Colour in Art and Design.* London: Laurence King Publishing.

Fox, James. 2023. *The World According to Colour: A Cultural History.* London: Penguin Books.

Gage, John. 1989. *George Field and His Circle: From Romanticism to the Pre-Raphaelite Brotherhood.* Cambridge: Fitzwilliam Museum.

Gage, John. 1993. *Colour and Culture: Practice and Meaning from Antiquity to Abstraction.* Berkeley: University of California Press and London: Thames & Hudson.

Gage, John. 1999. *Colour and Meaning: Art, Science and Symbolism*. London: Thames & Hudson.

Gartside, Mary. 1808. *An Essay on a New Theory of Colours, and on Composition in General.* London: T. Gardiner, W. Miller and I. and A. Arch.

Gibson, Susannah. 2015. *Animal, Vegetable, Mineral? How Eighteenth-century Science Disrupted the Natural Order.* Oxford: Oxford University Press.

Goethe, Johann Wolfgang von. 1791–1792. *Beyträge zur Optik*. 2 vols. Weimar: Im Verlage des Industrie-Comptoirs.

Goethe, Johann Wolfgang von. 1840. *Goethe's Theory of Colours*. Trans. Charles Lock Eastlake. London: Murray.

Guichard, Édouard. 1882. *La Grammaire de la couleur*. Paris: H. Cagnon.

Hauer, Josef Matthias. 1918. *Über die Klangfarbe. Op. 13. Dr. Viktor R. von Bauer gewidmet.* Vienna: Self-published (Wassertrüdinger).

Hauer, Josef Matthias. 1920. *Vom Wesen des Musikalischen. Ein Lehrbuch der atonalen Musik*. Berlin-Lichterfelde: Verlag der Schlesinger'schen Buch- und Musikhandlung.

Hay, David Ramsay. 1849. *A Catalogue Raisonné of the Works of D.R. Hay [by himself]. With Critical Remarks by Various Authors.* Edinburgh: William Blackwood and Sons.

Karliczek, André and Andreas Schwarz. 2016. *Farre: Farbstandards in den frühen Wissenschaften.* Jena: Salana.

Klint, Hilma af. 2018. *Hilma af Klint: Notes and Methods*. Ed. Christine Burgin. New York, Christine Burgin Books and Chicago: University of Chicago Press.

Kuehni, Rolf G. and Andreas Schwarz. 2008. *Color Ordered: A Survey of Color Order Systems from Antiquity to the Present.* New York and Oxford: Oxford University Press.

Lawson, Ian. 2019. "Pigments, Natural History and Primary Qualities: How Orange Became a Color." In *Science in Color: Visualizing Achromatic Knowledge*, ed. Bettina Bock von Wölfingen, 133–145. Berlin: De Gruyter.

Loske, Alexandra. 2019 *Colour: A Visual History*. London: Ilex/Tate.

Lowengard, Sarah. 2006. *The Creation of Color in Eighteenth-century Europe.* New York: Columbia University Press. www.gutenberg-e.org/lowengard/index.html

Ludorff, Rainer M. and Manuel Ludorff. 2022. *Josef Albers: Colors in Play.* Düsseldorf: Galerie Ludorff.

Matthaei, Rupprecht. 1971. *Goethe's Colour Theory.* London: Studio Vista.

Maul, Gisela and Ulrich Giersch (eds.). 2007. *J.W. von Goethe's Beiträge zur Optik und die Entwicklung der Farbenlehre.* Berlin: Verlag Bien und Giersch.

Mayer, Tobias and Georg Christoph Lichtenberg. 1971. *Tobias Mayer's Opera Inedita: The First Translation of the Lichtenberg Edition of 1775.* Trans. Eric G. Forbes. London: Macmillan and New York: American Elsevier.

Munsell, Albert Henry. 1905. *A Color Notation: A Measured Color System, Based on the Three Qualities, Hue, Value, and Chroma.* Boston, G.H. Ellis.

Nicholson, Winifred. 1987. *Unknown Colour. Paintings, Letters, Writings by Winifred Nicholson.* Ed. Andrew Nicholson. London: Faber and Faber.

Parkinson, Neil. 2023. *The History of Colour: A Universe of Chromatic Phenomena.* London: Frances Lincoln.

Pavey, Don. 2014. *Colour Concepts, Palettes and Pigments.* London: Micro Academy.

Pfannenschmid August Ludewig. 1781. *Versuch einer Anleitung zum Mischen aller Farben aus blau, gelb und roth, nach beiliegendem Triangel.* Hannover: Ernst Rudolph Schulz.

Ridgway, Robert. 1886. *A Nomenclature of Colors for Naturalists, and Compendium of Useful Knowledge for Ornithologists* Boston: Little, Brown.

Taylor, John Scott. 1935. *The Simple Explanation of the Ostwald Colour System.* London: Winsor & Newton.

Sölch, Reinhold. 1998. *Die Evolution der Farben: Goethes Farbenlehre in neuem Licht.* Ravensburg: Ravensburger Buchverlag.

Spillmann, Werner (ed.). 2009. *Farb-Systeme 1611–2007. Farbdokumente in der Sammlung Werner Spillmann.* Basel: Schwabe Verlag.

Stahl, Georg (ed./tr.). 2010. *On Vision and Colors by Arthur Schopenhauer, and Color Sphere by Philipp Otto Runge.* New York: Princeton Architectural Press.

Stijnman, Ad. 2020. *Jacob Christoff Le Blon and Trichromatic Printing.* 2 vols. The New Hollstein Dutch & Flemish Etchings, Engravings and Woodcuts, 1450–1700. Ouderkerk aan den Ijssel: Sound & Vision Publishers, in Co-operation with the Rijksmuseum Amsterdam.

Stromer, Klaus (ed.). 2002. *Farbsysteme in Kunst und Wissenschaft*. Cologne: DuMont.

"The Diaries of Albert Munsell". 1899. Archive Resource. Munsell Color Science Lab Educational Resources. 1918–1899. https://www.rit.edu/science/munsell-color-science-lab-educational-resources#the-diaries-of-albert-h-munsell.

Voss, Julia. 2020. *Hilma af Klint: Die Menschheit in Erstaunen versetzen.* Frankfurt am Main: S. Fischer.

Index

Photo Credits

The publisher wishes to thank the museums, libraries, archives and all other institutions mentioned in the captions and in the credits for their kind assistance.
The credit "Sussex, collection of the author" in the image captions refers to books and objects held in the private collection of Alexandra Loske.

Abbreviations:
t. = top., l. = left, r. = right, t. l. = top left, t. r. = top right, l. c. = left centre, r. c. = right centre, b. l. = bottom left, b. r. = bottom right

© akg-images: pp. 24, 26, 155.
Alamy: p. 13.
Allen Phillips / Wadsworth Atheneum: p. 32.
Bauhaus-Archiv, Berlin: pp. 65, 66 r., 70.
Bayerische Staatsbibliothek, Munich: Ma[illegible]h.a. 23 m: pp. 183–187; Lithogr. 206: slipcase (front), cover (vol. 1), pp. 250–257.
Bayerische Staatsgemäldesammlungen – Sammlung Moderne Kunst in der Pinakothek der Moderne, Munich: p. 5[illegible].
Bibliothèque Méjanes, Aix-en-Provence (16[illegible]2, Ms. 1389): pp. 78, 86–99.
Bibliothèque nationale de France, Paris: pp. 456–457.
Birmingham Museums: p. 16.
The Board of Trustees of the Science Museum, London: p. 447.
Boston College Libraries: p. 432.
bpk | Hamburger Kunsthalle | Christoph Irrgang: slipcase (spine), pp. 13, 163; bpk | Hamburger Kunsthalle | Elke Walford: p. 21; bpk | Klassik Stiftung Weimar | Mokansky, Olaf: pp. 28, 29, 459; bpk | The Metropolitan Museum of Art: p. 465.
Bridgeman Images: pp. 6, 12; © British Library Board. All Rights Reserved / Bridgeman Images: p. 441 l.; Granger / Bridgeman Images: p. 444; © Look and Learn / Bridgeman Images: p. 435.
By courtesy of the Hilma af Klint Foundation. Photo: Moderna Museet, Stockholm: pp. 42, 52, 53, 704–715.
Canadian Centre for Architecture: pp. 388–409, 760–769.
© The Cavendish Laboratory, University of Cambridge: p. 446.
© Centre Pompidou, MNAM-CCI, Dist. RMN-Grand Palais/image Centre Pompidou, MNAM-CCI: p. 50.
The Cleveland Museum of Art, Ohio, Gift of the John Huntington Art and Polytechnic Trust, 1914.680: p. 8.
Collection from Winsor & Newton Archive: pp. 38, 430.
Collection of Historical Scientific Instruments, Harvard University: pp. 461, 471, 473.
Collection of the author, Sussex; photography © Graham Fudger: pp. 17, 19, 20, 22/23, 34–36, 39, 56, 57, 66 l., 130, 144 l., 145, 146, 167, 168, 170–172, 218–229, 258–269, 410–419, 610–617, 618, 634–636, 688–695, 700–701, 716–737, 794–803.
Colour Reference Library, Royal College of Art (photo: Sarah Mercer): slipcase (back), pp. 1, 2, 5, 188–193, 208, 282–295, 364–373, 640–647, 696–697.
Courtesy of the Library of The University of California, Berkeley: cover (vol. 2), pp. 738–742.
Courtesy of Microsoft: p. 431.
Courtesy of Princeton University Library: pp. 125–128.
Courtesy of the Smithsonian Libraries and Archives, Washington, D.C.: endpapers (vol. 1), pp. 101, 102, 116–123, 308, 342–363, 420.
Courtesy of Toronto Public Library: p. 448.
Courtesy of the University of St Andrews Libraries and Museums: For QC495.L2: pp. 104–106; For QC35.L2: pp. 108–110; For ND1285.W4: pp. 310–319; ND1285.H2N7E46: pp. 330–341, 440 l.
Deutsches Museum, München, Bibliothek, 1978A5488: pp. 600–609.
© Estate of Roy de Maistre (© Caroline de M. Walker; © Joanna Green); Image © Art Gallery of New South Wales, WA2.1969.a-b: pp. 60, 62/63, 72.
© The Estate of Yves Klein / VG Bild-Kunst, Bonn 2025 (Foto: © Rheinisches Bildarchiv Köln, rba_d038911): p. 74.
ETH-Bibliothek, Zürich: pp. 112–114.
© F.L.C. / VG Bild-Kunst, Bonn 2025 (Foto: Umberto Romito / Ivan Suta, ZHdK): p. 476.
Faber Birren Collection of Books on Color, Robert B. Haas Family Arts Library Special Collections, Yale University: pp. 296–307, 374–387, 442, 524–559, 562–583.
© The Fitzwilliam Museum, Cambridge: p. 27 l.
Folger Shakespeare Library, Washington, D.C.: pp. 10, 11.
Fondazione Solomon R. Guggenheim, Venice: p. 469.
© Freies Deutsches Hochstift / Frankfurter Goethe-Museum: p. 159.
© Georgia O'Keeffe Museum / VG Bild-Kunst, Bonn 2025: pp. 54, 55.
Getty Research Institute, Los Angeles: pp. 64, 144 r., 164, 194–207, 270–272, 275, 438, 454–455, 516–523.
Goethe-Museum Düsseldorf: p. 160.
The Grolier Club, New York: pp. 450/451.
配色總鑑 / 編纂者和田三造 (Haishoku sōkan / hensansha Wada Sanzō), RB 721911, The Huntington Library, Art Museum, and Botanical Gardens, San Marino, California: pp. 464, 744–759.
Image Courtesy of Photo Research, Inc.: p. 428 r.
Isabella Stewart Gardner Museum, Boston: p. 45.
Photo: Jens Ziehe, 2014 / © 2014 Olafur Eliasson: p. 75; Vanhaerents Art Collection, Brussels (no. 57): p. 75 t. l.; Bob and René Drake, Amsterdam (no. 58): p. 75 t. r.; Sully Bonnelly & Robert Littman, New York (no. 59): p. 75 l. c.; Norac Collection, Rennes, France (no. 60): p. 75 r. c.: Private collection, Seoul (no. 62): p. 75 b. l.: The Israel Museum, Jerusalem, Israel (no. 63): p. 75 b. r.
© The Josef and Anni Albers Foundation / VG Bild-Kunst, Bonn 2025: pp. 469, 824–837; Photo: Tim Nighswander/Imaging4Art: pp. 69, 468.
Klassik Stiftung Weimar, Museen: pp. 67, 156.
Det Kongelige Bibliotek (The Royal Danish Library), Copenhagen: endpapers (vol. 2), pp. 648–667, 838, 845.
Library of Congress, Rare Book and Special Collections Division: pp. 210–217, 452, 458.
Magazzino Italian Art, Cold Spring, NY. Photo by Javier Callejas. Courtesy Magazzino Italian Art: p. 477.
© Matthias Schaller: p. 48.
The Metropolitan Museum of Art, New York, Robert Lehman Collection, 1975: p. 443.
Mobilier national, GMTB-799-000: p. 426; GMTB-794-000, Isabelle Bideau: p. 434.
Foto © mumok – Museum moderne Kunst Stiftung Ludwig Wien, Sammlung Dieter und Gertraud Bogner im mumok: p. 773.
Musée des arts et métiers-Cnam, Paris / S. Pelly: pp. 436/437.
Digital image, The Museum of Modern Art, New York / Scala, Florence: p. 68.
Mylands | mylands.com: pp. 76/77.
Nahum (Nach) Waxman Collection of Food and Culinary Trade Cards,#8573. Division of Rare and Manuscript Collections, Cornell University Library: p. 460.
© Narangkar Glover: p. 472.
The National Gallery, London: Bought with a special grant and contributions from Samuel Courtauld, Viscount Rothermere, C. T.: p. 9.
The New York Public Library: p. 440 r.
Niedersächsischse Staats- und Stadtsbibliothek, Göttingen: pp. 804–837.
Rare Book Collection. The Louis Round Wilson Special Collections Library. University of North Carolina at Chapel Hill: pp. 320–329.
© Royal Academy of Arts, London; photographer: John Hammond: p. 15.
© The Royal Society: pp. 81–84.
sammlung angela thomas schmid, haus bill: p. 790.
Photo Scagliola / Brakkee © Neutelings Riedijk Architecten: pp. 466, 475.
Security Pacific National Bank Collection / Los Angeles Public Library: pp. 478/479.
Slade Photography: p. 474.
SLUB Dresden / Digitale Sammlungen / Archit. 1006-3: pp. 174–181.
Städtische Galerie im Lenbachhaus und Kunstbau München, Gabriele Münter Stiftung, 1957: p. 49.
© Photo: Tate: pp. 30, 31, 33, 41, 44, 47, 58, 73.
© Trustees of Winifred Nicholson: pp. 27 r., 58, 59.
© Tullie, Carlisle: p. 27 r.
Universität der Künste Berlin, Universitätsbibliothek: 8 G 395: pp. 560, 619–633.
Universitätsbibliothek Heidelberg: back cover (vol. 2), pp. 421, 422, 425, 429, 502–515, 638, 668–687.
© Universitätsbibliothek der Humboldt-Universität zu Berlin, Historische Sammlungen: 2942:tafe:F8: back cover (vol. 1), pp. 236–249.
University of Glasgow, Department of Special Collections: pp. 480–501.
University of Vermont, Silver Special Collections Library: pp. 584–599.
Ursus Books & Gallery, New York: pp. 462–463, 470.
Van Gogh Museum, Amsterdam (Vincent Van Gogh Foundation): p. 40.
© VG Bild-Kunst, Bonn 2025: pp. 65, 66 r., 70, 71, 804–823.
© Victoria and Albert Museum, London: p. 71.
Photo: Waddesdon Image Library: p. 449.
Wellcome Collection, London: pp. 14, 230–235, 274, 276–281.
Whitney Museum / Scala: p. 55.
Winterthurer Bibliotheken, Sammlung Winterthur, Farb-Sammlung Werner Spillmann: pp. 46, 133–136, 139–143, 149–152, 441 l.
Zentrum Paul Klee, Bern, Bildarchiv: pp. 770, 776–789, 791–793.

The Authors

Alexandra Loske is a British-German art historian, writer and museum curator, with a particular interest in the role of women in the history of colour. She received her Ph.D. from the University of Sussex, and is currently Curator of the Royal Pavilion in Brighton. She has lectured and been published widely on colour and other topics, and her recent publications include *Colour: A Visual History* (2019) and *A Cultural History of Color in the Age of Industry* (2021). She curated the exhibition "Regency Colour and Beyond, 1785–1845" at the Royal Pavilion in 2014, and later contributed to the exhibition "Turner et la Couleur"/ "J. M. W. Turner: Adventures in Colour" at the Hotel de Caumont, Aix-en-Provence and Turner Contemporary, Margate (2016/17).

Sarah Lowengard is a historian of technology and science who writes about practical and philosophical engagements with colour. A practising art conservator for more than 40 years and an artisan colour-maker for even longer, Lowengard received a Ph.D. in History from SUNY-Stony Brook, and has held fellowships from or at the National Endowment for the Humanities, the Huntington Library, the Max-Planck-Institut für Wissenschaftsgeschichte, the Smithsonian, the National Science Foundation and the Science History Institute. She is a member of the Faculty of Humanities and Social Sciences at the Cooper Union in New York City, and maintains affiliation with several technical art history and analytical art organisations in the United States and abroad.

Texts
Introduction to vol. 1 and all chapter texts (vols. 1 and 2) by Alexandra Loske
Introduction to vol. 2 by Sarah Lowengard

Acknowledgements

The Editor
This was a collaborative project, from conception to finish, and would not have been possible without the excellent team at TASCHEN, my extremely knowledgeable co-author Sarah Lowengard, and the photographer Graham Fudger. Special thanks are due to Neil Parkinson at the Royal College of Art, London, for his expertise and friendship over the years, and to Stephen Pavey and Jochen Menge, for giving me books, advice and support.

The Publisher
For their insightful expertise and thoughtful contributions, and for lending their steadfast support to this publication in every stage of its realisation, we would like to thank the two authors of this book, Alexandra Loske and Sarah Lowengard. We would also like to extend our gratitude to Graham Fudger for the photography of books and objects from Alexandra Loske's private collection, as well as to the photographer Justin Lubliner.
While we appreciate the support of all libraries, museums and collections involved in the licensing and provision of image material, we would like to extend our particular thanks to Andres Betschart (Werner Spillmann Collection, Winterthur), Kathy Bohlman and Maria Zapata (Faber Birren Collection of Books on Color, Yale University, New Haven), Jennifer Cohlman Bracchi (Cooper Hewitt, Smithsonian Design Museum Library, New York), Mario Einaudi and Dan Lewis (The Huntington Library, Art Museum, and Botanical Gardens, San Marino, California), Neil Parkinson (Colour Reference Library, Royal College of Art, London) and Sean Rippington (The University of St Andrews Library, Fife).

Imprint

EACH AND EVERY TASCHEN BOOK PLANTS A SEED!
TASCHEN is a carbon neutral publisher. Each year, we offset our annual carbon emissions with carbon credits at the Instituto Terra, a reforestation program in Minas Gerais, Brazil, founded by Lélia and Sebastião Salgado. To find out more about this ecological partnership, please check: *www.taschen.com/zerocarbon*.
Inspiration: unlimited. Carbon footprint: zero.

Want to see more? Visit *taschen.com* to view our current publications, browse our latest magazine, and subscribe to our newsletter.

Hohenzollernring 53, D–50672 Köln
www.taschen.com

Project management: Mahros Allamezade, Tom Pitt-Brooke, Cologne
Copy-editing: Chris Allen, London
German translation: Kurt Rehkopf, Hamburg
French translation: Jean-François Cornu, Hélène Geniez, France
Spanish translation: Daniel Montsech Angulo for LocTeam, Barcelona
Design: Andy Disl, Los Angeles; Claudia Frey, Cologne
Production: Daniela Asmuth, Cologne

Printed in Italy
ISBN 978-3-8365-9565-0

Slipcase
Front: Matthias Klotz, *Gründliche Farbenlehre* (see page 255)
Spine: Philipp Otto Runge, *Farben-Kugel* (details from page 163)
Back: Michel-Eugène Chevreul, *De la loi du contraste simultané des couleurs* (see page 283)

Volume 1
Cover: Matthias Klotz, *Gründliche Farbenlehre* (see page 256)
Back cover: Johann Wolfgang von Goethe, *Zur Farbenlehre* (see page 249)
Endpapers: Édouard Guichard, *L'harmonie des couleurs/ Die Harmonie der Farben* (details, see also pages 342–363)
Pages 1, 2, 5: Michel-Eugène Chevreul, *De la loi du contraste simultané des couleurs* (details from pages 293–295)
Page 78: A. Boogert, *Klaer Lightende Spiegel der Verfkonst* (see page 96)
Page 130: John Howard Kyan, *On the Elements of Light, and Their Identity with Those of Matter, Radiant and Fixed* (detail from page 167)
Page 208: Michel-Eugène Chevreul, *De la loi du contraste simultané des couleurs* (detail from page 285 t.)
Pages 308, 420: Édouard Guichard, *L'harmonie des couleurs/Die Harmonie der Farben* (details, see also pages 342–363)

Volume 2
Cover: Masanori Iehara and Kan'ichiro Shiozu, *Gakko hitsuyo irozu mondo* (detail from page 742 r.)
Back cover: Charles Webster Leadbeater, *Man Visible and Invisible* (see page 658 r.)
Endpapers: Charles Webster Leadbeater, *Man Visible and Invisible* (see pages 648–667)

Pages 421, 422, 425: Annie Besant and Charles Webster Leadbeater, *Thought-Forms: A Record of Clairvoyant Investigation* (details from pages 672, 686, 687)
Page 480: George Brookshaw, *A New Treatise on Flower Painting, or, Every Lady Her Own Drawing Master* (see also pages 482–501)
Page 560: Carry van Biema, *Farben und Formen als lebendige Kräfte* (see page 625)
Page 638: Annie Besant and Charles Webster Leadbeater, *Thought-Forms: A Record of Clairvoyant Investigation* (see also pages 668–687)
Page 738: Masanori Iehara and Kan'ichiro Shiozu, *Gakko hitsuyo irozu mondo* (see page 742 r.)
Page 770: Paul Klee, *Bildnerische Form- und Gestaltungslehre* (detail from page 785)
Pages 838, 846: Charles Webster Leadbeater, *Man Visible and Invisible* (see page 666)

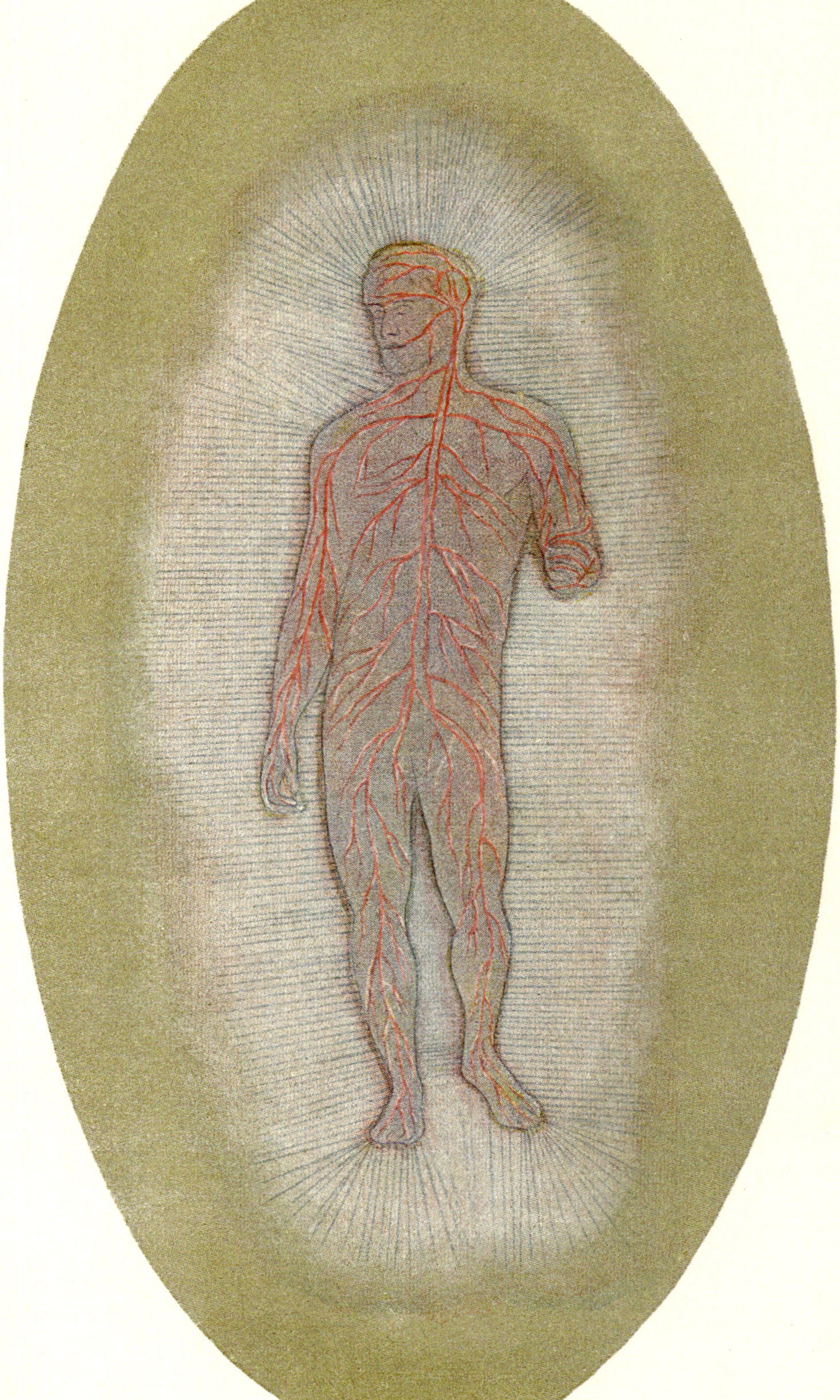

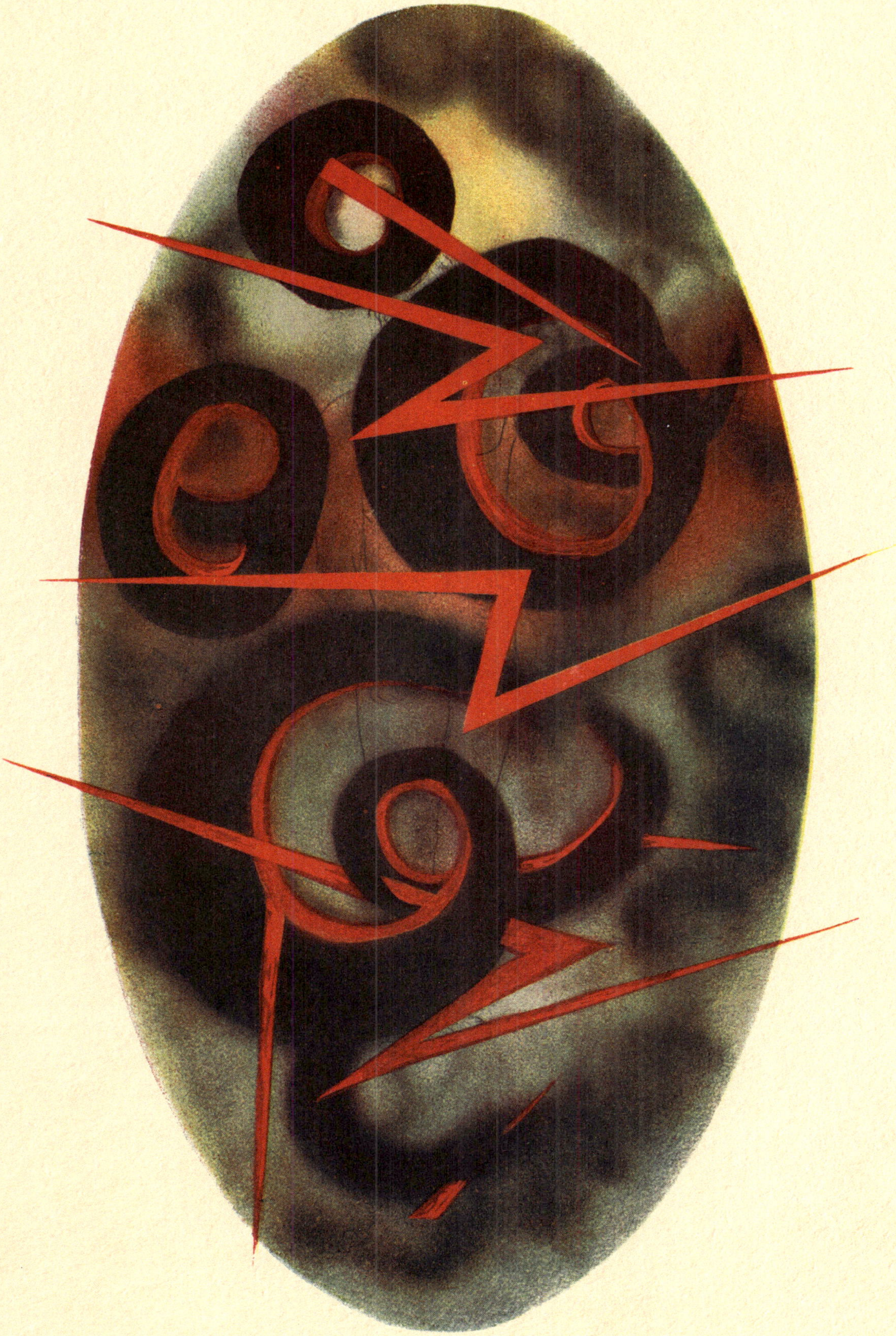